트랜스퍼시픽 실험

The Transpacific Experiment

중국과 미국은
어떻게 협력하고
경쟁하는가

매트 시한 지음 | 박영준 옮김

THE
TRANSPACIFIC
EXPERIMENT

트랜스
퍼시픽
실험

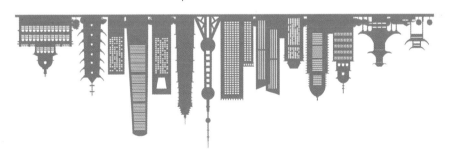

소소의책

변방에 사는 노인이 말馬을 잃어버렸다.

그것이 축복이 아닌지 어떻게 알까?

- 중국 격언

| 차례 |

트랜스퍼시픽 실험에 여러분을 초대하며

샌프란시스코 만 서쪽 해변의 앤젤 아일랜드Angel Island는 세계에서 가장 강력한 두 나라의 과거가 전시된 기념관이자 양국의 미래가 엿보이는 창문이다. 이 섬의 북동쪽 모퉁이에 위치한 '이민자 수용소Immigration Station'는 1882년에 발효된 중국인 배척법Chinese Exclusion Act(중국인 노동자의 이주를 금지시킨 법률 – 옮긴이)의 대표적인 유물이다. 미국 의회가 이 법안을 통과시킨 일은 중국인과 미국인의 직접 교류가 처음 시작된 시기에 커다란 전환점이 된 사건이었다. 캘리포니아는 양국의 국민이 최초로 접촉하고 서로의 이미지를 마음속에 새긴 곳이었다. 물론 양측의 초기 관계는 그리 원만하지 못했다.

1849년 캘리포니아에서 금광이 발견되자 수만 명의 중국인이 샌프란시스코에 상륙했다. 그들은 이 도시를 '황금의 산'이라고 불렀다. 대부분 고향의 기근과 가난을 피해 금으로 넘쳐나는 캘리포니아의 강을 꿈꾼 사람들이었다. 그들은 중국 남부 지역에서 비좁은 목선에 올라 태평양을 건넜다. 그리고 캘리포니아에 도착한 후 광산에서 금을 캐고 음식을 팔면서 낮은 임금에도 일을 잘한다는 평판을 얻었다. 릴런드 스탠퍼드Leland Stanford(미국의 기업가이자 정치가 – 옮긴이)가 동료 귀족들과 함께 미국 대륙횡단철도의 서쪽 구간을 건설하는 사업에 뛰어들었을 때, 그가 가장 중요하면서도 가장 위험한 작업에 투입한 사람들은 중국인 노동자였다.

하지만 어렵사리 미국에 상륙한 중국인들은 경제적 어려움과 인종적 적개심에 시달려야 했다. 샌프란시스코에 거주하는 아일랜드계 노동자(내 고조부 같은 사람들)에게 이곳에 몰려든 중국인은 백인의 일자리를 빼앗고 인종적 정체성을 위협하는 사람들이었다. 신문이나 싸구려 소설들은 미국의 해변에 상륙한 '황색 위험'의 공포심을 과장해서 퍼뜨렸다. 금융위기로 미국 경제가 곤경에 빠지자 선동적인 정치가들은 미국에 이주한 중국인에게 화살을 돌렸다. 중국인 노동자가 거주하는 캠프에 침입해 그들을 마구 폭행하는 불량배도 적지 않았다. 캘리포니아 주지사는 의회를 향해 '아시아인의 이주 행렬을 저지하라'고 공공연히 요구했다.

이 시기에 중국인을 배척하는 법안에 맞서 싸운 대표적인 인물이 웡친푸王淸福라는 사람이었다. 중국 출신으로 미국 시민권을 취득한 그는 중국인의 권리를 보호하는 데 평생을 헌신했다. 1893년에 웡은 이렇게 썼다.

'미국에 거주하는 사람으로서 우리는 다른 모든 국적 소지자와 동등한 인간임을 주장하는 바이다. 그리고 우리는 미국의 자유와 보편적 인간성의 원칙에 의거하여 그러한 인간됨이 동등하게 인정되어야 한다고 믿는다.'

하지만 새로운 경쟁자에 깊은 적대감을 지닌 백인 이민자에게 웡의 원칙론적인 호소는 아무 소용이 없었다. 내 고조부는 1870년대에 아일랜드에서 샌프란시스코로 이주했다. 그리고 아이리시 힐Irish Hill이라는 가난한 동네에 거주하면서 제분공장 퍼시픽 롤링 밀Pacific Rolling Mill에서 일했다. 고조부가 중국인에 반대하는 사회 활동에 특별히 관여했다는 집안 내부의 기록은 없다. 하지만 그분이 전형적인 아일랜드계 가톨릭 이민노동자로서 맨손으로 도착한 나라에 성공적으로 정착하기 위해 갖은 애를 썼다는 사실만은 분명하다.

그분의 아들이자 내게 증조부가 되는 토미 시한Tommy Sheehan은 중국인 배척법이 발효되기 3년 전인 1879년에 샌프란시스코에서 태어났다. 토미 할아버지는 어려서 부모를 모두 잃고 성 빈센트의 집이라는 보육시설에서 성장했으며, 나중에 샌프란시스코 부두의 항만노동자로 일하면서 노동조합 조직책으로 활동했다. 그가 노동조합 일을 하면서 친분을 쌓은 사람들 중 한 명이 아일랜드계 노동자의 대변인이자 목사인 피터 C. 요크Peter C. Yorke라는 인물이었다. 토미 할아버지는 주말에 요크와 자동차를 타고 도시 주변을 돌아다니며 함께 담배를 피우고 대화를 했다. 우리 집안사람은 모두 요크가 노동자의 권리를 위해 싸운 정의로운 수호자라고 기억한다. 하지만 요크는 중국인 노동자를 대상으로 그런 공감을 보인 적이 한 번도 없었다. 1901년에 개최된 '캘리포니아 중국인 배척회의California Chinese Exclusion Convention'에 기조연설자로 나선 요크는 중국인 배척법이 발효되었는데도 아직 미국을 떠나지 않은 중국인을 맹렬히 비난했다. 그는 군중을 향해 이렇게 외쳤다.

"우리는 기독교를 믿지 않는 이민자들을 상대하고 있습니다. 그들의 생각은 우리와 같지 않습니다. 그들에게는 우리와 같은 피가 흐르지 않습니다. 그들의 가치관도 우리와 전혀 다릅니다."[1]

요크가 그 연설을 한 지 4년 후, 앤젤 아일랜드에 이민자 수용소가 건설되기 시작했다. 이곳에는 캘리포니아로 이주하길 원하는 중국인 수천 명이 수용되었다. 당시 미국 시민권을 가진 중국인의 배우자와 자식들은 예외적으로 중국인 배척법의 적용을 면제받고 미국 입국이 허용되었다. 이민자 수용소의 관리들은 미국 시민권 보유자의 '진짜 자식'과 미국에 들어오기 위해 가족 관계를 조작한 '서류상의 자식'을 가려내기 위해 이민자를 엄격하게 심문했다.

관리들은 수용소에 새로 들어온 중국인에게 집안의 가계도나 고향 마을의 지도를 그려보라고 요구했다. 당시 미국에 상륙한 중국인은 대부분 홍콩 근처에 위치한 중국 남부의 몇몇 지역 출신이었다. 덕분에 관리들은 먼저 도착한 이주자가 그린 그림과 새로 입소하는 수용자의 그림을 비교하는 방법으로 '서류상의 자식'을 쉽게 가려낼 수 있었다. 이곳에 중국인이 수용되는 기간은 보통 몇 주였으며, 길면 몇 달까지 이어졌다. 일부는 입국을 허가받았지만 그렇지 못한 사람은 태평양을 건너 고향으로 되돌아가야 했다.

고향에서 수천 킬로미터 떨어진 곳에 겨우 도착해서 샌프란시스코 해변의 감옥에 갇힌 중국인들은 수용소의 나무 벽에 이런 시를 새겨놓았다.

미국에 힘은 있지만 정의는 없다네.
우리는 마치 죄인처럼 감옥에서 괴롭힘을 당하지.
해명할 기회조차 주어지지 않으니 이런 잔인함이 어디 있을까.
머리 숙여 생각해봐도 할 수 있는 일이 없네.[2]

트랜스퍼시픽 파노라마

오늘날 앤젤 아일랜드는 중국과 미국의 새로운 현실이 눈앞에 파노라마처럼 펼쳐지는 곳이다. 이 섬에서 바라보이는 전경, 즉 트랜스퍼시픽transpacific('태평양 저편'을 뜻하는 형용사. 이 책에서는 중국과 미국을 가리키는 용어로 사용된다 - 옮긴이) 파노라마는 두 나라의 국민들 사이에서 새롭게 이루어지는 대규모의 교류를 상징한다. 다시 말해 이 섬을 둘러싼 경치는 21세기 세계의 두 초강대국이 전혀 새로운 형태로 민간 차원의 접촉을 수행하고 있는 현장의 모습이라고 할 수 있다. 그 과정이 어떻게 이루어지는지 제대로 구경하려면 이민자 수용소의 남쪽으로 조금 걸어야 한다.

수용소 건물의 정문을 빠져나와 남쪽 방향으로 1.5킬로미터 정도 걸어 해변에 닿으면, 섬의 남동쪽 모퉁이에 자리잡은 해안경비대 초소 포인트 블런트Point Blunt가 나온다. 이곳의 바위에 오르면 샌프란시스코 만안灣岸 지역인 베이 에어리어Bay Area가 한눈에 들어온다. 동쪽으로는 버클리와 오클랜드, 중간에는 트레저아일랜드, 그리고 서쪽으로는 샌프란시스코가 눈앞에 전개된다. 안개가 끼지 않은 날에는 남쪽 멀리 실리콘밸리가 어렴풋이 보이기도 한다.

동쪽 방향으로 먼저 눈에 띄는 것은 캘리포니아 대학 버클리 캠퍼스UC Berkeley의 중심부에 자리한 시계탑 캠퍼닐리Campanile이다. 지난 10년간 UC버클리에서 공부하는 중국 학생의 수는 열 배가 넘게 늘어났다. 중국 전역에 걸쳐 광범위하게 확산되고 있는 미국 대학 입학의 붐을 엿보게 해주는 숫자다.[3] 금융위기의 여파로 재정난에 빠진 미국의 공립대학들은 중국인에게 눈을 돌렸다. 고액의 수업료를 납부하는 중국 학생을 유치하면 학교 예산의 공백을 메울 수 있을 거라고 기대했다. 뿐만 아니라 미국에서 교육받은 중국 학생이 자국의 다음 세대를 '계몽하는' 역할을 하게 되면 언론의 자유가 확대되고, 결국 중국의 민주개혁이 앞당겨질 것이라고 믿었다.

하지만 현실은 생각대로 흘러가지 않았다. 많은 중국 학생은 미국 정치체제의 우월성을 주장하는 친구들 앞에서 자신의 고국을 갈수록 당당하게 (또는 방어적으로) 변호했다. 그들은 미국이라는 나라가 내세우는 정치적 가치를 달갑게 받아들이지 않았다. 게다가 캘리포니아에 거주하는 학생과 부모에게는 쏟아져 들어오는 중국 학생의 숫자 자체가 위협이었다. 이제 미국 최고의 공립대학교는 마치 경매를 하듯 더 높은 수업료를 지불하는 학생에게 우선적으로 자리를 내주게 되는 걸까? 대중의 반발은 미국 전역으로 확대되었다. 트럼프 내각의 몇몇 각료는 미국의 대학에서 공부하는 일부 학생이 자국을 위해 스파이 활동을 한다고 주장하면서 중국 학생의 미국 유학을 전면적으로 차단하는 조치를 제안하기도 했다.

베이 브리지Bay Bridge(샌프란시스코와 오클랜드를 연결하는 다리 - 옮긴이)의 서쪽으로 시선을 옮기면 중국인 투자자의 자금으로 건설 중인 두 곳의 거대한 주택 건설 현장이 눈에 들어온다. 오클랜드 조선소의 크레인들을 지나 잭 런던 광장Jack London Square 바로 옆에 위치한 브루클린 베이신Brooklyn Basin에서는 2,300채의 건물을 건설 중이다. 그리고 베이뷰 헌터스 포인트Bayview-Hunter's Point 앞바다 맞은편은 예전에 샌프란시스코 조선소가 있던 자리로, 중국에서 이주한 투자자들의 자금 수억 달러를 들여 개발하고 있는 곳이다. 이 지역은 지난 수십 년 이래 이 도시에서 가장 큰 주택 및 상업지역 건설 현장이다.[4] 이 개발 프로젝트로 인해 샌프란시스코에 유일하게 남아 있던 흑인 거주 지역의 주민들은 곤경에 빠졌다. 이 흑인들은 도시 전역에서 진행된 젠트리피케이션gentrification(낙후된 구도심 지역이 활성화되면서 외부에서 중산층 이상의 계층이 유입되어 기존의 저소득층 원주민을 대체하는 현상 - 옮긴이)으로 도심에서 밀려나, 샌프란시스코에서 마지막 남은 서민 거주 지역인 이곳에 대규모로 정착했다. 하지만 중국인들의 돈이 쏟아져 들어오고 수많은 건물이 건설되면서, 그동안 이곳에서 살아온 주민들은 새로운 일자리에 대한 희망과 자신의 보금자리에서 내몰릴지도 모른다는 공포를 동시에 안게 되었다.

눈을 남쪽으로 돌리면 현재 미국에서 가장 강력한 힘을 발휘하는 기술 산업의 고향 실리콘밸리가 자리잡고 있다. 최근 태평양 저편의 경쟁자들로 인해 이곳의 기술 생태계가 '교란'될 거라는 우려의 목소리가 높다. 중국의 억만장자와 프로그래머, 그리고 인터넷 기업의 거물들은 실리콘밸리에서 '유니콘unicorn' 스타트업(기업가치가 10억 달러 이상인 비상장 스타트업 - 옮긴이)을 찾아나서고 미국 최고의 과학자들에게 구애를 보냈으며, 차세대 혁신에 관한 아이디어를 모색했다. 미국의 스타트업 사업가들은 너도나도 중국인 투자자를 상대로 투자설명회를 진행하는 방법을 배웠다. 마크 저커버그Mark Zuckerberg(페이스북의 설립자이자 CEO - 옮긴이)도 내 고향 팔로알토Palo Alto에서 중국어를 열심히 공부했다.

반면 중국 땅에서 환영받은 실리콘밸리의 대기업은 거의 없다. 구글, 페이스북, 트위터, 스냅챗, 인스타그램 등을 포함해 세계적으로 인터넷을 주도하는 미국 회사들은 '만리방화벽Great Firewall'으로 불리는 중국의 노골적인 장벽에 철저히 가로막혔다. 10억 명의 새로운 고객이라는 환상에서 벗어나지 못한 이들 기업은 중국공산당의 엄격한 검열 정책에도 불구하고 여전히 당국자의 비위를 맞추기 위해 갖은 애를 쓴다. 페이스북은 중국의 사용자들이 정치적인 내용이 담긴 콘텐츠를 외국으로 전송하지 못하게 차단하는 소프트웨어를 개발했다. 구글도 완벽한 검열 기능이 포함된 검색 프로그램을 출시해서 또다시 중국 시장 진입을 노리고 있다. 10년 전만 해도 인류의 기술 유토피아를 꿈꾸던 사람들은 중국인들의 자유로운 인터넷 사용을 통해 중국의 민주화가 앞당겨질 거라고 믿어 의심치 않았다. 오늘날 우리는 더 이상 '실리콘밸리가 중국을 어떻게 바꿀 것인가?'라고 묻지 않는다. 반대로 '중국이 실리콘밸리를 어떻게 바꿀 것인가?', '그로 인해 세계의 인터넷 지형은 어떻게 변화할 것인가?'라고 질문해야 한다.

남쪽으로 720킬로미터 떨어진 곳에는 미국의 문화적 지배력을 상징하는 또 하나의 위대한 요새 할리우드가 있다. 지난 수십 년간 할리우드 영화는 중국의 영화관을 점령하고 대중의 상상력을 사로잡았다. 하지만 오늘날 중국 자체의 영화산업 발전, 정부의 통제, 그리고 중국산 블록버스터 등으로 인해 중국 내에서 할리우드 영화의 영향력은 점점 약화되어간다. 실리콘밸리의 기업가들처럼, 할리우드의 영화제작자들 역시 중국 정부의 검열을 피할 수 있는 내용으로 영화의 스토리를 재구성함으로써 중국이라는 거대 시장에 접근하려 한다. 하지만 중국의 영화산업이 자체적으로 발달하면서 이제 미국의 영화사는 중국 제작자가 할리우드의 기술과 지역정서를 결합해서 만들어낸 영화들, 말하자면「람보」나「캡틴 아메리카」의 중국판이라고 할 수 있는 민족주의적 블록버스터와 경쟁해야 한다.

마지막으로 앤젤 아일랜드의 파노라마가 펼쳐지는 지평선 저편에는 울긋불긋하게 칠해진 샌프란시스코 언덕의 주택들, 실리콘밸리의 수많은 저택, 그리고 이스트베이East Bay의 스페인식 집들이 늘어서 있을 것이다. 실리콘밸리의 기술 산업 발전 덕분에 경제가 활성화되면서 이곳의 주택시장은 이미 가격 폭등을 겪었다. 그리고 지난 5년 동안 부유한 중국인들이 집을 사들이며 주택 가격은 더욱 크게 뛰었다. 자국 내부의 정치적·경제적 혼란기를 경험한 중국의 갑부들에게 해외 부동산은 재무적 안정성을 보장해주는 획기적인 대안이었다. 그들은 미국의 주택이라는 '새로운 스위스 은행 계좌'에 수백만 달러를 쏟아부었다. 부유한 중국인들은 부동산 가격뿐만 아니라 사회적 가치관에도 변화를 가져왔다. 캘리포니아 주민들은 자신들이 세계 각지에서 온 이민자를 기꺼이 포용한다는 사실에 자부심을 느낀다. 하지만 새롭게 이주한 사람들이 오랫동안 이곳에서 살아온 주민들보다 훨씬 더 부유하다는 사실 때문에 그들의 포용심은 복잡한 문제에 직면하게 되었다. 이제 캘리포니아 주민들은 스스로 이렇게 묻고 있다. 우리는 모든 이민자를 환영할 것인가, 아니면 '가난하고, 지치고, 위축된' 사람들만 받아들일 것인가?

새로운 중국인 이민자가 미국에 자리잡으면서, 중국인이 미국에서 오랫동안 지켜온 정치적 유대 관계도 흔들리는 추세다. 과거 미국에 도착한 중국인 이민자는 대부분 노동자 계층이었기 때문에 자연스럽게 민주당을 지지하는 세력이 되었다. 그들은 흑인이나 라틴 계열의 운동가와 범민족 연합을 형성해 시민의 권리를 주장하고 인종차별에 저항하는 캠페인을 벌였다. 하지만 요즘 중국을 떠나 새롭게 미국에 들어오는 이민자의 입장은 전혀 다르다. 그들은 차이나타운의 최저임금 일자리 따위는 거들떠보지도 않으며, 부유한 교외 지역에 거주하면서 높은 급여의 기술직이나 투자 업무에 종사한다. 정부의 소수집단 우대 정책에도 오히려 강력한 반기를 드는 이 새로운 세대의 중국계 운동가들은 최근에 도널드 트럼프라는 뜻밖의 인물을 중심으로 연대를 형성하고 있다. 뿐만 아니라 도시의 시의회로 진출해 보수 성향의 중국계 미국인을 위한 정치적 전위부대 역할을 수행한다.

앤젤 아일랜드의 경치를 통해 관찰되는 현상들은, 정도의 차이는 있지만 미국 전역의 모든 도시와 마을에서 이미 벌어지는 일이다. 그리고 이를 통해 미·중 관계는 지정학적 차원에서 미국인의 일상적 삶의 영역으로 파고 들어왔다. 이제 양국 관계가 중점적으로 이루어지는 곳은 백악관이 아니라 일반인의 가정집이며, 공산당 중앙위원회가 아니라 학부모 모임이다. 오늘날 세계에서 가장 강력한 두 나라가 어떻게 만나고, 협력하고, 경쟁하는지를 알기 위해서는 워싱턴 DC나 베이징에서 벗어나볼 필요가 있다.

여러분을 트랜스퍼시픽 실험에 초대한다.

트랜스퍼시픽 실험이란 무엇인가?

트랜스퍼시픽 실험Transpacific Experiment이란 오늘날 두 초강대국 사이에서 완전히 새로운 형태로 이루어지고 있는 민간 차원의 외교적 교류를 말한다. 보다 구체적으로는 골든스테이트Golden State라고 불리는 캘리포니아 주, 그리고 세계의 중심中國이라고 자부하는 국가 사이에 형성되는 학생, 기업가, 투자자, 이민자, 그리고 갖가지 아이디어의 역동적인 생태계를 의미한다. 중국 학생이 캘리포니아에 있는 대학으로 학문의 지평을 넓히고, 실리콘밸리의 스타트업 창업자가 중국에서 투자자를 찾고, 캘리포니아의 여러 도시 시장이 중국으로부터 공장을 유치하기 위해 구애의 손길을 보내고, 중국의 성장劇長이 캘리포니아의 탄소시장carbon market(온실가스를 배출할 수 있는 권한, 즉 탄소배출권을 상품화해 거래하는 시장 - 옮긴이)을 연구하는 일 등은 모두 이 실험의 생생한 모습이다.

중국인 투자자, 학생, 관광객, 최신 기술 전문가, 영화제작자, 주택구매자들이 가장 선호하는 지역인 캘리포니아는 양국 간에 이루어지는 긴밀하고도 다면적인 교류를 가장 가깝게 목격할 수 있는 현장이다. 이 실험(개인적 유대 관계, 경제적 마찰, 기술혁신 등)의 결과는 이미 미·중 양국에 많은 변화를 가져왔으며, 두 나라를 둘러싼 국제체계에도 큰 영향을 미쳤다.

양국 간의 상호작용으로 수많은 기회(투자, 일자리, 대학 재정 충족, 문화적 결합 등)가 새롭게 생겨났지만, 그만큼 우려의 목소리가 높아지고 있는 것도 사실이다.

국가 간의 외교는 일반인의 일상 속으로 파고드는 순간 그 모습이 다양하게 변화하게 마련이다. 민간 차원의 교류가 확대되면서 낯선 '타인'이 이웃, 학우, 심지어 친구가 되기도 한다. 반면 접촉이 늘어날수록 서로의 차이 때문에 갈등이 발생하고, 국가 간의 지정학적 문제가 개인적 사안으로 비화하는 경우도 적지 않다. 우리는 트랜스퍼시픽 실험의 현장에 두 종류의 힘이 작용한다는 사실을 알 수 있다. 첫째, 양국 간의 통합과 시너지를 확대하고자 하는 욕구에 따른 흡인력. 둘째, 어느 한쪽이 다른 쪽에 이용 혹은 조종당한다고 느끼는 데서 오는 반발력.

우리는 미·중 간의 민간외교라는 실험 속에서 이런 긴장이 발생하는 모습을 목격하고 있다. 두 나라 사이에 형성되는 새롭고 밀접한 관계로 인해 양국의 국민이 막대한 이익을 얻을 수도 있지만, 그 과정에서 전혀 새로운 문제점이 대두될 가능성도 적지 않다.

이 드라마의 극적 요소를 더욱 고조시키는 것이 민간교류의 이면에 자리잡은 지정학적 배경이다. 150년 전 미·중 양국의 국민이 캘리포니아에서 처음 대면한 이후 두 나라의 상대적 위상은 엄청나게 달라졌다. 양국 간에 최초의 교류가 시작된 1800년대에 중국은 위대한 제국의 명성을 뒤로하고 외세의 침입과 국내 분쟁으로 몰락의 길을 걷고 있었다. 반면 이민자들이 세운 미국은 새로 떠오르는 신흥강국이었으며 아직 검증되지 않은 민주주의적 실험, 숭고한 건국이념과 수많은 현실적 과제, 증대하는 군사력 등으로 대표되는 나라였다.

하지만 오늘날 세계의 초강대국이 된 두 나라의 국민이 처한 입장은 과거와 전혀 다르다. 미국은 기존 강대국으로서의 역할을 수행하고 있다. 미국은 세계를 선도하는 여러 산업의 본거지로서 자랑스러운 국가적 전통을 수없이 보유했지만, 동시에 갖가지 경제적·사회적·정치적 문제에 시달려왔다. 반대로 중국은 새로 부상하는 신흥강국으로서 수십 년 동안 계속된 국내적 혼란을 딛고 일어나 미국의 글로벌 리더십에 도전장을 던지는 입장이다. 문제가 더 복잡해진 이유는, 서유럽 학자들의 이론과 달리 중국이 자유시장, 자유언론, 민주정치 같은 과정을 거치지 않고 현재의 위치에 도달했기 때문이다. 대신 중국은 레닌주의 정치체제와 국가 주도의 경제개발, 그리고 언론과 문화에 대한 철저한 통제가 배합된 시스템에 의존한다.

이렇게 지정학적 역할이 역전된 상황은 트랜스퍼시픽 실험의 모든 측면에 영향을 준다. 말하자면 양국이 지닌 국제적 위상이 두 나라의 국민들 사이에 새롭게 형성되고 있는 민간교류의 '분위기'를 결정하는 것이다. 캘리포니아 주민들이 동네에 새로 이주한 중국인에 대해 느끼는 감정은, 떠오르는 신흥강국으로서 중국의 위상, 동시에 미국처럼 민주주의가 발달하지 않은 중국에 대한 불안감과 밀접하게 관련되어 있을 것이다. 물론 중국인도 미국인과 교류하면서 국가적 자긍심과 불안감이 혼재된 감정을 느끼기는 마찬가지다. 그들은 때로 미국과 미국 기업을 존경의 대상이자 예술, 기업, 교육 등에 대한 영감의 원천으로 받아들인다. 반면 미국이 돌이킬 수 없이 몰락하는 늙은 국가이며, 오직 국제무대에서 중국의 위상을 끌어내리기 위해 안간힘을 쓰는 나라라고 생각하기도 한다.

미국 땅에 발을 디딘 중국인 투자자와 이민자는 미국인의 사고방식에 근본적으로 도전장을 던지는 질문을 제기한다. 미국은 중국과 동등한 위치에서, 또는 중국의 위상이 더 우월한 상황에서 중국인이나 중국 기업과 교류하고 중국인의 아이디어를 받아들일 준비가 되어 있는가?

오늘날 캘리포니아에서는 이런 긴장과 마찰 속에서 양국의 미래가 전개되어간다. 여러 면에서 중국과 캘리포니아의 결합은 매우 기묘한 한 쌍의 커플처럼 보인다. 미국에서 가장 자유로운 주와 세계에서 가장 권위적이고 복잡한 정권. 환경보호주의자들의 본거지와 세계에서 탄소를 가장 많이 배출하는 나라. 히피족처럼 자유로운 영혼들의 고향, 그리고 개인적 절제와 엄격한 의식儀式으로 대변되는 고대 유교문화의 땅.

겉으로 상충되는 듯이 보이는 이런 모순적 요소가 양측을 종종 변증법적 진보로 이끌기도 한다. 중국의 지도자는 캘리포니아에서 자국의 미래에 대한 비전을 꿈꾼다. 푸른 하늘, 최고의 대학, 혁신적 기술, 세계적 블록버스터 영화. 그들은 중국이 고소득 국가로 발전하려면 국제적인 가치사슬에 참여하고, 기술을 배양하고, 문화 산업을 육성해야 한다는 사실을 잘 안다. 그런 점에서 캘리포니아는 자신들에게 영감을 줄 뿐만 아니라 목표를 이루는 데 긴요한 자원이 풍부한 곳이다.

한편 보통의 중국인은 그런 거창한 비전을 내세우지 않더라도 캘리포니아가 제공하는 혜택을 중요하게 받아들인다. 그들에게는 깨끗한 공기, 자식을 위한 훌륭한 교육, 자신의 재산을 안전하게(중국의 예측 불가능한 정치체제를 피해) 지킬 수 있는 장소가 필요하기 때문이다. 자신이 21세기의 가장 중요한 국제 관계를 대변하는 자발적인 민간외교관이라고 스스로 인식하는 중국인은 거의 없다. 주어진 환경과 시대적 상황이 그들에게 우연히 그런 역할을 맡기고 있을 뿐이다.

이러한 상황을 미국인의 입장에서 보면, 자신이 소중하게 지켜온 기존의 가치관이 흔들리고 자국에 대한 불편한 질문들이 제기되는 경향이 나타난다.

캘리포니아의 평범한 이웃 사람들은 동네로 이주해오는 중국인 때문에 종래 자신이 '이민자'에 대해 지녔던 사고방식, 즉 그들을 포용하고, 이해하고, 그들에게 시민권을 부여하는 문제에 대한 사고방식을 바꿔야 하는 처지에 놓였다. 내 고향 마을을 포함해 도시의 외곽 지역에 거주하는 주민은 대부분 트럼프 대통령의 증오 대상인 이민자나 난민을 두 팔 벌려 환영하는 일에 자부심을 느낀다. 마을 사람들은 '장벽을 세우자'와 같은 구호에 혐오감을 드러내며, 'NO HUMAN IS ILLEGAL(사람은 불법이 아니다)'이라는 팻말을 집 밖에 자랑스럽게 붙여놓기도 한다. 그들은 과거 중국인 배척법이 존재한 시기에 중국인이 자신들의 일자리를 '도둑질'한다고 주장했던 백인 노동자들의 인종차별적 언행을 비판한다.

하지만 상황이 바뀌어 이민자 문제가 막상 자기 집 문턱을 넘어 집 안으로 들어왔을 때 주민들의 반응은 상당히 달라질 수밖에 없다. 만일 이민자가 가난한 노동자가 아니라 단지 베이징의 스모그를 피해 이곳으로 이주했다면? 중국인이 지역 주민과 경쟁하는 대상이 저소득 일자리가 아니라 자기 동네의 주택이라면? 과거에 많은 초기 이민자가 그랬듯이 새로운 이주자들이 이 나라에 오랫동안 거주할 의도가 없다면? 그들은 중국인 이주자에 대하여 가져왔던 자신의 도덕적 판단을 유지하기 어렵다고 느끼고, 이제 어떤 원칙을 지키고 어떤 원칙을 바꿔야 하는지 고심하게 될 것이다.

캘리포니아의 대표적 산업인 기술 및 문화 분야에서도 중국인의 경쟁적 생태계는 혁신이나 창의성에 대한 미국인의 오랜 사고방식을 뒤흔들고 있다. 캘리포니아는 과거 반세기 동안 개인의 자유와 다양한 라이프스타일의 천국으로 유명했으며, 이 기간에 기술과 문화 영역에서 세계를 지배했다. 이 상관관계(개인적 자유와 기술혁신 및 문화적 생산성의 관계)로 인해 많은 사람들은 두 가지 요소가 절대 분리될 수 없는 불가분의 관계라고 믿었다. 즉 정치적 자유가 없는 나라는 혁신이 불가능하고, 표현의 자유를 누리지 못하는 국민은 성공적인 문화 산업을 창조할 수 없다는 것이다. 이는 미국인에게 깊이 각인된 사고방식이었으며, 그동안 소련과 같은 여러 경쟁자에 승리한 역사를 거치면서 굳어진 신념이었다.

그런데 최근 중국의 기술 발전, 그리고 영화산업의 도약에 따라 한때 절대적이었던 그 상관관계가 조금씩 무너지는 추세다. 중국인은 혁신과 창의성의 원천에 대한 과거의 핵심적 신념에 도전장을 던진다. 그들은 개인적 자유라는 애매모호한 주식에 돈을 걸기보다, 먼저 산업의 기반을 차곡차곡 구축하는 일에 베팅한다. 컴퓨터 프로그래머를 고용하고, 자본을 모으고, 영화 세트를 만들고, 스크린을 확보하고, 업계 종사자의 소득을 보장하다 보면 혁신과 문화 발전은 자연히 따라오리라 기대하는 것이다. 물론 이들 산업에서 승부가 결정나려면 아직 멀었다. 하지만 중국은 지속적으로 기대를 넘어서는 성과를 보여주고 있다. 중국의 거듭되는 성공에 따라, 태평양 양쪽에서 진행되는 기술과 문화에 대한 대화는 극적인 변화를 겪고 있는 중이다.

언뜻 보면 이런 이슈들은 우리의 일상적 삶과 거리가 먼 추상적인 문제처럼 여겨진다. 하지만 이에 관련된 복잡한 문제와 수많은 의문이 현실에서 실시간으로 생겨나 오늘날 우리의 삶과 생계에 커다란 영향을 미치고 있다. 그리고 그 현상을 이끄는 이들은 미래에 대한 포부, 우려, 희망을 안고 트랜스퍼시픽 실험에 참여한 모든 사람이다.

나는 지난 6년간 언론인이자 애널리스트로 일하면서 캘리포니아와 중국을 왕래했다. 그러면서 트랜스퍼시픽 실험에 관련된 수많은 사람들의 이야기를 모아 최선을 다해 퍼즐 조각을 맞춰왔다. 독자 여러분이 읽고 있는 이 책은 그런 퍼즐 맞추기의 결과물이다. 물론 아직 불완전하고, 결함투성이이며, 단편적인 그림에 불과한 수준이다. 하지만 글을 쓰는 동안 내가 만난 사람들, 방문한 장소, 그리고 그 과정에서 파악한 많은 문제는 어느덧 내 삶의 일부가 되었다. 책 내용 중 많은 부분은 그동안 내가 탐구한 대상과 나 자신이 맺은 긴밀한 관계를 말해준다. 그 긴밀함은 내게 적지 않은 통찰을 선물했으며, 동시에 어느 정도의 편견도 가져다주었을 것이다.

달라도 너무 다른 두 국가, 그리고 그들의 문화를 결합시키는 일은 조심스럽고 때로 위험하기까지 한 과정이다. 일이 잘되면 수많은 사람들에게 새로운 앞날을 제시하는 결과가 도출될 수 있지만, 그러지 못하면 사소한 갈등이 커다란 반발로 비화되어 양국 간에 국가적·문화적·개인적 차원에서 의심과 적개심이 발생할 가능성도 없지 않다. 이 책은 중국과 캘리포니아 사이에 다리를 놓기 위해 노력한 사람들, 그리고 때로 실패한 사람들의 이야기를 담았다.

그들의 이야기를 들려주기 전에 먼저 내 이야기부터 간략히 해보려 한다. 지난 5년 동안 트랜스퍼시픽 실험이라는 현상은 나 자신에게도 비슷한 형태로 발생했다. 일부는 개인적으로, 일부는 직업과 관련해서, 나머지는 순전히 행운 덕분에 경험한 일이다. 그 행운은 내 부러진 발목과 비자 문제로부터 시작되었다.

부러진 발목이 가져다준 기회

베이 에어리어에서 청소년기를 보낸 나는 2008년 이전까지 중국에 별 관심이 없었다. 내가 다닌 고등학교에는 중국어 과정이 없었으며, 만일 있었더라도 나는 스페인어를 공부했을 것이다. 우리 학교의 '세계사' 개론 과정에서는 중국의 여러 왕조에 대한 내용을 2주일 만에 수박 겉핥기식으로 넘어갔다. 대학에 진학할 때까지 내가 현대의 중국에 대해 말할 수 있는 것은 단 세 마디뿐이었다. 마오쩌둥, 천안문 광장, 세계의 공장.

그런데 대학 2학년을 마친 여름방학 때 나는 베이징에서 여름 캠프의 상담사로 근무하게 되었다. 2008년 6월은 베이징 전체가 올림픽 준비로 뜨거운 시기였다. 사람들은 도로를 포장하기에 여념이 없었고 거리에 침을 뱉지 말자는 캠페인도 한창이었다. 그런 노력에도 불구하고 당시 베이징은 '길들여지지 않은 영혼들'의 도시였다. 나는 사람들의 활기찬 움직임 속에서 생겨나는 그 모든 혼란스러움에 매료되었다. 도로 위에 제멋대로 흐르는 오물, 시장에서 벌어지는 거친 흥정, 지하철의 치열한 자리잡기 경쟁.

중국 사람들은 겉으로는 거칠어 보였지만 미국인을 열린 마음으로 따뜻하게 대해주었다. 당시만 해도 서민 계층의 중국인 대부분은 미국인과 마주친 적이 없었다. 그들이 얼굴 가득 웃음을 띠며 내게 건넨 손짓 발짓은 이미 민간외교의 중요한 일부분이었다. 나는 우리 기숙사에 근무하는 경비원과 친구가 되었다. 마지막 날에 내가 프리스비Frisbee(던지기 놀이용 플라스틱 원반 - 옮긴이)를 선물하자 그는 내게 베이징 공안이 입는 유니폼을 주었다. 나는 공항 라운지에서 샌프란시스코행 비행기를 기다리며 중국에 다시 오게 되리라는 사실을 직감했다.

2010년에 대학을 졸업한 나는 중국 중부에 위치한 도시 시안西安에서 영어를 가르치는 일자리를 구했다. 그곳에서 중국어를 열심히 공부하는 동안, 나는 처음과 비교할 수조차 없을 정도로 중국이라는 나라에 깊이 빠져버렸다. 시안에서 1년간 체류한 후 베이징으로 돌아가 어느 대학교의 중국어 과정에 풀타임으로 등록했다. 그 과정을 마친 후에는 지역 TV 방송국에서 외국을 대상으로 영어로 홍보 방송하는 일자리를 얻었다.

2013년 봄이 되자 나는 이왕이면 제대로 된 언론인이 되어야겠다고 생각했다. 미국의 언론매체가 중국을 다룬 기사를 읽은 후, 그 내용이 내가 날마다 중국 친구들과 교류하며 경험한 바와 다르다는 사실을 깨달았기 때문이다. 그들의 이야기를 들려줌으로써 그 차이를 메우고 싶었다. 나는 수중에 남은 돈 5,000달러를 들고 6개월 동안 중국의 소식을 전하는 프리랜서 기고가가 되기로 했다.

나는 히치하이킹을 하며 중국 중부 지방을 돌아다녔다. 그러면서 이야깃거리를 수집하고 글을 썼다. 공항에서 목격한 싸움 장면, 미국에서 공부하고 돌아온 중국 학생의 이야기 같은 내용이었다. 하지만 돈이 바닥나고 예정된 시간이 다 되어가도록 내게 일자리를 제공하는 언론사는 없었다. 결국 나는 현실에 굴복해서 보다 현실적인 직업을 찾아나섰다. 중국 중부 지방에서 부동산을 판매하는 일, 또는 중국 북서부의 미국 상공회의소에서 근무하는 일자리 등이었다.

그러는 중에 기적이 일어났다. 나는 베이징에서 얼티미트 프리스비라는 원반던지기 게임을 하다가 발목을 크게 다쳤다. 아픈 발을 끌고 겨우 병원 로비에 도착했을 때 내 발목은 멜론처럼 부어 있었다. 하지만 엑스선 사진을 들여다본 의사는 '문제없다'며 1~2주만 조심하면 정상으로 돌아갈 거라고 진단했다. 그리고 며칠 후, 나는 이전부터 계획한 대로 2주간 고향을 방문하기 위해 캘리포니아에 있는 집으로 돌아갔다. 그런데 그곳에서 우리 가족 주치의를 찾았을 때, 그가 내린 진단은 달랐다. 내 발목은 양쪽으로 심하게 부러졌으며, 적어도 앞으로 2개월은 비행기를 타지 말아야 한다는 것이었다.

나는 베이 에어리어에 꼼짝없이 갇혀버렸다. 게다가 한쪽 발밖에 쓰지 못하는 무직자 신세였다. 2개월 동안 집에 눌러앉아 아무 일도 할 수 없다는 사실 때문에 그동안 중국에서 해온 작업의 실마리를 놓칠까 매우 염려되었다. 나는 그 전 6개월간 중국에서 들려오는 여러 소식을 거의 미친 듯이 쫓아다니고 그에 관한 글을 썼다. 게다가 집으로 돌아오기 직전에 중국어 집중학습 과정을 마치면서 앞으로 3개월 동안은 절대 영어를 쓰지 않고 중국어로만 말하겠다고 맹세까지 한 상태였다. 하지만 발목이 부러지면서 그 맹세도 함께 부러졌다. 결국 베이징에서 1만 킬로미터 떨어진, 낙엽 무성한 베이 에어리어 교외에서 오도 가도 못하는 신세가 되었다.

그러다 뜻밖의 상황이 발생했다. 당시 내 고향 팔로알토에는 주택을 구매하려고 바다를 건너온 중국인이 몰려들었다. 그들은 호화로운 버스를 타고 도시의 부동산을 관광하러 다니다가 수백만 달러가 넘는 주택을 마치 가구를 구매하듯 쉽게 사들였다. 나는 관광을 주관하는 부동산업체에 전화를 걸어 투어에 한 번만 참가하게 해달라고 부탁했다. 그리고 그 경험을 〈더 애틀랜틱〉이라는 언론사의 웹 사이트에 기고했다.

중국인의 주택 구매 투어는 진정한 트랜스퍼시픽 현상의 일종이었다. 국외로 자금 유출이 급증한다는 것은 그들이 자국 경제에 불안감을 느낀다는 사실을 반증했다. 또한 부유한 중국인 주택 구매자가 갑자기 대량으로 유입되는 상황 때문에 캘리포니아 교외 지역의 거주자들은 심리적으로 불편함을 드러낼 수밖에 없었다. 이는 내가 발견한 최초의 신호였다. 미국과 중국 간의 경제적·사회적·인간적 교류에 대한 이야기, 지난 몇 년에 걸쳐 내가 중국에서 추적해온 그 이야기들이 미국 땅에서 현실화되어 모습을 드러낸 것이다.

발목이 완쾌되자 나는 중국으로 돌아가 계속 일자리를 구했다. 그리고 베이징에 도착한 지 얼마 후 마침내 꿈에 그리던 일자리를 얻게 되었다. 집에 머무는 동안 내가 언론에 제공한 기사들이 때마침 입소문을 탄 덕분이었다. 나는 〈월드포스트〉라는 신설 언론사에서 첫 번째 중국 특파원으로 일하게 되었다. 이 회사는 미국의 유명한 블로그 뉴스 〈허핑턴포스트〉와 베르그루엔 연구소Berggruen Institute라는 싱크탱크가 함께 설립한 미디어 기업이었다. 나는 일을 시작하기 전에 먼저 언론인 비자를 받아야 했다.

문제는 비자 신청 절차도 쉽지 않았지만, 그 시기가 매우 좋지 않았다는 점이었다. 당시로부터 1년 전쯤 〈뉴욕 타임스〉와 〈블룸버그〉가 중국의 어느 고위 정치가 가족이 축적한 재산에 대해 집중적으로 탐사보도를 한 적이 있었다. 중국 정부는 두 미디어 기업과 관련된 언론인의 비자 발급을 중단했다. 물론 〈월드포스트〉가 특별히 중국 정치가의 심기를 건드린 적은 없었지만, 내가 넘어야 할 상애물은 따로 있었다. 그때까지 중국 정부는 온라인 전문 언론사 기자에게 정식으로 언론인 자격을 부여한 적이 한 번도 없었다. 언론의 기능이라는 측면에서 인쇄된 신문과 온라인 신문을 구분하는 것은 전혀 의미 없는 일이었지만, 관료들의 입장에서는 이것이 중요한 사안이었던 모양이다. 게다가 〈뉴욕 타임스〉 사건의 긴장감이 아직 중국 외교부를 뒤덮고 있는 상황에서, 미국의 신생 언론사 직원에게 선뜻 언론인 자격을 인정해주려는 사람은 아무도 없었다. 결국 관계 당국이 비자를 발급해줄지 확신하지 못하는 상황에서 나는 샌프란시스코로 돌아올 수밖에 없었다. 그때가 2013년 12월이었다.

그럼에도 불구하고 나는 트랜스퍼시픽 실험에 관한 새로운 이야기를 계속 찾아나섰다. 언젠가 캘리포니아 남부에 있는 중국 전기자동차 공장에 주州 근로감독관들이 들이닥쳤을 때, 나는 이 회사를 적극적으로 비호하고 조사 결과를 덮으려 애쓴 그 도시의 괴짜 시장을 인터뷰했다.

또 중국인의 자금으로 대규모 개발이 진행되고 있는 헌터스 포인트 주민들을 방문하고 그들의 이야기를 수집했다. 실리콘밸리에서는 중국인 기업가와 어울릴 기회가 있었으며, 에어비앤비Airbnb(숙박 공유 플랫폼 스타트업 - 옮긴이)의 직원과 만나 이 회사의 중국 사업 전략을 논의하기도 했다. 심지어 베이 에어리어의 몇몇 도시 시장으로 구성된 대표단을 조직해서, 그들이 중국에 건너가 자신의 도시를 이상적인 투자처로 홍보하는 일을 도운 적도 있었다.

이 모든 이야기는 내게 중국이라는 나라의 극적인 변화를 들여다볼 수 있는 창문을 제공해주었다. 내가 2008년 베이징에 처음 발을 내딛었을 때, 중국은 여전히 일개 개발도상국에 불과했다. 올림픽 행사가 어마어마한 규모로 진행되었지만 국가 경제는 저임금 노동을 기반으로 했으며 인구의 대부분은 농촌지역에 거주했다. 중국은 국제사회에서 기술산업의 변두리로 취급당했다. 미국의 엔터테인먼트 사업가에게도 목표시장으로서의 우선순위가 한참 낮았다. 중국이라는 나라가 미국인의 일상에 직접 관련된 것은 월마트 매장에 진열된 중국산 싸구려 제품 정도였다.

나는 독자들에게 들려줄 이야기를 따라 캘리포니아를 왕래하면서 중국의 극적인 변화를 목격해왔다. 이제 중국의 기술기업은 세계에서 손꼽히는 규모로 성장해 실리콘밸리를 좌지우지한다. 중국의 영화산업은 걷잡을 수 없는 속도로 발전하면서 할리우드의 영화제작자를 유혹하는 중이다. 중국에서 온 학생, 관광객, 투자자, 주택 구매자는 미국인의 마음속에 중국인에 대한 새로운 이미지, 즉 그들 대부분이 교양 있는(때로 거친 모습을 보이지만) 사람이며, 언제라도 돈을 쓸 준비가 된 부자라는 이미지를 심어주고 있다.

나는 중국인 관광객이 고급 카메라를 들고 스탠퍼드 대학의 교정으로 몰려드는 모습을 보며 이런 생각을 하지 않을 수 없었다.

'1950년대에 미국인이 로마의 콜로세움을 관광하러 몰려들었을 때, 이탈리아 사람들이 바로 이런 느낌을 받았을까?'

물론 요즘 미국을 찾는 중국인이 자국에서 평균적인 계층의 국민이라고 할 수는 없다. 중국은 여전히 중간소득 국가에 머물러 있으며, 수많은 사람들이 공장이나 농촌에서 일을 해 살아간다. 과거에 미국 땅을 밟은 많은 중국인 이민자는 조심스럽고, 사려 깊고, 호기심이 가득했다. 그들은 태국에 몰려든 추한 미국인 관광객보다는 파리에서 조용히 살아간 제임스 볼드윈 James Baldwin(미국의 대표적인 흑인 작가 - 옮긴이)에 가까운 부류였다. 하지만 캘리포니아를 찾는 중국인의 발자취가 커질수록 우리는 중국의 미래를 더욱 확실히 진단할 수 있다. 그들이 어떤 산업을 발전시키고 싶어 하는지, 어떤 라이프스타일을 누리길 원하는지, 그리고 얼마만큼의 부富를 축적하길 희망하는지.

베이 에어리어, 베이징, 그리고 다시 샌프란시스코

비자를 기다린 지 7개월이 지난 어느 날, 갑자기 중국 외교부로부터 연락이 왔다. 언론인 비자가 발급되었다는 것이다. 2014년 여름, 나는 작업 중인 보고서를 서둘러 마무리하고 짐을 싸서 베이징으로 향했다.

그리고 공항 라운지에서 비행기를 기다리며 결국 내가 다시 돌아오게 될 거라는 사실을 깨달았다. 그 목적지는 이곳 캘리포니아가 될 터였다. 앞으로 두 나라의 새로운 미래가 중점적으로 펼쳐질 곳은 바로 여기 트랜스퍼시픽 실험의 현장일 테니까.

중국으로 돌아간 나는 새로 발급받은 언론인 증명서를 들고 민주주의를 외치는 홍콩의 시위 현장부터 산시성陝西省의 낙후된 탄광촌까지 전국을 누비며 기사를 썼다. 또한 트랜스퍼시픽 실험이라는 현상을 입중하는 많은 사람들을 만났다. 캘리포니아에서 유학하고 귀국한 중국 학생, 구글에서 일하다 퇴사한 뒤 중국으로 돌아와 스타트업을 설립한 인공지능 과학자, 그리고 아이에게 미국 시민권을 안겨주기 위해 미국에서 원정 출산을 한 베이징의 부유한 '출산 관광객' 등.

2016년, 나는 캘리포니아의 오클랜드로 이주했다. 그리고 더 많은 사람들의 이야기를 자세히 써 내려갔다. 그러면서 이 현상을 더 탐구할수록 두 지역의 밀접한 상호연결성을 더욱 실감하게 되었다. 중국과 미국이 이렇듯 긴밀하게 얽힌 세계에서는 광저우廣州의 반부패 단속 때문에 패서디나Pasadena 시의 주택 가격이 상승할 수도 있다. 베이징에서 벌어지는 정치적 시위가 할리우드 스튜디오에서 제작되는 영화의 내용에 영향을 미칠 수도 있다. 양측의 유대가 장기적으로 어떤 결과를 낳을지 아직은 알 수 없다. 하지만 오늘날 중국과 캘리포니아의 관계가 산업, 기술, 대학, 공동체의 모습을 바꾸고 있으며 그 여파가 전 세계에 미친다는 사실은 누구도 부인하지 못할 것이다.

이 책에서는 교육, 기술, 영화, 녹색투자, 부동산, 미국의 정치 등 여섯 영역에 걸쳐 이 현상을 추적해본다. 각 장에서는 그 실험의 생생한 현장에서 살아가는 사람들, 즉 학생, 영화제작자, 시장, 기업가, 공동체 운동가 같은 이들의 눈을 통해 탐구 여정을 이어간다. 이 이야기는 모두 그들과 직접 교류한 내 경험을 바탕으로 쓰였다. 나는 트랜스퍼시픽 실험이라는 현상을 객관적으로 관찰하기도 하고, 그 과정에 조금은 영향을 미치기도 했다. 그동안 눈앞에 전개된 새롭고 신기한 세계를 바라보면서 나는 두 나라를 통해 엄청나게 많은 것을 배웠다. 독자 여러분도 그럴 수 있기를 바란다.

그럼 이야기 속으로 뛰어들어보자.

신입생 오리엔테이션

팀 린Tim Lin은 미국의 기숙사에서 잠을 깬 첫날 아침을 지금도 생생하게 기억한다. 중국 북서부 출신인 팀이 입학한 학교는 고향에서 동쪽으로 약 1만 1,000킬로미터 떨어진 미국 오하이오 주의 마이애미 대학교였다. 그는 지구 반대편에서 새롭게 맞이하게 될 대학 생활에 한껏 들떠 있었다. 그런데 그날 아침 일찍 일어난 팀은 조금 색다른 교육을 접해야 했다. 룸메이트의 침대 위에 완전히 나체로 곯아떨어진 여자를 발견한 것이다.

"그때 저는 겨우 열일곱 살이었습니다. 전에도 컴퓨터나 TV에서 벌거벗은 여자를 본 적은 있었지만, 실제로 눈앞에서 목격한 건 그때가 처음이었죠."

팀은 '여기서는 정말 이런 일이 일어나는구나'라고 생각했다고 한다. 하지만 그는 토요일의 풋볼 게임, 학내 분쟁, 테킬라 퍼마시기 같은 미국의 대학 생활 특유의 의식儀式에 금방 적응했다.

팀이 2012년에 대학을 졸업하고 3년이라는 시간이 순식간에 흐른

후, 나는 그가 설립한 스타트업의 베이징 본사를 방문했다. 팀은 사무실에 설치해놓은 척추 스트레칭 기구에 거꾸로 매달린 채 나와 이야기를 나누었다. 그의 머리 쪽으로 피가 잔뜩 몰려 얼굴이 붉게 변하자 직원 몇 명이 호기심과 걱정이 섞인 표정으로 아래를 내려다보았다. 하지만 그는 아무렇지도 않은 듯 조용한 어조로 자신의 회사 '칼리지 데일리College Daily'가 어떻게 생겨났는지 이야기했다.

팀은 2012년 마이애미 대학교를 졸업한 후 실리콘밸리에서 일한 적도 있었고 동아프리카로 자원봉사를 떠나기도 했다. 그렇게 얼마 동안 여러 대륙을 전전하다 결국 중국으로 돌아와 정착했다. 그리고 외국 대학에서 공부하는 중국 학생들을 위해 칼리지 데일리라는 미디어 기업을 설립했다. 초기에는 자신이 대학생이었을 때 알고 싶어 했던 미국의 대학 생활에 관한 갖가지 정보를 주로 기사에 담았다. 룸메이트에게 '섹스 추방sexile'(기숙사 방에서 이성과 관계를 갖기 위해 룸메이트를 쫓아내는 일 - 옮긴이)을 당한다는 말은 무슨 뜻일까? 중국 학생이 복권 당첨과도 같다는 H-1B 비자(외국인이 미국 기업의 전문직 분야에 취업할 때 발급받는 취업비자 - 옮긴이)를 얻으려면 어떻게 해야 할까? 모든 미국인이 열광하는 '슈퍼볼Super Bowl'이란 도대체 뭘까?

팀이 중국 스마트폰 앱인 위챗WeChat에 올린 글은 당시 미국에서 급증하는 중국 유학생들 사이에 빠르게 전파되었다. 그가 마이애미 대학교에 입학한 2008년부터 10년 후인 2018년까지 미국의 대학교에서 공부하는 중국 학생의 수는 9만 8,000명에서 36만 명으로 세 배 이상 늘어났다.[1] 캘리포니아의 중국 학생은 6만 명으로 다른 주에 비해 월등히 많았으며, 2위인 뉴욕 주를 50퍼센트 이상 앞질렀다.[2] 칼리지 데일리는 외국에 거주하는 학생만 독자로 삼은 것이 아니었다. 자식을 외국에서 교육시키고 싶어 하는 중국의 수백만 부모들 역시 이 스타트업의 고객이었다. 이렇게 고객층을 확장한 덕분에 팀은 벤처 캐피털로부터 투자를 유치할 수 있었다. 그는 투자받은 돈으로 베이징의 멋진 복합시설에 사무실을 임대하고 기고가와 편집자를 고용했다.

　칼리지 데일리의 독자는 광고주 입장에서 이상적인 고객이었다. 그들은 하나같이 부자였으며 공통적인 관심사도 분명했다. 과거에는 주로 가난한 중국 학생이 여러 세대에 걸쳐 미국 땅을 밟았다. 그들의 꿈은 기술 부문의 박사학위를 받은 후 높은 급여의 일자리와 미국 영주권을 얻는 것이었다. 그러나 오늘날의 중국 학생은 다르다. 그들은 예전에 비해 훨씬 부유하고 젊으며, 미국에서 자리를 잡기 위해 그다지 애쓰지도 않는다. 그들의 경제적 여유가 종종 다른 학우들의 마음을 불편하게 만들기도 하지만, 애초에 미국에서 외국 학생을 유치하는 붐이 일어난 것도 중국 학생이 부유하기 때문이지 않은가.

　2008년의 금융위기 이후 미국의 공립대학은 재정난에 시달렸다. 대학 운영자는 납세자의 지원이 갈수록 줄어드는 상황에서 새로운 자금원을 찾아야 했다. 그러다 손쉽게 생각해낸 해결책이 바로 외국 학생을 유치하는 방법이었다. 대부분의 미국 학생은 자신이 거주하는 주에 위치한 공립대학에 입학하는 경우 파격적으로 할인된 학비 혜택을 받았다. 하지만 미국의 다른 주나 외국에서 유학을 온 학생은 학비 전액을 고스란히 납부해야 했다. 유학생의 학비가 현지 학생에 비해 세 배가 넘는 경우도 적지 않았다. 대학이 외국 학생에게 더욱 활짝 문을 개방하는 길을 택한 것은 결국 이 때문이다.

　타이밍도 완벽했다. 중국의 중산층은 한창 부흥기를 맞고 있었다. 부모는 중국의 교육 시스템이라는 혹독한 경쟁을 뚫고 성공했지만 자식에게만큼은 그런 고난을 겪게 하고 싶지 않았다. 학부형은 영어 가정교사를 고용했고, SAT(미국의 대학입학자격시험 - 옮긴이) 준비 과정에 아이를 등록시켰다. 또 미국 대학 입학을 보장하는 '교육 컨설팅' 회사에 엄청난 돈을 지불했다. 일단 아이의 입학허가서를 손에 넣은 부모는 미국 대학

학위라는 특권의 대가로 한 해에 3만 5,000달러가 넘는 학비를 기꺼이 쏟아부었다. 중국은 미국 내 외국 학생 비율에서 순식간에 압도적인 우위를 점했다. 2017년에는 미국에서 공부하는 외국 학생 세 명 중 한 명이 중국 학생이었다.[3]

표면적으로는 양쪽의 기대가 완벽히 맞아떨어진 것처럼 보였다. 미국의 대학은 중국 학생을 유치함으로써 재정적 공백을 메웠으며, 중국 학생은 외국에서 최고 수준의 교육을 받을 수 있게 되었다. 경제적인 교환뿐만이 아니었다. 캠퍼스에서 이루어지는 학생들 간의 교류로 인해 상대국에 대한 문화적 이해가 깊어지고, 이를 통해 장차 세계의 두 강대국이 더욱 긴밀히 결속할 수 있으리라는 희망이 생겨났다. 중국과 미국의 미래 지도자들이 버드라이트 맥주를 마시며 함께 어울리는 것보다 세계평화에 더 효과적인 길이 있을까?

그렇지만 현실은 상상한 대로 흘러가지 않았다. 대학 운영자에게는 중국 학생이 학교를 재정적인 곤경에서 건져주는 구명줄 같은 존재였을 테지만 캠퍼스에 중국 학생이 점점 늘어나는 추세를 지켜본 캘리포니아의 미국 학생들은 새로운 의문을 품기 시작했다. 이 외국 학생들은 단지 우리를 경제적으로 지원하려는 것인가, 아니면 우리를 밀어내고 자리를 차지할 셈인가? 대학 생활을 통한 문화적 교류도 기대만큼 이루어지지 않았다. 중국 학생이 늘어나면서 이 그룹의 내부에만 안주하려는 학생들의 배타성도 함께 증가했다. 어떤 중국 학생들은 영어도 제대로 익히지 못하고 미국 친구도 몇 명 사귀지 않은 채 캘리포니아 대학교의 4년 과정을 마쳤다.

국제 캠퍼스를 흐르는 정치적 기류도 우호적이기보다는 우려하는 분위기 일색이었다. 중국 정부는 공부를 마치고 귀국하는 학생이 선거민주주의에 대한 열망이라는 전염병을 안고 들어오지 않을까 경계의 눈빛을 거두지 못했다. 미국의 정치가도 의구심을 드러내기는 마찬가지였다. 중국 정부가 일부 중국 유학생을 재정적으로 지원한다는 언론 보도가 나오자, 미국의 대학에 스파이가 침투하고 있는지도 모른다는 우려가 번져나갔다. 중국 정부로부터 지원을 받은 중국 학생이 달라이라마 같은 '위협적인' 초청 연사에 반대하는 캠퍼스 시위를 벌이자, 그 우려는 중국 정부가 이 학생들을 이용해 자국의 언론 통제를 미국에 들여오려는 게 아닌가 하는 의혹으로 바뀌었다.

2018년이 되자 중국 학생에 대한 반발은 캠퍼스를 넘어 정치계로 확산되었다. FBI 국장이나 명망 높은 상원의원은 앞다투어 학생들을 스파이 혐의로 고발했다. 그들이 중국 정부의 커다란 음모 아래 미국의 기술을 훔치고 중국의 반체제인사를 탄압하는 앞잡이 노릇을 한다는 것이었다. 트럼프 대통령은 사석에서 "이 나라로 들어오는 학생 대부분은 스파이다"라고 말하기도 했다. 그는 중국 국적을 지닌 사람에게 학생비자 발급을 중단하자는 각료의 제안을 적극 고려하겠다고 밝혔다.

미국을 찾은 중국 학생들의 이야기는 점점 예상치 못한 방향으로 흘러갔다.

'아름다운 나라'에서 과학기술을 배우자

중국 유학생의 기원은 1800년대로 거슬러 올라간다. 일부 중국 학생이 '아름다운 나라美國'라는 이름의 신생국가에서 공부하기 위해 태평양을 건넜다. 초기의 외국 유학생도 요즘처럼 종교적·정치적 부담감에 시달린 것은 마찬가지였다. 처음 미국에 상륙한 중국 유학생은 주로 미국인 선교사의 후원을 받았다. 선교사는 학생들이 미국에서 기독교를 받아들이고, 중국으로 돌아가 자신의 믿음을 주변에 전파해주기를 기대했다. 그러나 중국 정부의 계획은 달랐다. 1872년, 청나라 조정은 미국의 과학기술(특히 군사기술)을 배우려는 목적으로 120명의 소년을 국비 유학 사절로 편성해 미국에 보냈다.[4]

당시 청 제국의 상황은 최악이었다. 한때 지구상에서 가장 문명화된 국가라는 자부심으로 가득했지만 이제 그 기반이 뿌리째 흔들리고 있었다. 1800년대 중반에 발발한 두 차례의 아편전쟁에서 중국군은 신식 무기를 앞세운 유럽의 연합군에 연전연패했다. 태평천국운동(청나라 말기에 벌어진 대규모의 농민운동 - 옮긴이)의 참화를 겪고 서양 군대와의 전투에서 거듭 패배한 중국 정부는 한 가지 교훈을 얻었다. 청나라가 제국을 보전하려면 서양에서 기술을 배워야 한다는 것이었다. 청나라 조정의 관리들은 어린 소년들을 선발해 미국에 유학을 보낸다는 계획을 승인했다.

하지만 뉴잉글랜드에 도착한 소년들은 서양의 기계공학만 배우지는 않았다. 기독교로 개종한 소년도 생겨났고 에이작스Ajax, 용감한 중국인Fighting Chinee, 유쾌한 조니By-jinks Johnnie처럼 순수한 서양식 별명을 얻은 소년도 있었다. 유학생을 지켜보던 보수적인 청나라 관리들은 이 소년들에게서 유교적인 사고방식과 청 제국에 대한 충성심이 사라져가는 모습에 놀라움을 감추지 못했다. 게다가 미 국무부는 중국 학생을 웨스트포인트West Point(미 육군사관학교 - 옮긴이)에 입교시키기를 거부하면서 남은 자리가 없다고 핑계를 댔다.

중국의 관리들은 예정되었던 교육 기간인 15년에서 9년이 지나자 소년들에게 즉시 귀국하라고 명했다. 학생들은 돌아오자마자 억류되어 엄격한 조사를 받았다. 그들 중 몇몇은 나중에 중국군과 정부의 고위직 인사가 되었지만, 부패한 청 왕조의 운명을 되돌리기엔 역부족이었다. 중국은 서양의 문화와 기술에 대한 상반된 애증 관계 앞에서 딜레마에 빠져 있었다.

그 소년들이 '아름다운 나라'를 떠난 1881년으로부터 1년이 지난 후, 미국은 중국인 배척법을 통과시켰다. 그리고 중국 정부가 여러 명의

학생을 다시 미국에 보낸 것은 그로부터 100년 가까이 지난 후의 일이
었다.

두 번째 유학생들

그다음에 미국으로 향한 학생들 역시 나라의 형편이 그리 좋지 않
을 때 유학길에 올랐다. 1978년, 중국은 마오쩌둥이 일으킨 광기 어린 문
화혁명(1966~1976년)의 충격에서 벗어나지 못하고 여전히 혼란에 빠져 있
었다. 문화혁명기의 10년 동안 중국의 교육 시스템은 과격한 학생 전위
대 홍위병들로 인해 거의 기능을 상실했다. 학생들은 조금이라도 '봉건
적인(전통적이고 유교적인)' 내용을 가르치거나 '외래적인(마오쩌둥 사상에 반하는
대부분의 근대 학문이나 과학에 연관된)' 수업을 하는 선생들을 가차 없이 비판대
에 세웠다. 중국 정부는 수학이나 과학 분야의 학사들을 탄광으로 추방
해 강제 노동을 시켰으며, 급기야 홍위병들을 시골 마을로 보내 '농부들
에게 배우라'고 명령했다. 문화혁명의 여파가 어느 정도 가라앉았을 때,
중국은 이미 대부분의 과학기술 영역에서 서양보다 수십 년 넘게 뒤처
진 상태였다.
　중국의 새로운 지도자 덩샤오핑鄧小平은 잃어버린 시간을 만회할 수
있는 방법을 찾았다. 그는 미국의 지미 카터 대통령과의 협상을 통해 중
국 학생 52명을 몇몇 미국 대학에 보내기로 했다.[5] 학생들에게는 컴퓨터
공학 같은 첨단 분야를 익히고 돌아와 중국의 기술적 토양을 다시 구축
하라는 임무가 주어졌다.
　선발대격인 학생 12명이 프린스턴 대학에 도착했을 때, 이들을 반
갑게 맞아준 사람은 스탠리 쾽Stanley Kwong 교수였다. 프린스턴의 부학장
이었던 쾽 교수는 미국과 홍콩을 오가며 자라났다. 그가 1973년에 중국

계 미국인 학자 대표단의 일원으로 중국을 방문했을 때, 저우언라이周恩來 총리는 중국 학생들이 미국에 도착하면 잘 보살펴달라고 개인적으로 부탁했다.

사실 학생들은 도움이 필요했다. 당시 중국의 GDP(국내총생산)는 아프리카의 르완다와 비슷한 수준이었다.[6] 정부의 지원을 받는다고는 해도, 유학생들의 주머니 사정은 형편없었다.

"학생들은 아침에도 흰 빵을 먹고 점심에도 흰 빵만 먹더군요."

큉 교수는 이렇게 회고한다. 그는 다른 중국계 미국인 교수들과 함께 한 달에 한 번씩 성대한 닭고기 만찬을 마련해서 유학생들의 영양을 보충해주었다. 미국에서 몇 년 동안 공부를 마친 학생들은 나중에 귀국해서 중국 학계의 핵심적 위치에 오르고, 각 대학의 주요 학과를 이끌었으며, 새로운 학문의 기틀을 닦았다.

얼마 지나지 않아 또 다른 유형의 중국 유학생들이 이번에는 자기 스스로 미국에 건너갔다. 1980년대 중반까지 젊은 중국 학생들이 잇따라 미국 땅을 밟았다. 대부분 미국에 거주하는 친척을 둔 학생이었다. 그들이 비자를 발급받으려면 재정보증을 해줄 후원자가 필요했다. 하지만 친척들 역시 차이나타운의 식당이나 의류 공장에서 일하며 겨우 입에 풀칠하는 형편이었기 때문에, 학생들은 경제적 문제를 스스로 해결해야 했다.

그들은 대부분 학업을 하면서 레스토랑의 웨이터나 공장의 노동자로 힘들게 일했다. 학생비자를 소지한 경우에는 근로자가 될 수 없다는 법 때문에 학생들은 주로 차이나타운 같은 곳에서 몰래 일하고 그 대가를 현금으로 받았다. 그들보다 먼저 미국에 이주해 사업체를 운영하는 중국인은 종종 학생들의 취약한 법적 지위를 이용해 최저임금의 절반밖에 안 되는 급여를 지불했다.

"그 사람들은 쥐어짤 수 있다면 뭐든 사정없이 쥐어짰죠."

샌프란시스코에 유학을 와서 정착한 어떤 사람은 그렇게 말했다. 하지만 학생들은 미국 영주권을 얻을 수 있다면 그 정도의 고생은 감수할 가치가 있다고 생각했다. 중국이 서서히 세계의 공장으로 변모하는 상황에서도 미국과의 경제적 격차는 여전히 극심했다. 미국 '빈곤층'의 삶의 질이 중국의 '중산층'보다 높았다. 한번 미국 생활의 맛을 본 학생은 절대 되돌아가려 하지 않았다.

외국 학생 유치 붐

세대가 바뀌면서 엄청난 변화가 생겼다. 2008년을 전후해 과거 30년 동안 지속된 급속한 경제성장의 결과로 부유한 중국인 부모가 수없이 탄생했다. 그들은 제조기업의 소유주, 부동산 개발업자, 기술기업가, 정부기관의 관료 같은 사람이있다. 자식을 외국에서 공부시키는 일은 그들의 공동체 내에서 우월한 사회적 신분의 상징이었다. 이 때문에 미국 대학에 지원하는 중국 학생의 수가 급증했다.

미국 공립대학의 입학사정관들은 중국인을 두 팔 벌려 환영했다. 당시 미국의 공립 고등교육기관에 대한 공공의 지원은 몇십 년 동안 꾸준한 하락세를 보이고 있었다. 그러다가 2008년에 금융위기가 닥치면서 급격히 추락했다.

캘리포니아는 그런 현상이 벌어진 대표적인 지역이었다. 2007년부터 2012년 사이 공공 대학에 대한 주정부의 지원은 20억 달러가 줄어들었으며 과거에 비해 무려 30퍼센트나 감소했다.[7] 학교 운영자는 이러한 재정적 공백을 어떻게 메워야 할지 몰랐다. 의회는 그들의 하소연에 무관심하게 반응했다. 그렇다고 수업료를 인상하면 대중의 시위를 불러 일으킬 소지가 있었다. UC버클리의 골드만 공공정책대학 Goldman School of

Public Policy 학장인 헨리 브래디Henry Brady는 〈샌프란시스코 크로니클〉과의 인터뷰에서 당시 여러 대학에 닥친 딜레마를 이렇게 표현했다.

"모든 대학이 예산 부족에 시달렸습니다. 비용은 나날이 오르는데 주정부의 지원은 정체상태이거나 오히려 감소하고, 수업료를 인상하는 일은 허용되지 않았죠. 말하자면 우리는 고급차에 해당하는 교육을 중형차 가격으로 제공하는데, 주정부는 가격을 오토바이 수준으로 낮추라고 얘기하는 겁니다. 어느 시점이 되자 우리는 이렇게 자문할 수밖에 없었죠. '그렇다면 현실적인 방법은 뭘까?'"

재정난에 빠진 공공 대학은 결국 미국의 다른 주나 외국 출신 유학생의 수를 대폭 늘리는 방법을 택했다. 이유는 간단했다. 이 학생들은 현지 학생들에 비해 세 배에 달하는 수업료를 지불하고, 학자금 융자도 거의 받지 않기 때문이었다. 2014~2015학년도에 UC버클리에 등록한 이 지역 출신의 학부생은 1인당 평균 1만 3,328달러의 수업료를 납부했다. 저소득층으로 분류된 현지 학생들 중 55퍼센트는 아예 수업료를 한 푼도 내지 않았다. 하지만 다른 주나 외국에서 유학 온 학생은 동일한 교육을 받으면서 1인당 평균 3만 6,833달러의 수업료를 지불했으며 학자금 융자 대상에서도 제외되었다.[8] 이론적으로 보면 이 대학에 등록한 중국 학생 한 명이 캘리포니아 출신 학우 두 명분의 학비를 보조해주는 셈이었다.

중국 학생을 유치하는 붐은 이렇게 시작되었다.

미국 국제교육원Institute for International Education의 자료에 따르면 2008년부터 2012년까지 미국 대학에 등록한 중국 학생의 수는 매년 20퍼센트씩 증가했다. 2013년에 미국 대학에서 공부하는 중국 학생은 2008년 금융위기가 발생하기 전에 비해 세 배가 늘어났다. 2017~2018학년도에는 중국 학생의 수가 학부생과 대학원생을 합해 사상 최대인 36만 명을 돌파했다. 미국에서 공부하는 외국 학생의 수를 국가별로 나열했을 때 중국은 인도를 앞질러 1위를 차지했으며, 2017년에는 2위부터 6위 국가의 학생 수를 모두 합해도 중국 학생의 수를 넘지 못했다.[9]

미국 중서부 지역의 주요 주립대학도 많은 중국 학생을 유치했다. 일리노이 대학교 어바나 샴페인University of Illinois Urbana-Champaign 캠퍼스는 뜻밖에도 미국에서 가장 많은 중국 학생이 등록한 대학이 되었다. 2000년에 이 학교에 등록한 중국 학생은 37명에 불과했지만 2014년에는 3,000명으로 뛰어올랐다.[10] 위스콘신, 인디애나, 오하이오 등지의 주요 대학 캠퍼스도 비슷한 패턴을 따라 태평양 저편의 학생들에게 문을 활짝 열었다.

주별로 비교했을 때 중국 학생을 가장 많이 받아들인 지역은 6만 명을 유치한 캘리포니아였다. 2007~2017년 캘리포니아 대학 시스템(UC 시스템)의 10개 캠퍼스(UC버클리, UCLA 등)에 등록한 중국 학생은 열 배가 늘어났다.[11] 2017~2018학년도가 시작될 때 UC시스템에 등록한 중국 학생의 수는 2만 2,325명이었다. 이 캠퍼스에서 공부하는 흑인 학생의 두 배가 넘는 숫자였다.

페라리와 퍼스트 클래스

학생들은 첨단의 유행으로 무장하고 미국에 등장했다. 스탠리 퀑 교수는 중국 학생들이 변화하는 모습을 가장 가까이서 지켜본 사람이다. 퀑 교수는 1978년 프린스턴 대학에서 처음 중국 학생들을 만난 후 IBM에 입사해서 마케팅 임원으로 30년간 근무했다. 그는 2009년 IBM에서 퇴직하고 샌프란시스코 중심부에 자리잡은 예수회 계열의 사립대학인 샌프란시스코 대학교University of San Francisco, USF의 교수로 복귀했다. 퀑 교수의 마케팅 수업에는 점점 더 많은 중국 학생이 몰려들었다. 그런데 정작 그의 주의를 끈 것은 학교 바깥에서 학생들이 생활하는 모습이었다.

당시 큉 교수는 광둥어廣東語로 진행되는 지역 라디오 방송 프로그램에 종종 게스트로 출연해 중국의 경제와 정치에 관해 대담을 나누었다. 그의 방송을 듣는 청취자 중에는 USF 부근의 리치먼드 주민이 많았다. 그곳은 홍콩이나 대만 출신의 나이 지긋한 이민자가 많이 거주하는 조용한 마을이었다. 그런데 2013년부터 큉 교수가 출연하는 라디오 프로그램에 전화를 걸어 불만을 터뜨리는 청취자가 부쩍 늘어났다. 한밤중에 페라리의 엔진 소리가 너무 시끄럽다는 것이었다.

USF에서 공부하는 중국 유학생이 늘어나면서 리치먼드의 중국 식당은 새로운 고객들을 위해 광둥식 해산물 요리를 쓰촨四川 스타일의 매운 요리로 바꾸었다. 뿐만 아니라 영업시간도 중국 학생들이 가라오케에서 밤늦게까지 즐기고 돌아오는 때에 맞춰 새벽 3시까지로 연장했다. 낮시간에 나이 많은 주민들이 식당을 이용하고 나면, 한밤중에는 심야 고객들이 페라리의 요란한 엔진 소음과 함께 등장했다.

"페라리가 집 주변에 나타나면 엔진 소리 때문에 금방 알게 됩니다. 그렇죠?"

큉 교수의 말이다. 물론 중국 학생들 모두가 그렇게 부유한 것은 아니었다. 중국의 중산층 부모는 자식을 미국에 유학 보내기 위해 수십 년간 힘들게 일해서 돈을 모았다. 학생들은 미국의 지역 전문대학 2년 과정을 밟으면서 방과 후나 주말에 부업을 했다. 그리고 UCLA 같은 유명 대학으로 옮길 기회를 노렸다.[12] 비교적 집안이 넉넉한 학생들도 가급적 남의 눈에 띄는 행동을 삼가고 캠퍼스 친구들과 어울리기 위해 노력했다. 많은 중국인 가족에게 아이가 미국의 상위권 대학에서 따낸 학위는 아메리칸드림을 향한 개인적 노력과, 교육을 최우선시하는 유교적 가치의 합작품이었다.

하지만 페라리를 몰고 다니는 새로운 부류의 학생들은 금방 세간의 주목을 끌었다. 그들은 몇 세대 전 이곳에서 힘겹게 박사학위를 얻어낸 선배들과 너무도 달랐다. 팀 린이 미국에 도착한 때는 그런 변화가 막 시작되는 무렵이었다. 그가 창간한 칼리지 데일리는 미국 대학 캠퍼스에서 공부하는 중국 학생들의 모습이 어떻게 변화되어가는지를 자세히 묘사했다. 팀은 그의 사무실을 처음 방문한 내게 이렇게 말했다.

"10년 전만 해도 벤츠나 BMW 같은 고급차를 구매하는 학생은 아무도 없었어요. 학생들은 주인이 서너 번 바뀐 1995년형 도요타 코롤라 같은 고물차를 겨우 사서 몰고 다녔죠. 그런데 2015년 현재 어떤 일이 벌어지는지 보세요. 중국 학생이 퍼스트 클래스를 타고 미국 공항에 내리면 최고급 승용차가 대기하고 있어요. 먼저 유학 온 친구에게 미리 차를 사달라고 부탁해서 공항에서 넘겨받는 거죠."

떠나야 하나, 머물러야 하나

새로운 부류의 학생들이 선배들과 다른 점은 경제적 여유뿐만이 아니었다. 그들은 과거의 유학생들에 비해 더 젊었으며, 학업 성적도 별로 뛰어난 편이 아니었고, 미국에 오래 머물겠다는 의지도 그리 강하지 않았다.

1980년대부터 2000년대 초반까지 미국 대학의 학부 과정에 입학한 중국 학생은 매우 적었다. 대신 유학생 대부분은 기술 분야의 석사나 박사과정에 등록했다. 그들은 칭화 대학이나 베이징 대학처럼 중국 최고의 명문 대학 출신이었으며, 자신의 우수한 학업 성적을 바탕으로 미국 최고 대학의 연구 과정에 입학할 자격을 얻은 인재들이었다.

이들은 학위를 받은 후 대부분 미국에 눌러앉는 길을 택했다. 미국 국립과학재단National Science Foundation에 따르면 2002년부터 2004년 사이 미국에서 박사학위를 받은 중국 학생들 중 86퍼센트가 졸업 후 10년 뒤에도 여전히 미국에서 활동하고 있었다. 박사과정을 마친 외국 학생이 미국에 머무는 비율을 국가별로 비교했을 때 중국은 인도와 동률 1위를 기록했으며, 32퍼센트로 3위를 차지한 한국과 거의 세 배 가까운 차이를 보였다.

그런데 2008년이 되자 상황이 바뀌기 시작했다. 중국에서 고등학교를 졸업하고 곧바로 미국의 대학에 진학하는 학생이 크게 늘어난 것이다. 그렇다고 그들이 학교 성적이 가장 우수한 부류도 아니었다. 단지 경제적으로 넉넉한 부모 덕분에 외국 고등학교 프로그램에 참가한 경험을 지닌 학생이 대부분이었다. 2011년 UC시스템에 등록한 중국인 학부생의 수는 처음으로 대학원생 수를 넘어섰다. 얼마 후에는 이런 현상이 미국 전체로 확대되었다.[13] 많은 학생들은 몇 년 동안 공부해서 학사학위를 받은 후 중국으로 돌아갔다.

중국인들은 외국에서 공부한 후 귀국하는 사람을 '바다거북海龜'이라는 별명으로 부른다. 바다를 건너갔다가 되돌아왔다는 뜻이다. 1980년대부터 1990년대까지의 초기 유학생들 중 '바다거북'은 그리 많지 않았다. 간혹 귀국한 사람은 대학이나 다국적기업에 고위직으로 영입되었다. 이후 외국으로 나가는 학생이 증가하면서 '바다거북'도 함께 늘어났다.

새로운 세대의 중국 유학생이 귀국하는 비율을 정확히 분석한 데이터는 거의 없다. 하지만 각종 통계수치와 여러 사례를 종합적으로 분석해보면 미국에 머물 것인가, 혹은 중국으로 돌아갈 것인가에 대한 학생들의 결정에 큰 변화가 생겼다는 사실은 분명하다. 2017년 외국에서 공부한 후 중국으로 돌아온 학생의 수는 사상 최대인 48만 명을 기록했다. 중국 교육부는 2016년 현재 유학생의 귀국 비율은 2013년과 비교해 약 70~80퍼센트가 증가했을 거라고 추정했다.[14] 이 숫자는 인디애나 주 퍼듀 대학교가 중국 유학생들의 졸업 후 계획을 조사한 설문 결과와 비슷한 맥락을 보인다. 설문 대상자 중 57퍼센트가 학업을 마치면 몇 년 후에 중국으로 돌아가겠다고 응답했으며, 9퍼센트는 곧바로 귀국하겠다는 의사를 밝혔다. 미국에 계속 머물겠다는 학생은 13퍼센트에 불과했으며, 21퍼센트는 아직 잘 모르겠다고 답했다.[15]

귀국 비율이 변화하는 현상에는 밀어내는 힘(미국을 떠남)과 당기는 힘(중국으로 돌아감)이 모두 작용하는 듯하다. 학생들이 중국으로 돌아가는 대표적인 이유 중 하나는 H-1B 비자를 얻기가 점점 어려워지기 때문이다. 이 비자는 미국에서 일자리를 구하는 외국인 고숙련 기술자에게 주어지는 취업비자다. 미국에서 매년 새로 발급되는 H-1B 비자의 수는 제한되어 있으므로, 관계 당국에서는 모든 지원자를 대상으로 추첨을 통해 당첨자를 가리는 방법을 쓴다. 지난 몇 년 동안 이 비자를 신청하는 사람의 수는 꾸준히 증가했지만 1년에 8만 5,000개로 정해진 비자의 총 숫자는 변함이 없다.

하지만 중국 학생들을 미국 바깥으로 밀어내는 힘이 비자 획득에 실패하는 일처럼 항상 눈앞에 분명하게 보이는 것은 아니다. 팀 린은 내게 이렇게 말했다.

"저는 대학을 졸업했을 때만 해도 아메리칸드림을 꿈꿨죠. 미국에서 윤택하게 살고, 행복한 미래를 가꾸고, 규칙을 지키고……. 하지만 막상 사회에 진출해보니 중국인이 넘을 수 없는 벽이 존재하더군요. 말하자면 보이지 않는 유리천장이 있었던 거죠."

팀은 캘리포니아 산호세에 위치한 회계법인에 처음 취직했을 때 그 유리천장을 경험했다. 앞날에 대한 부푼 기대를 안고 직장생활을 시작했지만 곧바로 문화적인 장벽에 부딪힌 것이다. 회사의 임원들과 함께 참석한 파티에서 어느 관리자가 중국인이나 아시아계 직원은 승진에 불리하다는 말을 했을 때 팀은 좌절감에 빠질 수밖에 없었다.

예전에 미국 대학을 졸업한 중국인은 그런 경우에도 대부분 자존심을 굽히고 계속 일을 했다. H-1B 비자나 영주권 획득 같은 문제가 그 일자리에 달려 있었기 때문이다. 하지만 중국의 경제가 성장하고 부유한 가정이 늘어나면서 중국 학생들의 태도에 큰 변화가 생겼다. 그들에게 미국 대학의 학위는 더 이상 자신을 가난한 나라에서 벗어나게 해주는 '황금 티켓'이 아니었다. 특히 부유한 부모의 사업을 물려받게 될 학생들은 오히려 고국에서 더 많은 돈을 벌 가능성이 높았다.

경제적 능력을 갖춘 학생들이 대학 생활을 해나가는 방식도 예전과 크게 달라졌다. 특히 중국인 학부생은 여유를 추구하고, 재미있는 일을 찾고, 탐험을 즐기는 등 미국 학생들의 행동을 점점 따라 하는 경향을 보였다. 팀의 말이다.

"그들은 이곳에서 공부하며 인생을 즐기죠. 굳이 여기서 더 나은 삶을 목표로 애써 노력하지 않아요. 중국에 돌아가면 더 나은 삶이 기다리고 있으니까요."

캘리포니아의 신분 상승 기계

모든 사람이 변화를 반기지는 않았다. 2014년, 샌디에이고 카운티에 있는 지역 전문대학 사우스웨스턴 칼리지Southwestern College의 학생신문은 「UCSD가 우리의 자리를 부자들에게 내주고 있다」라는 기사를 실었다. 캘리포니아 대학교 샌디에이고 캠퍼스UCSD에 외국 학생이 급증한 현상을 꼬집은 기사였다. 2007년부터 2013년까지 UCSD에 신입생으로 들어온 중국 학생은 258명에서 2,099명으로 여덟 배가 늘어났다.[16] 기사를 쓴 사람은 UCSD에 입학하는 지역 전문대학의 학생 수가 점점 줄어든다면서 이 학교가 '대학 교육의 홀로코스트'를 자행한다고 비난했다.

'UCSD는 사우스웨스턴 칼리지 학생들을 원하지 않는다. 우리가 외국 학생들만큼 돈을 가져다주지 않기 때문이다. 물론 틀린 말은 아니다.'

그리고 기사 끝에 카툰 한 장을 실었다. UCSD의 총장이 외국 학생들의 지원서로 넘쳐나는 책상 앞에 앉아 사우스웨스턴 칼리지 학생들의 지원서를 무표정하게 서류 분쇄기에 집어넣는 그림이었다. 그 신문은 이렇게 덧붙였다.

'UCSD는 집안에서 처음으로 대학교에 진학하는 지역의 서민 가정 출신 학생들에게 단단히 문을 닫아걸었다. 그들 대부분은 소외받는 소수민족이다. UCSD의 국제적 인종차별 행위를 지적하는 사람은 별로 없다. 하지만 꼭 후드티를 입고 십자가를 불태우는 것(백인우월주의를 주장하는 KKK단의 폭력 행위를 의미한다 - 옮긴이)만이 인종차별은 아니다.'

한편 캘리포니아 주 감사관도 외국 학생의 등록이 늘어나는 현상을 비판하는 보고서를 발표했다. 상세한 통계자료와 함께 작성된 보고서의 제목은 '캘리포니아 대학교 : 지역 학생들에게 불이익을 안겨주는 입학 및 재정적 의사 결정에 관하여'였다. 이 보고서는 캘리포니아의 여러 대학이 재정 확보를 위해 미국의 다른 주나 외국 출신 학생에게 입학 분턱을 낮춤으로써 현지 학생에게 불이익을 준다고 지적했다.

'지난 10년 동안 이 지역 거주 학생의 입학 지원은 52퍼센트가 늘어났지만 실제로 입학한 학생 수는 10퍼센트 증가하는 데 그쳤다. 그러나 같은 기간 비거주자의 입학은 무려 432퍼센트가 증가했다.'

이 보고서는 특히 2011년 대학들이 지역 비거주자의 입학 기준을 변경한 일을 강력하게 비난했다. 예전에는 비거주자에게 '기존 입학생의 상위 50퍼센트에 해당하는 성적'을 요구하던 UC시스템 대학들이 '캘리포니아 거주 입학생과 비슷한 성적'으로 비거주자의 입학사정 기준을 바꾸었다는 것이다. 그 결과 2009년에서 2014년 사이 비거주자의 입학으로 인해 추가로 창출된 수업료(현지 학생들이 납부한 금액 이외의 추가 수업료)는 3억 2,500만 달러에서 7억 2,800만 달러로 대폭 증가했다.[17] 하지만 같은 기간 UC시스템 소속의 대학에서 공부하는 현지 학생의 비율은

89퍼센트에서 81퍼센트로 줄어들었다.[18]

　캘리포니아 주 감사관은 보고서의 나머지 부분을 UC시스템 대학들의 부실한 재정 관리를 지적하는 데 할애했다. 바로 이전에 진행된 감사에서 제시된 권고안을 충분히 이행하지 못하고 대학 운영자에게 과도한 급여를 제공하고 있다는 것이다. 보고서는 주 법률을 개정해 UC시스템 대학에 입학하는 비거주자의 숫자에 한도를 설정하고, 그 한도를 넘기지 않은 대학에는 공공자금을 지속적으로 지원해야 한다고 권고했다.

　UC시스템의 지도부는 당연히 불쾌한 반응을 보였다. 캘리포니아 대학교 총장 자넷 나폴리타노Janet Napolitano는 주 감사관에게 강경한 어조의 답장을 보냈다. 그녀는 보고서가 채택한 기본 전제를 인정하지 않았으며, UC시스템 대학이 비거주자 학생의 입학을 대폭 늘린 것은 재정 압박으로 인해 선택의 여지가 없었기 때문이라고 반론을 제기했다. 나폴리타노에 따르면 UC시스템 대학의 주요 자금원은 세 가지라고 한다. 첫째, 주정부의 지원(33퍼센트 감소함). 둘째, 현지 거주 학생이 납부하는 수업료(인상 시에 학생들의 시위가 발생할 가능성이 높음). 셋째, 비거주자가 납부하는 수업료(UC시스템 대학이 재정 공백을 메우기 위해 확대함). 그녀는 감사관이 지적한 7억 2,800만 달러의 비거주자 추가 수업료를 언급하면서, 만일 이 금액이 없다면 모든 현지 학생의 수업료가 20퍼센트 인상되어야 한다고 주장했다.

　뿐만 아니라 나폴리타노는 UC시스템에 등록한 소외계층 학생의 수는 실제로 더 늘어났다고 반박했다. 2007년부터 2016년까지 UC시스템 소속의 대학 캠퍼스에 입학한 소수민족 출신 학생(17퍼센트에서 25퍼센트로), 집안 최초로 대학에 진학한 학생(36퍼센트에서 42퍼센트로), 펠그랜트Pell Grant(연방정부에서 경제적으로 어려운 학생에게 지급하는 무상장학금 - 옮긴이) 수령자(30퍼센트에서 38퍼센트로) 등 소외계층 학생의 비율은 오히려 증가했다는 것이다. 심지어 '대학 교육의 홀로코스트'를 저질렀다고 비난받은 UCSD에서도

위의 세 항목에 해당하는 입학생의 수는 예전과 비슷하거나 늘어났다.[19]

〈뉴욕 타임스〉는 위의 통계를 바탕으로 UC시스템 대학이 '대학 접근성 지표College Access Index'에서 전국 최고의 위치를 차지했다고 찬사를 보냈다. 저소득층 및 중간소득층 학생의 수업료, 입학 비율, 졸업 비율 등을 고려했을 때, 이 학생들의 '아메리칸드림 실현에 가장 큰 노력을 기울이는' 교육기관이라는 것이다. UC시스템 대학은 2015년과 2017년 두 차례에 걸쳐 '대학 접근성 지표' 순위에서 1위부터 5위까지를 휩쓸었다. 〈타임스〉는 UC시스템을 '캘리포니아의 신분 상승 기계'라고 불렀다.

물론 앞으로도 이 기계를 계속 가동하는 데 필요한 연료의 상당 부분은 UC시스템에 등록한 중국 학생들의 수업료에서 나올 수밖에 없을 것이다.

스카이프에 등장한 검은 고양이

미국 대학의 캠퍼스에서 공부하는 중국 학생이 문제가 되는 것은 단지 그들의 숫자가 급증하기 때문만은 아니다. 그들이 어떤 과정을 거쳐 미국 대학에 입학하는지도 또 다른 논란거리다.

처음 문제가 불거진 곳은 샌프란시스코 대학교USF의 2012년도 신입생 오리엔테이션 행사장이었다. 이 대학은 이미 몇 년 전부터 중국 학생의 입학을 대폭 늘렸다. 이런 상황에서 일부 대학 운영진은 새로 등록한 학생들에게 '언어의 장벽'이 존재할 수도 있다고 우려했다. 결국 이 대학은 어느 학장의 '창의적인' 아이디어를 받아들여 입학생 환영 행사장에 영어와 중국어의 동시통역이 제공되는 헤드셋을 비치했다. 물론 '다양한 문화적 배경'을 지닌 학생들을 배려한다는 차원에서 언뜻 나쁘지 않은 아이디어로 생각될 수도 있었다.

　하지만 현장(수십 명의 중국 학생이 헤드셋을 착용하고 학교 측의 환영사를 듣고 있는 모습)을 지켜본 사람들은 의아함을 감추지 못했다. 미국 학생들과 교수들은 하나같이 이런 의문을 품었다. '영어를 못한다면, 왜 여기에 온 걸까?' 미국 학생의 입장에서 학교 측의 조치는 이 대학에 입학하기 위해 쏟아 온 자신의 힘겨운 노력을 모욕하는 것일 수도 있었다. 교수들은 중국 학생들과의 언어장벽이 수업의 역동성을 훼손하고, 토론에 지장을 주고, 학문의 언어를 수준이 낮고 단순하게 만들 거라고 생각했다. USF 경영대학원의 어느 부학장은 오리엔테이션 행사가 끝난 지 얼마 후에 학교를 그만두었다.

　사실 헤드셋과 관련된 촌극의 이면에는 그럴 만한 사정이 있었다. 다른 대학과 마찬가지로 USF도 일부 중국 학생의 입학을 조건부로 승인했다. 학부 과정에 등록하기 전에 짧게는 한 학기에서 길게는 몇 년에 이르는 어학연수 과정을 이수하라고 요구한 것이다. 이 과정에 참가한 학생들은 대학 등록금 전액을 납부했지만, 그들에게 영어를 가르치는 사람은 주로 은퇴한 고등학교 교사였다. 학교 당국 입장에서는 꽤 짭짤한 부업이었을 것이다.

　그런데 중국 학생과 그들을 받아들인 대학의 관리자가 좀처럼 인정하려 들지 않는 '불편한 진실'은 따로 있었다. 중국 학생의 미국 대학 지원 과정에 사기詐欺가 난무한다는 것이다.

　중국 학생의 미국 유학이 급증하면서 이른바 '교육 컨설팅' 회사라는 소규모 기업이 우후죽순처럼 생겨났다. 이들 회사는 중국에 거주하는 젊은 미국인을 고용해 미국 대학 입학과 관련된 서비스를 제공하는 대가로 5,000달러부터 5만 달러의 수수료를 받았다. 물론 서비스의 종류는 금액에 따라 다양했다. 입학 업무 전반에 관한 완벽한 가이드를 제공하는 서비스부터 영어 작문을 대필해주거나 지원서에 기재할 교외 활동에 관한 내용을 작성해주는 서비스까지. 내 친구 한 명도 베이징에서 교육 컨설팅 기업에 근무한다. 그는 자기 회사의 사업 모토를 간단히 표현했다. '더 많은 돈을 내는 분에게 더 많은 것을 약속합니다.'

이 회사는 25만 위안(약 4만 달러)을 지불하는 고객에게 〈유에스 뉴스 앤 월드 리포트US News & World Report〉가 선정한 미국의 25개 상위권 대학 입학을 보장한다. 그 금액의 절반 정도를 내는 고객에게는 대학을 선택하는 과정을 도와주고, 자기소개서 작성을 지원하고, SAT나 TOEFL 같은 시험을 준비시켜주는 등의 서비스를 제공한다.

지원자의 중국 고등학교 성적을 미국 대학에 제출하는 일은 학생 입장에서 문제와 기회가 공존하는 과정이다. 중국의 고등학교는 대부분 학생의 성적을 서술형으로 기록하지 않고 오직 숫자를 사용해 평가한다. 그 평가 기준은 미국의 고등학교와 비교했을 때 가혹할 정도로 엄격하다. 300명 중에서 가장 우수한 학생의 성적도 미국의 고등학교 시스템으로 환산하면 B+에 불과하나. 따라서 학생, 교사, 부모는 성적증명서를 조금이라도 더 나아 보이게 만들려고 필사적으로 합동작전을 벌인다. 교육 컨설팅 회사에서 컨설턴트로 일하는 내 친구는 이렇게 말했다.

"만일 부모가 힘이 있고 부자라면, 중국 학교의 성적증명서는 마치 칠판처럼 얼마든지 썼다 지웠다 할 수 있지."

그렇게 교육 컨설팅 회사의 도움으로 지원 절차가 완료되면, 똑똑해 보이는 외모에 잠재력이 풍부하고 영어도 유창한 중국 학생이 탄생하는 것이다. 하지만 막상 캠퍼스에 입성한 학생이 영어에 매우 서투르다는 사실이 드러나면 학교 측은 그제야 뭔가 잘못되었음을 깨닫는다.

그래서 일부 대학은 최소한 영어 능력이 너무 부족한 학생만큼은 미리 걸러내겠다는 의도로 중국인 지원자에게 스카이프Skype 서비스를 이용한 화상 인터뷰를 요구한다. 하지만 이들 대학은 실시간 화상 인터뷰에서도 속임수가 사용된다는 사실을 알게 되었다. 베이징에서 미국 대학과 중국 학생의 화상 인터뷰 서비스를 제공하는 인증기업 베리칸트Vericant는 최근의 화상 인터뷰에서 있었던 입학 사기 사건에 대해 다음과 같은 보고서를 썼다.

> 인터뷰가 시작되자 입학사정관은 학생의 무릎 근처에서 검정색 고양이의 귀를 발견했다. 의아하게 여겼지만 그는 인터뷰를 계속 진행했다. 그런데 인터뷰 중간쯤 그 '고양이'가 움직이는 모습이 눈에 띄었다. 그리고 그는 경악했다. 그 고양이는 학생의 무릎을 베고 누워 있는 어떤 여자였다. 그녀는(학생의 어머니처럼 보였다) 인터뷰 내내 학생에게 정답을 알려주었던 것이다.[20]

고양이로 변장한 어머니가 정답을 속삭이는 일은 단순한 웃음거리를 떠나 경우에 따라 범죄행위로 인식될 수도 있다. 이런 입학 사기 행각이 속속 드러나면서 어떤 사람들은 중국의 문화 자체를 비난하거나 중국인의 이미지에 대해 고정관념을 갖기도 한다. 그들은 기만적이고, 부패했으며, 도덕관념이 부족하다는 것이다.

미국의 대학들('진실'과 '정의' 같은 단어를 담쟁이덩굴로 둘러싸인 현판에 새겨놓은 그 대학들)도 그 과정에서 때로 공범 역할을 하는 것은 마찬가지다. 내 친구의 회사는 캘리포니아의 어느 유명 대학에서 근무하는 입학사정관을 통해 그 학교에 중국 학생을 상당수 입학시켰다. 학생이 대학 입학에 성공하려면 지원서도 근사하게 꾸며야 하고 시험에서도 일정한 성적을 올려야 하지만, 학교 담당자가 적절한 역할을 해주어야만 학교의 입학사정위원회를 통과할 수 있다. 그리고 어느 시점이 되면 모든 사람이 이렇게 묻는다. 도대체 무슨 일이 있었던 거지? 내 친구는 이렇게 되물었다.

"입학사정 절차에서 이런 일이 저질러졌다는 사실, 그리고 입학 프로그램에 대한 학교의 투명성이 훼손되었다는 사실에 대해 대학 운영진은 충격을 받았을까? 화를 냈을까? 아니면 이렇게 말했을까? '우리 예산은 적자입니다. 내년에는 외국 학생들에게서 45만 달러를 거둬들여야해요. 최선의 방법을 찾아보세요.'"

그들은 중국을 떠나지 않았다

교육 컨설턴트의 역할은 학생과 대학 사이에서 입학 지원 절차가 효과적으로 이루어지게끔 조율하는 것이다. 그와 달리 칼리지 데일리 같은 미디어 플랫폼은 학생이 일단 미국에 도착한 후에 그들의 현지 문화 적응을 돕는다. 영어를 잘하는 학생이라도 미국의 다채로운 문화(팝문화, 정치, 데이트 앱 등)를 금방 받아들이기는 쉽지 않다.

캠퍼스에 중국인 동료가 많다는 사실은 그들 자신에게 오히려 단짐으로 작용하기도 한다. 과거에 미국을 찾은 중국 유학생은 도착하자마자 현지 생활에 스스로 적응해야 했다. 고국을 떠나 미국 땅을 밟는 순간 주변에 온통 미국인뿐이었기 때문이다. 그런 상황에서 영어를 배우지 않고 미국 친구를 사귀지 못하면 그곳에서 대단히 외로운 생활을 할 수밖에 없었다. 그런데 2012년이 되자 미국의 대학에 유학하는 중국 학생이 엄청나게 늘어났다. 그들은 중국 유학생 그룹의 바깥세상을 탐험하려 들지 않았다. 오직 중국 친구만 사귀고, 중국어 미디어만 접했으며, 하루 종일 중국어로만 대화했다.

팀 린이 마이애미 대학교를 선택한 주된 이유도 미국 친구를 폭넓게 사귀기 위해서였다. 그는 최근에 중국 유학생이 자신들의 그룹 내부에만 안주하려는 성향을 안타까워했다.

"그런 점에서 그들은 진정으로 중국을 떠났다고 할 수 없는 거죠."

중국 학생이 미국인 동료와 교류하도록 도와주는 앱이나 뉴스 플랫폼은 별로 없다. 칼리지 데일리는 중국인 친구들을 벗어나 과감히 미국이라는 나라를 탐구하려는 학생에게 유용한 도구를 제공한다. 이 회사가 게재한 기사는 독자들의 큰 반향을 불러왔으며, 2015년에는 구독자 수가 40만 명을 넘어섰다. 이는 미국에서 유학하는 중국 학생을 전부 합한 30만 명을 훨씬 뛰어넘는 수치다.

내가 팀의 베이징 사무실을 방문했을 때, 편집자와 기고가는 그날 게재할 뉴스, 가십거리, 미국 생활에 관한 정보나 조언 같은 이야기를 정리하기 위해 분주하게 움직였다. 기사는 대부분 미국에서 공부하는 중국 학생이 자신의 경험을 바탕으로 작성한다고 한다. 미국 영주권을 신청하는 절차, 틴더Tinder(소셜 데이트 앱 - 옮긴이)를 사용하는 방법, 도널드 트럼프의 발언에 대한 해설 등등.

이 기사들은 구독자에게 미국인의 행동 방식을 들여다볼 수 있는 창문을 제공한다. 미국으로 영구 이주한 중국인 이민자이든 한 학기 예정으로 유학을 온 학생이든, 이를 통해 이 나라의 이질적 문화에 대한 퍼즐을 한 조각 한 조각 맞추어갈 수 있을 것이다.

쌍둥이 이야기

팀 린은 중국 학생이 미국에 관심을 갖고 자국과의 문화적 차이를 극복하는 과정을 돕기 위해 열심히 일한다. 반면 현지인이 자신의 중국 학우를 이해하고 그들의 고국이 어떤 곳인지 알기 위해 노력하는 경우는 매우 드물다. 만일 미국 학생이 친구들의 배경(중국의 교육 시스템, 가족들의 기대, 미국 대학 지원 절차 등)을 좀 더 정확히 파악할 수 있다면 중국 유학생과의 문화적 마찰을 줄이는 데 큰 도움이 될 것이다.

나는 그런 배경을 파악하기 위해 베이징에 거주하며 고등학교 졸업

반인 쌍둥이 형제 딩쉬안위Ding Xuanyu와 딩쉬안청Ding Xuancheng을 인터뷰했다. 그들은 같은 학교에 다니고, 같은 친구들과 어울리고, 같은 운동을 하며 놀았지만 대학에 진학할 시기가 되자 진로가 달라졌다. 쉬안위는 중국에서 계속 공부하고 싶어 했고, 쉬안청(영어 이름은 '프랭크')은 미국의 대학에 진학하기로 결정했다.

두 소년의 성격을 보면, 그런 결정이 이루어진 것은 자연스러운 일이었다. 쉬안위는 진지하고 학구적인 편이었으며, 프랭크는 외향적이고 활달했다. 쉬안위는 전체적으로 머리를 짧게 잘랐지만 프랭크는 한쪽 옆은 바짝 올려 치고 나머지는 기르는 식의 최신 헤어스타일이었다. 그런데 두 사람이 정말로 달랐던 것은 고등학교에 다니는 마지막 1년 동안 그들이 겪은 대학 지원 과정이었다.

중국에서 고등학교를 다니는 대부분의 학생에게 대학에 지원한다는 것은 오직 한 가지를 의미한다. 이 나라의 악명 높은 대학입학시험 가오카오高考를 통과해야 한다는 것이다. 그들이 얼마나 좋은 대학에 입학할 수 있는지는 오직 이틀간의 가오카오에서 얼마나 높은 점수를 받았는가에 따라 결정된다. 고등학교 성적이나 교외 활동 경험 따위는 아무 소용이 없다. 학생에게 '자기소개서'를 요구하는 대학도 없다. 오로지 가오카오 점수만이 모든 것을 결정한다.

어떤 사람들은 가오카오가 SAT와 비슷하다고 말한다. 하지만 실제로 이 두 시험은 비교조차 할 수 없다. 고등학교 생활의 마지막 순간에 치러지는 가오카오는 모든 것을 빨아들이는 블랙홀과도 같다. 학생들은 초등학교부터 10년 넘게 공부해서 쌓은 모든 지식을 온전히 이 시험에 쏟아부어야 한다. 그에 비하면 미국의 고등학교는 마치 유치원처럼 보인다. 중국의 고등학교 졸업반 학생은 1주일 내내 하루 열두 시간을 공부한다. 극단적인 예로 어떤 학생들은 입시 기간이 다가오면 링거주사를 맞으며 학업을 이어가기도 한다. 기숙사 건물에 자살 방지용 그물망을 설치한 학교도 적지 않다.

쉬안위가 다닌 학교는 중국인의 기준으로 보면 그렇게 가혹할 정도로 공부를 시키는 곳은 아니었다. 하지만 그가 가오카오를 어떻게 준비했는지 얘기했을 때, 나 자신의 빈약한 의지가 부끄러워질 정도였다. 쉬안위는 매주 월요일부터 금요일에는 오전 8시부터 밤 11시 25분까지 학교에서 시험 연습을 하거나 수업을 받았다. 점심과 저녁에 각각 한 시간씩 식사 시간이 주어졌다. 간혹 금요일 저녁식사 후에 휴식을 취하는 날도 있었다. 토요일과 일요일은 하루 여덟 시간씩 추가로 공부를 했다.

가오카오가 학생들의 에너지를 지나치게 고갈시키지만, 나름대로 이 제도에 장점도 있다. 대학 입학 전형이 오직 한 가지 기준, 즉 시험 성적으로 결정된다는 단순성이다. 사적인 관계가 중시되고 곳곳에 부패가 만연한 이 나라에서 점수로 입학을 결정하는 것은 공공의 신뢰를 확보할 수 있는 공평한 방법이라는 인식이 지배적이다.

프랭크는 미국의 대학에 진학하기로 결정하면서 가오카오의 압박에서 벗어났다. 하지만 미국의 대학 입학 절차의 가장 큰 단점은 복잡하다는 것이다. 대학 과목 선이수제 수업, 교외 활동, TOEFL 시험, SAT 시험, SAT 과목별 시험, 추천서, 그리고 자기소개서 등등.

특히 중국 학생을 당황하게 만드는 대목은 자기소개서다. 프랭크는 적극적이고 영어 실력도 뛰어난 편이었다. 그는 춤추기와 그림 그리기를 좋아하고 현대의 뉴욕 패션 경향에 대해 대화하면서 8세기 중국의 옛 시詩를 인용하곤 했다. 하지만 프랭크는 막상 자기소개서를 써야 하는 상황이 되자, 미국 대학 시험이라는 틀 안에 자신이 생각하는 중국의 가치를 어떻게 녹여 넣어야 할지 고민되었다. 프랭크는 이렇게 말했다.

"처음엔 글을 읽는 사람에게 지원자의 확고한 의지를 느낄 수 있게 해줘야 좋은 자기소개서라고 생각했어요. 예를 들어 '저는 지난 4년 동안 수학 공부에 전념했습니다'라는 식으로 쓰는 거죠."

프랭크는 교육 컨설턴트의 도움을 받아 부족한 부분을 메워나갔다. 그의 부모가 의뢰한 컨설팅 회사는 주제 선정부터 작성된 글의 교정까지 자기소개서 작성의 전 과정을 도왔다. 프랭크는 결국 조이스 캐롤 오츠Joyce Carol Oates(미국의 현대 여성작가 - 옮긴이)의 작품을 읽고 감동받은 일, 그리고 가족끼리 시골로 여행을 가서 함께 낚시를 했던 추억을 주제로 글을 썼다. 덕분에 그는 일리노이 대학교 어바나 샴페인 캠퍼스에 그해 가을 입학할 자격을 얻었다.

프랭크가 외국에 나가기로 한 것은 새로운 나라와 문화를 탐구하겠다는 의도가 바탕이 된, 전적으로 개인적 차원의 결정이었다. 하지만 그의 쌍둥이 형제 쉬안위가 중국에서 공부하기로 결정한 데는 보다 보편적이고 공동체적인 고려가 바탕이 되었다. 쉬안위는 이렇게 말했다.

"만일 모든 사람이 미국에 간다면 중국은 진정으로 발전할 수 없을 거예요. 중국이 주체적으로 성장하기를 원한다면(제2의 미국이 되는 것이 아니라) 중국인은 자기 나라에 대해 더 많은 책임감을 지녀야 합니다."

쉬안위는 이 나라의 학문적 전통을 살리고 시대에 맞춰 재해석하는 것이 중국을 다른 나라들과 차별화시킬 수 있는 길이라고 생각한다. 그의 말이다.

"저와 비슷한 세대의 젊은이들은 오락물이나 외국 문화만 쫓아다니죠. 아이들이 좋아하는 건 다 똑같아요. 이 나라 어디를 가나 마찬가지예요. 하지만 중국에는 유교나 도교처럼 특별한 사상이 있어요. 문제는 사람들이 잘 모른다는 거죠."

서양 교육을 받은 사람이 중국의 문화를 잃어버릴 거라는 우려는 1880년부터 제기되었다. 앞서 말한 대로 유교 사상에 젖은 청나라 조정의 관리들은 '유쾌한 조니'와 그 동료 유학생들을 급히 귀국시켰다. 그 오랜 우려의 목소리가 오늘날 젊은 중국인들의 입을 통해 되풀이되고 있는 것이다. 나는 중국 학생들이 이런 문화적 혼란 상태를 어떻게 극복해나가는지 알아보기 위해, 인터넷으로 진행되는 어느 중국어 스피치 대회의 심사위원 초청을 수락했다.

그래서 그들에게 맞추려고 애쓰는 거죠

오늘의 예선전 첫 번째 참가자는 햄Ham이라는 영어 이름을 사용하는 중국 학생이다. 그는 프로 농구팀 골든스테이트 워리어스의 모자를 쓰고 검정색 재킷을 걸친 모습으로 등장했다. 햄은 참가자들에게 주어진 세 가지 주제 중 하나를 골라 스피치를 시작했다. 만일 친구 한 명이 갑자기 우울하다고 얘기한다면, 그건 다른 사람의 주의를 끌기 위해서일까? 햄은 그렇게 생각하지 않았다. 그는 정신 건강에 관한 통계자료를 인용해 자신의 의견을 차근차근 제시했으며 사람들의 재채기, 기침, 도움을 구하는 외침 등에 어떤 은유적 의미가 담겨 있는지 이야기해나갔다. 나는 그가 사람들 앞에서 연설하는 데 재능이 뛰어나다고 생각해 다음 라운드 진출자로 추천했다.

오늘의 콘테스트를 주최하는 단체는 샌프란시스코에서 중국인이 경영하는 어느 공유오피스 기업이다. 대부분 UC버클리에 재학 중인 참가자 수십 명이 예선전을 치르고, 여기서 통과하는 사람들은 이 기업이 몇 주 후에 촬영할 인터넷 TV 프로그램의 결선에 진출한다. 오늘 예선전이 펼쳐지는 곳은 UC버클리 캠퍼스 내의 어느 건물 3층에 자리잡은 작은 강의실이다. 내일은 스탠퍼드 대학을 방문해 이 지역에 거주하는 중국인 재학생이나 최근 졸업한 사람들을 대상으로 예선을 진행하고 결선 진출자를 가려낼 예정이다. 그 공유오피스 기업을 위해 이 행사를 주관하는 내 친구 티나Tina는 나를 심사위원으로 초청했다.

그동안 적지 않은 수의 중국 TV 쇼 또는 인터넷 프로그램에 출연했던 나는 내 역할을 잘 알고 있었다. 파란 눈의 서양인으로서 카메라를 향해 중국어로 이야기하며 그 프로그램에 '국제적' 분위기를 불어넣는 것이다. 나는 티나를 위해 그런 역할을 기꺼이 수락했다. 그와 동시에 프로그램 참가자들이 오늘 주어진 세 가지 스피치 주제 중 하나에 대해 어떻게 생각하는지 알고 싶었다. 바로 '중국 학생들은 미국 문화에 적응하기 위해 자기 본래의 모습과 다른 척해야 할까?'라는 문제였다.

이는 나 자신이 마음속에 늘 품어온 질문이었다. 나는 중국에서 5년 동안 말을 배우고, 현지인의 억양을 흉내내고, 주변 사람들의 습관에 적응하기 위해 필사적으로 노력했다. 또 사람들의 호감을 살 수 있는 방향으로 나 자신을 표현하기 위해 갖은 애를 썼다. 그 노력은 대부분 좋은 성과로 이어졌다. 중국에서 체류하는 시간이 끝나갈 무렵에는 중국어로 편안하게 내 생각을 표현하며 이 나라의 다양한 세계를 탐구할 수 있게 되었다. 내가 가장 좋아한 것은 이곳에서 배운 언어를 활용해 캘리포니아의 문화를 중국 사람들과 함께 나누는 일이었다. 나는 가까운 친구들과 얼티미트 프리스비 팀을 조직해서 함께 운동을 했고, 이 운동 방법을 소개하는 영상을 인터넷에 올렸다.

물론 그런 문화적 교류가 우호적인 분위기에서 이루어질 수 있었던 것은 상당 부분 내가 미국인이고 백인이라는 사실 덕분이었다. 중국인들은 대체로 미국 문화에 관심이 많다. 동시에 중국 문화에 관심 있는 미국 사람(특히 백인)을 만나면 매우 즐거워한다. 중국어를 조금이라도 하는 미국인에게는 과할 정도로 찬사를 보낸다. 또 많은 사람들은 가장 우수한 영화, TV 프로그램, 음악, 스포츠 등의 본산지가 미국이라고 생각한다.

하지만 링훙장Linghong Zhang이라는 유학생은 고국의 문화를 미국인들에게 알리는 과정에서 전혀 다른 대접을 받았다고 했다. 버클리 대학의 신입생인 그녀는 오늘의 예선전에 다섯 번째로 참가하는 학생이었다. 중국 남부 지역 출신인 그녀는 아들을 딸보다 귀하게 여기는 전통 때문에 어린 시절부터 마음에 부담감을 안고 자라났다. 링훙은 고등학교 때 로스앤젤레스로 건너와 멕시코 가정에서 홈스테이를 하며 현지 학교를 다녔다.

당시 링훙은 외로웠다. 그녀는 강한 중국식 억양이 섞인 영어를 사용했으며, 급우들의 농담도 제대로 이해하지 못했다. 친구들이 자신을 무시한다고 생각한 링훙은 미국 문화를 배우기로 결심했다. 그리고 「뱀파이어 다이어리The Vampire Diaries」라는 드라마를 시즌 6까지 전편을 시청한 후에 다른 친구들 앞에서 자신이 그 프로그램을 좋아하는 척했다. 하지만 그녀는 친구들이 자기를 완전히 받아들이지 않는다고 느꼈다. 그 이유를 이렇게 추측했다. 그들은 뭔가를 좋아하는 척 '가장하는' 사람과는 친구가 되기를 원치 않기 때문일 거라고. 그래서 링훙은 가면을 벗고 당당하게 자신을 드러내기로 했다.

몇 년 후, 링훙은 어느 국제영화제에서 중국의 유명 애니메이션 기업을 위해 자원봉사자로 나섰다. 열렬한 만화광이었던 그녀는 이 회사가 제작한 애니메이션 「몽키킹The Monkey King」의 홍보에 한몫을 한다는 데 큰 자부심을 느꼈다. 이 작품은 중국의 고대소설 『서유기』의 주인공을 주제로 제작된 영화였다. 하지만 행사장에서 그녀와 대화를 하던 어느 미국 영화감독은 미국에서 이 영화를 볼 사람은 아무도 없을 거라면서 그 작품을 비웃었다. 링훙이 그의 말을 부인하자, 그 감독은 이곳에서 '몽키킹'(손오공 - 옮긴이)에 대해 들어본 미국인 열 명을 찾아 자기에게 데려오면 200달러를 주겠다고 제안했다. 그녀는 행사장을 돌아다니며 중국인에게 보물과 같은 이 문화적 상징을 알고 있는 미국인을 찾았지만 한 명도 발견할 수 없었다.

그녀는 큰 충격을 받았다. 결국 '글로벌 문화' 또는 '주류문화'는 전적으로 미국인의 취향에 따라 결정된다는 사실을 다시 한 번 실감하는 순간이었다. 그녀가 이 일에 대해 생각하면 할수록 더 원망스러워지는 것은 중국인들 자신이었다. 그녀는 우리 심사위원 세 사람에게 이렇게 말했다.

"중국 사람들은 자신감이 부족해요. 우리 문화유산의 정수인 손오공 같은 작품을 미국인 학우에게 소개하기를 부끄러워하죠."

링홍은 마음이 많이 상한 듯했다. 스피치가 진행될수록 그녀의 중국어 속도는 빨라졌다. 나는 펜을 내려놓고 그녀의 이야기에 귀를 기울였다. 그녀는 거의 울음을 터뜨리기 직전인 것 같았다. 링홍은 여러 해 동안 미국에서 살았고, 새로운 언어를 배웠으며, 이 나라에서 가장 좋은 대학 중 하나에 입학했다. 그런데도(또는 그 때문에) 중국인들이 자신의 국가에 대해 자신감이 없다는 사실을 어느 때보다 뼈저리게 느끼고 있었다.

"그래서 우리는 항상 외국의 문화가 우리 것보다 낫다고 생각하는 거예요. 그래서 우리는……."

그녀는 이 대목에서 갑자기 영어로 말했다.

"어떻게든 그들에게 맞추려고 애쓰는 거죠."

오, 큰 나무여!

중국인들이 미국 문화에 적응하는 일은 개인적 문제일 뿐만 아니라 정치적 사안이기도 했다. 그동안 미국의 중국 유학생들은 기술, 종교, 정치 등에서 양국의 희망과 우려가 투영되는 스크린 역할을 해왔다.

미국인들은 이 나라를 찾은 중국 학생들이 자유민주주의 체제에 새롭게 눈뜨게 되리라 믿었다. 이제야 원하는 것을 마음대로 읽고, 생각하고, 말할 수 있게 된 학생들은 고국에서 자행되는 정치적 압제의 실체를 깨닫게 될 것이다. 그동안 많은 학생들이 이 자유의 땅에 머무는 길을 택했다. 중국으로 돌아간 사람들은 중화인민공화국에 민주주의를 싹틔울 씨앗이 될 것이다. 그리고 결국 그 학생들의 고국은 '우리와 같은 모습'으로 바뀔 것이다.

미국인들이 그와 같은 희망을 품은 데는 역사적 근거가 충분했다. 1911년 신해혁명을 일으켜 중국의 마지막 전제왕조를 무너뜨린 혁명 지도자 쑨원孫文은 서양의 정치사상에 큰 영향을 받은 인물이었다. 그는 하와이의 영국성공회 미션스쿨에서 공부한 후 홍콩에서 기독교로 개종했다. 그리고 미국 덴버Denver에서 자금 모금을 하던 중 자신이 계획하던 혁명이 갑자기 발발했다는(1911년 10월 10일 중국 우창에서 최초로 시작된 봉기를 가리킨다 - 옮긴이) 소식을 들었다.

중국공산당 지도자들 중에서도 서양에서 유학하며 정치적으로 각성한 사람이 많다. 덩샤오핑(중국의 경제개혁을 이끈 지도자이자 천안문 사태에 탱크 출동을 명령한 사람) 역시 1920년대에 프랑스에서 마르크스주의를 처음 접했다. 그가 파리에서 만난 저우언라이라는 젊은 지식인은 서양의 정치와 사회를 공부해서 그 지식을 바탕으로 '중국을 구하겠다'는 결의에 차 있었다. 결국 그들이 조직한 공산당 하부 조직들은 장제스蔣介石의 국민당을 축출하고 중국공산당이 이끄는 '새로운 중국'을 탄생시키는 데 크게 기여했다.

1989년 천안문 광장에서 학생들이 시위에 돌입하자, 미국에 유학 중인 중국 학생들은 민주주의와 중국의 미래에 대해 격렬한 토론을 벌였다. 스탠리 쿵 교수도 UC버클리에서 벌어지는 토론 현장을 이따금 방문했다. 보수적인 학생들은 중국의 점진적인 개혁을 촉구했으며, 어떤 학생들은 중국 정부의 전면적인 민주정치체제 도입을 주장했다. 중국공산당이 폭력적인 방법으로 베이징의 시위를 진압하자, 미국 정부는 자국에서 정치적으로 박해받을 우려가 있는 모든 중국 유학생은 미국에 영구적으로 머물러도 좋다고 허락했다.

그런데 요즘의 중국 학생들은 혁명에 대해 거의 무관심하다. 그들의 주된 관심사는 삶의 질을 향상시키고 세계무대에서 중국의 위상을 높이는 일이다. 그런 변화를 통해 자신과 부모님이 더욱 풍족하게 살아갈 가능성이 높기 때문이다.

그럼에도 중국공산당은 이 학생들이 해외에서 무엇을 배우고 국내에 어떤 사상을 가지고 돌아올지 끊임없이 의심한다. 중국 교육부나 관련 부서들은 해외 유학생을 '정치교육'의 우선 대상자로 삼아 주기적으로 그들의 '애국적 에너지'를 고취시키기 위해 노력한다. 물론 정부 관리들이 정치교육을 통해 하달하는 애국적 '지침'은 종종 검열이라는 형태로 제공된다.

2016년 6월 4일, 팀 린의 칼리지 데일리는 평범한 포스트 하나를 게시했다. 나무 한 그루를 찍은 사진이었다. 그리고 그 사진 위에는 이렇게 적혀 있었다.

'오늘 하루 사이트를 휴간합니다. 옛이야기에 관심 있는 분들은 「오, 큰 나무여!」라는 댓글을 달아주세요.'

댓글을 단 독자들에게는 1980년대에 중국공산당 총서기를 지낸 후야오방胡耀邦에 대한 짧은 추모의 글이 전송되었다. 비교적 온건한 지도자였던 후야오방은 중국의 정치개혁을 위해 노력했지만, 대학 캠퍼스에서 민주주의 시위를 주도한 사람들에 대한 처벌을 거부한 후 1987년 실각했다. 그가 1989년에 사망하자, 그에 대한 추모 열기는 천안문 광장의 학생운동으로 이어졌다. 시위가 한창일 때 후야오방을 기리는 시 한 편이 노래로 만들어졌다. 그리고 많은 사람들이 애도의 마음과 미래의 희망을 담아 함께 그 노래를 불렀다. 그 시의 제목이 바로 '오, 큰 나무여!'였다. 칼리지 데일리가 6월 4일(1989년 천안문에서 중국 정부의 무력 진압이 자행된 날)에 올린 사진은 천안문 광장에서 벌어진 학생운동을 기념하고 그곳에서 목숨을 잃은 사람들을 추모하기 위한 작은 게시물이었다.

이에 대한 당국의 대응은 신속했다. 그 포스트는 바로 삭제되었으며, 칼리지 데일리는 한 달간 어떤 게시물도 올리지 못하는 정간 조치를 당했다. 처벌의 강도로만 보면 그다지 높지도 낮지도 않은 수준이었다. 팀은 직원들과 함께 별도의 사이트를 만들어 기사를 계속 게시했다. 하지만 새로운 사이트에 접속하는 독자는 그리 많지 않았다. 한 달이 지나자 칼리지 데일리는 다시 새로운 기사를 게시할 수 있게 되었다. 팀은 정간 조치를 받은 기간에 오히려 구독자 수가 늘어났다고 자랑하는 포스트를 올렸다.

하지만 팀의 태도는 한결 신중해졌다. 그는 이 일을 교훈 삼아 앞으로 그런 포스트는 게시하지 않을 거라고 말했다. 일단 비즈니스를 시작한 이상, 회사에 돈을 투자한 투자자들이나 이 직업에 생계가 달려 있는 직원들에 대해 책임을 져야 한다는 것이다.

그런 신중함에도 불구하고 정부의 간섭은 계속 이어졌다. 몇 달 후, 팀은 힐러리 클린턴과 도널드 트럼프가 대결하는 미국 대통령 선거를 중국 내 독자들에게 방송하기로 계획했다. 회사의 뉴욕 지사에서 온라인 생중계로 선거 현황을 방송하고, 칼리지 데일리의 작가와 편집자가 미국의 선거인단에 대한 설명과 실시간 개표 현황을 제공할 예정이었다. 하지만 실시간 방송이 시작되기 몇 시간 전, 그는 관계 당국으로부터 전화를 받았다. 온라인 생중계를 할 수 없다는 것이었다. 어떤 설명도 없고 논의도 불가능한, 일방적인 결정이었다.

#중국학생들도소중함

중국이 자국 내에서 대중의 토론을 통제한다는 것은 이미 널리 알려진 사실이다. 그런데 2016년 미국 대선이 끝난 후, 이번에는 중국 정부가 자국 유학생들을 앞잡이로 삼아 중국의 언론 통제를 미국 대학 캠퍼스로 도입하고 있다는 의혹이 제기되기 시작했다.

이 문제가 처음 신문의 헤드라인을 장식한 것은 2017년 봄이었다. UCSD는 그해의 졸업식에서 연설을 맡아줄 외부 연사로 달라이라마를 초청했다. 학교의 운영진은 오랫동안 티베트 망명정부를 이끌어온 이 지도자를 연설자로 고른 것이 매우 훌륭한 결정이었다고 만족스러워했을지 모른다. 하지만 그 만족감은 오래가지 못했다.

학교 측에서 졸업식 초청 연사를 발표한 지 몇 시간 후, 일단의 중국 학생들이 강력한 항의 성명을 내놓았다. 그들은 달라이라마를 초청한 일이 이 대학의 개교 이념인 '존중, 관용, 평등, 성실의 정신'에 정면으로 위배되는 행위라고 비난했다. 그리고 UC시스템 총장과의 면담을 요구하면서 이 연설에 반대하는 시위에 나서겠다고 선언했다. 항의를 주도한 단체는 '중국학생연합회Chinese Student and Scholar Association, CSSA'라는 조직의 이 지역 지부였다. 조직에 소속된 학생들은 이 문제와 관련해서 로스앤젤레스에 있는 중국 영사관과 이미 접촉했다고 밝혔다.

도대체 왜 이런 소동이 벌어졌을까? 서구 국가들에는 달라이라마가 정치와 상관없는 보편적 사랑의 상징이며 세계평화와 불교의 지혜를 대변하는 인물이다. 하지만 중국 정부는 그를 국가의 적이며 '양의 탈을 쓴 늑대'로 여긴다. 티베트는 과거 수 세기에 걸쳐 독립적인 국가의 성립과 중국의 지배 상태를 반복적으로 경험한 지역이었다. 현재의 달라이라마는 1950년 중국공산당이 티베트를 강제 병합했을 때 아직 어린아이였다. 이 지도자가 1959년 중국을 떠나 인도에 망명정부를 설치한 이후, 중국 정부는 그가 이 지역의 분쟁을 부추긴다고 끊임없이 비난했다. 중국 외교부는 특정 국가의 지도자가 달라이라마를 초청할 때마다 분노에 찬 항의 성명을 쏟아내고, 자국의 국민들에게도 그 메시지를 지속적으로 전달한다.

그런데 이번에는 달라이라마에 대한 항의가 전혀 예상 밖의 출처, 즉 검열이 난무하는 고국을 떠나 새로 얻은 언론의 자유를 누리고 있어야 할 학생들에게서 터져 나온 것이다.

그 사건은 중국 학생들이 미국의 정치적 가치를 전폭적으로 받아들일 거라고 믿었던 많은 미국인을 놀라게 했다. 연구자들이 중국 유학생들과 대화를 하고 그들을 대상으로 설문조사를 수행한 결과, 학생들의 의견은 매우 복잡한 형태로 드러났다.

2016년 퍼듀 대학교가 빅텐 스쿨Big Ten School(미국 중서부 지역의 10개 명문 대학 - 옮긴이)에 재학 중인 중국 학생 800여 명을 대상으로 조사한 바에 따르면, 미국에 살고 있는 학생들이 반드시 미국의 정치적 가치를 긍정적으로 받아들이는 건 아니었다. 조사자들은 설문 참여자가 미국에 거주하는 동안 미국과 중국 양국에 대해 각각 긍정적인 인상이 강해졌는지 또는 부정적인 인상이 강해졌는지를 질문했다. 일단 미국에 대한 응답자들의 의견은 거의 반반으로 나뉘었다. 26퍼센트는 그동안 미국에 대해 더 긍정적인 견해를 갖게 되었다고, 29퍼센트는 부정적인 인상이 더 강해졌다고 답변했다. (44퍼센트는 이전과 별로 달라지지 않았다고 응답했다.)

한편 중국에 대한 의견은 긍정적인 쪽이 단연 우세했다. 44퍼센트의 학생은 고국에 대해 긍정적인 생각이 더 강해졌다고 응답했으며, 반대로 부정적인 쪽을 택한 학생은 17퍼센트에 불과했다. 민주주의라는 정부 형태를 어떻게 생각하느냐는 질문에는 의견이 엇갈렸다. 37퍼센트는 민주주의가 가장 우수한 형태의 정부라는 데 동의 또는 강한 동의를 나타냈지만 28.1퍼센트는 반대 또는 강한 반대 의견을 보였다. (35퍼센트는 중립적인 입장을 취했다.)

중국 학생들이 미국의 자유민주주의를 받아들이지 않았을지 모르지만, 그들은 미국 대학 캠퍼스의 시대적 상황을 십분 활용했다. UCSD

에서 초청 연사 문제로 소동이 발생한 때는 마침 전국의 대학 캠퍼스에서 학생 시위가 자주 벌어지던 시기였다. 학생들은 학교 측이 부적절한 외부 인사를 초청했다고 판단하면 시위를 벌여 연설 진행을 저지하곤 했다. UCSD에 재학 중인 중국 학생들은 그런 시위 현장에서 나온 구호 중에 '다양성', '포용적 공간', '모든 문화에 대한 존중' 같은 어휘를 빌려다 자신들의 성명서와 페이스북 게시물에 사용했다.

일부 학생은 달라이라마를 연설자로 초청한 행위가 중국의 전통에 대한 '모욕'이라고 말했다. 학교 졸업식에 오사마 빈 라덴이나 데이비드 듀크David Duke(KKK단의 대표를 지낸 미국의 백인우월주의자 및 정치가-옮긴이)를 초청한 것과 다를 바 없다는 것이다. 어느 중국 학생이 만든 해시태그는 이러한 시대적 상황을 잘 드러내준다. '#중국학생들도소중함#ChineseStudentsMatter'.

중국 정부의 '긴 팔'

모든 사람이 UCSD의 시위를 건전한 학생운동으로 생각한 것은 아니었다. 이 사태를 보도한 미국의 많은 매체는 중국학생연합회CSSA가 중국 영사관과 접촉했다고 밝힌 부분에 특히 주목했다. 이는 중국 정부가 학생들로 구성된 조직을 이용해 해외에서도 언론 검열을 시도하는 증거라는 것이다. CSSA가 전국에 걸쳐 집중적인 조명을 받은 후, 언론은 중국공산당의 '긴 팔'이 어떻게 미국 캠퍼스에까지 뻗쳐 있는지 조사하기 시작했다.

중국 유학생이 많은 미국 대학에는 대부분 CSSA 지부가 존재한다. 이 지부들은 신입생을 위해 오리엔테이션을 열어주고, 중국 기업과 함께 취업박람회를 개최하고, 매년 춘절에는 경축 행사를 벌이는 등 캠퍼스에서 중국 학생들을 결속하는 역할을 한다. 대부분의 중국 유학생에게 CSSA는 공동체의식을 일깨워주고 자신이 이국의 캠퍼스에 적응하도록 도와주는 고마운 조직일 것이다.

CSSA는 인근에 있는 중국 대사관이나 영사관을 통해 중국 정부와 관계를 유지한다. 이 조직의 지부장들은 한 학기에 한 번 정도 영사관에 모여 회의나 저녁식사를 함께한다. 영사관의 공식 행사가 있을 때는 학생 자원봉사자를 모집해 돕기도 한다. 대사관이나 영사관은 그 대가로 학기당 몇백 달러부터 몇천 달러에 달하는 자금을 CSSA의 각 하부 조직에 지원한다. 그 돈은 주로 춘절 경축 행사 같은 행사 비용으로 사용된다. 덕분에 행사에 참가한 학생들은 산더미처럼 쌓인 음식과 라이브 공연을 즐길 수 있다.

대사관의 지원금이 정치적 활동에 사용되기도 한다. 2018년 초 〈포린폴리시Foreign Policy〉(미국에서 격월로 발행되는 외교 전문지 - 옮긴이)의 기자 배서니 앨런 에브라히미안Bethany Allen-Ebrahimian은 중국 정부가 자국의 이익을 위해 CSSA 조직을 어떻게 움직이는지 시리즈로 보도했다. 그녀에 따르면 2015년 시진핑 주석이 워싱턴 DC를 방문했을 때 중국 대사관은 현지의 CSSA 지부를 통해 학생들을 카퍼레이드가 통과하는 연도에 동원했다고 한다. 그 대가는 학생 한 명당 20달러였다. 또 2017년 가을에 중국공산당의 중요한 정치 회의가 개최되었을 때도 각 영사관은 인근 CSSA 지부장들에게 '워치파티watch party'(TV 프로그램이나 특정 이벤트를 시청하기 위한 친목회 - 옮긴이)를 열어 중국 학생들이 이 회의를 함께 시청하게끔 하라고 지시했다. 그리고 파티의 사진을 찍어 보내고 행사의 진행 과정을 보고하라고 요구했다. 에브라히미안은 자신이 공자학원(중국 정부가 자국의 소프트파워를 세계에 전파할 목적으로 세계 각국의 대학을 중심으로 설치한 교육기관 - 옮긴이)이 후원한 어느 행사에 참가했을 때, 그녀의 개인 프로필에서 대만과 관련된 내용이 감쪽같이 사라졌다는 이야기도 덧붙였다.

미국의 분석가들은 중국 정부의 이런 행위를 '영향력 작전influence operation'이라고 부른다. 그 모두가 미국의 교육기관에 영향을 주고 미국 땅에서 벌어지는 정치적 논의에 변수를 제공하기 위한 시도라는 것이다. 에브라히미안이 인터뷰한 여러 명의 CSSA 간부 학생은 2016년경부터 정치적 활동에 관한 영사관의 압력이 증가하기 시작했다고 밝혔다. 어느 지부장은 이렇게 말했다.

"영사관이 CSSA를 갈수록 더 통제하려는 것처럼 느꼈어요. 제 생각에 우리 학생들은 어떤 식으로든 정부와 엮이면 안 될 것 같아요."

나도 캘리포니아 대학들에 재학 중인 CSSA 간부들과 여러 차례 대화를 했다. 정부의 정치적 압력에 관한 학생들의 의견은 다양했다. 스탠퍼드에서 CSSA의 지부장을 맡고 있는 인 이카이Yin Yikai는 영사관에서 이 학교의 지부에 소액의 자금을 지원하지만 정치적인 활동은 요구하지 않는다고 말했다. 그에 따르면 UCSD의 사건은 '극단적인' 경우이며, 자신이 속한 조직은 학생들의 안전이나 친목에 중점을 두어 활동한다고 했다.

반면에 또 다른 CSSA 조직원들은 최근 '정치교육'에 관한 영사관의 요구가 점점 증가한다고 털어놓았다. 특히 2017년 가을 중국공산당 제19차 당대회가 개최될 무렵 그런 압력이 갑자기 거세졌다는 것이다. 당시 CSSA 지부장들은 중국 학생들이 함께 모여 이 정치 회의를 시청하도록 워치파티를 개최하고, 그 학생들이 '제19차 당대회의 정신'을 어떻게 받아들이는지 보고서를 작성해서 제출해야 했다.

심지어 어느 CSSA 조직원은 영사관으로부터 중국인 학우들의 활동을 관찰해서 보고하라는 요구를 받기도 했다. 그가 다닌 대학은 기독교 계열의 학교였는데, 그 때문에 영사관 측은 그 학교에 재학 중인 여러 중국 학생이 기독교로 개종할까 우려했다는 것이다. 해당 영사관은 CSSA의 간부진을 여러 차례 불러들여 어떤 학생들이 기독교로 전향할 가능성이 가장 높은지 캐물었다. 나는 CSSA가 그런 정보를 제공했다고 해도 영사관이 무슨 일을 할 수 있었을지 궁금했다. 그 조직원은 학생들이 '파룬궁法輪功' 같은 종교 집단을 만들지 않는 이상, 영사관이 별문제를 삼지는 않을 거라고 말했다.

나는 그 학생과 대화하며 적잖이 놀랐다. 그는 미국에서 6년 넘게 살았지만, 다른 친구들의 종교 활동을 영사관에 보고하는 일이 미국의 가치와 자유의 이념에 위배되는 행위라고 전혀 의식하지 않았다. 아마 친구들을 조금 감시하는 정도로는 전혀 문제될 게 없다고 생각했을지 모른다.

UCSD의 달라이라마

UCSD에 달라이라마를 초청하는 문제로 소동이 벌어졌을 때도 그 속사정은 보기보다 훨씬 복잡했다. 물론 CSSA가 그 시위에 앞장섰고, 이 사안과 관련해 영사관과 접촉한 것은 사실이었다. 그러나 내가 몇몇 학생과 실제로 대화해본 결과, 꼭 중국 정부가 뒤에서 학생들을 전적으로 조종한다고 볼 수도 없었다.

2018년 때마침 나는 UCSD에서 한 차례 강의할 기회를 얻었는데, 이 학교의 신입생이자 CSSA의 간부인 리사 호우Lisa Hou라는 여학생을 인터뷰하게 되었다. 중국 남서부 지역의 중소 도시 출신인 리사는 처음에 UCSD에서 철학을 공부할 계획이었다. 하지만 막상 미국에 도착해 보니 자신의 영어 수준으로는 난해하고 장황한 철학 언어를 이해하기에 한참 부족하다는 생각이 들었다. 게다가 룸메이트를 포함해 신입생 기숙사 전체가 중국인 소녀로 북적인다는 사실도 영어 능력을 향상시키는 데 도움이 되지 않았다. 결국 리사는 수학과 컴퓨터공학을 전공하기로 마음을 바꾸고 CSSA에도 가입했다.

그녀는 달라이라마가 이 학교를 방문하기로 한 소식이 자신을 포함한 중국 학생들의 즉각적인 반발을 불러일으켰다고 말했다. 하지만 달라이라마 개인에 대한 증오심보다는 중국 학생들이 이 문제를 어떻게 생각할지 전혀 고려하지 않은 학교 측에 대한 불만이 더 크게 작용한 듯했다. 리사는 이렇게 말했다.

"중국 학생은 대부분 조용하게 지내잖아요. 남들에게 압력을 가하거나 목소리를 높이지도 않아요. 어차피 얘기해도 아무도 들으려 하지 않으니까요. 그래서 우리 스스로 일어나 뭔가를 주장해야 한다고 느낀 거죠."

CSSA의 간부들은 이 그룹의 위챗 계정에 신속하게 공식성명을 발표했다. 자신들이 이 문제와 관련하여 로스앤젤레스의 중국 영사관과 접촉했다는 사실도 밝혔다. 그들은 성명서에 영사관이라는 단어를 언급하면 사안의 중대성이나 심각성을 더욱 강조할 수 있다고 판단했다. 하지만 이는 자신들이 중국 정부의 앞잡이라고 외부인에게 고백한 것과 다를 바 없었다. 학생들은 그 일이 실수였음을 깨달았지만, 이미 시작한 일을 멈출 수는 없었다.

CSSA는 라이브러리 워크Library Walk라는 야외 공간에서 소규모 시위를 벌이기로 했다. 이곳은 UCSD의 학생들이 특별한 행사가 있을 때 포스터를 게시하거나 전단지를 돌리는 장소였다. 리사는 학생들에게 시위의 취지를 알리는 포스터 준비 작업을 맡았다. 이전에 그녀는 달라이라마에 대해 아는 바가 거의 없었다. 2008년에 티베트에서 소요 사태가 발생했을 때 그 소식을 얼핏 듣기는 했지만, 리사가 이 인물을 본격적으로 탐구하게 된 것은 포스터를 준비하기 시작하면서였다.

그녀는 서구에서 나온 자료를 위주로 달라이라마에 대한 조사를 진행하기로 했다. 중국의 자료는 '지나치게 편향된' 내용으로 가득하다는 생각이 들었기 때문이었다. 리사는 자료를 읽어갈수록 달라이라마가 세상에 베풀고 있는 자비심이나 관용 같은 가르침에 수긍하는 마음이 들었다. 그와 동시에 서구 국가들이 지니고 있는 그의 고결한 이미지 이면에 과거의 부정적인 정치 행적들, 예를 들어 그가 1960년대에 CIA로부터 수백만 달러를 받았다는 의혹도 존재한다는 사실을 알게 되었다.[21]

리사는 '달라이라마가 왜 논란의 대상인가?' 또는 '승려인가, 정치가인가?' 등의 제목으로 포스터를 만들었다. CIA가 달라이라마에게 돈을 전달했다는 미국 정보부의 기밀 해제 문서도 포스터에 담았다. 또한 달라이라마의 치세 기간 중 티베트에 존재한 농노제도에 대한 서구 역사학자들의 언급을 인용하기도 했다.

CSSA 조직원들은 시위 예정일이 되자 라이브러리 워크의 여기저기에 포스터를 붙이고 지나가는 학생들의 참여를 유도했다. 하지만 주위의 반응은 시큰둥했다. 리사의 말이다.

"많은 사람들이 의아한 눈길로 우리에게 질문을 던졌어요. 우리가 달라이라마에 대해 무슨 말을 하든, 그들은 중국의 과거사를 들먹였죠. 어떤 학생은 이렇게 물었어요. '그럼 너희는 천안문 사태를 어떻게 설명할 거야?' 그들은 우리가 주장하는 바에 전혀 관심이 없었어요. 마치 이렇게 생각하는 것 같았죠. '너희가 뭐라고 말하든 전부 터무니없는 이야기야. 너희 나라는 언론의 자유도 없는 권위주의 국가니까.'"

중국 학생들 입장에서는 좌절감을 느낄 수밖에 없는 논쟁이었다. 리사는 중국이 예전보다 많이 변했으며, 제한적이기는 하지만 그곳에도 언론의 자유가 존재한다고 항변하고 싶었다. 하지만 그녀가 중국 정부에 의해 철저히 세뇌되었다고 생각하는 사람들을 설득하기는 쉽지 않았다. 그날 시위에 나선 중국 학생들은 많은 사람의 공감을 끌어내지는 못했다. UCSD의 운영진은 달라이라마의 초청을 취소할 계획이 없다고 발표했다.

하지만 리사는 그날을 돌아보며 자신들이 뭔가를 성취했다고 자랑스러워했다. 그녀의 말이다.

"제 생각에 그 행사는 성공적이었던 같아요. 일단 논쟁거리를 만들어냈다는 것만으로도 성공이죠. 세상의 모든 일에는 여러 관점이 존재한다는 사실을 사람들에게 알릴 수 있었으니까요."

전 사회적 위협

리사를 포함한 중국 학생들은 자신이 세뇌되지 않았다고 학우들을 설득하기가 쉽지 않았지만, 자신이 중국 정부의 스파이가 아니라고 FBI를 설득하기는 훨씬 더 어려웠을 것이다.

2018년 2월 13일, 미 상원 정보위원회 청문회가 열렸다. 여섯 명의 미국 주요 정보기관 수장은 위원회 좌석 맞은편에 앉아 러시아의 해커, 북한 미사일, 그리고 기타 '세계적 위협 요소들'에 대한 의원들의 질의에 답변했다. 그런데 마르코 루비오Marco Rubio 상원의원은 자신의 질문 순서가 되자 갑자기 새로운 주제를 꺼내 들었다. 루비오는 FBI 국장 크리스토퍼 레이Christopher Wray에게 이렇게 물었다.

"국장께서는 중국 유학생들, 특히 과학이나 수학 분야의 연구 과정에 있는 학생들이 반反첩보 행위를 통해 미국의 국가안보를 위협한다고 생각합니까?"

그러자 레이 국장은 중국 정부가 '비전통적 정보 수집가들(학생, 교수, 학자 등)'을 이용해 미국의 교육기관에 침투해서 미국의 소중한 지적 자산을 빼돌리고 있다고 답변했다. 그리고 자신은 FBI가 활동하는 모든 영역에서 이런 스파이 행위에 대한 보고를 받았다고 증언했다. 또한 레이는 위원회를 향해 이렇게 덧붙였다.

"중국인들은 모든 미국인이 자랑스러워하는 우리의 개방적인 연구 개발 환경을 악용하여 그런 정보를 수집합니다. 그러므로 이제 우리는 중국의 위협을 단순히 '정부 차원의 위협'뿐 아니라 '전숲 사회적 위협'으로 받아들여야 합니다. 그리고 이에 대해 전 사회적 차원에서 대처해야 합니다."

조금 다른 관점에서 생각하면 레이가 언급한 중국의 행위는 당연할 수도 있는 일이었다. 모든 국가는 활용할 수 있는 자원을 총동원하여 다른 국가를 상대로 스파이 행위를 수행한다. 중국의 경우는 마침 미국의 대학에서(특히 첨단기술 분야에서) 수많은 중국 유학생이 공부하고 있을 뿐이었다. 중국의 정보기관이 학생들을 이용해 정보 자산을 취득하려 한 것은 자연스러운 시도일 수 있었다. 입장을 바꿔 만일 미국의 정보기관이 중국을 상대로 그런 정보활동을 하지 않았다면 오히려 직무 유기였을 것이다.

그럼에도 레이 국장이 청문회에서 사용한 표현, 즉 '전 사회적 위협'이라는 말은 많은 사람들에게 심각한 경고음을 발생시켰다. 이로 인해 미국에서 공부하는 모든 중국 학생은 엄청난 의심의 눈길에 시달려야 했으며, 심지어 중국계 미국인도 그런 의혹을 받았다. 아시아계 미국인 공동체들은 레이 국장에게 공개서한을 보내 그의 발언이 많은 사람들에게서 '분노와 슬픔'을 불러일으켰다고 항의했다. 아울러 이런 무책임한 일반화로 인해 중국인들에 대한 인종차별의 가능성이 증가하고 있다고 경고했다.

이들 공동체의 우려에는 그럴 만한 배경이 있었다. 레이가 청문회에서 발언하기 몇 년 전부터 이미 적지 않은 수의 저명한 중국계 미국인 학자가 스파이 혐의로 조사받고, 체포되고, 기소되었다. 하지만 그들을 수사한 기관은 아무런 혐의점을 발견하지 못했다. 일부 과학자들은 그 과정에서 입은 상처와 모욕감을 견디지 못하고 미국을 떠나 중국으로 돌아갔다.

FBI 국장의 증언은 최근 워싱턴 DC에 팽배한 분위기를 그대로 반영했다. 정치가들은 중국 유학생들이 중국공산당의 꼭두각시로서 미국 땅에서 언론의 자유를 억누르고 첨단기술을 훔치는 앞잡이 역할을 하고 있다고 생각했다. 어찌 보면 이는 양국 간 힘의 균형에 커다란 변화가 생겼음을 말해주는 현상이었다. 과거 중국이 가난하고 약한 나라였을 때, 중국 유학생은 미국 땅을 찾은 새로운 이주자로서, 또는 훗날 귀국해서 중국의 민주주의를 꽃피울 재목으로서 많은 사람들에게 환영받았다. 하지만 오늘날 중화인민공화국이 미국의 힘에 맞설 만큼 강력한 전략적 견제 세력으로 성장하자, 그 학생들에게 온갖 의혹의 눈길이 쏟아지고 있다. 중국 유학생은 미국이 어렵게 발전시킨 첨단기술을 빼돌리려 호시탐탐 노리는 외국 정보기관의 끄나풀에 불과하다는 것이다.

2018년 봄, 백악관 대통령 집무실의 회의석상에서 그런 정서는 절정에 달했다. 당시 전국적으로 중국 학생에 대한 반발이 심화되고 미·중 간의 무역 분쟁도 초읽기에 돌입한 상황에서, 트럼프 대통령의 정책보좌관인 스티븐 밀러Stephen Miller는 극단적인 제안을 내놓았다. 중국 국적을 지닌 모든 사람에게 학생비자 발급을 중단해야 한다는 것이었다. 밀러는 백악관의 극우파 보좌관 중 한 명으로, 트럼프의 강경한 반反이민 정책 수립에 핵심적인 역할을 한 인물이다. 〈파이낸셜 타임스〉의 보도에 따르면 그는 이 조치가 중국을 제재하는 효과를 줄 수 있으며, 동시에 트럼프의 정책에 사사건건 발목을 잡는 아이비리그Ivy League(미국 북동부의 8개 명문 사립대학 - 옮긴이) 대학과 교수진에도 한 방을 먹일 수 있을 거라고 주장했다.

그 제안을 수용할지를 결정하지 못한 트럼프 대통령은 주중 미국 대사이자 전 아이오와 주지사였던 테리 브랜스태드Terry Branstad를 불러들여 밀러와 함께 회의를 했다. 브랜스태드 대사는 밀러가 제안한 비자 제재 조치를 강력하게 반대했다. 그는 아이오와 주를 포함한 많은 지역의 소규모 대학들, 특히 외국 유학생에 대한 의존도가 높은 교육기관이 이 조치로 인해 커다란 타격을 입을 거라고 주장했다. 아이오와 대학교에 등록한 중국 학생의 수는 금융위기 이후 급격히 증가했다. 2015년 중국 학생이 지불한 수업료는 7,000만 달러에 달했으며, 이들이 지역경제에 기여한 금액도 1억 달러가 넘었다. 트럼프는 자신의 집무실에서 회의를 하는 도중에 갑자기 아이오와 대학 출신인 브랜스테드 대사 옆으로 다가가 이런 농담을 던졌다고 한다.

"하긴 모든 사람이 하버드나 프린스턴을 가는 건 아니죠. 그렇지 않아요, 테리?"

결국 트럼프는 전면적인 제한 조치를 내리는 대신, 보다 구체적으로 제재의 표적을 정했다. 2018년 5월, 트럼프 행정부는 로봇공학, 항공우주, 첨단제조 등의 영역을 지원하는 중국 학생에게 비자 발급을 제한한다고 발표했다. 아울러 비자의 유효기간도 5년에서 1년으로 줄이기로 했다. 루비오 상원의원은 이 제재 조치가 발표되자 자신의 트위터 계정에 '엄청난 진전!'이라는 찬사의 메시지를 남겼다. 그는 중국 학생에게 발급되는 비자를 일종의 '무기'라고 표현했다. 중국 정부가 '세계의 지배권을 훔치기 위해' 치밀하게 조직한 활동에 이 무기들이 사용되고 있다는 것이다. 하지만 당시의 분위기로 보면 그보다 훨씬 더 강력한 제재 조치가 발동될 가능성도 점점 높아지고 있었다. 2018년 8월, 트럼프 대통령은 미국 기업가들과 사적으로 가진 저녁식사 자리에서 "우리나라로 들어오는 모든 외국 학생은 스파이다"라고 말했다.

미국을 찾은 중국 유학생들의 이야기는 점점 이상한 방향으로 꼬여갔다. 1800년대에 미국인들은 이 땅에 도착한 중국 학생들이 새로운 빛(기독교 또는 자유민주주의)을 발견할 거라고 기대했다. 세계의 중심이라고 자부하는 나라에서 뽑힌 가장 똑똑하고 우수한 학생들이 이곳 자유의 나라에 정착해 새로운 삶을 살아가거나, 중국으로 돌아가 미국의 이상을 실현할 수 있는 '트로이의 목마'가 되리라 상상한 것이다. 하지만 이제 미국인들은 그와 정반대되는 상황을 우려하고 있다. 중국 학생들이 중국의 가치를 미국에 퍼뜨리고, 언론 통제의 수단을 도입하고, 첨단기술을 훔치는 공모자 역할을 하고 있다는 것이다.

이데올로기가 문제되지 않은 시기에 중요한 것은 돈이었다. 부유한 중국 학생들은 예산 감축으로 어려움에 빠진 미국의 대학에 경제적으로 큰 도움을 주었다. 하지만 미국의 학생들과 교수들은 대학 입학허가서가 상품처럼 돈으로 사고 팔리는 상황에 지속적으로 반발했다. 2018년 UC시스템은 마침내 캘리포니아 비거주자의 등록 비율을 전체 학생의 18퍼센트로 제한하는 정책을 발표했다. 2017~2018학년도에 이미 이 비율을 넘긴 학교는 그 수준에서 현상 유지가 가능했다.[22] 따라서 앞으로 다른 조치가 취해지지 않는다면, 캘리포니아에서 공부하는 중국 학생의 수는 오늘 현재가 최대인 셈이다.

이런 모든 변화가 벌어진 가장 큰 원인은 미·중 양국 간의 지정학적 균형이 구조적으로 이동했기 때문이다. 오늘날 중국은 역사상 그 어느 때보다 강력하고, 안정적이며, 발전한 모습으로 변했다. 그러한 변화는 학생들이 미국을 찾는 동기, 떠나는 이유, 그리고 미국이라는 나라 전체에 대한 그들의 태도 등 모든 것에 영향을 미친다. 중국 학생들이 모두 미국 문화를 달갑게 받아들이지는 않는다. 미국의 자유민주주의에 감흥을 받지 않는 학생도 적지 않다.

물론 국제정치, 국가 정치, 주 정치 등의 요소가 중국 유학생들의 사고방식에 어느 정도 영향을 미치기는 한다. 하지만 자세히 들여다보면 학생들이 미국이라는 나라를 경험하는 일은 여전히 매우 개인적으로 자유롭게 이루어지고 있음을 알 수 있다.

샌프란시스코의 카프카

어색함을 감추지 못하는 한 무리의 중국 학생들이 네온 불빛이 비추는 레드카펫 위에 섰다. 오늘 샌프란시스코 대학에서 열리는 제1회 '캘리포니아 대학생 마이크로필름 영화제'에 참가한 수상 후보자들은 모두 흥분과 우려가 교차하는 표정이었다. 샌프란시스코 지역의 CSSA 지부가 주최한 이 행사에는 캘리포니아의 7개 대학에 재학 중인 10개 팀이 출전해 미래의 영화제작자로서 꿈을 펼쳤다. 나도 1년 전에 캘리포니아의 문화를 중국어로 소개하는 「캘리포니아의 영혼The California Spirit」이라는 온라인 비디오 시리즈를 제작했다. 그 시리즈의 1편이 몇몇 분야에 수상 후보로 올랐다. 물론 미국인이 제작한 영상물을 후보로 올림으로써 행사에 '국제적' 분위기를 불어넣으려는 주최 측의 의도 때문이었을 것이다.

레드카펫이 깔린 곳은 USF 극장 뒤편의 울타리와 건물 사이로 난 좁은 골목이었다. 네온 불빛이 비추는 30미터 정도의 길 끝에는 카메라를 든 사람들이 후보들을 인터뷰하기 위해 모여들었다. 우리는 카펫 끝에서 뒤로 돌아 몇 가지 질문에 답한 후 학교 강당으로 입장했다. 나는 강당 안으로 들어가 행사에 함께 온 친구와 한복판에 편하게 주저앉았다. 곧이어 셔츠와 넥타이 차림의 몇몇 중국 학생이 시끌벅적하게 들어와 옆에 앉았다. 그들은 이 행사를 진정으로 즐기는 모습이었다. 나는 그들과 이야기를 나누었다.

그들 중 한 명은 최근 샌프란시스코 시티 칼리지San Francisco City College에 등록했으며, 다른 두 명은 UC버클리 졸업생이라고 했다. 버클리를 졸업한 우치인Wu Qiyin이라는 친구는 구글의 클라우드 사업 부서에서 근무하며 부업으로 글을 쓴다. 그들이 이 영화제에 출품한 작품 「카프카Kafka」의 시나리오도 그가 썼다고 한다. 나는 그 영화의 내용이 무엇이냐고 물었다. 그들 중 가운데에 있는 친구가 갑자기 큰 소리로 말했다.

"바로 제 얘기예요! 제 이름이 카프카거든요."

우리는 모두 웃었다. 대화의 중심을 차지하고 싶어 애쓰는 카프카의 모습이 재미있게 느껴졌다. 시나리오를 쓴 우치인은 이 작품의 배경에 대해 설명했다. 이 영화는 자신의 친구를 '구체적으로' 다루었다기보다 카프카라는 영어 이름을 지닌 중국인 동성애자, 주변 사람들과 진정한 인간관계를 맺고 싶어 하는 그의 노력, 그리고 가족들에게 자신이 동성애자임을 고백하기 어려워하는 심경 등을 주로 조명했다고 한다.

카프카는 내가 제작한 영상을 주로 어디에 올리느냐고 물었다. 유튜브 아니면 중국 사이트? 나는 양쪽에 다 업로드한다고 대답하고 그들에게도 같은 질문을 했다. 시나리오를 쓴 우치인이 대답했다.

"저희는 유튜브에만 올려요. 만일 중국 사이트에 업로드하면 중국인들이 우리 모두에게 비난을 쏟아붓겠죠. 그냥 미국인들이 보고 판단했으면 좋겠어요. 그길로 충분하죠."

무대 위에는 오늘 행사를 주최하는 사람들이 등장했다. 그중 한 명은 USF의 CSSA 지부장으로, 비쩍 마른 체격의 영화광이었다. 얼마 전에 스탠리 쿵 교수가 내게 소개해준 친구였다. 그는 다른 진행자와 어색한 농담을 나누며 이 행사를 후원한 사람들과 게스트들을 무대 위로 불러냈다. 샌프란시스코 중국 영사관 교육부를 대표해서 나온 사람도 그중 한 명이었다. 그는 교육과 문화 교류의 중요성을 강조하는 간단한 인사말을 했다.

나는 이런 행사도 다른 사람들에게는 중국 정부가 벌이는 '영향력 작전'으로 받아들여지지 않을까 생각했다. 일단 행사를 개최한 조직이 CSSA라는 점점 정치화되어가는 학생 조직이고, 중국공산당이나 중국 영사관에서 여러 사람이 초청되었기 때문이다. 내 생각에 달라이라마나 대만 문제를 다룬 작품은 이 영화제에 아예 출품조차 못했을 것 같다. 확실하지는 않지만 이 영화제에도 그런 검열의 힘이 작용했을 가능성이 높다.

하지만 행사에 참석한 사람들에게 그런 것은 중요해 보이지 않았다. 비록 내용상의 규제가 있더라도, 직접 제작한 영화를 통해 새로운 세계를 탐구하려는 학생들의 열정은 진지했다. 강당 안의 조명이 꺼지자 오늘 출품된 작품들에서 중요한 장면을 요약한 짧은 영상이 스크린에 비추어졌다. 어떤 작품은 중국의 가난한 시골 마을에 사는 할아버지와 손녀의 삶을 그렸다. 또 다른 영화에는 스탠퍼드의 박사과정에 재학 중인 중국 학생이 편집증적인 망상에 시달리다 신에 대한 믿음을 통해 고통을 극복하는 과정이 펼쳐졌다.

영화 「카프카」는 주인공의 고등학교 시절부터 버클리 유학 생활에 이르는 시기를 추적했다. 주인공은 10대 학생이었을 때 어떤 소년과 은밀한 관계를 맺지만 남들 앞에서는 그에게 괴롭힘을 당하는 척한다. 그는 대학에 입학한 후에도 그런 행위를 반복하며 자신의 비밀을 지켜나간다. 카프카는 샌프란시스코의 어느 클럽에서 데이비드라는 친구를 만나 새로운 관계를 시작한다. 영화를 수놓는 장면은 주로 초현실주의적 몽타주들이다. 내레이터의 독백에는 천문학자 칼 세이건Carl Sagan의 『창백한 푸른 점Pale Blue Dot』에 나오는 구절들이 인용되기도 한다.

이제 무대 위에서는 수상자가 호명되기 시작했다. 상을 받은 사람들은 어색한 표정으로 무대에 올라 수줍게 소감을 말했다. 내가 출품한 작품은 상을 받지 못했다. 「카프카」도 남우주연상, 각본상, 촬영상 등의 부문에 후보작으로 올랐지만 아무런 소득이 없었다. 물론 제작진에는 실망스러운 소식이었겠지만 그들은 크게 상심하지 않았다. 어쨌든 자신들이 직접 작품을 만들고 세상 사람들에게 기쁘게 선보였으니까. 우리는 로비로 나와 함께 사진을 찍고 각자의 위챗 계정에 올렸다.

「카프카」에는 베이 브리지에서 찍은 여러 장면의 영상이 등장한다.

나는 그 다리를 건너 오클랜드로 향하며 팀 린이 3년 전에 했던 이야기를 떠올렸다.

"중국 학생들이 미국 대학에 도착하면 삶이 다양한 방향으로 전개될 수 있다는 사실을 가장 먼저 깨달아요. 인생이 직선이나 획일적인 길이 아니라는 것을요."

2

실리콘밸리의 차이나 패러독스

어느 안개 낀 금요일 오전의 베이징. 버스 안을 가득 채운 한 떼의 중국인 직원들이 스마트워치(블루투스와 와이파이 같은 무선통신 기능을 갖춘 손목시계 - 옮긴이)에 대해 이야기를 나누느라 떠들썩했다. 버스 기사가 교통체증으로 꽉 막힌 길을 어렵사리 뚫고 나가는 동안, 차에 탄 프로그래머들은 곧 출시될 스마트워치의 밴드 부분이나 손목을 튕겨서 제품을 작동하는 기능 등의 장단점에 대해 열띤 논쟁을 벌였다. 그날은 애플에서 애플워치Apple Watch를 선보이기로 한 날이었다. 소비자들에게 인기 있는 모델은 나오자마자 매진될 것으로 예상되었다.

하지만 이 직원들이 흥분하고 있던 대상은 애플의 제품이 아니었다. 버스에 타고 있는 사람들은 베이징에 위치한 인공지능 스타트업 몹보이Mobvoi의 직원이었다. 그들은 베이징 외곽의 어느 경치 좋은 마을에서 24시간 동안 스마트워치 해커톤hackathon(정해진 시간 동안 쉬지 않고 해킹을 하는 프로그래밍 마라톤 행사 - 옮긴이)을 진행할 예정이었다. 몹보이의 자체적인 스마트워치 운영체제인 틱웨어Ticwear에서 운영될 앱을 개발하는 것이 그들의 목표였다. 몹보이의 경영진은 틱웨어가 중국 스마트워치 시장에서 애플이나 구글을 물리치고, 나아가 세계시장을 석권하게 되기를 기대했다.

물론 어떤 스타트업에도 쉽지 않은 일이겠지만, 몹보이의 설립자가 지닌 배경과 당시의 기술 지형을 고려하면 전혀 불가능한 목표도 아니었다. 몹보이의 최고경영진은 대부분 구글, 하버드 경영대학원, 마이크로소프트, 스탠퍼드 연구소 등 미국의 유명 기업이나 연구기관 출신이었다. 또한 미국 대학을 졸업하고 귀국한 유학생들도 회사의 든든한 중간관리자층을 형성했다. 그들은 주로 미국의 대학에서 학위를 받고 실리콘밸리에서 근무한 경력이 있는 야심 찬 엔지니어로, 중국의 스타트업 업계에 커다란 발자취를 남기겠다는 꿈에 부풀어 있었다.

몹보이의 직원들이 틱웨어의 앞날에 큰 기대를 거는 이유 중 하나는 이 운영체제의 가장 큰 경쟁 제품인 구글의 안드로이드 웨어Android Wear가 중국 시장에서는 사실상 사용할 수 없게 되었기 때문이었다.

중국공산당은 사이버공간을 마치 감시하고, 가꾸고, 통제해야 할 물리적 장소인 것처럼 인식했다. 수천 년 전 중국의 고대 왕조는 걸핏하면 자신들의 땅을 침범하는 '오랑캐(주로 몽골족을 포함한 초원의 이민족)'를 막기 위해 만리장성을 쌓았다. 오늘날 중국 정부는 21세기에 새로 등장한 '오랑캐'를 방어하기 위해 디지털화된 만리장성인 '만리방화벽'을 구축했다. 이 복잡한 기술적 통제 시스템은 구글, 페이스북, 스냅챗, 트위터 등을 포함한 미국의 기술 대기업과 언론매체를 자국의 인터넷으로부터 철저히 차단해버렸다.

과거에 만리장성이 그랬던 것처럼, '만리방화벽'도 결코 난공불락의 요새는 아니다. 중국의 사용자들도 VPNVirtual Private Network(가상사설망 - 옮긴이)을 통해 외국의 서버로 트래픽을 우회하면 정부의 통제를 피해 국제 인터넷에 접속할 수 있다. 중국 사람들은 이를 판치앙翻墙이라고 부른다.

벽을 넘는다는 뜻이다. 하지만 VPN은 느리고 불안정하기 때문에 사용하기가 매우 불편하다. 그러므로 이 방법으로 인터넷에 접속하는 중국인은 소수에 불과하다. 대다수의 중국 인터넷 사용자는 중국 버전의 인터넷 프로그램, 즉 실리콘밸리 기업들이 만든 앱이나 프로그램과 전혀 다른 도구를 사용한다.

애초에 중국 정부가 방화벽 프로그램을 구축한 것은 정보를 통제하기 위해서였다. 즉 정보와 통신이 오가는 길목을 레닌주의로 차단해 중국공산당의 권력을 보호하겠다는 의도였다. 그런데 외부의 정보를 통제하겠다는 정책이 예상외의 소득을 가져왔다. 중국 자체의 디지털경제를 번영시키는 효과를 낳은 것이다.

중국 정부가 세계적인 기술 대기업의 국내 진출을 막은 덕분에 중국 내에서 탄생한 기술 브랜드가 성장할 수 있는 여건이 조성되었다. 그 기업들은 결국 중국 시장을 송두리째 장악했다. 2010년 구글이 중국 본토 시장을 포기하고 철수하자 중국의 검색시장은 바이두百度가 차지했다. 트위터의 부재로 인해 중국의 마이크로블로그 플랫폼인 웨이보微博가 세계시장에서 트위터의 경쟁자로 떠올랐다. 페이스북 사용을 금지한 조치는 위챗을 중국 내에서 가장 대중적인 소셜 미디어 공간으로 만들었다. 그리고 안드로이드 웨어의 차단은 웨어러블wearable(IT 기기를 사용자의 손목, 팔, 머리 등 몸에 지니고 다닐 수 있는 기기로 만드는 기술 - 옮긴이) 영역에서 안드로이드 운영체제 시장이 무주공산이 되었음을 의미했다. 몹보이는 그 빈 땅을 차지하고 싶었다.

방화벽이라는 기술 장벽이 중국의 인터넷을 고립시켰다지만 버스 안에 탄 사람들에게서 그런 폐쇄적인 느낌은 발견할 수 없었다. 그들의 대화는 페이스북의 기능, 중국의 스마트폰 브랜드, 그리고 어떤 프로그래머가 가장 좋아한다는 취두부臭豆腐라는 냄새 고약한 음식에 이르기까지 온갖 주제를 넘나들며 쉴 새 없이 이어졌다. 그들은 중국 쇼핑몰 앱의 알고리즘에 대해, 또 베이 에어리어에서 가장 유명한 후난湖南 지방 음식점에 관해서도 이야기를 나누었다. '액셔너블 패스actionable path'(실행 가능한 방법 - 옮긴이), '백 엔드back end'(사용자와 직접적으로 상호 작용하지 않고 관리자만 접근할 수 있는 소프트웨어 시스템의 후면 부분 - 옮긴이), '와이 낫why not?' 같은 영어 단어도 대화 중에 수시로 튀어나왔다.

그들은 중국의 기술 르네상스를 주도하는 20~30대였다. 이런 엘리트 프로그래머가 제작한 앱이나 알고리즘은 그동안 기업가치가 수십억 달러인 스타트업을 탄생시키고 세계인의 주목을 받는 사업 모델을 만들었다. 버스에 탑승한 젊은이들 중 상당수가 미국의 대학에서 공부했으며, 미국의 기술 대기업(예전에 중국 정부가 방화벽으로 차단한 기업들)에서 근무한 경력이 있는 인재였다. 그들은 국경, 언어, 문화 등을 자연스럽게 넘나들면서 실리콘밸리의 이상주의와 중국의 현실 사이를 왕래했고, 혁신적 기술의 본거지인 미국에서 축적한 역량을 중국의 기술 세계라는 거친 경쟁 현장에 적용하고 있었다.

또한 이들은 외국에서 공부하고 돌아온 '바다거북'이었다. 팀 린의 칼리지 데일리 직원 중에서도 귀국 유학생의 비율이 높았다. 이들 '바다거북'은 지난 20년간 중국의 기술 산업을 이끌어왔다. 1990년대 중반, 일단의 귀국 유학생들이 창업한 중국의 1세대 인터넷 기업은 세계 굴지의 주식시장에 상장되는 신화를 낳았다. 오늘날 스탠퍼드, 버클리, 하버드 같은 곳에서 공부하고 돌아온 '바다거북'은 기업을 창업하거나 다른 회사에 투자하면서 중국의 기술 산업을 세계적 수준으로 끌어올리는 데 공헌하고 있다.

안드로이드 로고가 박힌 재킷을 입고 버스 맨 앞쪽에 앉아 있는 사람은 몹보이의 창업자이자 CEO 리 지페이Li Zhifei였다. 그는 미·중 간의 기술 교류라는 핑퐁게임을 전형적으로 상징하는 사람이었다. 중국 중부 지방에서 태어나고 자란 리는 1990년대 후반 베이징의 스타트업에서 잠시 근무했다. 존스홉킨스 대학에서 박사학위를 받은 뒤에는 캘리포니아 마운틴뷰에 있는 구글 본사의 번역 사업부에서 연구원으로 2년간 일했다. 그리고 중국으로 돌아와 회사를 창업했다. 그는 자신이 '구글 DNA'라고 부른 문화를 이 스타트업에 접목시키기 위해 혼신의 노력을 기울이는 중이었다.

현재 리 지페이의 회사는 '만리방화벽'이라는 견고한 방패 뒤에서 앱, 운영체제, 스마트워치 등을 포함한 다양한 제품을 생산한다. 그 제품들은 중국 정부가 리의 전 직장이었던 구글을 축출하면서 생겨난 시장의 공백을 메우는 역할을 톡톡히 하고 있다. 리가 구글을 떠나 자신에게 강력한 보호막을 제공하는 시장에서 경쟁회사를 창업한 일 때문에 구글이 그에게 앙심이라도 품었을 것 같지만, 현실은 정반대였다. 2015년, 구글은 리의 회사에 투자하기로 결정했다. 그 후 몇 년 동안 몹보이는 구글의 파트너로 활동했으며, 향후 구글이 중국 시장으로 돌아올 경우 잠재적인 조력자 역할을 해주기로 약속했다.

미·중 기술 교류와 만리방화벽

리 지페이와 몹보이의 이야기는 실리콘밸리와 중국 사이에 오랫동안 존재해온 역설을 전형적으로 상징하는 사례다. 그동안 두 지역 간에 사람, 자본, 아이디어의 교류가 그 어느 때보다 활발하게 이루어졌음에도 인터넷이라는 공간이 국경선을 경계로 이렇게 철저히 분리된 적은 없었다.

중국의 기업들은 실리콘밸리에 연구소를 설립했고, 미국 기업의 임원들은 중국의 경쟁회사로 옮겨 요직을 차지했다. 두 나라의 벤처 캐피털 기업들은 태평양의 양쪽에서 치열한 머니게임을 벌였다. 실리콘밸리

기업의 제품 담당 매니저들은 위챗을 심도 있게 연구했으며, 중국의 인공지능 과학자들은 구글에서 기술적 영감을 구했다. 이런 활발한 교류의 결과, 실리콘밸리 문화는 중국의 기술 산업에 깊이 뿌리박혔다. 기업가와 엔지니어는 양쪽을 오가며 두 기술 생태계의 기업 이념이나 경영 관행을 서로에게 심어주었다.

하지만 양측의 교류는 거기까지였다. 애플을 제외한 실리콘밸리 기업들은 하나같이 중국 땅에서 경쟁에 패배하거나 중국 정부에 의해 쫓겨났다. 미국 시장에 진출한 중국 기업들 역시 상대적으로 낮은 법적 장벽에도 불구하고 대부분 처참한 실패를 맛보았다.

애초에 중국 정부가 외국의 웹 사이트를 차단하기 시작한 것은 정보를 통제하겠다는 실용적인 이유에서였다. 하지만 중국의 기술 산업 발전과 에드워드 스노든Edward Snowden(미국의 정보기관에서 근무했던 컴퓨터 기술자로, 정보부의 다양한 기밀을 폭로했다 - 옮긴이)의 기밀 누설 사건 등을 거치면서 정보를 통제하고자 하는 중국 정부의 노력은 사이버 통치권cyber sovereignty이라는 이념으로 확고하게 굳어졌다. 한 나라는 자국의 '사이버공간'을 절대적으로 통치할 권리가 있다는 것이다. 그 결과 오늘날 세계의 인터넷은 점점 전통적인 경제·정치 시스템의 모습을 닮아가는 양상이다. 이제 각국 정부는 국내의 사이버공간을 철저히 통제하는 한편, 그 영향력을 국외로 파급하려 애쓰고 있다.

비즈니스냐, 윤리적 의무냐

물론 이런 환경은 시장의 주요 참여자에게 큰 위험 요소로 작용했다. 하지만 중국공산당에 이는 죽느냐 사느냐의 실존적 사안이었다. 인터넷의 광범위한 보급은 중국 정부를 지탱하는 두 핵심 기둥, 즉 정보의 통제와 경제성장이라는 두 측면에 모두 관계되는 영역이기 때문이었다.

중국공산당은 1921년에 창당된 이후부터 권력을 쟁취하고 지키기 위한 핵심 동력이 '이데올로기 작업'에서 비롯된다고 생각했다. 물론 공산당이 정보와 언론을 완벽하게 통제하는 데 성공한 적은 없지만, 그들은 항상 국가의 여론에 강력한 영향력을 행사했다. 국민들은 중국의 재도약을 이룬 가장 위대한 주인공이 중국공산당이라는 국가적 서사敍事를 당연하게 받아들였다. 이따금 용감한 언론인이나 학자들이 반기를 들었지만, 불온한 정보의 출처나 유통자는 대부분 당국에서 통제 가능한 거리에 존재했다. 언론사는 문을 닫게 만들고 학자들은 감옥에 보내면 그만이었다.

그런데 인터넷과 소셜 미디어가 중국 정부의 전통적 통제 방식에 가장 큰 위협 요소로 등장했다. 만일 경찰이 정보 유통자를 체포하지 못한다면? 또 정보의 출처가 너무 분산되어 통제할 수 없거나, 유출자가 외국에 거주해 붙잡을 수가 없다면? 중국공산당은 그런 상황을 결코 받아들일 수 없었다. 인터넷 통제, 즉 정보의 내용과 그 정보를 게시하는 회사를 통제하는 것은 그들에게 필생의 과제였다.

그렇다고 정보를 통제하는 것만이 그들의 유일한 목표는 아니었다. 중국의 정치가와 기업은 기술을 혁신하고 이를 사업적으로 활용하는 데도 사활을 걸어야 할 형편이었다.

과거 30년간 중국의 경제 번영을 이끈 엔진들, 즉 값싼 수출 제품, 급속한 도시화, 기반 시설에 대한 막대한 투자 등은 동력을 상실했다. 치솟는 임금으로 인해 중국의 수출경쟁력은 약화되었고, 기반 시설 투자나 주택 건설은 포화 상태에 이르렀다. 중국이 선진국으로 도약하려면 국내 소비를 촉진하고 생산 가치사슬을 향상시킬 새롭고 역동적인 성장 동력이 필요했다.

중국의 정치가들은 이러한 목표를 달성하기 위해 급성장 중인 중국의 기술 산업으로 눈을 돌렸다. 중국의 기술 대기업은 새로운 소비자경제를 움직이는 거대한 동력으로 자리잡았다. 그 기업들은 자체적으로 커다란 수익을 거두어들일 뿐만 아니라 국가 전체적으로 어마어마한 경제효과를 창출했다. 기술기업이 물류, 영업, 서비스 등의 영역에서 부가적으로 만들어낸 막대한 일자리 덕분에 그동안 중공업의 부진으로 어려움에 빠졌던 중국의 경제는 또 한 차례 도약할 기회를 맞았다.

중국의 온라인쇼핑 대기업 알리바바Alibaba는 고객의 손바닥 위에 세계 최대의 쇼핑몰을 올려놓음으로써 전국적인 소비 열풍을 불러일으켰다. 게다가 온라인쇼핑이 가져온 물류 혁명은 트럭, 자동차, 삼륜차 운전자의 고용을 수없이 창출하는 효과를 낳았다. 중국 인터넷 대기업 바이두와 텐센트Tencent는 위챗 플랫폼을 바탕으로 새로운 형태의 주문형 O2Oonline-to-offline(온라인으로 주문하는 오프라인 서비스 - 옮긴이) 서비스 산업을 열었다. 이 서비스를 활용하면 손톱 관리 기술자가 고객 문 앞에 금방 나타나고, 음식 솜씨 좋은 할머니가 집을 방문해서 맛있는 음식을 만들어주고, 유명 인터넷 가수가 팬 앞에서 노래를 불러주었다. 또 급속히 성장하는 중국의 인공지능기술은 제조업 분야에 로봇을 등장시키고 자율주행자동차가 도심의 정체 구간을 피해서 운행하도록 만들었다.

하지만 중국 정부가 이런 실질적 혜택을 얻는 동시에 자신들의 권력을 계속 유지하려면 어려운 줄다리기를 벌여야 했다. 즉 실리콘밸리로부터 아이디어와 인재를 지속적으로 공급받는 한편, 중국에서 활동하는 모든 외국 기업을 중국공산당의 완벽한 통제 아래에 두어야 했다.

미국의 기술기업은 중국 시장에 진입하면서 기업윤리와 경제적 이익 사이의 딜레마에 부딪혔다. 그들에게 실리콘밸리는 단지 산업이 아니라 이념이었다. 젊은 기업가들은 엄청난 돈을 벌어들이면서도 자신이 만든 회사의 사명과 가치를 잊지 않았다. 구글은 '사악하지 말자Don't be evil'라는 단순하고 명확한 기업 철학을 바탕으로 '세상의 모든 정보를 체계화하여 누구에게나 접근 가능하고 유용하게 만든다'는 조직 강령을 구축했다. 페이스북은 '사람들에게 정보를 나눌 수 있는 힘을 제공함으로써 보다 개방적이고 연결된 세상을 창조한다'는 목표를 세웠다.

하지만 중국공산당은 10억 명이 훨씬 넘는 소비자를 문 앞에서 지키는 수문장으로서, 중국 시장에 진입하고자 하는 외국 기업에 어떤 양보라도 얻어낼 수 있는 막강한 권력을 행사했다. 미국과 유럽의 자동차 기업에 그 양보란 중국 기업과 합자회사를 만들거나 지역 회사에 기술을 이전하는 것을 의미했다. 외국의 정보기술기업은 중국 정부의 엄격한 검열 요건을 준수하고, 소프트웨어의 소스 코드를 공개하고, 중국의 사용자들에 대한 데이터를 제공해야 했다.

만일 다른 나라의 시장이라면 어느 기업도 그렇게나 부담스러운 요구를 수락하려 들지 않았을 것이다. 하지만 중국이라는 시장은 무시하고 넘어가기엔 규모가 너무 컸다. 유럽의 자동차 회사들 입장에서 중국 시장을 포기한다는 것은 자신들이 제2차 세계대전 이후 미국 시장에서 자동차를 팔지 않기로 결정한 것과 맞먹을 정도의 충격이었을 것이다.

회사의 사명을 수익보다 중시하는 기업이라도 중국에서 활동하는 이상 그 딜레마에서 벗어날 수는 없었다. 구글의 검색엔진이 검열된 내용을 제외한 검색 결과만 보여준다면, 그것이 '누구에게나 접근 가능하고 유용한 정보'를 제공하는 행위인가? 아니면 그 정보를 통제하는 권력자들을 정당화시키는 일인가? 중국의 페이스북 사용자들이 이 플랫폼에서 정치적 의견을 교환하지 못하고, 외국 친구들과 만나거나 소통하지 못한다면, 그것이 '보다 개방적이고 연결된 세상'인가?

이는 기업이 무원칙적이고 권위주의적인 정부를 상대할 때 항상 빠지게 되는 전형적인 딜레마였다. 적당히 시장에 참여할 것인가, 아니면 도덕적 원칙을 따를 것인가? 우리 회사는 이 나라의 소비자 및 기업과 관계를 끊고 아예 이곳을 떠나야 할까? 그러면 우리의 부재로 인해 사람들이 경각심을 갖고, 그로 인해 이 나라가 근본적으로 변하게 될까? 그렇지 않다면 주어진 규칙 안에서 서서히 시장 참여의 수준을 높임으로써 중국의 점진적인 개혁에 기여해야 할까?

미국의 기업만 이런 딜레마(적당한 참여 또는 도덕적 원칙 고수)에 빠진 것이 아니었다. 중국에 분교를 열고자 하는 미국의 대학, 이 나라에 영화를 수출하는 할리우드의 영화제작자, 심지어 중국공산당과 이런 문제로 충돌하면 외교관계에 차질이 생길 거라고 우려하는 각국 정부도 두 갈래 길 앞에서 고민했다.

이는 단순히 추상적이거나 학문적인 문제가 아니었다. 야후Yahoo는 어느 중국 언론인의 이메일 계정을 조사해달라는 중국 정부의 협조 요청을 수락했는데, 결국 그 언론인은 8년간을 교도소에서 보냈다. 시스코Cisco는 중국 정부에 파룬궁 신도를 추적할 수 있는 소프트웨어를 제공함으로써 신도에게 가해진 야만적인 박해의 방조사가 되었으며, 이 때문에 캘리포니아에서 집단소송에 휘말렸다.

경제적 동기와 윤리적 문제 외에도 중국 사이버공간의 진화는 인터넷 자체의 미래를 좌지우지할 정도로 그 파급력이 엄청났다. 기술 전문가를 포함한 수많은 사람들은 인터넷이 전 세계적인 디지털 공공재가 될 거라는 비전을 품었다. 이 공간에서는 누구나 정보와 아이디어를 자유롭게 교환할 수 있고, 물리적인 세계의 제약에서 벗어날 수 있으며, 구태의연한 정치제도에서 놓여날 수 있을 거라고 생각했다.

하지만 중국 정부는 최첨단의 검열 기술과 전통적이고 권위주의적인 위협의 정치를 조합하여 인터넷 세계를 자신들의 발아래 완전히 굴복시키는 모습을 보여주었다. 오늘날 중국 정부는 국내의 인터넷을 철저히 통제하면서, 한편으로 자국의 기술기업을 육성해내는 능력을 과시한다. 인터넷의 자유를 부르짖는 사람들에게는 경고의 목소리로 들리겠지만, 다른 권위주의 정권들은 이를 모범 사례로 받아들일지도 모른다.

중국 정부는 자국의 힘과 국민적 결속력을 바탕으로 인터넷의 진화에 결정적인 변수를 제공했다. 미국은 제2차 세계대전 이후에 획득한 국제적 지배력을 활용해 자유무역과 안정적 환율 기반의 새로운 경제 질서를 출범시켰다. 반면 오늘날의 중국은 실리콘밸리에 대한 영향력을 십분 발휘해 인터넷의 규칙을 새롭게 쓰고 있다. 이 나라는 세계에서 가장 큰 기술기업들에도 중국 정부가 내세우는 '인터넷 통치권'의 개념을 받아들이라고 종용한다.

지난 수년간 모든 사람은 인터넷이 중국 정부를 어떻게 바꿀지 궁금해했다. 현재도 그 질문은 여전히 유효하지만, 이제 주어와 목적어가 바뀌었다. 중국 정부는 과연 인터넷을 어떻게 바꿀 것인가?

인터넷의 지정학적 구도가 역전된 일은 중국 정부의 검열과 외국 기업의 중국 시장 진입이라는 측면에만 영향을 미친 것이 아니다. 무역 전쟁, 해커들의 공격, 영토분쟁 등의 문제가 미·중 간의 국가적 관계에 악영향을 끼치면서 양국은 선의의 경쟁에서 점점 노골적인 적대관계로 돌입하는 양상이다. 두 나라 사이의 긴장이 악화되는 가운데 양국의 관심이 집중되고 있는 핵심 영역은 바로 기술이다. 이제 워싱턴 DC의 정치가들도 중국의 경쟁자들을 따라 미국의 기술 생태계를 '활용하고, 규제하고, 보호해야 할' 국력의 핵심 요소로 인식하는 추세다.

세계적으로 기술 교류가 위축되는 현상은 중국과 실리콘밸리 사이의 다면적인 관계, 즉 리 지페이 같은 사람들이 꾸준히 구축해온 양국의 관계에 심각한 지장을 초래하고 있다. 하지만 그토록 긴밀하게 얽인 두 생태계가 정말 완벽하게 분리될 수 있을까? 만일 세계적인 기술 지형에 그런 분리가 발생한다면 혁신과 국가안보에는 어떤 일이 벌어질까?

초라한 시작

리 지페이는 마오쩌둥의 광기 어린 치세가 끝나고 얼마 지나지 않았을 때 태어났다. 물론 그 시절은 인터넷 시대와 한참 거리가 멀었다. 1976년에 마오쩌둥이 사망한 이후 중국은 비로소 '개혁과 개방'을 향한 첫걸음을 내딛었다. 당국자들은 정부가 통제하는 경제체제 아래서 사기업의 활동을 부분적으로 인정해주는 일단의 정책을 처음으로 수립했다. 훗날 중국이 세계적인 기술 강대국으로 발돋움한 것은 이 정책들 덕분이었지만, 당시에는 다른 나라를 따라잡으려면 아직 수십 년간의 노력이 필요했다. 스티브 잡스가 캘리포니아 쿠퍼티노의 차고에서 처음 애플 컴퓨터를 만들어 판매하기 시작했을 때, 중국의 정치가들은 농부가 채소를 팔아 개인적으로 수익을 얻도록 허락해야 하는지 고민하고 있었다.

중국의 국제 인터넷 접속은 1994년에야 이루어졌다. 스탠퍼드의 리니어 가속센터Stanford Linear Accelerator와 베이징의 고에너지물리학연구소 Institute of High Energy Physics가 맺은 협력관계의 결과였다.[1] 그런데 이런 학문적인 접속도 당시에는 많은 논란을 불러일으켰다. 미국 에너지부는 두 기관의 파트너 관계를 지지했지만, 미 국방부는 중국을 글로벌 네트워크에 가입시키는 문제에 심각한 우려를 나타냈다. 결국 모든 인터넷 사용자에게 '중화인민공화국이 인터넷 세계에 참여함'이라는 경고 이메일을 보내는 조건으로 중국의 접속을 허락한다는 타협이 이루어졌다.[2] 그리고 그 후 몇 년에 걸쳐 중국 최초의 인터넷 붐이 시작되었다. 대학생들은 저마다 대화방을 만들었고, 인터넷 카페가 수없이 생겨났다. 새로운 시대를 향한 기대감에 모두가 들뜬 시기였다. 빌 게이츠가 컴퓨터와 인터넷의 미래에 대해 쓴 책은 엄청난 인기를 끌었다. 비록 인터넷에 실제로 접속하는 사람은 전체 인구 중 극소수였지만, 중국의 매체는 이 나라의 고유한 인사 '밥 먹었어?'가 '인터넷에 접속했어?'로 빠르게 바뀌고 있다고 보도했다.

초기의 중국 인터넷 생태계는 모두 실리콘밸리에서 얻고, 빌리고, 훔쳐서 만들었다고 해도 과언이 아니었다. 중국의 1세대 인터넷 대기업은 미국에서 공부하고 돌아온 학생들이 실리콘밸리 문화에서 영감을 얻고 미국의 벤처 캐피털 자금을 투자받아 설립했다. 처음 나스닥에 상장된 중국의 인터넷 기업 세 곳 중 두 개는 미국에 깊은 뿌리를 둔 기업이었다. 최초의 중국어 검색엔진 기업 소후Sohoo는 실리콘밸리에서 검색 분야를 처음 개척한 야후Yahoo에서 착안해 만들어졌다.(나중에 영어명을 'Sohu'로 바꾸었다) 소후의 설립자는 MIT에서 물리학 박사학위를 받은 중국 출신의 찰스 장Charles Zhang이었다. 그는 미국 친구에게서 자금을 지원받아 베이징에서 인터넷 회사를 처음 만들었으며, 야후를 설립한 제리 양Jerry Yang을 만난 이후 검색엔진으로 사업 방향을 바꾸었다. 그리고 인텔 산하의 벤처 캐피털 기업에서 자금을 투자받았다.

당시 중국에 실리콘밸리 문화를 전파하는 데 에릭 쉬Eric Xu만큼 공헌한 사람은 없을 것이다. 중국 출신인 쉬는 텍사스 A&M 대학교에서 생물학 박사학위를 받은 뒤 실리콘밸리의 스타트업에서 일하면서, 중국의 시청자들에게 실리콘밸리의 생태계를 보여주는 다큐멘터리를 제작하기로 마음먹었다. 그는 이 영상에서 미국의 여러 기업가, 프로그래머, 투자자를 인터뷰했으며, 스타트업 문화나 벤처 캐피털 같은 개념을 소개했다. 에릭 쉬는 야후를 창업한 대만 출신의 수재 제리 양을 인터뷰하러 가는 길에 친구인 로빈 리Robin Li를 데려갔다. 중국 출신으로 미국에서 공부한 로빈은 실리콘밸리에서 소프트웨어 엔지니어로 일하고 있었다. 쉬는 〈블룸버그 비즈니스위크〉와의 인터뷰에서 이렇게 말했다.

"저는 제리 양에게 깊은 감동을 받았습니다. 물론 로빈도 영감을 얻었을 겁니다. 중국 혈통의 인물이 그렇게 엄청난 기업을 세운 모습을 목격했으니까요."

쉬가 제작한 영화 「실리콘밸리로의 여행A Journey into Silicon Valley」은 중국의 주요 채널을 통해 전국에 방송되었다. 이를 통해 수백만의 중국인은 새로운 세계를 만들어가는 지역, 문화, 비즈니스 생태계의 모습을 처음 목격할 수 있었다. 이 영화가 스탠퍼드에서 상영된 날, 로빈 리의 부인이 쉬에게 다가와 남편이 인터넷 기업가가 되면 좋겠다고 말했다. 그로부터 얼마 후, 에릭 쉬와 로빈 리는 바이두를 창업했다. 이 중국산 검색엔진 기업은 구글과 사생결단의 대결을 거쳐 결국 이 나라에서 가장 강력한 기술기업 중 하나로 자리잡았다.

담벼락에 젤리 붙이기

에릭 쉬가 실리콘밸리의 복음을 중국에 한창 전파하고 있을 때, 미국의 테크노 유토피안들techno-utopians(기술의 발전이 인류에게 유토피아를 가져다줄 거라고 믿는 사람들 - 옮긴이)은 인터넷의 미래에 대한 숭고한 비전을 작성하느라 여념이 없었다. 그들은 사이버공간을 20세기의 구태의연한 정치질서에서 벗어난 새로운 세계로 정의했으며, 암울한 관료주의적 통제를 초월한 유기적 영역으로 인식했다. 록그룹 그레이트풀 데드의 작사가 출신으로 전자프런티어재단Electronic Frontier Foundation을 설립한 존 페리 발로우John Perry Barlow는 1996년에 발표한 「사이버스페이스 독립선언서A Declaration of the Independence of Cyberspace」에서 당시의 사상적 흐름을 잘 표현했다. 원래 1996년 미국에서 제정된 '통신법Telecommunications Act'에 항의하기 위해 쓴 이 성명서는 글로벌 인터넷의 운명에 대해 예언자적 통찰을 보여주는 글로 평가받는다.

산업화된 세계의 정부들이여, 살肉과 쇠鐵로 만들어진 그대 쇠락한 거인들이여. 나는 정신의 새로운 고향 사이버스페이스에서 왔다. 과거의 유물인 그대들에게 미래를 대신해서 이렇게 요구하는 바이다. 우리를 자유롭게 내버려두라. 우리 중 누구도 그대들을 환영하지 않는다. …… 우리가 모인 곳에서 그대들은 아무런 통치권이 없다. …… 나는 우리가 구축해온 글로벌 사이버스페이스가 그대들이 휘두르는 독재의 칼날로부터 천부적으로 독립된 영역임을 선포한다. 그대들은 우리를 지배할 아무런 도덕적 권리가 없으며, 우리를 진정한 공포에 빠뜨릴 법적 수단도 지니지 못했다.

하지만 중국의 공안국은 생각이 달랐다. 중국 내의 인터넷 접속이 증가하면서 논란의 여지가 많은 학생 게시판이 정부 당국자에 의해 가끔 폐쇄되는 일이 벌어졌다. 이런 산발적인 단속 조치들은 빠른 시간 안에 포괄적인 통제 수단으로 진화해갔다. 1997년에는 훗날 '만리방화벽'이라 불리는 비교적 양호한 성능의 정보 여과장치가 구축되었다. 외부 세계에서 중국 내로 들어오는 모든 인터넷 트래픽은 제한된 수의 물리적 케이블을 통과해야 했으며, '민감한' 키워드가 포함된 외국 웹 사이트 검색 요청은 국경을 넘지 못했다. 초기의 방화벽은 서구의 수많은 뉴스 출처와 중국의 인권 사이트에 대한 접근을 차단했다.

당시만 해도 중국 정부의 통제 기술은 아직 조잡한 수준이었다. 서구의 기술 공동체는 이런 조치를 낡아빠진 정치체제의 말기적 발악으로 받아들였다. 중국 정부가 인터넷을 통제하는 데 결국 실패할 거라고 생각한 사람들은 테크노 유토피안뿐만이 아니었다. 미국 대통령 빌 클린턴은 미국 남부 특유의 은유를 사용해서 당시의 시대 상황을 표현했다.

"새로운 세기가 열리면 자유의 물결이 휴대전화와 케이블 모뎀을 타고 전 세계로 퍼질 것입니다. …… 모든 사람은 인터넷이 미국을 얼마나 많이 바뀠는지 잘 알고 있습니다. 덕분에 우리 사회는 활짝 개방되었습니다. 앞으로 인터넷이 중국을 얼마나 바꿀지 상상해보세요. 현재 중국이 인터넷을 단속하기 위해 애쓴다는 것은 의심의 여지가 없습니다. 행운을 빕니다. 결국 담벼락에 젤리를 붙이는 것처럼 불가능한 일일 테니까요."

중국의 정치체제는 소련의 붕괴와 천안문 광장의 혼란 속에서도 살아남았다. 하지만 인터넷이라는 거센 물결도 견뎌낼 수 있을까. 사람들은 그것이 궁금했다.

닷컴 열풍

미국의 분석가들은 중국의 인터넷이 국민들에게 정보의 자유를 가져다줄 도구라고 생각했다. 하지만 1990년대 후반에 등장한 중국의 1세대 인터넷 기업가들은 오직 미국의 증권시장에 입성해 큰돈을 버는 데만 몰두했다. 미국의 닷컴 거품을 일으킨 인터넷의 열기는 베이징까지 날아가 누구나 벼락부자가 될 수 있다는 기대감을 사방에 퍼뜨렸다. 2000년, 중국의 포털 기업 시나Sina, 소후, 넷이즈NetEase는 요란한 팡파르 속에 차례대로 나스닥에 입성했다. 당시 대학을 막 졸업하고 차이나 모바일소프트China MobileSoft에 소프트웨어 엔지니어로 입사한 리 지페이도 흥분을 감추지 못했다. 그는 언젠가 자신도 회사를 창업해서 주식시장에 상장하고 백만장자가 될 수 있을 거라는 꿈에 부풀었다.

하지만 그때는 시기가 매우 좋지 않았다. 2000년 여름이 되자 실리콘밸리의 닷컴 열풍은 시들기 시작했다. 물론 중국의 기술 대기업에 대한 투자자들의 관심도 급격히 식어갔다. 세 업체의 주가는 곤두박질쳤으며, 특히 소후와 넷이즈는 나스닥의 상장폐지 기준에 가까울 정도로 주식가격이 떨어져 미국의 자본시장에서 퇴출될 위기에 빠졌다. 중국의 첫 번째 인터넷 골드러시는 시작도 빨랐지만 막을 내린 것도 순식간이었다. 실리콘밸리 문화에서 영감을 얻고, 미국 벤처 캐피털에 의해 자금을 형성했으며, 미국의 대학이나 실리콘밸리 기업에서 돌아온 사람들에 의해 주도된 인터넷 붐은 그렇게 끝났다. 중국의 인터넷은 처음으로 가능성을 내보였지만, 국제 인터넷 사용자에게 이 나라는 여전히 오지에 불과했다. 적어도 그때까지 인터넷에 관련된 활동이 중점적으로 벌어지고, 자본이 조달되고, 혁신이 이루어지는 지역은 단연 미국이었다.

리 지페이가 태평양을 건넌 것은 결국 그 때문이었다. 그는 2004년 볼티모어에 있는 존스홉킨스 대학교의 박사과정에 등록해 기계학습 알고리즘과 인공지능을 연구했다.

리와 그의 동료들은 새로운 세대의 중국 유학생이었다. 이전 세대의 선배들은 대부분 미국의 박사학위라는 엘리트 코스를 밟은 뒤 미국에 장기적으로 머물렀다. 그들은 개방 초기 혼란에 빠져 있는 중국으로 돌아가기보다는 미국의 중산층 엔지니어로 남는 길을 택했다. 하지만 리와 그의 동료들은 그렇게 생각하지 않았다. 게다가 중국도 과거에 비해 많이 변했다. 1980년대만 해도 여러모로 어지럽던 중국 사회는 시간이 지나면서 점점 안정적인 모습을 되찾고 있었다. 그런 상황에서 중국 땅에도 처음으로 스타트업 문화의 씨가 뿌려졌다. 물론 정점에 도달하려면 아직 멀었지만, 중국의 기술 산업은 서서히 잠재력을 드러내기 시작했다. 리는 내게 이렇게 말했다.

"제가 미국에 가려고 결정한 건 비전을 넓히고 더 나은 교육을 받고자 했기 때문이죠. 하지만 저의 진짜 목표는 중국에 돌아와 스타트업을 설립하는 것이었습니다."

리가 미국에서 알고리즘을 배우고 기업의 모범 관행을 학습하는 동안 중국에서는 실리콘밸리의 대기업과 중국의 신생 경쟁자 사이에 일대

격전이 벌어졌다. 그중 가장 대표적인 싸움은 이베이e-Bay라는 글로벌 거인과 중국의 스타트업 알리바바가 펼친 사생결단의 전면전이었다.

다윗과 골리앗

15년 전에 벌어진 두 회사의 대결을 오늘날 완벽하게 재구성하기는 쉽지 않다. 어쨌든 그 치열한 싸움 끝에 알리바바는 중국 인터넷 산업의 화려한 스타로 떠올랐지만, 이베이는 과거의 영화를 모두 잃어버리고 경쟁사인 아마존에 한참 뒤처지는 위치로 물러났다. 그 당시 두 기업의 대결 결과는 세상을 놀라게 했다. 이베이는 세계에서 기업가치가 가장 높은 인터넷 거인이자 미국 언론매체의 뜨거운 취재 대상이었다. 반면 중국의 괴짜 사업가가 설립한 독특한 사명社名의 알리바바는 중국인들조차 겨우 호기심을 갖기 시작한 회사였다.

마윈馬雲(영어 이름은 '잭 마Jack Ma')은 어렸을 때 자신의 고향인 항저우의 어느 호텔 밖을 서성대며 영어를 익혔다. 그는 외국인에게 그 지역의 유명 관광지인 시후西湖를 안내해주겠다고 무턱대고 제안하며 영어를 연습했다고 한다. 이후 그는 지역 대학교에 진학해 영어 교사가 되었으며, 1995년 미국 여행 중에 인터넷을 처음 접했다. 그리고 수년간 몇몇 스타트업에서 일하며 경력을 쌓았다. 그중 하나가 외국인이 중국의 제품을 구매할 수 있게 만든 '중궈황예中國黃葉, China Yellow Page'라는 전자 상거래 사이트였다. 1997년, 마윈은 중국 정부에서 고용한 임시직 관광 가이드로 일하는 도중에 일생일대의 기회를 접했다. 야후의 설립자 제리 양을 만리장성으로 안내하게 된 것이었다. 당시 제리 양은 실리콘밸리의 스타였으며, 그의 회사는 이베이와 어깨를 나란히 하는 초기 인터넷 대기업 중 하나였다. 하지만 마윈은 실리콘밸리의 거물 앞에서도 주눅들지 않고 오히려 그에게 깊은 감명을 받았다. 두 사람은 죽이 척척 맞아 인터넷의 미래와 성장에 대해 열띤 대화를 했다. 그 역사적인 관광의 추억은 제리 양과 마윈이 갈색 돌계단에 앉아 카메라를 향해 미소 짓는 사진 한 장에 담겨 있다. 그로부터 2년 후 마윈은 자신의 다음번 스타트업 알리바바를 창업했다.

원래 알리바바는 외국 사람이 중국 제품을 구매하는 일을 지원하는 플랫폼으로 사업을 시작했다. 그런데 이베이가 2002년 중국 시장에 들어오면서 경매 방식의 판매 전략을 도입하자, 마윈도 경매시장의 고객을 끌어들이기 위해 타오바오淘寶, Taobao라는 플랫폼을 만들었다. 처음에는 이베이라는 무시무시한 거인이 마윈의 작은 스타트업을 단숨에 짓밟아버릴 것처럼 보였다. 하지만 항저우 출신의 이 영어 교사는 이베이를 상대로 수년간 게릴라식 전쟁을 수행하면서 두 회사 간 힘의 불균형 상태를 자신에게 유리한 방향으로 바꾸었다.

이베이는 중국 시장에 입성하면서 중국 최대의 전자 상거래 업체인 이치넷易趣, EachNet을 인수해 비즈니스의 발판으로 삼았다. 이치넷의 설립자인 샤오이보Shao Yibo는 중국의 수학 챔피언 출신으로, 하버드에서 두 개의 박사학위를 취득하고 실리콘밸리에서 자금을 지원받아 회사를 창업했다. 그런데 이베이는 이치넷이 그동안 축적한 지역적 노하우를 모두 무시했다. 이 실리콘밸리의 거인은 이치넷 사이트의 고유한 (그리고 성공적인) 사용자 인터페이스를 모기업 사이트의 이미지를 따라 바꾸어버렸다. 그리고 외국 관리자를 파견해 중국 사업을 맡겼으며, 중국에서 발생하는 모든 트래픽이 자사의 글로벌 플랫폼을 거치도록 만들었다. 태평양에 가로놓인 케이블을 오가는 트래픽으로 인해 사이트의 속도는 당연히 느려질 수밖에 없었다.

한편 마윈은 현지화의 기회를 최대한 활용했다. 그의 개발팀은 사이트의 홈페이지를 수많은 글자와 링크가 빽빽하게 들어찬 형태로 디자인했다. 서양 사람들에게는 짜증을 유발하는 스타일이었겠지만 중국의 사용자들은 오히려 그런 디자인을 선호했다. 또한 그는 신용카드나 전자 상거래에 익숙지 않은 중국 사용자들의 염려를 덜어주기 위해, 제품을 주문한 사용자가 물건을 수령할 때까지 회사가 물품 대금을 보관해 주는 결제 방식을 도입했다. 게다가 물품 판매자와 구매자가 실시간으로 소통할 수 있도록 사이트에 메시지를 주고받는 기능을 추가했다.

그런데 마윈의 가장 큰 성공은 비즈니스 모델을 혁신한 데서 시작되었다. 뉴욕 증시에 상장된 이베이는 투자은행으로부터 끊임없는 실적 압박에 시달렸다. 때문에 이 회사는 중국에서 발생하는 모든 형태의 거래에서 사용자에게 수수료를 부과했다. 그와 달리 중국 시장의 성장에 회사의 사활이 걸렸다는 사실을 잘 알고 있던 마윈은 2005년 자신의 플랫폼에서 향후 3년간 모든 수수료를 면제한다고 발표했다. 이는 단기적 이익을 포기함으로써 시장 확대와 고객의 충성도 증대, 그리고 미래의 수익을 노리겠다는 큰 도박이었다. 이베이의 중국 사업부는 '무료는 비즈니스 모델이 아니다'라는 성명을 내놓으며 그 정책을 조롱했지만, 결국 마지막에 웃은 쪽은 마윈이었다.

중국의 사용자가 몰려들면서 알리바바의 비즈니스에 탄력이 붙기 시작했다. 외국의 투자자들도 자금을 지원했다. 그리고 바로 그해 마윈의 성공을 결정짓는 한 방이 터졌다. 제리 양이 야후의 중국 사업을 마윈에게 넘기고 10억 달러를 추가 지불하는 조건으로 알리바바의 지분 40퍼센트를 인수한 것이었다.[3] 제리 양과 마윈은 이 거래를 논의하기 위해 또 한 번의 산책을 했다. 이번에는 캘리포니아의 페블비치Pebble Beach에서였다. 이 인수합병 건은 미국의 인터넷 기업이 중국에서 행한 최고의 재무적 의사 결정이 되었다.

중국 시장에서 4년간 막대한 손실을 입고 작은 스타트업에 시장을 송두리째 빼앗긴 이베이의 CEO 맥 휘트먼Meg Whitman은 마윈을 실리콘밸리로 초대해 협상을 시도했다. 마윈은 이 미국 거인과의 타협을 거부했다. 2006년, 이베이는 결국 중국에서 철수했다. 중국의 인터넷 기업이 미국의 경쟁자와 정면으로 맞부딪쳐서 승리한 것은 이번이 처음이었다. 바이두의 전직 홍보 담당 임원이자 '시니카 팟캐스트Sinica Podcast' 사이트의 운영자인 카이저 쿠오Kaiser Kuo는 이렇게 말했다.

"별 볼 일 없는 기업에는 누구도 돈을 걸지 않습니다. 미국의 유명 브랜드를 굴복시킨 건 마법과도 같은 일이었죠. 중국의 다윗이 외국의 골리앗을 물리칠 거라고 예상한 사람은 아무도 없었어요. 절대 불가능해 보였으니까요. 하지만 이제 그런 일이 여기저기서 벌어지기 시작했습니다."

WWW.GOOGLE.CN

중국 시장 정복을 노렸던 이베이의 도전 과정은 마치 강대국 군대가 식민지의 게릴라 반군과 싸우는 상황을 연상케 했다. 그런데 구글이 중국에서 겪은 경험은 그와 비교조차 할 수 없을 만큼 복잡했다. 마치 세 명의 상대와 한꺼번에 다차원 체스 경기를 하는 양상과 비슷했을 것이다. 그 상대는 중국의 경쟁자 바이두, 중국 정부, 그리고 구글 자사의 기업윤리였다. 그 셋 중 하나와 타협하면 곧 다른 적에게 공격을 받아야 했다. 구글은 윤리적·정치적·사업적으로 끊임없이 취사선택해야 하는 처지에 놓여 있었다.

구글이 중국 시장에 공식적으로 진입해 'Google.cn' 사이트를 오픈한 것은 2006년이었다. 이 중국 사이트가 출범하기 전부터 미국 사이트 'Google.com'은 이미 많은 중국의 사용자에게 인기를 끌고 있었다. 당연히 이 사이트도 중국 정부의 검열 및 차단 대상이었으며, 해커의 공격이나 경쟁자의 모방 목표물이었다. 구글의 엔지니어들이 중국어 버전

사이트를 처음 만든 것은 2000년이었다. 당시 이 사이트에서는 검열 대상인 검색 결과를 걸러내지 않고 화면에 그대로 보여주었다. 물론 '만리방화벽' 때문에 각 항목이 원하는 사이트로 연결되지는 않았지만, 중국의 사용자들은 검색 결과 페이지에 나타난 링크만으로도 국제 인터넷 저편에서 어떤 일이 일어나는지 엿볼 수 있었다.

그런데 구글 사이트는 접근성, 속도, 정확성 면에서 모두가 문제였다. 'Google.com'은 중국의 사용자들에게 안정적인 서비스를 제공하지 못했다. 태평양에 가로놓인 케이블을 오가는 트래픽의 병목현상 때문에 사이트의 속도가 매우 느렸다. 중국 검색 사용자들의 취향이나 관심 분야도 정확히 분석해내지 못했다. 게다가 신뢰성 문제보다 더욱 심각했던 것은 중국 진출 초기부터 극도로 적대적인 환경에서 싸워야 했다는 사실이다. 만일 어떤 사용자가 구글 사이트에서 금지어가 포함된 키워드로 검색하면, 중국의 방화벽은 연결을 끊고 몇 분간 화면을 멈추게 만들었다. 사용자들은 당연히 구글 사이트에 문제가 있다고 생각했다. 심지어 베이징 서우사를 중 일부는 구글에 로그온을 시도하던 느닷없이 바이두로 접속되는 현상을 보고했다. 2002년 9월에는 'Google.com' 사이트가 갑자기 차단되었다. 구글의 직원들은 이 문제의 배후로 경쟁회사를 지목했지만 아무런 증거를 찾지 못했고 당국의 해명도 없었다. 그리고 2주 후에 갑자기 해제되었다. 차단되었을 때처럼 아무런 예고나 설명도 없었다.

그럼에도 구글은 2002년 중국의 검색시장에서 25퍼센트라는 양호한 점유율을 기록했다. 현지 지사를 두지 않고도 거둔 꽤 의미 있는 실적이었다.[4] 그런 성장이 가능했던 것은 베이징이나 상하이처럼 국제화된 도시에 구글 사용자가 많았기 때문이었다. 하지만 그 후 몇 년 동안 중국의 내륙 지방에도 인터넷 사용자가 증가하면서 구글의 시장점유율은 정체상태에 빠졌다. 그사이 국내산 검색엔진 바이두는 공격적인 마케팅을 통해 검색시장에서 50퍼센트 가까운 점유율을 가져갔다. 구글은 바이두와 경쟁하려면 결국 중국에 지사를 설립해야 한다는 사실을 알고 있었다. 이는 곧 정부 당국자와 검열에 대해 어느 정도 타협해야 한다는 것을 의미했다.

도덕 지표로 사악함을 측정하다

문제가 더 복잡해진 이유는 '사악하지 말자'라는 구글의 오랜 기업윤리 때문이었다. 중국 정부는 엄격한 콘텐츠 검열을 요구했다. 만일 구글이 중국에서 검색엔진 사업을 펼치려면 이 검열 정책의 공모자가 되어야 했다. 그렇다고 구글이 정부의 요구를 거부해서 중국에서 이 사이트가 완전히 차단되고 평범한 중국인이 구글에 접속할 수 없게 된다면 그것은 윤리적인 행위일까? '사악하지 말자'라는 구호 자체는 단순했지만, 이를 바탕으로 작성된 행동강령, 즉 '세상의 모든 정보를 체계화하여 누구에게나 접근 가능하고 유용하게 만든다'는 사명은 여러모로 복잡한 질문을 불러일으켰다. 13억이 넘는 중국인에게 검열을 통과한 정보만 보여준다면(물론 바이두에 비해 광범위하고 유용한 정보이기는 하지만), 이는 회사의 사명을 따르는 일인가, 아니면 저버리는 행위인가?

정보의 통제라는 문제보다 구글의 경영진을 더욱 괴롭힌 것은 자신들이 중국 정부와의 공모를 통해 현실 세계의 정치적 억압에 가담할 수도 있다는 사실이었다. 2004년, 야후는 시타오Shi Tao라는 중국 경제신문 편집인의 이메일 내역을 중국 정부에 제공했다. 천안문 사태가 벌어졌을 때 시위에 열성적으로 참가했던 시타오는 뉴욕의 인권운동가들에게 중국 정부의 언론 탄압을 폭로하는 이메일을 보냈다. 그는 야후 계정으로 발송한 이메일에서 정부가 천안문 사태 15주년을 맞아 언론사에 어떤 보도지침을 내렸는지 자세히 밝혔다. 정부 당국자는 이 정보 유출 사건을 조사하면서 야후의 중국 사업부에 시타오의 이메일 계정에 대한 정보를 요구했다. 결국 야후는 그 정보를 중국 정부에 넘겨주었다. 시타오는 국가 기밀을 유포한 혐의로 유죄판결을 받고 중국 교도소에서 8년간 복역했다.

또 다른 시타오가 생길 수 있다는 악몽의 시나리오(그리고 중국 정부의 검열에 동참해야 하느냐에 대한 근본적 질문) 앞에서 구글의 경영진은 의견이 나뉘었다. 구글의 창업자 중 한 명인 세르게이 브린Sergey Brin은 어린 시절 소련의 박해를 피해 미국으로 이주한 사람이었다. 그는 언론 통제를 일삼는 권위주의 정권의 '악마' 같은 속성을 잘 알고 있었다. 반면 공동창업자 래리 페이지Larry Page와 CEO 에릭 슈미트Eric Schmidt는 개인적 감정을 떠나 보다 냉정한 접근 방식을 택했다. 구글의 역사를 다룬 책『인 더 플렉스In the Plex』의 저자에 따르면 페이지와 슈미트는 '도덕 지표moral metrics'를 작성해 자신들의 의사 결정이 가져올 '득(정보의 확산)'과 '실(악에 대한 공모)'을 스프레드시트로 비교 분석했다고 한다. 그들은 복잡한 도덕적 계산 끝에 중국 시장 진입을 결정(결국 수익을 택하겠다는 결정과 다름없었지만)했다.

스위스 다보스에서 열린 세계경제포럼에 참석한 슈미트는 중국에 입성하기로 한 회사의 의사 결정에 대해 간단한 설명을 덧붙였다.

"우리가 중국 정부의 규제 앞에서 거세게 저항할 수는 없었지만, 그렇다고 중국의 사용자들에게 구글의 서비스를 전혀 제공하지 않는 것은 더 나쁜 일이라고 결론 내렸습니다. 다시 말해 우리는 의사 결정의 사악함 정도를 측정해서 아예 서비스를 접는 것은 더 악한 행위라고 판단한 겁니다."

새로 구글 차이나Google China를 이끌게 된 사람은 카이푸 리Kai Fu Lee 박사였다. 대만 출신으로 미국에서 인공지능을 공부한 그는 음성인식기술의 선구자로 알려진 인물이었다. (나는 리 교수가 저술한 인공지능 관련 저서 때문에 그와 잠시 일한 적이 있다.) 리는 한때 실리콘밸리의 애플에서 일했으며, 마이크로소프트로 옮긴 후에는 베이징에 마이크로소프트 리서치 아시아를 설립하기도 했다. 이제 그에게는 구글의 중국 사업부 구축과, 중국 정부와 협상하는 임무가 함께 주어졌다.

구글에서 새롭게 내놓은 중국어 검색엔진의 가장 큰 특징은 중국 정부의 검열 정책을 아예 서비스에 통합시켰다는 점이었다. 과거에는 사용자가 요청한 검색어의 모든 결과를 화면에 보여주고 그중에 금지된 사이트가 있다면 중국의 방화벽이 알아서 차단하게 했지만, 이제 구글은 금지된 사이트 자체를 사용자에게 보여주지 말아야 했다. 하지만 중국 정부는 차단 사이트에 대한 명확한 정보를 기업에 제공하지 않았기 때문에 구글의 엔지니어들은 이 문제를 해결하기 위해 꽤 힘든 작업을 거쳐야 했다. 그들은 일단 중국의 방화벽 내에 위치한 컴퓨터가 수백만 개의 사이트를 하나하나 호출하도록 프로그래밍해서 방화벽이 차단한 사이트를 찾아냈다. 그리고 검색 결과에서 삭제해야 할 사이트 목록에 이를 포함시켰다. 구글은 사용자에게 회사의 윤리적 투명성을 강조한다는 차원에서 각 페이지의 하단에 '해당 지역의 법, 규정, 정책에 따라 일부 검색 결과가 보이지 않을 수도 있습니다'라는 간단한 안내문을 덧붙였다.

중국 정부의 관료들은 대중에게 검열의 존재를 상기시키는 이 안내문을 달갑게 여기지 않았다. 내가 개인적으로 아는 업계의 지인은 어느 중국 관리가 이렇게 말했다고 귀띔해주었다.

"마치 저녁식사에 초대한 집에 가서 '당신이 준비한 음식을 먹는 데는 동의하지만, 나는 그 음식이 마음에 들지 않소'라고 말하는 것과 뭐가 다른가."

중국 정부가 안내문 게시를 노골적으로 금지하지는 않았다. 그러자 구글의 경쟁자인 바이두도 곧 같은 안내문을 추가했다.

구글은 과거에 공식적으로 진출한 모든 시장에서 압도적인 지배력을 행사했다. 하지만 중국 시장은 처음부터 이야기가 완전히 달랐다. 구글은 시장점유율부터 핵심 기술에 이르기까지 모든 면에서 경쟁자를 따라잡아야 했으며, 그 와중에 중국공산당과 미국 정치인의 요구 사이에서 어려운 줄타기를 해야 하는 처지였다. 구글 차이나의 수석 엔지니어인 준 리우Jun Liu는 『인 더 플렉스』 저자와의 인터뷰에서 당시 바이두의 기술력이 얼마나 앞섰는지, 그리고 구글이 중국의 인기 주제에 대한 검색 결과를 보여주는 데 얼마나 뒤떨어졌는지를 깨닫고 자신이 '큰 충격'을 받았다고 털어놓았다. 구글의 엔지니어들은 바이두와 경쟁할 수 있을 정도로 검색 알고리즘을 개선하는 데 수년을 소비했다.

구글의 중국 사업부 직원들은 종종 자신들이 한쪽 손이 묶인 채 싸우는 것과 비슷한 느낌을 받았다. 구글 차이나에서 제공하는 제품을 수정하려면 매번 실리콘밸리의 경영진에 승인을 받는 절차가 필요했다. 이 과정에는 때로 몇 주 또는 몇 개월이 소요되었다. 구글 차이나의 수정 요청이 본사의 윤리규정을 충족하는지, 또 구글 서치Google Search 제품이 모든 시상에서 일관된 형태로 제공되는지를 확인하기 위한 시간이었다. 이는 현지화 전략과 정반대되는 길이었다.

중국 사용자의 인터넷 서핑 습관은 서양인과 많은 면에서 달랐다. 대표적인 사례가 검색 결과 페이지에 대한 사용자의 반응이었다. 구글 차이나 팀은 포커스 그룹focus group(시장이나 여론을 조사할 목적으로 각 계층을 대표하는 사람들로 구성된 소규모 그룹 - 옮긴이)과 시선 추적 소프트웨어를 활용해 중국과 미국의 인터넷 사용자가 검색 결과 페이지에 각각 어떻게 반응하는지를 조사했다. 미국의 사용자는 대개 맨 위에 위치한 한두 개의 검색 결과만 참조하고 자신이 원하는 정보를 얻은 뒤 즉시 그 페이지를 떠났다. 하지만 중국의 사용자는 달랐다. 그들은 검색 결과 페이지에 오래 머물며 해당 페이지의 여기저기를 둘러보고 모든 링크를 클릭했다. 카이푸 리 박사는 다음과 같은 비유를 들어 양국 소비자의 습성을 설명했다.

미국의 사용자는 구글 서치를 일종의 전화번호부로 생각하는 반면, 중국인은 구글의 검색 결과 페이지를 번잡한 상점의 매장처럼 인식한다는 것이다. 미국인은 전화번호부를 펼쳐 원하는 정보를 찾으면 미련 없이 다른 곳으로 이동했다. 하지만 중국의 사용자는 매장의 모든 통로를 다 돌아보고, 여러 제품을 집어 들어 이리저리 흔들어보고, 마지막으로 원하는 물품을 구매했다.

구글 차이나는 소비자의 이런 습성을 만족시킬 수 있는 제품 현지화 작업을 필요로 했다. 다시 말해 사용자가 특정 링크를 클릭했을 때 검색 페이지가 다른 페이지로 이동하는 것이 아니라 원래의 페이지가 그대로 남은 채 각 링크별로 새로운 창이 열리도록 제품을 수정해야 했다. 그래야 사용자가 매장에 계속 머물면서 여러 가지 물건을 구경할 수 있기 때문이었다. 바이두는 이미 그런 기능을 채택해서 소비자들의 호응을 얻고 있었다. 하지만 구글 차이나가 제품 수정을 요청했을 때 본사는 강하게 저항했다. 그토록 간단한 작업조차 완료되는 데 수 개월이 걸렸다. 그사이 회사의 비즈니스는 탄력을 잃고 고객도 점점 빠져나갔다.

바이두가 중국어를 더 잘 이해합니다!

바이두는 중국 사용자의 욕구를 충족시키는 방향으로만 구글과 경쟁한 것이 아니었다. 이 회사는 소비자들의 '애국심'이라는 보다 직관적인 정서를 파고들었다.

해외시장을 개척하기 위해 떠나는 미국인은 자신들이 항상 정의의 편이라고 생각했다. 특히 가혹한 검열이 난무하는 중국의 인터넷 세계로 진입한 미국의 기술기업에는 이런 정서가 너무도 당연했다. 자신들은 이 나라의 국민에게 진리와 개방을 전달해주기 위해 권위주의 정권에 맞서 정의로운 투쟁에 나선 취약한 존재라는 것이다. 하지만 중국인의 입장은 달랐다. 많은 중국의 사용자는 구글의 중국 시장 진입이라는 사건을 거만한 제국주의자와 중국 영웅의 대결 구도로 받아들였다.

바이두는 그런 서사를 더욱 강화하기 위해 중국의 기술 산업 역사상 가장 악명 높은 광고를 제작했다. 인터넷을 통해 유출된 2분짜리 동영상 광고에는 화려한 턱시도와 높은 실크해트 차림의 거만한 미국인이 전통적인 복장의 중국 시인과 언어로 재치 대결을 벌이는 장면이 펼쳐진다.[5] 미국인 주변에는 많은 군중이 모여 그를 응원하고 금색 가발을 쓴 아름다운 중국 여인도 교태를 부리며 그의 팔에 매달린다. 그리고 대결이 시작된다. 중국 경쟁자가 미국인에게 점점 발음하기 힘든 '혀 꼬이는' 문제를 제시하자 미국인은 계속 말을 더듬으며 좌절한다. 그러자 군중은 순식간에 미국인을 떠나 중국 시인 쪽으로 옮겨간다. 중국의 영웅이 가발을 쓴 여인에게 키스하자 미국인은 피를 뿜으며 길 위에 쓰러진다. 그리고 바닥에 누운 미국인 옆에서 사람들이 한목소리로 "바이두가 중국어를 더 잘 이해합니다!"라고 외친다.

2006년부터 2010년에 걸쳐 구글은 바이두, 중국 정부, 그리고 중국 국민들의 편견이라는 적과 힘겨운 싸움을 벌였다. 구글은 기술적으로 검색 결과의 정확성을 획기적으로 올리는 데 성공했지만, 바이두가 공격적으로 마케팅을 벌이는 지방과 소도시에서 좀처럼 새로운 고객을 확보하지 못했다. 정부 당국자는 구글의 중국 사업을 잠정적으로 승인했지만, 구글 차이나는 서비스의 투명성에 대한 미국 본사의 압력과 점점 강력한 검열을 요구하는 중국 정부 사이에서 난처한 지경에 빠지는 경우가 한두 번이 아니었다. 바이두 역시 검열의 압박에 시달리고 회사 콘텐츠에 대한 중국 정부의 질책을 받는 것은 마찬가지였다. 하지만 정부 당국자 입장에서 바이두는 중국에서 태어나 성장한 기업으로서 미국 경쟁자에 비해 훨씬 더 통제하기 쉽고 홍보할 가치가 있는 회사였다. 2009년

말, 구글의 중국 시장 점유율은 35.6퍼센트를 기록했다. 예상보다 양호한 성적이었지만 58.4퍼센트를 기록한 바이두보다 한참 낮았다.[6]

중국에 대한 새로운 접근

구글이 중국을 떠난 결정적인 이유는 경쟁자의 비열한 마케팅이나 중국 정부의 검열 요구가 아니라 '오로라 작전Operation Aurora'이라고 불린 광범위한 사이버공격 때문이었다. 2009년 여름 무렵부터 중국의 해커들은 구글, 야후, 어도비Adobe 같은 외국계 기업을 상대로 연쇄적인 공격을 가하기 시작했다. 그들은 기업에서 귀중한 소스 코드를 훔쳐냈고, 인권운동가의 지메일Gmail 계정을 해킹했다. 당시 나와 함께 스탠퍼드에 재학 중이던 티베트 출신의 20세 인권운동가도 해킹 피해를 당했다.

오로라 작전은 구글을 무너뜨린 최후의 결정타였다. 2010년 1월 12일, 구글은 블로그에 '중국에 대한 새로운 접근'이라는 제목의 포스트를 게시했다. 회사의 최고법률책임자CLO는 이 포스트에서 회사가 해킹공격으로 피해 입은 사실을 공개하며, 지난 4년간 중국에서 활동한 구글은 이제 중국 시장에 접근하는 방식을 바꾸기로 결정했다고 밝혔다. 그는 세상에 정보를 전파하겠다는 일념으로 중국 정부의 규칙에 따라 중국에서 행했던 자신들의 실험이 실패했다고 말했다. 그러므로 구글은 더 이상 사용자의 검색 결과를 검열하지 않고, 대신 당국자와 협의를 통해 원래의 방식으로 중국에서 비즈니스를 할 수 있도록 허가를 받아보겠다는 것이었다.

해킹이나 검열을 포함한 중국 정부의 비열한 행위가 대중에게 알려지면서 관계 당국은 갑자기 허를 찔린 셈이 되었다. 일반 중국인에게는 잘 알려지지 않은 인터넷 규제라는 문제가 이제 공론화되어 대중 앞에 모습을 드러낸 것이었다. 그동안 중국의 사용자는 정부가 특정 정보에 대한 접근을 금지한다는 사실을 의식하지 않고도 인터넷을 사용하는 데 별지장 없이 살아왔다. 하지만 이 미국 기업의 반격으로 인해 구글 서치를 주기적으로 사용해온 수억 명의 사용자는 규제의 존재를 알게 되었으며, 이 서비스가 하루아침에 사라지는 모습을 목격했다. 정부의 통제를 받는 언론매체는 구글이 미 제국주의의 도구라고 선전했지만, 구글 사이트에 충성도가 높은 소비자에게는 그런 비난이 먹혀들지 않았다. 바이두의 국제홍보 담당 임원을 지낸 유명 팟캐스트 운영자 카이저 쿠오는 내게 이렇게 말했다.

"중국 관리들은 곤란한 지경에 빠진 거죠. 그 사람들은 구글의 요구를 수용할 방법이 있는지 고민하는 듯했습니다. 예전에는 정부의 검열을 전혀 신경 쓰지 않았던 일반 사용자들도 화가 많이 났어요. 온라인 전체가 시끄러웠죠."

결국 이 신상삼 넘치는 대치 상태를 누가 더 오래 견디느냐가 선두의 관건이었다. 그동안 중국 정부는 페이스북이나 트위터 같은 순수한 소셜 사이트를 모두 차단해버렸지만, 세계에서 가장 널리 알려지고 가장 유용한 포털 사이트마저 쫓아낼 수 있을까? 구글이 중국을 더 필요로 할까, 아니면 중국이 구글을 더 필요로 할까?

아이러니하게도 세계에서 가장 막강한 권력을 지닌 한 사람이 구글에 대한 지지를 표명하면서, 구글이 중국 정부와 거래할 기회는 결정적으로 사라져버렸다. 구글이 중국 사이트의 검열을 중단하겠다고 발표한 지 10일 후, 힐러리 클린턴 미 국무부 장관은 워싱턴 DC의 뉴지엄 Newseum(세계 최대의 언론 박물관 - 옮긴이)에서 인터넷의 자유에 대해 연설했다. 그녀는 구글을 사례로 언급하며 중국 정부의 검열 정책을 비난했다. 그리고 미국 정부는 인터넷 규제가 존재하는 여러 나라의 사용자들을 위해 정부의 차단을 피할 수 있는 도구를 제공하고 자금을 원조하겠다고 밝혔다. 힐러리는 중국 같은 나라들이 설치한 '가상의 장벽'을 베를린 장벽에 비유하면서 그 장벽이 무너지면서 미국의 가장 큰 적도 함께 무너졌다고 말했다. 실리콘밸리 기업과 경쟁국 정부의 붕괴를 수사적으로 연결시킨 이 표현은 미국인에게 그다지 악의 있는 발언으로 들리지 않았다. 하지만 중국인(공산당과 일반 시민들 모두)의 생각은 달랐다. 중국 전문 디지털 매체 〈시노시즘 차이나 뉴스레터Sinocism China Newsletter〉의 설립자 빌 비숍Bill Bishop은 내게 이렇게 말했다.

"구글이 사업 포기 발표를 하면서 중국 내에서 구글에 대한 동정여론이 생겼죠. 구글 제품이 바이두보다 훨씬 나은 건 사실이었으니까요. 하지만 힐러리가 그 연설을 하고 나서 상황이 갑자기 바뀌었습니다. 구글이 독립적인 기업이라고 생각하는 사람은 아무도 없었어요. 다들 이 회사가 미 제국주의의 앞잡이에 불과하고 미국 정부를 위해 일한다고 의심했죠."

중국 정부는 그 연설 이후에 구글과 더 이상 협상할 의사를 내비치지 않았다. 2010년 3월, 구글은 앞으로 'Google.cn'의 모든 트래픽을 자사의 홍콩 사이트인 'Google.com.hk'로 우회한다고 발표했다. 검열의 부담을 '만리방화벽'으로 돌리겠다는 의미였다. 사용자가 구글 사이트에서 민감한 검색어를 입력했을 때 모든 결과가 도출되기는 했지만, 정부의 방화벽으로 인해 각 항목이 해당 사이트로 이동하지는 않았다. 회사의 경영진은 이런 절충안을 바탕으로 다른 구글 제품들도 중국 본토에서 계속 사용하게 해달라고 정부에 요청했다. 그리고 양자 간에 임시적인 합의가 이루어졌다. 구글은 홍콩 이외의 중국 영토에서 활동할 수 있지만, 금지된 사이트에 대해서는 중국 정부가 방화벽으로 계속 차단한다는 조건이었다.

분석가들은 향후 몇 년 동안 국내의 비즈니스 실적이 추락하고 혁신적 환경에 타격이 가해지면 구글에 대한 중국 정부의 강경한 자세가 조금 누그러질 거라고 예상했다. 구글의 CEO 에릭 슈미트는 2012년 〈포린폴리시〉와의 인터뷰에서 자신의 철학을 이렇게 밝혔다.

"저는 개인적으로 그런 종류의 검열 아래서는 현대적인 지식사회를 구축할 수 없다고 믿습니다. 그냥 제 의견이죠. 구글의 직원은 대부분 그런 생각에 동의해요. 그렇다면 자연스럽게 떠오르는 다음 질문은 중국이 언제쯤 바뀔 것인가 하는 거죠. 그건 아무도 모릅니다. 그래도 시간이 흐르면 언젠가 중국 정부의 그런 방식에 변화가 올까요? 저는 절대적으로 그럴 거라고 생각합니다."

하지만 중국 정부는 뒤로 물러서기는커녕 오히려 구글에 대한 규제를 점점 강화했다. 슈미트가 그 인터뷰를 한 지 3개월 후, 10년에 한 번 치러지는 중국공산당 지도자 교체 회의 기간 동안 구글 서비스는 잠정적으로 중단되었다. 그리고 2014년, 중국 정부는 모든 구글 서비스를 영구적으로 차단했다. 비즈니스에 꼭 필요한 도구인 지메일, 구글 지도, 구글 독스, 구글 스칼라 등도 예외가 아니었다. 중국 내의 온라인 검열 정책 감시 단체인 그레이트파이어GreatFire.org의 설립자 찰리 스미스Charlie Smith(가명)는 중국 정부가 구글을 차단한 조치가 중국의 인터넷 통제 역사에서 가장 중요한 전환점이라고 말했다. 그는 내게 보낸 이메일에서 이렇게 썼다.

'당국자가 구글의 모든 것을 차단한 조치는 우리에게도 큰 충격이었습니다. 구글은 많은 사람들이 아주 요긴하게 사용하는 서비스였기 때문에 당국자가 이를 함부로 차단해버리기는 매우 어려울 거라고 예상했던 거죠.'

레닌주의를 표방하는 낡아빠진 정치체제는 21세기의 세계에서 가장 중요한 기업과 정면으로 맞붙었다. 그리고 적어도 그때는 싸움에서 이겼다. 사람들은 구글 같은 회사가 없다면 중국은 절대 번영할 수 없다고 생각했다. 중국공산당은 그 통념이 틀렸다는 사실을 입증하고자 노력했다. 그러기 위해서는 우선 중국 자체의 인터넷을 길들이고, 육성하고, 활용할 수 있는 능력을 길러야 했다.

묻지도 따지지도 말라

중국 정부는 구글과의 정면 승부를 통해 자국의 인터넷을 외부 세계로부터 분리하겠다는 의도를 분명히 했다. 하지만 중국 내부의 인터넷은 어떻게 통제할 것인가?

이 문제가 처음 가시화된 곳은 시나 웨이보新浪微博라는 마이크로블로그 플랫폼이었다. '중국의 트위터'로 불린 이 서비스는 급증하는 사용자를 바탕으로 중국공산당의 정보 독점 상태를 서서히 무너뜨렸다. 2009년에 출범한 웨이보는 서비스가 시작되자마자 수많은 사용자를 끌어모았다. 사람들은 연예인에 대한 가십거리부터 자기가 먹은 음식에 이르기까지 생활 주변의 온갖 잡다한 이야기를 이곳에서 공유했다. 뿐만 아니라 이 플랫폼은 사용자들이 부패, 공해, 국제 문제 등에 관해 다양한 의견을 주고받을 수 있는 디지털화된 '마을 광장'으로 떠올랐다. 어느 정도의 익명성을 보장받은 사용자들이 번개 같은 속도로 올리는 수많은 게시물을 정부의 검열관이 일일이 쫓아다니며 삭제하기는 불가능했다.

웨이보가 중국의 진정한 정치세력으로 등장한 것은 원저우溫州 고속열차 사고가 발생한 2011년 7월 23일 밤이었다. 그날 저장성 원저우시 외곽에서 폭풍우 속을 달리던 고속열차가 철로에 정차 중인 열차를 들이받는 사고가 발생했다. 이 충돌의 충격으로 열차 네 량이 고가철로 20미터 아래로 추락했으며, 40여 명이 사망하고 192명이 부상을 입었다. 역사상 최악의 고속열차 사고 중 하나였다.[7]

중국 정부는 천재와 인재가 결합된 이 사고를 신속히 무마하기 위해 언제나처럼 표준적인 서사를 앞세웠다. 불가피한 원인으로 사고가 발생했지만, 정부의 구조대원들이 사고 현장에서 생존자를 구조하기 위해 영웅적인 노력을 쏟아부었다는 것이었다. 정부의 검열관은 중국의 언론사가 꼼짝달싹할 수 없도록 강력한 지침을 하달했다. '더 이상 묻지도 따지지도 말라.'

그런데 웨이보는 중국공산당의 일방적인 서사를 잠재울 수 있는 능력을 갖고 있었다. 휴대전화 카메라로 찍은 현장 사진, 사고의 진실에 대한 의혹, 곳곳에서 드러나는 부패 혐의 등 수많은 정보와 이야기가 이 플랫폼을 가득 메웠다. 구조대원들은 왜 조사가 끝나기도 전에 사고 차량을 땅에 묻어버렸는가? 구조 작업이 공식적으로 종료된 이후에 생존한 두 살배기가 발견된 것은 어찌된 일인가? 고속열차가 충돌한 사고는 그동안 숨 쉴 틈 없이 고속으로 발전해온 중국 경제에 대한 은유로 받아들여졌다. 중국인들은 이렇게 자문했다. 만일 GDP 10퍼센트 성장을 위해 우리의 건강과 안전이 담보되어야 한다면, 그 성상이 성벌보 가치 있을까? 웨이보 내부의 검열 담당자들은 불온한 내용의 포스트를 삭제하기 위해 온갖 노력을 기울였지만, 계속 주제가 바뀌며 올라오는 숱한 게시물을 따라잡기는 역부족이었다.

중국 언론사의 기자들은 웨이보에서 제기된 의혹을 바탕으로 정부 관료에게 대담한 질문을 던졌다. 당국자의 기자회견은 심문 현장이 되어버렸으며, 심지어 중국 국영 텔레비전 방송국인 CCTV의 뉴스 앵커들도 정부의 대응 조치를 비난했다. 이 사건에 대한 정부의 공식 해명을 두고 수많은 의혹과 질문이 쇄도하자 중국 철도국의 대변인은 두 손 두 발을 들고 "여러분이 믿거나 말거나, 저는 그 발표를 믿습니다"라고 말했다. 이 문장은 자유로운 정보의 흐름에 당황하는 정부의 이미지를 상징하는 인터넷 유행어가 되어 순식간에 퍼져나갔다.

중국공산당에는 당시의 국제 정세도 불길함을 더하는 요인이었다.

원저우 열차 사고가 발생한 때는 북아프리카와 중동 지역에서 발발한 반정부 시위운동인 '아랍의 봄'이 한창인 시기였다. 2011년 초, 외국에 거주하는 반체제 중국 인사들이 운영하던 웹 사이트들은 중국판 '재스민 혁명Jasmine Revolution'(2010년 12월 북아프리카 튀니지에서 발생한 민주화 혁명 - 옮긴이)을 일으키자고 여론을 부추겼다. 그리고 베이징에 있는 맥도날드 매장 바깥에서 시위가 시작되었다. 하지만 뚜렷한 지도자도 없고 조직도 갖추어지지 않은 시위는 금방 시들해졌다. 그날 맥도날드 매장 앞에 모인 '군중'은 대부분 카메라를 든 외국 언론인이었으며, 이 자리에는 주중 미국 대사인 존 헌츠먼Jon Huntsman도 초대되었다.

그럼에도 불구하고 원저우 열차 사고는 중국 내부에서 발생한 불만이 온라인 세계에 불을 지필 수도 있음을 입증한 계기가 되었다. 물론 이로 인해 중국공산당의 권력이 심각하게 위협받지는 않았지만, 당국자가 내세우는 국가적 서사가 약화된 것은 사실이었다. 인터넷을 통제하려는 정부의 노력을 헛수고라고 비웃은 사람들은 결국 자신의 견해를 입증한 셈이 되었다. 아무리 많은 못을 박아도 담벼락에 젤리를 붙일 수는 없는 것이다.

중국인 누글러

리 지페이는 구글이 중국에서 철수할 무렵 구글에 입사했다. 2010년 5월의 어느 날, 리는 실리콘밸리에 위치한 구글의 유명한 본사 건물 '구글플렉스Googleplex'로 처음 출근했다. 누글러Noogler라고 불리는 신입 직원은 모두 헬리콥터처럼 프로펠러가 달린 알록달록한 줄무늬 야구 모자를 쓰고 근무했다. 리가 출근한 날 함께 입사한 동료 중 한 명이 마이크 레이Mike Lei라는 칭화 대학 출신의 중국인이었다. 그는 워싱턴 대학교에서 전기공학 박사학위를 받은 후에 마이크로소프트와 SRI 인터내셔널에서 일하며 음성인식을 연구했다. 뼛속까지 엔지니어의 기질을 타고난 마이크는 어려운 기술적 문제에 부딪힐수록 점점 더 힘을 내는 친구였다. 리와 마이크는 금방 죽이 맞아 친해졌다. 리는 누글러 모자를 쓰고 기계번역을 연구했으며, 마이크는 음성인식에 대한 전문적 역량을 열심히 갈고닦았다.

구글플렉스에는 두 사람 외에도 수천 명의 중국인 프로그래머와 연구자가 근무했다. (2018년 구글은 외국에서 온 근로자에게 1,200개의 취업비자를 발급했다. 그중 상당수가 중국인이었다.[8]) 구글의 구내식당에 앉아 있으면 마치 이 회사의 제2외국어가 중국어인 것처럼 생각될 정도였다. 물론 구글플렉스에서만 중국인을 환영하는 분위기를 느낄 수 있는 건 아니었다. 중국인이 샌프란시스코의 베이 에어리어에서 느끼는 감정은 미국 사람들이 상하이에서 경험하는 정서와 비슷했다. 그들에게 샌프란시스코는 이국의 도시이면서도 마치 고향에 온 깃처럼 친숙한 음식과 고국의 친구들을 접할 수 있는 곳이었다.

오로지 능력만 중시하는 실리콘밸리 기술기업의 실용적 문화 역시 외국인 직원을 편안하게 해주는 요소였다. 비즈니스 숫자에 극도로 집착하는 회사로 악명 높은 구글은 비영어권 출신 엔지니어가 회사의 체제에 쉽게 적응하고 우수한 소프트웨어를 만들어내기에 적합한 회사였다. 마이크와 리는 그런 환경에서 금방 두각을 나타냈다. 리는 기계학습 영역에서 뛰어난 업무 능력을 인정받았고, 마이크는 구글 리서치Google Research가 2013년에 발표한 그해 가장 영향력 있는 논문의 제1저자로 등재되었다. 두 사람처럼 능력을 갖춘 엔지니어가 열심히 일해서 높은 연봉을 받고 몇 년 후에 영주권을 취득한다면 미국 땅에서 안정적으로 뿌리를 내릴 수 있었을 것이다.

하지만 중국 출신의 사업가에게 미국이라는 자유의 땅은 놀라울 만큼 많은 제약으로 가득 찬 곳이었다. 실리콘밸리에서는 일론 머스크Elon Musk(전기자동차 기업 테슬라의 CEO – 옮긴이) 같은 이민자 출신 창업자에 대한 신화가 넘쳐났지만, 정작 자신의 벤처기업을 출범시키는 과정에서 '대나무 천장'이라는 한계에 부딪힌 중국인 사업가는 한둘이 아니었다. 그들이 구사하는 강한 중국식 억양의 영어는 투자자를 설득하는 과정에서 커다란 장애물로 작용하기 일쑤였다. 말하자면 그들이 보유한 엔지니어링이라는 '경성 기술'은 국제적으로 통용되기에 충분했지만, 그들의 '연성 기술'은 쉽게 국경을 넘지 못했다. 리가 내게 말했다.

"제가 스타트업을 설립하기에는 미국보다 중국이 훨씬 더 나은 곳이었죠. 스타트업을 차리려면 자금을 모으고, 조직을 갖추고, 고객을 파악하는 과정이 필요합니다. 외국인이 미국에서 그런 일을 하기는 정말 어려워요."

리는 실리콘밸리에서 사업을 시작하려는 중국인을 좌절시키는 미묘한 문화적 차이, 특히 자기 자랑을 늘어놓고 자신의 장점을 부풀려 이야기하는 실리콘밸리 특유의 문화를 언급했다.

"중국인은 자신이 수행한 프로젝트가 100퍼센트 완벽해도 다른 사람들에게는 80퍼센트 정도라고 얘기해요. 보수적이기 때문에 스스로를 과시하려 들지 않죠."

리가 설립한 몹보이에서 제품 담당 부사장으로 근무하는 린 일리Lin Yili는 칭화 대학교를 졸업한 뒤 폭스바겐에서 근무했으며, 이후 하버드 경영대학원을 나왔다. 그는 흠잡을 데 없는 경력과 완벽한 영어 능력을 갖추었음에도 미국에 있을 때 현지인과 사회적 단절감을 자주 느꼈다고 했다. 린의 말이다.

"경영대학원을 다닐 때 학교 친구들과 바에 가서 나누는 얘기는 주로 사소한 잡담이었어요. 넌 어릴 때 어떤 TV 프로그램을 보면서 자랐느냐, 너희 고향은 무엇으로 유명했느냐 등등. 그런 부분에서 서로 공감대가 없고 거리감을 느끼게 되니까 그들과 진정으로 친해지기가 어렵더군요. 제 친구들, 활용할 수 있는 자원, 사회적 네트워크 등은 전부 중국에 있었어요. 만일 내가 미국에 눌러앉는다면 처음부터 이 모든 것을 다시 쌓아나가야 하는 거죠. 물론 미국에서도 괜찮은 직업을 얻고 중산층의 삶을 누릴 수 있었겠지만, 그곳에서 뭔가 재미있는 일을 하기는 불가능했어요."

뿐만 아니라 당시 중국의 기술 산업은 실리콘밸리에서 돌아온 인재를 어느 때보다 반기는 분위기였다. 이 프로그래머들이 중국을 떠난 2000년대 중반만 해도 중국의 기술 생태계는 아직 원시적인 상태였다. 엔젤투자나 벤처 캐피털 같은 개념조차 들어본 사람이 드물었다. 대부분의 대기업은 스타트업을 인수하기보다 그들로부터 아이디어만 빼내려 했다. 게다가 스타트업이 우수한 인재를 유치하기는 매우 어려웠다. 마오쩌둥 시대의 극단적으로 빈곤했던 삶을 잊지 못한 부모들은 아이가 스다트업에 입사한다면 필사적으로 말렸다. '철밥동'이라 불리는 안성적인 국영 철강 기업 같은 곳에서 평생 고용을 보장받는 것이 부모들이 가장 선호하는 자식의 진로였다. 지난 수십 년간 중국의 급격한 성장을 견인한 것은 값싼 제품 위주의 수출 경제와 막대한 기반 시설 구축이었다. 이 도금시대gilded age(미국 남북전쟁 이후의 경제 호황기 - 옮긴이)를 주도한 강도귀족robber baron(도금시대에 부도덕한 방법으로 벼락부자가 된 악덕 자본가 - 옮긴이)은 부동산 개발업자, 철강 사업가, 석탄 사업가, 그리고 그들로부터 뇌물을 받아 부를 축적한 정부 관료 같은 사람들이었다. 린이 내게 말했다.

"몇 년 전만 해도 중국이 처한 환경은 여러모로 원시적이었어요. 대부분의 기업은 기술, 제품, 지식만으로 성장이 불가능했습니다. 5년에서 10년 전까지는 인맥이나 지인이 있어야 사업에 성공할 수 있었어요. 미국까지 가서 쌓은 지식도 아무 소용이 없었죠. 오히려 미국에 다녀왔다는 사실이 사업에 부정적으로 작용하는 경우가 적지 않았어요."

하지만 2012년이 되자 상황이 바뀌기 시작했다. 중국 정부의 당국자는 2008년의 세계 경제위기를 극복하기 위한 경기부양책으로 막대한 규모의 공공 건설을 추진했다. 엄청난 돈이 시장에 투입되면서 중공업 분야는 오히려 휘청거렸다. 석탄과 철강 분야의 과잉투자로 인해 시장은 깊은 침체에 빠졌으며, 10년간 매년 두 자릿수 이상 상승하던 부동산 가격은 흔들거렸다. 생산직 직원의 인건비가 가파르게 오르면서 저임금 노동에 의존하던 많은 기업이 중국을 떠나 동남아시아로 근거지를 옮겼다. 빠른 수익을 돌려줄 수 있는 투자처를 찾아 고민하던 중국의 투자자는 화려하게 부상하는 새로운 산업 분야로 눈을 돌렸다. 바로 인터넷이었다. 린은 몹보이의 해커톤 행사장으로 가는 버스 안에서 내게 말했다.

"금방 투자받을 수 있는 돈, 깨끗하지 않은 돈은 이미 포화 상태입니다. 이제는 뭔가 새로운 사업을 하려면 일단 비전을 갖춰야 하고, 이를 뒷받침할 수 있는 기술도 있어야 해요."

스타트업을 위한 중국의 투자 생태계는 점점 모양새를 갖춰갔다. 과거 중국 인터넷의 초기 대기업은 주로 미국의 벤처 캐피털 기업에서 자금을 유치했다. 이제 그 1세대 기술기업은 새로운 세대의 기업가에게 종잣돈을 지원하고 멘토 역할을 해주면서 자신들의 경험과 성공을 후배들과 나누었다. BAT(바이두, 알리바바, 텐센트)로 불리는 이른바 '빅 쓰리' 인터넷 대기업도 나름 역할을 수행했다. 풍부한 자금력을 바탕으로 경쟁사에서 자신들을 방어할 신무기를 찾던 이들 회사는 예전에 스타트업에서 아이디어를 훔쳤다는 오명을 뒤로하고 스타트업을 적극적으로 인수하는 방향으로 전략을 바꾸었다. 덕분에 중국의 벤처 캐피털 시장은 한층 뜨겁게 달궈졌다.

투자자 입장에서 중국에는 고객이 풍부했고 실리콘밸리에는 인재가 풍부했다. 밥 쉬Bob Xu 같은 엔젤투자자들은 아예 실리콘밸리로 직접 날아가 실리콘밸리의 중국인 엔지니어를 설득했다. 투자자들은 구글이

나 페이스북에서 근무하는 프로그래머들을 위해 만찬 자리를 마련하고 귀국을 독려했다. 그리고 그들이 중국으로 돌아가 회사를 설립한다면 제품이나 사업계획을 보지 않고도 무조건 투자하겠다고 약속했다. 실리콘밸리에서 근무했다는 간판만 있으면 충분하다는 것이었다. 야심 찬 중국 프로그래머에게 중국으로 돌아간다는 것은 급격한 신분 상승을 의미했다. 미국에서는 구글이라는 회사의 일개 직원에 불과했지만, 일단 귀국하면 '전前 구글 직원'이라는 소수의 엘리트 집단에 편입될 수 있기 때문이었다.

실리콘밸리의 중국인 공동체에서는 자기 친구가 수십억 달러 가치의 스타트업을 설립했다는 이야기가 흔히 나돌았다. 천 펑Chen Peng은 스탠퍼드에서 박사학위를 받고 구글에서 데이터 과학자로 근무하는 중국인이다. 그는 스탠퍼드에서 함께 공부한 동료의 회사가 뉴욕 증시에 상장되어 시가총액이 10억 달러가 넘었다는 이야기를 듣고 어떤 느낌을 받았는지 내게 이야기했다. 천의 말이다.

"친구에게 그런 일이 생겼다니 정말 놀라웠어요. 우리 모두 흥분했죠. 우리의 기술, 경험, 지식을 중국으로 가져간다면 어떤 일이 생길지를 보여주는 하나의 사례였어요. 우리는 중국의 문화와 사람들을 잘 이해하니까요. 그리고 중국은 시장잠재력도 크잖아요. 이런 모든 요소를 결합하면 성공할 가능성이 훨씬 높은 거죠."

전 구글 직원이 인재를 채용합니다

리 지페이 역시 성공을 갈망했다. 2012년 가을, 그는 세계에서 가장 촉망받는 직장을 미련 없이 그만두고 상하이로 향했다. 리의 손에는 투자받은 돈 160만 달러와 겨우 골격만 완성된 제품이 들려 있었다. 그가 개발한 제품은 애플의 시리Siri와 비슷한 중국어 음성인식 서비스 도구였다. 리 지페이는 자신이 설립한 스타트업의 사업 분야 업무를 리 위안위안Li Yuanyuan에게 맡겼다. 리가 위안위안을 처음 만난 것은 자신이 존스홉킨스에서 박사과정에 재학 중일 때였다. 당시 그녀는 메릴랜드 대학교에서 석사과정을 밟고 있었다. 나중에 리가 위안위안에게 몹보이를 함께 설립하자고 제안했을 때, 그녀는 주저 없이 승낙했다. 그녀가 말했다.

"리가 구글을 떠나 미국에서 얻은 모든 것을 포기하고 돌아가기로 결정했다면, 제가 그 제안을 고민하는 데 많은 시간을 소비해서는 안 된다고 생각한 거죠."

두 사람은 상하이의 루지아주이陸傢嘴에 자리잡은 후 제품을 개발하고 팀을 꾸렸다. 리와 위안위안은 어느 고층아파트 건물에 사무실을 차린 뒤 인턴을 뽑고, 청소와 식사를 담당해줄 인력을 채용했다. 회사의 팀원들은 언어 알고리즘을 개발하고 각종 사업 면허를 얻어내며 곡예를 하다시피 일했다. 그들이 일하는 아파트 창문 밖으로는 세계에서 가장 높은 빌딩 중 하나인 상하이 타워Shanghai Tower의 외벽에 이주 노동자들이 매번 새로운 장식물을 설치하는 모습이 보였다.

애플은 2011년에 처음 시리를 출시했으며, 2012년 중반에는 중국어 버전을 선보였다. 그런데 이 제품에 대한 시장의 반응은 엇갈렸다. 한편 같은 해 세상에 나온 구글의 음성 지원 비서 제품 구글 나우Google Now는 과학 전문지 〈파퓰러 사이언스Popular Science〉가 선정한 '올해의 혁신' 상을 받았다. 하지만 구글의 운영체제에서 가동되는 제품은 모두 중국에서 판매 금지되었기 때문에, 중국의 비아이폰 사용자는 마땅한 음성인식 서비스를 시장에서 찾을 수 없었다. 리와 그의 팀은 이 공백을 메우기 위해 중국산 안드로이드 스마트폰에서 가동되는 음성인식 앱을 개발했다. 예를 들어 "여기서 가장 가까운 훠궈火鍋 식당이 어디야?"와 같은 질문에 대답해주는 제품이었다. 이 프로그램의 골격은 리가 개발했다.

리와 위안위안은 창업 초기에 자신들의 이름 없는 스타트업에서 근무할 우수 프로그래머를 끌어들이느라 애를 먹었다. 위안위안의 말이다.

"처음에는 직원을 구하기가 힘들었습니다. 그러다가 좋은 아이디어가 떠올랐어요. 직원 채용 게시물에 '구글'이라는 회사 이름을 넣기로 한 거죠. 말하자면 이렇게 쓴 거예요. '전前 구글 직원이 인재를 채용합니다.' 그러자 수백 자를 구구절절 쓴 것보다 훨씬 나은 채용 결과가 나왔어요."

리와 위안위안은 상하이에서 1년간 일한 뒤, 이 도시의 현란하고 상업적인 분위기가 자신들에게 어울리지 않는다고 결론 내렸다. 그들은 짐을 싸서 베이징으로 향했다.

가짜 뉴스 단속

베이징은 기술 산업의 중심지이기도 했지만, 당시 소셜 미디어 단속에 여념이 없는 중국 정부의 본거지였다. 웨이보 사용자들이 원저우 열차 사고를 통해 영향력을 발휘하자, 당국자도 그에 맞서 정부의 통제력을 과시하려 애썼다. 2012년 말에 중국의 지도자로 선출된 시진핑은 권력을 잡자마자 인터넷 통제를 위한 새로운 전략을 구상했다. 그 일을 맡은 사람은 대중 여론을 조작하는 데 탁월한 재능을 지닌 루웨이魯煒라는 냉혹한 선전 관료였다. 루는 취임과 동시에 웨이보에서 가장 유명한 사람들을 만나는 것으로 업무를 시작했다.

2013년 초, 루는 웨이보 플랫폼의 '빅 V', 즉 수백만 팔로워를 거느린 온라인 유명 인사를 사적으로 저녁식사에 초대했다. 정치문제에 민감한 일부 '빅 V(부동산 개발업자, 사회평론가, 연예인 등)'는 걸핏하면 대중의 토론에 불을 지피고, 공산당을 곤경에 빠뜨리는 방향으로 여론을 몰아가

곤 했다. 루는 저녁식사 자리에서 참석자들의 환심을 사기 위해 노력하는 한편 그들에게 정부 비판을 자제하라는 신호를 보냈다. 하지만 그런 경고가 먹혀들지 않자, 루는 그들 중 한 명을 교도소에 보내버렸다. 중국에서 태어나 미국 시민권을 취득한 투자가 찰스 쉬에Charles Xue는 1,200만 명의 웨이보 팔로워를 대상으로 종종 도발적인 내용의 방송을 내보내는 유명 인사였다. 2013년 8월, 쉬에는 매춘부에게서 성을 매수했다는 혐의로 체포되었다. 하지만 국영 TV로 방송된 쉬에의 고백 장면을 시청한 사람들은 그의 진짜 범죄가 웨이보에서 정부를 비판한 것이라는 사실을 분명히 알 수 있었다. 교도소에 갇힌 쉬에는 언론인과의 인터뷰에서 그동안 자신이 진위가 확인되지 않은 많은 뉴스를 리트윗해서 게시했고, 덕분에 팔로워들은 자기를 '인터넷의 황제'로 대했다고 말했다. 쉬에가 체포되었다는 소식은 다른 '빅 V'의 등골을 서늘하게 만들었다. '원숭이를 겁주기 위해 닭을 잡는다'는 중국 속담과 일맥상통하는 정부의 전략인 셈이었다.

뿐만 아니라 중국 정부는 세계 최초로 '가짜 뉴스'를 단속하는 법을 만들어 인터넷 개인 사용자에 대한 처벌에 나섰다. 2013년 중국 정부는 온라인에서 '유언비어를 유포하는' 사람을 형사 처벌할 수 있는 법을 발표했다. 어떤 사람이 소셜 미디어에 거짓 정보를 게시하고, 다른 사람들이 그 게시물을 복사해서 다른 사이트에 500회 이상 게시하면 처음에 게시물을 올린 사람은 교도소에서 최대 3년까지 복역할 수 있다는 것이다. 그로부터 3주 후, 중국 법원은 중국 서부 지역에 거주하는 열여섯 살 소년을 이 법에 근거해서 처벌했다. 그 소년은 자기가 거주하는 지역에서 자살 사건이 발생했을 때 경찰이 불법적으로 대응했다는 루머를 퍼뜨린 혐의를 받았다. 시나 웨이보에서 검열 담당자로 근무했던 사람은 정부의 조치가 사용자들에게 미친 영향에 대해 이렇게 말했다.

"법이 발표되자 금방 효과가 나더군요. 일단 게시물이 올라오는 숫자가 급격히 줄어들었습니다. 사용자들은 민감한 내용의 게시물에 댓글 달기를 꺼릴 뿐만 아니라 일상생활에서 보거나 들은 이야기도 좀처럼 게시하려 들지 않았어요. 정부 당국자가 확인해주지 않은 어떤 정보라도 공유하는 것은 결국 루머를 만들거나 유포하는 행위로 판단될 수 있으니까요."[9]

국외의 비평가들은 중국의 인터넷이 완전히 무력화되었다고 여겼지만, 중국 정부는 인터넷이 이제야 조금 '깨끗해졌다'고 평가했다. 루웨이는 2014년 세계경제포럼에 참석해서 이렇게 말했다.

"인터넷은 자동차와 같습니다. 만일 차에 브레이크가 없다면 어떻게 될까요. …… 고속도로를 달리는 차에서 그런 일이 벌어진다면 어떤 일이 생길지 상상해보세요. 아무리 최첨단 자동차라도 브레이크는 있어야 합니다."

하지만 중국 정부가 사사건건 브레이크를 밟아대는 상황에서 중국의 인터넷이 진정으로 발전할 수 있을까? 그것을 알아내는 일은 리 지페이를 포함해 실리콘밸리에서 돌아온 여러 귀국자의 몫일 것이다.

콘크리트 정글에 구글의 씨앗을 뿌리다

내가 리와 처음 이야기를 나눈 것은 2014년 초에 스카이프 화상통화를 통해서였다. 당시 나는 베이 에어리어에 거주하는 중국인 기술 인재를 인터뷰하는 중이었는데, 여러 사람이 리 지페이를 언급하며 중국으로 돌아간 사람들 중에 자신에게 많은 자극을 주는 인물이라고 평가했다. 최근 몹보이에 1,000만 달러의 시리즈 B 투자(스타트업의 제품 및 서비스의 시장성이 인정될 경우 시장점유율을 높이기 위한 용도로 자금을 투자하는 단계 – 옮긴이)를 유치한 리는 자신의 회사와 중국 기술 산업의 미래를 낙관적으로 전망했다. 그가 말했다.

"중국으로 돌아온 건 올바른 결정이었습니다. 요즘은 미국에서 무슨 일이 벌어지면 이곳에서 거의 실시간으로 알 수 있어요. 회사의 성공을 결정짓는 것은 얼마나 빨리 정보를 입수하느냐, 그리고 미국에서 귀국한 인재를 얼마나 많이 확보하느냐는 거죠."

그는 내가 다음번에 베이징에 올 기회가 있으면 몹보이 본사를 방문해달라고 초대했다. 그리고 2015년 초에 나는 베이징 북서쪽에 자리 잡은 중국 기술 산업의 중심지 중관춘中關村으로 향했다. 회색빛 건물이 줄지어 늘어선 이 번잡한 상업지구에 리의 회사가 있었다.

'중국의 실리콘밸리'로 불리는 중관춘은 기술 인재의 밀집 지역이며 엔지니어, 기업가, 벤처투자가의 본거지이다. 구성 요소로만 본다면 중관춘과 실리콘밸리는 많은 면에서 비슷하다. 수십억 달러의 기업가치가 있는 스타트업, 우수한 소프트웨어 엔지니어, 인근에 위치한 중국 내 최고의 대학교, 그리고 넘쳐나는 벤처 캐피털 자금 등등.

그런데 실제로 방문해보면 두 곳의 모습은 전혀 다른 세계로 느껴질 만큼 딴판이다. 실리콘밸리에 끝없이 늘어서 있는 오피스 건물은 업무 생산성을 극대화할 수 있는 이상적인 형태로 설계되었다. 넓고 푸른 회사의 '캠퍼스', 층과 층 사이를 연결해놓은 알록달록한 미끄럼틀, 무료로 제공되는 마사지 서비스, 구내식당의 최고급 스테이크와 두뇌에 좋다는 케일 주스 등등. 실리콘밸리의 주변 환경, 회사, 문화 등 그 모든 것이 최고의 인재들을 유혹하는 요소이다.

그와 달리 중관춘에 도착한 사람은 잠시 멍할 정도로 충격을 받는다. 중관춘 지하철역을 빠져나오는 순간, 미식축구 경기라도 치를 수 있을 정도로 엄청나게 넓은 교차로가 눈앞에 나타난다. 베이징 제4순환도로의 12개 차선을 가득 메운 자동차들은 중관춘로 주변으로 한꺼번에 쏟아져 들어간다. 거리에는 수많은 자전거, 삼륜차, 전기스쿠터 등이 자동차 사이사이를 빠져나가고, 때론 인도에도 서슴없이 올라온다. 수많은 자동차가 울려대는 경적, 그리고 중고 휴대전화 노점상이 손님을 부르는 소리는 마치 소음 대결이라도 하는 듯하다. 어둡고 비좁은 사무실에서는 즉석 라면과 닭발 스낵 냄새가 난다. 베이징 전체가 거의 다 그렇지만, 이곳에서도 머리 위의 하늘과 바닥의 포장도로 색깔이 비슷하다.

이 삭막한 도시의 정글이 리 지페이가 구글에서 얻은 영감을 바탕으로 중국의 오아시스를 창조하려는 장소였다. 그는 실리콘밸리 최고의 문화를 이곳 중국 시장에 접목시키기 위해 필사적으로 노력하고 있었다.

어느 오피스 건물의 승강기를 타고 몹보이 본사로 들어가자 리와 위안위안이 나를 맞아주었다. 오픈 플랜식(건물 내부가 벽으로 나뉘지 않은 구조 - 옮긴이) 업무 공간에는 50여 명의 직원이 컴퓨터 스크린을 바라보거나 장비를 들고 일하고 있었다. 1년 전 구글 글래스Google Glass가 출시되었다. 하지만 구글의 소프트웨어는 대부분 중국에서 사용 금지되었기 때문에 이 멋진 하드웨어 장비는 이곳에서 거의 무용지물이었다. 몹보이는 구글 글래스에서 가동되는 중국어 버전의 음성인식 소프트웨어를 개발해 그 공백을 메우려 하는 중이었다. 리는 내게 구글 글래스를 한번 써보라고 권했다. 나는 장비를 착용하고 간단한 중국어 명령어를 사용해 몹보이 프로그래머들이 일하는 모습을 사진으로 찍었다.

리, 위안위안, 그리고 나는 뒤쪽 벽이 유리로 된 사무실에서 마주 앉았다. 우리가 중국차를 홀짝거리는 동안 리는 자신의 회사가 만든 '추먼원원出門問問'이라는 음성인식 앱을 보여주었다. 내가 중국어로 몇 가지 질문('내일 베이징에 비가 올까?', '여기서 가까운 쓰촨 식당이 어디야?' 등)을 하자, 이 앱은 대부분 내가 원하는 답을 이야기했다. 물론 완전하지는 않았지만 그건 애플의 시리도 마찬가지였다. 특히 사용자가 중국어로 얘기할 때 시리의 응답 정확성은 더욱 떨어졌다.

우리는 앱을 내려놓고 요즘 중관춘에 있는 스타트업의 분위기가 어떠한지, 그리고 리가 실리콘밸리에서 무엇을 얻었는지 등에 관해 이야기를 나누었다. 리의 말이다.

"구글에서 일할 때 제가 배운 가장 중요한 점은 그곳의 문화였습니다. 실리콘밸리의 첨단기업이 어떻게 움직이고, 혁신하고, 경쟁하느냐는 것이었죠."

위안위안은 몹보이가 상하이의 아파트에 처음 사무실을 차린 후부터 줄곧 조직 운영 및 사업 담당 임원으로 일했다. 그녀는 실리콘밸리를 전혀 경험해보지 않은 프로그래머들과 함께 기업 문화를 만들어가는 일이 어려웠다고 말했다. 그러다 보니 두 사람은 '바다거북'에 의존할 수밖에 없었다. 이 회사의 경영진은 대부분 미국에서 돌아온 사람이었으며, 한때는 전체 직원 중 '바다거북'의 비율이 20퍼센트에 이르기도 했다. 그녀가 말했다.

"우리 회사는 '바다거북'을 선호합니다. 제 생각에는 다채로운 경력을 가진 사람이 더 열심히 일하는 것 같아요. 그들은 '내 근무시간이 하루에 몇 시간이지?' 하는 식으로 계산하지 않고 이곳에서 자신이 원했던 스타트업 경험을 쌓을 뿐이라고 생각하죠. 그리고 사고방식도 유연해요. 스스로를 '문제 해결사'로 여기고, 자신의 정확한 직무가 뭔지 따위는 신경 쓰지 않아요. 사내 정치 같은 것도 우습게 여기죠."

내가 사무실을 떠날 시간이 되자 위안위안은 회사가 계획 중인 외부 행사에 나를 초대했다. 웨어러블 장비에 탑재될 앱을 개발하는 해커톤 행사에 동행하자는 것이었다. 나는 몹보이 직원들이 일하는 모습을 관찰할 좋은 기회라고 생각해 함께 가기로 약속했다.

사무실에서 나오다 보니 바닥재 내부에 설치된 색유리판 화살표 두 개가 눈에 띄었다. 직원들이 일하는 공간을 가리키는 화살표에는 '캘리포니아'라고 새겨져 있었다. 다른 화살표 '실리콘밸리'는 안내 데스크

근처에 놓인 두 개의 빨간색 안락의자를 가리켰다. 리가 구글 캠퍼스의 분위기를 살리기 위해 놓아둔 이 의자들은 직원들이 낮잠이나 휴식용으로 사용한다고 했다. 물론 뒤로 젖혀지는 안락의자 두 개 정도로 마운틴 뷰의 사무실을 재현하기는 어렵겠지만, 앞으로 그런 공간을 만들겠다는 열망의 상징 정도로 생각되었다. 나는 리에게 그 화살표가 무엇을 뜻하느냐고 물었다. 리가 내게 웃으며 말했다.

"아, 그거요? 하나는 실리콘밸리의 열심히 일하는 문화를 상징하는 것이고, 또 하나는 캘리포니아의 여유롭고 재미있는 분위기를 뜻하는 거예요."

"그런데 왜 '캘리포니아'가 직원들이 일하는 책상을 가리키고 '실리콘밸리'가 안락의자를 향하고 있죠?"

"사실은 바닥재를 작업한 공사 인부가 영어를 잘 몰라서 화살표를 반대로 설치했어요."

———◦◦◦◦———

나는 건물의 유리 정문을 빠져나와 수많은 사람들과 자전거의 물결 속으로 다시 뛰어들었다. 그리고 지하철역이 있는 북쪽으로 향했다. 중관춘로 위에 펼쳐진 높은 구름다리에는 노점상, 해커, 행인의 아이폰을 노리는 소매치기 같은 사람들이 인도를 꽉 메우고 있었다. 러시아워가 거의 다 되어가는 시간이었다. 도시 반대편으로 향하는 지하철은 지금쯤 발 디딜 틈도 없을 터였다.

구름다리를 절반쯤 건너자 중관춘 중심부를 향해 남쪽으로 뻗은 철책이 나왔다. 이곳에는 샌프란시스코 만처럼 밝은 햇볕이 내리쬐지도 않고, 프로그래머를 애지중지하는 실리콘밸리 대기업의 문화도 없다. 구글은 중국에서 해킹당하고, 차단당하고, 급기야 홍콩의 (비교적) 신선한 공기와 자유를 찾아 남쪽으로 밀려났다. 하지만 구글의 유전자가 담긴 씨앗은 이곳 중관춘의 콘크리트와 스모그 사이에서 비옥한 땅을 찾았다. 그리고 그 씨는 잘 자라는 중이다.

다시 해커톤으로

그로부터 3주 후, 나는 몹보이의 스마트워치 해커톤 행사장으로 가는 버스에 올랐다. 기사가 꼬불꼬불한 길을 지그재그로 빠져나갈 때마다 온몸이 출렁댔다. 베이징에서 북동쪽으로 두 시간 정도 떨어진 목적지 우링산霧靈山 리조트는 청정한 푸른색 호수로 유명한 관광지였다. 버스가 도시의 스모그와 교통체증에서 벗어난 지 한참이 지났지만, 기사는 여전히 경적을 울려대며 차를 몰았다.

리와 위안위안은 버스 맨 앞자리를 차지하고 앉았다. 그 바로 뒤에 자리잡은 사람은 리가 구글에 처음 입사한 날 만났던 동료 누글러 마이크 레이였다. 그는 구글 본사에서 음성인식을 4년간 연구한 뒤 중국으로 돌아와 몹보이에 최고기술책임자CTO로 합류했다. 이 세 사람이 앞으로 24시간 동안 해커톤의 야심 찬 일정을 이끌어갈 리더였다. 그들은 전 직원을 서너 팀으로 나누어 각 팀에 프로그래머, 디자이너, 제품 매니저를 배치하고 스마트워치 앱의 골격을 설계하는 임무를 부여하기로 했다. 나중에 개발이 완료된 앱은 몹보이의 스마트워치 운영체제인 틱웨어의 앱스토어에 업로드할 예정이었다. 애플워치는 해커톤이 열리는 그날 정오에 출시를 앞두고 있었다. 리는 몹보이가 다른 스타트업보다 먼저 중국의 스마트워치 생태계를 주도할 수 있게 되기를 고대했다.

리조트에 도착하자 몹보이의 직원들은 버스에서 우르르 내렸다. 그들의 첫 번째 업무는 행사장의 어색한 분위기를 누그러뜨리기 위해 서로에게 안마를 해주는 일이었다. 프로그래머를 포함한 전 직원은 줄을 맞춰 자기 앞사람의 어깨를 주무르고, 등을 두드리고, 귓불을 비벼주었다. 리도 무리에 끼어들어 다른 직원들과 똑같이 앞사람에게 마사지를 했다. 만일 이곳이 실리콘밸리였다면 인사부와 법률 부서 직원들은 골치깨나 아팠을 것이다. 직원들 사이에 이 정도로 밀접한 신체 접촉이 벌어진다면 어디선가 소송서류가 날아오는 건 시간문제일 테니까. 하지만 이곳 우링산에 모인 직원들에게는 그저 재미있는 놀이에 불과한 듯했다.

안마 시간이 끝나고 각자 짐을 풀어놓은 뒤 모두 회의실에 모였다. 하버드 출신인 제품 담당 부사장 린 일리가 앞으로 진행될 해커톤 행사의 목적을 발표했다. 프레젠테이션의 절반은 제품 분석에 관한 내용이었고 나머지 절반은 직원들의 사기를 북돋우기 위한 격려의 말이었다. 린은 스마트워치의 경쟁자를 분석한 자료를 발표했으며, 스마트워치가 스마트폰의 보완재로 사용되는 사례와 대체제로 사용되는 사례를 구체적으로 나열했다.

나는 그동안 전통적인 중국 기업이 개최하는 신제품 발표회나 프레젠테이션 현장에 참석할 기회가 많았다. 내 중국 친구 한 명은 관료주의와 마케팅이 결합된 프레젠테이션을 딱 세 마디의 중국어로 표현했다. '지아假, 따大, 콩空', 즉 가식적이고, 크고, 비었다는 뜻이다. 중국인이 지난 수천 년 동안 갈고닦은 거대한 관료주의의 바이러스는 이제 정치가를 넘어 거대 기업의 경영진에까지 전파되었다. 대기업 임원의 프레젠테이션은 대부분 매우 과장되고, 극도로 지루하며, 완전히 공허하다. 기업의 성공이 개인의 아이디어보다 정부가 통제하는 자원, 즉 공공의 토지, 은행 대출, 외국 통화 등을 적절히 활용하는 데 달려 있는 전통적인 체제 아래서 그런 현상은 당연한 듯하다. 고위직 인사의 연설은 구체적인 아이디어를 전달하거나 교환하기 위해서가 아니라 청중에게 추상적인 신호를 보내는 데 목적이 있는 것 같다.

하지만 몹보이는 달랐다. 이 회사의 임원들은 형식적인 말을 생략하고 사용자 경험, 제품의 시장성, 실행 방안 등 핵심적인 부분만 직원들에게 전달했다. 내가 중국에서 이런 경영 스타일을 목격한 것은 몇 차례 되지 않았다. 그것도 대부분 외국에서 경력을 쌓은 사람들이 설립한 기술기업이었다.

마지막으로 리가 발표를 마치자 몹보이의 직원들은 몇 개 그룹으로 나뉘어 앱의 아이디어를 토론하기 시작했다. 중국과 미국의 엔지니어들은 아직도 스마트워치의 정확한 용도에 대해 고민하는 중이었다. 팔목에 차는 미니 스마트폰인가? 아니면 사용자의 건강을 모니터하기 위한 조금 발전한 스타일의 핏빗Fitbit(실리콘밸리의 벤처기업이 만든 웨어러블 헬스케어 장비 - 옮긴이)으로 봐야 하나? 몹보이 직원들의 토론에서도 그런 혼란이 느껴졌다. 어떤 사람들은 음성으로 사용자에게 정보를 알려주는 기능("베이징의 공기오염도가 150을 넘으면 알려줘")을 핵심적으로 강조했다. 또 다른 직원들은 사용자의 신체 움직임에서 데이터를 추출 및 분석하는 기능이나 전화 통화 기능을 이 제품의 대표적인 용도로 생각했다.

각 팀이 방이나 로비에 모여 토론에 여념이 없는 동안 몹보이의 경영진은 회의실 테이블 위에 놓인 맥북 주변에 모였다. 애플워치가 방금 출시되었기 때문이다. 위안위안은 애플 사이트에 접속해서 종류별로 몇몇 제품을 구매하기 위해 모니터와 씨름했다. 몹보이의 엔지니어에게 이 제품들을 경험할 기회를 주기 위해서였다. 그녀는 낮은 소리로 탄식하며 말했다.

"와, 이 촌스러운 금색 모델만 중국에서 매진되다니…… 정말 끔찍하네."

리는 애플워치가 나오면 자신이 쏟아붓고 있는 노력이 훨씬 더 일찍 결실을 맺을 거라고 기대했다. 몹보이는 이미 스마트워치의 운영체제를 자체적으로 개발 완료한 상태였으며, 스마트워치 하드웨어도 비밀스럽게 설계하고 있었다. 틱워치Ticwatch라는 이름이 붙은 몹보이의 스마트워치는 그해 말 시장에 선보일 예정이었다. 리가 내게 말했다.

"애플은 소비자를 교육하는 데 능해요. 회사가 먼저 시장을 만들어내죠. 그건 굉장한 일이에요. 만일 애플워치가 잘 팔리면 우리에게도 좋은 기회가 될 겁니다. 시장 자체가 그리 크지 않다면 시장점유율을 아무리 많이 차지해도 별 소용이 없을 테고요."

나는 메모한 내용을 정리하고 경치도 구경할 겸 위층으로 올라갔다. 이 호화로운 리조트는 부유한 중국인이 베이징의 치열한 생존경쟁을 떠나 잠시 쉬어갈 목적으로 들르는 장소 같았다. 호텔방의 발코니로 나가니 푸른색 호수, 험준한 산, 파란 하늘이 한눈에 들어왔다. 옆에서 함께 호수를 바라보던 엔지니어가 혼잣말처럼 말했다.

"이 멋진 호텔의 이 좋은 방에서 잠도 잘 수 없다니."

저녁때가 되자 직원들은 각자 방으로 돌아가 즉석 라면을 요리하고 커피를 끓였다. 나는 그들을 뒤로하고 먼저 잠에 곯아떨어졌다. 아직 대부분의 앱이 플로차트flowchart(프로그램의 순서도 - 옮긴이) 형태로 겨우 종이에 모습을 드러냈을 시간이었다.

다음 날 아침, 내가 아침식사를 하러 아래층으로 내려갔을 때 직원들 대부분은 여전히 일하는 중이었다. 몇몇은 테이블 앞에서 잠에 빠져 있었다. 리도 방에서 내려와 볶음밥과 삶은 채소 한 접시로 끼니를 때웠다. 그는 다른 직원들보다 덜 피곤해 보였지만, 밤새 프로그래머들이 어떤 결과를 만들어냈을지 내심 염려하는 표정이었다. 그는 팀별 최종 발표 시간까지 호수 주변을 산책하자고 내게 제안했다.

리는 호숫가를 걷는 동안 몹보이가 과연 구글의 DNA를 회사의 문화에 제대로 이식할 수 있을지 내게 의문을 나타냈다. 그는 구글에서 함께 일했던 동료들과 중국에서 교육받은 자기 회사의 프로그래머들 사이에는 차이가 많이 난다고 생각했다.

"우리 직원들은 아직 멀었습니다. 중국 대학의 교육 방식 때문이에요. 아직도 강사가 교단 앞에 서서 주입식으로 학생들을 가르치니까요. 스탠퍼드의 컴퓨터공학과 수업에서 진행하는 대부분의 프로젝트는 지금 우리가 하고 있는 해커톤 방식입니다."

리는 팀별로 진행하는 프레젠테이션에 참석하기 위해 회의실로 들어갔다. 리, 위안위안, 마이크 레이, 린 일리 등 네 사람이 심사위원이 되어 맨 앞줄에 앉았다. 첫 번째 팀의 메인 엔지니어는 술을 마시고 탈이 나서 발표에 참석하지 못했다. 프레젠테이션은 엉망이었다. 자신들이 생각하는 앱의 아이디어를 대충 정리했지만 친구들과 맥주를 마시며 이야기하는 수준을 넘지 못했다. 심사위원들이 몇 가지 반론을 제기하자 그들의 아이디어는 처참하게 무너졌다. 그리고 발표자는 무대에서 퇴장했다. 심사위원들의 얼굴에는 실망한 빛이 역력했다.

하지만 그다음부터 갑자기 쓸 만한 아이디어가 나오기 시작했다. 어떤 그룹은 스마트워치를 파워포인트 프레젠테이션의 보조 도구로 쓸수 있는 앱을 고안했다. 발표자에게 타이머를 제공하고, 발표할 내용의 개요를 시계 숫자판에 표시하고, 손목을 튕겨서 슬라이드를 넘길 수 있는 앱이었다. 어떤 팀은 스마트워치 사용자가 어둠 속에서 춤을 출 때 숫자판이 번쩍거리며 카멜레온처럼 색깔이 바뀌는 앱을 제안했다. 그중 심사위원들에게 가장 높은 점수를 받은 앱은 사용자가 스마트워치로 노래를 들을 때 그 노래가 담긴 앨범의 사진이 시계의 숫자판에 표시되도록 만드는 간단한 프로그램이었다. 물론 그들이 하룻밤 만에 짜낸 아이디어가 제대로 된 제품으로 개발되려면 아직 멀었지만, 발표가 끝난 뒤 회의실에서 나오는 심사위원들은 결과에 대체로 흡족해하는 듯했다. 레이가 말했다.

"오늘 나온 아이디어들은 스마트워치가 어떤 용도로 사용될 수 있을지에 대한 상상의 공간을 충분히 넓혀주었다고 생각해요."

직원들은 홀가분하기도 하고 잠을 못 자 멍하기도 한 표정으로 짐을 챙겨 버스에 올랐다. 우리는 인근의 마을로 장소를 옮겨 행사의 성공적인 종료를 축하하는 바비큐 파티를 열기로 했다. 준비된 음식은 중국인이 가장 좋아하는 양고기 꼬치, 구운 가지, 닭고기 요리 등이었다. 일리가 고기를 굽는 동안 리는 직원들을 챙기며 대화를 했다. 그는 구글에서 근무할 때 받은 재킷을 입고 있었다. 가슴 부분에 초록색 안드로이드 로봇 로고가 새겨진 옷이었다. 30분쯤 후에 비가 내리기 시작하자 직원들은 다시 버스에 올랐다. 그리고 베이징에 도착할 때까지 모두 깊은 잠에 빠져들었다.

③

새로운 기술의 지평을 향해

리 지페이와 직원들이 해커톤 행사를 마치고 돌아온 2015년 4월의 베이징은 기술 르네상스 붐이 한창이었다. 베이징을 포함한 중국 내 여러 도시(상하이, 항저우, 광저우, 선전 등)의 스타트업 생태계는 실리콘밸리 못지않은 흥분과 기술 낙관주의로 가득했다. 중국의 스타트업은 증시에 상장해 엄청난 기업가치를 기록했을 뿐만 아니라 중국인의 도시 생활을 근본적으로 바꿔놓았다.

기술혁명의 물결은 태평양의 양쪽 모두에 영향을 미쳤다. 처음에 중국의 스타트업은 실리콘밸리의 기술 트렌드를 맹목적으로 따랐지만, 시간이 흐르면서 전자 상거래, 소셜 미디어, 온·오프라인 통합에 이르기까지 이전과 전혀 다른 독특한 비즈니스 모델을 만들어냈다. 동시에 중국의 투자자가 벤처 캐피털 자금을 손에 쥐고 실리콘밸리로 몰려들면서 미국 스타트업의 기업가치는 하늘 높은 줄 모르고 치솟았다. 현지의 벤처투자가가 자신들의 텃밭에서 쌓은 입지는 흔들릴 수밖에 없었다. 한편 중국공산당은 자국 시장의 문지기 역할을 충실히 수행했다. 몇 년 전 중국에서 철수한(또는 쫓겨난) 실리콘밸리의 대기업은 중국 정부에 다시 돌아오게 해달라고 애걸했다. 중국 시장에 복귀하기 위해 그 기업들이 기꺼이 받아들인 조건(콘텐츠 검열, 데이터 공유, 국내외 인터넷 분리 등)은 자사의 윤리에만 영향을 미치는 것이 아니라 장차 글로벌 인터넷의 운명을 좌우할 중대한 요소였다.

중국의 급격한 부상(실리콘밸리의 인재, 자금, 아이디어를 바탕으로 한)은 한편으로 강력한 정치적 반발의 빌미를 제공했다. 워싱턴의 정치가들은 오래전부터 실리콘밸리와 중국의 교류를 꺼림칙하게 여겼으며, 다른 서구 세계 지도자들도 양측의 관계를 별로 달가워하지 않았다. 트럼프 행정부가 들어선 이후 정치가들의 분노는 한계에 도달했다. 이제 실리콘밸리와 중국의 역설적인 대치 상태는 한 치 앞도 보이지 않는 국면으로 접어들었다.

디지털 캄브리아기 대폭발

중국의 인터넷은 도입된 지 20년이 지나도록 주류 사회의 언저리에 머물러 있었다. 중국인들에게 온라인 공간은 기술자의 놀이터였고, 정치적 주장이 분출되는 배출구였으며, 모험심 가득한 일부 쇼핑객의 장난감이었다. 이따금 온라인상에서 충격적인 사건(원저우 열차 사고 때 웨이보에서 소동이 벌어진 일처럼)이 발생하면서 인터넷에 관심을 갖는 사람이 조금씩 늘어났지만, 아직 이 새로운 기술이 중국인의 일상에 본격적으로 파고들지는 못했다. 사람들 간의 대화, 물품 구매, 약속, 금전 거래 등은 모두 '대면접촉'이라는 전통적인 방식으로 이루어졌다.

그런데 2014년이 되면서 모든 상황이 바뀌었다. 지난 수년(또는 수십년)간 축적되어온 변화의 불씨를 바탕으로 중국의 인터넷 서비스가 캄브리아기 대폭발(5억 4,200만 년 전에 다양한 종류의 동물 화석이 갑작스럽게 출현한 지질학적 사건 - 옮긴이) 같은 엄청난 변혁을 맞았다. 갑자기 모든 사람이 모든 일을 인터넷을 통해 할 수 있게 되었다. 물리적 세계에서 이루어지던 서비스와 거래가 모두 스마트폰 영역으로 진입했다. 원래 미국이나 유럽의 것을 모방해 만들어진 중국의 앱이나 비즈니스 모델은 전 세계 어느 곳에서도 볼 수 없는 독특한 형태로 진화해갔다. 지난 20년간 실리콘밸리의 뒤만 쫓은 중국은 2014년이 되면서 전혀 새로운 세상으로 바뀌었다.

중국에서 디지털 캄브리아기 대폭발이 일어나는 데 무엇보다 큰 역할을 한 것은 위챗이었다. 언뜻 단순한 채팅 앱처럼 보이는 이 프로그램은 중국인에게 맥가이버의 칼처럼 팔방미인 같은 디지털 도구였으며, 종종 온라인과 오프라인의 경계를 모호하게 만드는 서비스였다. 중국인들이 웨이신微信이라 부르는 위챗 앱은 2011년 텐센트에서 출시되었다. 이 회사는 중국 최대의 데스크톱 메시징 플랫폼 QQ를 보유한 인터넷 대기업이었다. 초기의 위챗 앱은 사용자가 문자메시지를 보내고, 사진이나 동영상을 교환하고, 음성메시지를 주고받는 용도로 쓰였다. 이 프로그램은 출시되자마자 중국의 스마트폰 사용자들을 사로잡았다. 2013년에는 중국인이 새로운 사람을 만나면 위챗 아이디부터 교환할 정도로 이 앱이 하나의 표준화된 사회적 규약이 되었다.

그러던 어느 날 위챗에 추가된 새로운 기능 하나가 세상을 발칵 뒤집어놓았다. 앱에서 돈을 주고받을 수 있게 된 것이다. 2014년 춘절이 돌아오자 텐센트는 사용자들이 위챗에서 디지털 홍바오紅包(중국에서 세뱃돈이나 결혼 축의금을 넣는 붉은색 종이봉투 - 옮긴이)를 주고받을 수 있도록 만들었다. 그러자 이 재미있는 기능을 사용해보려는 수천만 명의 사용자가 너도나도 자신의 계정에 은행 계좌 정보를 등록했다. 이때부터 중국의 상거래는 과거와 전혀 다른 형태로 변화하기 시작했다.

엄청난 수의 사용자가 앱을 통해 금전 거래를 할 수 있도록 만든 위챗은 그때부터 하루가 멀다 하고 새로운 기능을 내놓았다. 사용자들은 앱으로 택시를 부르고, 공과금을 납부하고, 호텔을 예약하고, 자선단체에 기부를 하고, 비행기표를 구매하고, 심지어 금융상품에 투자를 했다. 지난 수십 년간 중국에서 공공서비스(의사를 찾아가거나, 기차표를 사거나, 세금을 내는 등)를 이용하는 방법은 오직 한 가지였다. 관공서의 기나긴 줄에 서서 마냥 기다리는 것이었다. 위챗은 그런 거래의 많은 부분을 스마트폰으로 대체함으로써 관료주의적 서비스의 불편함을 해소해주었다.

뿐만 아니라 이 앱은 오프라인 세계로 본격 진입하면서 또 다른 중대한 진화를 이루어냈다. 사용자들은 어떤 형태의 물리적 상거래에서도 앱을 열고 코드를 스캔하면 간단히 돈을 지불할 수 있게 되었다. 그동안 중국의 상거래에서는 신용카드가 거의 사용되지 않았다. 2015년이 되어서도 중국의 소비자경제는 여전히 현금거래를 바탕으로 움직였다. 그런데 위챗이 오프라인 상거래에서도 디지털로 결제할 수 있는 기능을 도입하자 세상이 하루아침에 바뀌었다. 텐센트의 라이벌인 알리바바도 이에 뒤질세라 자사의 알리페이Alipay 앱에 코드를 스캔해 돈을 지불하는 기능을 추가했으며, 맥도날드나 스타벅스 같은 유명 체인점도 고객이 스마트폰으로 즉석 결제할 수 있는 서비스를 선보였다. 무無현금거래라는 새로운 경향은 모든 사회계층으로 번져나갔다. 길거리 노점상, 자전거 수리공, 심지어 거지에 이르기까지 모든 사람이 위챗이나 알리페이로 돈을 받았다. 위챗은 매달 새로운 오프라인 결제 기능을 추가했으며, 그럴수록 마치 중력에 이끌리듯 더 많은 사람이 이 앱을 사용하기 위해 몰려들었다. 이 현상은 사회적·직업적·관료적·상업적 영역을 망라해 중국인들 삶의 모든 측면을 장악했다.

중국의 디지털 캄브리아기 대폭발은 단순히 위챗이라는 앱의 기능에만 국한되어 발생한 것은 아니었다. 사람들이 언제 어디서나 모바일로 결제할 수 있는 능력이 생기자, 소비자가 온라인에서 오프라인 서비스를 구매하도록 해주는 O2O 서비스 전문 스타트업이 수없이 생겨났다. 인구가 밀집되고, 값싼 노동력이 풍부하며, 교통이 불편한 중국의 도시는 이런 주문형 서비스가 번성하는 데 최적의 조건을 갖춘 셈이었다. 소비자는 스마트폰에서 손가락 놀림 몇 번으로 음식 배달부터 손톱 관리나 애완견 산책에 이르기까지 온갖 종류의 서비스를 주문할 수 있게 되었다. 베이징의 도로는 전기스쿠터를 타고 뜨거운 국수나 친환경 채소가 들어 있는 봉투를 주문자의 집 앞에 놓아두고 돌아가는 배달원으로 넘쳐났다. 소비자는 위챗뿐 아니라 하루에도 수없이 쏟아지는 새로운 앱을 이용해 온갖 서비스를 주문했다. 이런 기술적·사업적 혁신은 중국 사회의 심장부로 급격히 스며들었다. 모바일 결제와 O2O 서비스는 단순히 기술 엘리트만 부유하게 만들어준 것이 아니었다. 새로운 서비스가 제공하는 효율성, 그리고 이를 바탕으로 한 사업 기회는 모든 사회·경제 계층에 막대한 변화를 불러일으켰다.

실리콘밸리의 미래학자들은 오래전부터 현금 없는 결제 시스템, 그리고 통신과 상업적 거래가 완벽하게 통합된 세계를 꿈꿔왔다. 중국은 보호주의와 자생적인 혁신의 조합을 통해 바로 그런 세계를 만들어낸 것이다. 2015년, 실리콘밸리의 유명 벤처 캐피털 기업 앤드리슨 호로위츠Andreessen Horowitz의 파트너 코니 챈Connie Chan은 「단 하나의 앱이 모든 것을 지배할 때When One App Rules Them All」라는 기사를 통해 위챗을 실리콘밸리에 처음 소개했다. 이 글이 많은 사람의 입소문을 타면서, 실리콘밸리는 태평양 저편에서 탄생한 진정한 의미의 혁신적 앱에 대해 비로소 알게 되었다.

본격적으로 달아오르기 시작한 중국의 스타트업 열기는 2014년에 두 사건을 거치면서 절정에 달했다. 하나는 알리바바가 미국 IPO 역사상 최대 규모로 뉴욕 증시에 상장한 일이었고, 또 하나는 중국의 리커창李克强 총리가 '대중창업 만중창신大衆創業 萬衆創新'이라는 정책을 공식적으로 선언하며 젊은이들의 창업과 혁신을 독려한 일이었다.

반反문화적 기풍으로 무장한 실리콘밸리의 기업가들은 정치적 권위주의를 비웃고 '전통적' 산업의 비효율성을 파괴하는 데 자부심을 느꼈다. 하지만 중국에서는 정확히 그와 반대되는 상황이 벌어졌다. 중국의 기술 공동체 구성원들은 실리콘밸리에서 영감을 얻었지만, 중국의 주류 사회는 여전히 대기업과 정부의 지휘에 많은 것을 의존했다. 거대기업은 혼란한 시장에서 확고한 중심축 역할을 했으며, 중국 정부는 새로운 산업을 창출하거나 기존의 산업을 없앨 수 있는 능력을 지니고 있었다. 그런 상황에서 2014년 한 달 사이에 중국의 서열 2위인 정치가가 대중의 창업을 독려하는 발언을 하고, 중국 내 대기업이 뉴욕 증시에 상장하는 일이 발생하자 중국의 기술 산업계는 크게 고무되었다. 모든 사람이 기술기업에서 일하는 꿈을 꾸었다. 당시 베이징에 살고 있던 나는 멀리 떨어진 지방에 거주하는 젊은 친구들에게서 이런 메시지를 받기 시작했다.

'매트, 저에게 베이징의 스타트업을 소개해줄 수 있나요? 무슨 제품을 만드는지는 상관없어요. 그냥 스타트업이면 돼요.'

혁신적 제품을 하나라도 말해보세요

이건 분명 불가능한 일이었다. 중국은 지난 5년 동안 글로벌 인터넷 앞에 문을 닫아걸었으며, 소셜 미디어의 정치적 논의를 차단하고 선동가들을 교도소에 보냈다. 실리콘밸리와 워싱턴 DC의 이론가들은 인터넷 통제로 인해 장차 중국의 기술 생태계가 활기를 잃고 경제 전체가 침체에 빠질 거라고 주장했다. 이런 견해를 표명한 사람들 중 대표적인 인물이 전 부통령 조 바이든Joe Biden이었다. 그는 2012년 미국 대사관에 모인 학생들에게 "혁신은 자유롭게 숨 쉴 수 있는 곳에서만 가능하다"라고 단호하게 말했다.

또한 그는 2014년 콜로라도 주 스프링스Springs 시에서 열린 미 공군 사관학교 졸업식에 참석해서 다음과 같이 연설했다.

저는 1990년대에도 여러 학교의 졸업식에 참석해서 축하 연설을 했습니다. 기억하는 분은 아시겠지만 당시에 저는 이런 말을 했습니다. …… 앞으로 미국이 차려놓은 밥상을 차지할 나라는 일본이라고요. 일본이 미래를 주도할 거라는 말이었죠. 우리는 중국이 미국에 비해 여섯 배에서 여덟 배나 많은 엔지니어와 과학자를 배출한다고 들었습니다. 그건 사실입니다. 하지만 저는 여러분에게 묻습니다. 중국에서 나온 혁신적 프로젝트나 혁신적 변화가 하나라도 있다면 말해보세요.

당시 바이든 부통령은 위챗에 대해 아무것도 몰랐겠지만, 나중에는 분명히 이 앱을 알게 되었을 것이다. 중국공산당은 자신들이 곧 몰락할 거라는 세간의 예상을 깨고 수십 년 동안 건재함을 과시했다. 그리고 바이든이 위와 같이 연설할 무렵에는 자국의 인터넷에 대해서도 똑같은 마법을 부렸다. 지나고 나서 하는 얘기지만, 실리콘밸리의 이론가들이 항상 옳지는 않았다. 정부가 언론을 통제한다고 국민들이 스마트폰으로 볶음밥을 주문하지 못할까? 바이두의 전직 홍보 담당 임원이자 '시니카 팟캐스트' 사이트의 운영자인 카이저 쿠오는 〈워싱턴 포스트〉 기자에게 이렇게 말했다.

"천안문 사태의 진실을 모르는 사람은 모바일 앱을 개발할 수 없다는 이상한 믿음이 퍼져 있습니다. 문제는 그런 믿음이 사실이 아니라는 거죠."

실리콘밸리의 BAT

인터넷 열기에 흥분한 것은 소규모 스타트업뿐만이 아니었다. 막대한 현금을 바탕으로 자신감에 넘치던 중국 최대의 인터넷 기업들('BAT'라고 불리는 바이두, 알리바바, 텐센트)은 이제 실리콘밸리로 시선을 옮겼다. 이 회사들은 과거 몇 년 동안 캘리포니아에 조용히 지사를 운영했다. 내 고향 팔로알토에도 도심 경찰서 맞은편의 평범한 스페인식 건물에 텐센트의 조그만 사무실이 있었다. 알리바바와 바이두 역시 캘리포니아에 소규모 전초기지를 설치하고 몇몇 현지 직원을 고용했다. 그런데 2013년이 되자 세 회사는 갑자기 미국 땅에서 활발한 활동을 펼치기 시작했다. 그들은 미국의 스타트업에 투자하고, 미국의 인재를 사냥했으며, 미국의 경쟁사 근처에 연구개발센터를 설립했다.

그중 가장 눈에 띄는 행보를 펼친 기업은 바이두였다. 2014년 5월, 바이두는 세계에서 가장 존경받는 인공지능 학자 앤드류 응Andrew Ng을 영입해서 실리콘밸리에 새로 설립할 연구소를 맡기겠다고 발표했다. 앤드류 응은 그동안 다양한 문화권 출신의 최첨단 연구팀을 이끌고 독보적인 연구 성과를 거둔 인물이었다. 홍콩인 부모를 두고 영국에서 태어난 그는 싱가포르와 홍콩을 오가며 성장했다. 버클리에서 박사학위를 받은 후에는 스탠퍼드에서 딥 러닝deep learning(인공지능의 한 종류로, 사물이나 데이터를 군집화 및 분류하는 기술 - 옮긴이) 분야의 연구를 주도했으며, 스탠퍼드 재직 중에 구글과의 산학 협력 프로젝트 구글 브레인Google Brain 팀을 이끌고 유튜브 동영상에서 고양이를 분간할 수 있는 인공지능 '신경망'을 구축했다. 그리고 코세라Coursera라는 8억 달러 가치의 온라인 교육 플랫폼을 공동 설립했다.[1]

응이 다음번 모험지로 바이두를 선택한 일은 모든 사람의 관심을 끌었으며 중국의 기술 대기업에 대한 세간의 인식을 바꿔놓았다. 세계 최고의 과학자인 앤드류 응이(즉 실리콘밸리의 어느 대기업에서도 최고 대우를 받을 수 있는 유명 인사가) 중국 기업을 선택한 것은 무엇을 의미할까? 바이두에서 응을 채용하겠다고 발표하자마자 세계 각지의 수많은 인공지능 연구자가 그에게 전화와 메일을 보내 바이두 연구소로 옮길 수 있는 방법을 물었다고 한다. 새로 연구소를 만들기로 한 지역 또한 매우 상징적이었다. 10년 전쯤 바이두는 외국 기업으로부터 중국 시장을 지키기 위해 구글과 치열한 전쟁을 벌였다. 이제 기업가치가 600억 달러에 달하는 대기업으로 성장한 바이두는 최근 구글이 가장 역점을 기울이는 프로젝트를 주도한 인물을 영입한 것이었다. 바이두는 구글의 서니베일 캠퍼스에서 1.5킬로미터도 채 떨어지지 않은 곳에 앤드류 응의 연구소를 설립하기로 했다.

응이 바이두에 입사한 지 얼마 후, 나는 그에게 이 회사에 들어오기로 결정한 이유가 무엇인지, 그리고 앞으로 연구소를 어떤 나라 사람(중국인 또는 미국인)들로 채울 계획인지 물었다. 그는 방대한 데이터를 활용할 수 있는 바이두의 능력, 그러면서 매우 '재빠른' 행보를 보이는 회사의 문화를 보고 바이두가 인공지능 연구를 수행하는 데 최적지로 생각했다고 답했다. 또 어느 나라가 우수한 인공지능 인재를 더 많이 보유했느냐는 세간의 논란은, 어릴 때부터 여러 대륙을 거치며 성장한 배경과 순수한 엔지니어의 사고방식을 지닌 자신 앞에서 그다지 큰 의미를 갖지 못한다고 말했다.

"제가 늘 중요시하는 일은 기술력이 가장 뛰어나고, 능력 있고, 헌신적이고, 임무에 전념하는 최고의 인재를 영입하는 것입니다. 그 사람들은 세계 모든 곳의 각계각층 출신입니다. 저는 그들의 국적을 따지지 않습니다. 제 사고방식 자체가 아예 그런 방향으로 움직이지 않아요."

바이두가 새로 연구소를 설립하는 것은 시작에 불과했다. 곧이어 알리바바도 실리콘밸리와 시애틀에 연구소를 개설하겠다고 발표했으며, 2017년에는 텐센트 역시 예전에 마이크로소프트에서 근무한 과학자 유 동Yu Dong을 영입해서 자사가 설립한 연구소를 맡기기로 했다고 밝혔다. 텐센트의 설립자 마화텅馬化騰(영어 이름은 '포니 마Pony Ma')은, 연구소를 시애틀에 둔 이유는 미국의 이웃 기업에서 미국의 인재를 사냥하기 위해서라고 노골적으로 밝혔다.

"마이크로소프트 직원들은 대부분 시애틀을 떠나기 싫어합니다. 그러니 우리가 옆집으로 옮겨갈 수밖에요. 별수 없어요. 인재들이란 그런 거니까."

하지만 인재는 퍼즐의 한 조각에 불과했다. 바이두, 알리바바, 텐센트는 이제 실리콘밸리의 스타트업을 본격적으로 유혹하기 시작했다. 2012~2015년 BAT(전자 상거래 사이트 징둥닷컴 JD.com의 'J'까지 포함하면 'BATJ'가 된다)가 투자하거나 인수한 실리콘밸리의 기업은 다섯 배 가까이 늘어났다. BATJ가 펀딩에 참여한 누적액은 2012년의 3억 5,500만 달러에서 2015년에는 38억 달러로 급승했다. 텐센트는 50개 회사에 투자함으로써 다른 기업들을 단연 앞질렀으며, 알리바바가 20개로 그 뒤를 이었다.[2]

BAT가 앞다투어 투자에 뛰어든 것은 그들의 고국에서 벌어질 세 회사 간의 치열한 경쟁을 예고하는 장면이었다. 마윈 같은 설립자들은 앞으로 미국 땅에서 미국의 기업과 경쟁하겠다고 종종 허풍을 떨었지만, 중국 기업이 미국 소비자를 대상으로 기업 행위를 한다는 것은 적어도 당시로서는 유효한 카드가 아니었다. 대신 그들은 미국의 스타트업에 투자하거나 그 회사들을 인수해 앞으로 중국 시장에서 벌어질 전투의 무기로 삼고자 했다. 그동안 기술 지형에서 벌어진 모든 변화(데스크톱에서 모바일로의 이동, 인공지능의 부상 등)는 BAT 기업의 성적표를 수시로 바꿔놓았다. 지난 10여 년 동안 냉혹하고 숨 쉴 틈 없는 경쟁을 겪은 그들은 '차세대 혁신next big thing'에 대한 거의 편집증적인 우려에 시달렸다. 그러므로 이 회사들은 경쟁자보다 먼저 혁신을 사들이기 위해 실리콘밸리를 찾은 것이었다.

중국에서 온 기업은 투자의 신속함과 적극성으로 소문이 났다. 원격통제 앱을 만드는 기업 필Peel의 공동 설립자 티루 아루나차람Thiru Arunachalam은 2013년에 알리바바로부터 시리즈 C 투자(스타트업의 시장점유율 확대와 생산 시설 확충을 위해 투자하는 단계 - 옮긴이)를 유치하며 그 두 가지 특징을 제대로 경험했다. 〈포브스〉에 따르면 아루나차람이 투자 협상을 마무리하기 4일 전에 갑자기 알리바바가 100만 달러를 제시하며 협상 테이블에 끼어들었다고 한다.[3] 필이 투자자를 추가하기에는 너무 늦었다는 이유로 난색을 표하자, 알리바바는 갑자기 투자액을 500만 달러로 높였다. 거절하기에는 너무 큰 액수였다. 결국 필은 중국 최대의 전자 상거래 기업에서 투자받기로 결정했다. 그리고 만 하루가 지나기 전에 필의 은행 계좌에 알리바바의 자금이 입금되었다. 아루나차람은 〈포브스〉와의 인터뷰에서 이렇게 말했다.

"그 사람들은 우리와 가장 나중에 협상을 시작했지만, 가장 먼저 돈을 가져다주었습니다. 그들은 마치 스타트업처럼 움직였어요."

그런 신속함이 때론 방만한 투자로 이어졌다. 실리콘밸리의 벤처 캐피털들은 BAT(특히 알리바바)가 실적이 미약한 스타트업에 과도하게 돈을 쏟아붓는다고 수군댔다. 그들은 과열 투자의 원인이 알리바바의 급상승하는 수익, 2014년의 IPO에서 확보한 엄청난 현금, 그리고 전문성이 부족한 투자팀의 해이한 기강 등에 있다고 생각했다. 반면 비교적 조용하게 투자활동을 수행한 텐센트는 실리콘밸리의 전문 투자자들에게 보다 높은 점수를 받았으며, 바이두는 투자사업에 막 발을 담그기 시작한 단계였다.

중국의 벤처 캐피털 투자자들

이들 대기업은 투자에 대한 전문성이 조금 떨어졌을지 몰라도 실리콘밸리로 몰려든 다른 중국인 투자자보다는 훨씬 나은 편이었다. 이번에는 중국의 벤처투자가가 엄청난 자금을 손에 쥐고 비행기에서 앞다투어 내리기 시작했다. 그들 중에는 기술 대기업에서 일했던 사람도 간혹 있었지만, 대다수는 부동산이나 요식업 같은 전통 산업 출신의 투자자였다. 그들은 자신의 전문 분야가 침체에 빠지고 사회 전체가 스타트업 열기로 가득하자 새로운 영역으로 투자의 방향을 바꾸었다.

그들은 대체로 가라오케 체인 같은 가족 비즈니스로 성공한 중국 남자였다. 그들은 상하이 증권시장에 회사를 상장한 뒤 다른 유망한 산업, 예를 들어 호텔, 훠궈 식당, 헬스클럽 같은 분야에 다양하게 투자했다. 그리고 자신이 지닌 기업가로서의 능력과 투자자로서의 안목을 믿고 이번에는 기계학습이나 사물인터넷 제품을 개발하는 스타트업으로 눈을 돌렸다. 개중에는 자신이 운영하는 기업에 스타트업의 기술을 활용하겠다는 야심을 지닌 사람도 있었지만, 그런 계획은 대부분 개념적으로 모호한 수준이었다. 그들이 자금을 쏟아부은 지역은 주로 중관춘을 포함한 중국의 기술 허브였다. 하지만 그중에서도 가장 대담한(또는 멍청한) 부류의 벤처투자가는 곧바로 실리콘밸리로 향했다.

이 벤처 캐피털 사업가들은 그야말로 천방지축처럼 행동했다. 그들은 실리콘밸리의 전문가와 변변한 네트워크도 없이, 자신이 접촉할 수 있는 회사들을 닥치는 대로 만나 사업계획에 대해 들었다. 기숙사에서 제품을 만들기 시작해 증권시장까지 도달한 실리콘밸리 기업의 신화에 감동받은 이 중국인 투자자들은, 스탠퍼드나 구글 같은 브랜드와 조금이라도 관련된 사람을 만나면 지체 없이 수표책을 열었다.

500스타트업스500 Startups의 파트너 겸 엔젤투자자인 루이 마Rui Ma는 여러 해 동안 미·중 양국의 기술 생태계 구성원을 교육시키고 연결시키는 일에 종사한 사람이다. 그녀는 실리콘밸리로 쏟아져 들어오는 중국의 벤처투자가가 점점 아마추어로 바뀌고 있다면서 내게 이렇게 말했다.

"2016년에는 제가 개인적으로 아는 모든 사람이 자금을 투자받았습니다. 스탠퍼드 대학원생들 중에 저와 알고 지내던 네 명이 중국의 부자들을 만났다고 하더군요. 그들이 여행을 끝내고 돌아갈 시간이 되자 이렇게 말했다는 거예요. '여기 다른 스탠퍼드 학생들에게 투자할 돈도 있네.'"

이 부유한 중국인 투자자들은 자신의 전문 분야에서 어느 정도 경력을 쌓았을지는 몰라도 벤처 캐피털이라는 세계에는 전혀 문외한이었다. 중국의 부동산은 파블로프의 조건반사처럼 투자자가 항상 즉각적인 투자수익을 기대할 수 있는 시장이었다. 중국의 부동산 시장 역사는 고작 20여 년에 불과하며, 그 기간 동안 부동산 가치가 줄곧 상승했다. 투자를 유치하는 사람들은 1~2년의 단기 수익을 보장하며(법률적 효력은 애매하지만) 자금을 끌어들였다. 그러므로 중국의 부동산 투자는 진정한 의미의 '고위험 자금'이라기보다는 이자소득을 얻기 위한 자금예치에 가까웠다. 반면 실리콘밸리의 벤처 투자는 전형적인 고위험·고수익 모델이었다. 성공한 투자처에서도 자금을 회수하려면 오랜 시간이 필요했다. 루이 마의 말이다.

"그 사람들 중에는 간혹 직업적인 투자자도 있었지만 그들 역시 기술 분야에는 무지했습니다. 펀드라는 개념에도 익숙지 않았어요. 일단 그들과 대화하기가 무척 어려웠어요. 아예 지식이 없었으니까요."

그런데 이들은 그런 사실을 개의치 않는 듯했다. 2011~2015년 홍콩과 대만을 포함한 중화권 투자자가 실리콘밸리에서 수행한 거래 건수는 열 배 가까이 증가했다. 2015년 그들이 투자한 100억 달러는 미국에서 집행된 전체 벤처 캐피털 투자액의 7분의 1에 달하는 액수였다.[4] 실제로 투자된 금액이 보고되지 않은 경우가 많고, 중국인의 투자 절차가 대체로 엉성하다는 사실을 감안하면 이 금액도 저평가되었을 가능성이 높다. GGV 캐피털의 수석 파트너이자 벤처 캐피털 사업가인 한스 퉁Hans Tung은 내게 이렇게 말했다.

"중국인 투자자들은 별로 질문을 하지 않습니다. 그들은 회사의 브랜드와 평판만 중시해요. 즉 실리콘밸리 회사라면 충분하다는 거죠. 스타트업들은 중국의 투자가를 만나기만 해도 그들에게 높은 금액을 부를 수 있습니다."

중국의 다른 투자자들도 이 대열에 합류하고 싶어 조바심을 쳤지만, 실리콘밸리가 이들을 항상 환영한 것은 아니었다. 실리콘밸리의 스타트업과 투자자는 이곳에 몰려든 중국인 투자자에 의심의 눈길을 거두지 못했다. 유명 벤처 캐피털 사업가인 조지 재커리George Zachary는 온라인 〈뉴스 테크크런치TechCrunch〉와의 인터뷰에서, 자신이 참여했던 지난 세 번의 투자 협상이 결렬된 것은 중국인 투자자가 마지막 순간에 말을 바꾸었기 때문이라고 불평했다. 투자 계약서에 서명이 끝나고 다른 투자자들이 이미 자리를 떠났을 때, 중국인 투자자가 갑자기 더 나은 조건을 요구했다는 것이다. 투자 대상 기업이 나중에 중국 시장에 들어올 때 자신이 돕겠다는 모호한 약속이 그 조건의 대가였다.

중국인 투자자의 또 다른 특징은 그들이 돈을 투자하는 것 외에는 할 수 있는 일이 거의 없었다는 점이다. 스타트업 입장에서 벤처 자금을 투자받는다는 것은 돈 이상의 의미가 있는 일이었다. 전문적인 투자 기업은 대부분 투자 대상 기업에 신뢰할 만한 고문을 보내 회사를 업계에 알리고, 이 스타트업이 한 단계 도약할 수 있도록 여러 가지 조언과 도움을 제공했다. 하지만 미국 땅에 아무런 연고도 없고 실적도 없는 중국인들은 오직 돈으로 승부를 볼 수밖에 없었다. 한스 퉁의 말이다.

"사람들은 중국인에게 투자받는 일을 최후의 수단으로 생각했습니다. 중국인의 자금을 받는다는 것은 미국의 벤처 캐피털이 내놓을 수 없는 금액을 불렀다는 얘기죠."

투자 쓰나미가 멈추다

2016년 말까지 5년 동안 중국인의 실리콘밸리 투자액은 거의 기하급수적으로 성장했다. 엔젤리스트AngelList라는 종자 펀드사의 설립자 나발 라비칸트Naval Ravikant는 향후 중국인의 자금 유입이 열 배 이상 증가하면서 실리콘밸리를 '자본의 쓰나미'로 쓸어버릴 거라고 전망했다.

그러다 갑자기 투자가 뚝 끊겼다.

중국 자본의 지속적인 유출로 인해 외환 보유고가 줄어들자, 중국 정부는 인민폐의 가치를 평가 절하해야 할지도 모르는 위협을 느꼈다. 중국공산당 지도부는 더 이상 상황을 악화시키지 않기 위해 국민들이 해외로 외화를 반출하는 일을 극도로 어렵게 만들었다. 보통 이런 식의 외환 정책은 단기적 조치에 그치거나, 정부의 주요 인사와 인맥이 있다면 적당히 넘어갈 수도 있었다. 그런데 2016년 말에 취해진 조치는 훨씬 강력하고 오래 지속되었다. 중국의 '빅 4' 국영 자동차 기업 산하의 벤처 캐피털에서 근무하는 어느 벤처투자가는, 자신의 회사가 중국 정부와 매우 밀접한 관계를 맺고 있는데도 최근에는 자금을 해외로 반출하기가 거의 불가능하다고 내게 귀띔했다.

그동안 이어졌던 발작적인 투자의 물결이 그치자 이 분야에는 섬뜩한 정적이 감돌았다. 중국 정부의 자본 유출 통제는 아마추어 기술 투자자들의 비합리적인 투자 열풍에 찬물을 끼얹었다. 중국인들은 그동안 초기 단계의 스타트업에 주로 투자했다. 전체 투자 건수 중 50퍼센트가 종자 펀드 또는 시리즈 A 투자(스타트업이 시제품을 개발하고 본격적으로 시장에 진출하기 전에 투자하는 단계 - 옮긴이)였다.[5] 이제 더 이상 자금을 쏟아붓기가 불가능해진 이 초보 벤처 캐피털 사업가들은 뒤로 물러나 자신이 투자한 스타트업의 행보를 지켜볼 수밖에 없었다. 물론 그런 상황에서도 미국 달러로 미리 자금을 확보한, 경험 많은 중국인 투자자들은 보다 신중하게 투자를 해나갔다.

중국 정부의 외환 통제는 기술 투자금의 원천을 일시적으로 봉쇄한 셈이지만, 이번에는 미국 정부가 중국의 실리콘밸리 투자에 제동을 걸면서 미·중 양국의 기술 투자는 깊은 침체기에 빠져들었다. 그럼에도 불구하고 그동안 아마추어 투자자들이 초기 스타트업에 심어놓은 수많은 씨앗으로 인해 중국인의 투자를 받은 실리콘밸리 유니콘이 탄생할 가능성은 점점 높아졌다. 루이 마의 말이다.

"투자자가 멍청하거나 극도로 운이 없는 게 아니라면 성공은 시간 문제죠. 돈을 손에 쥐고 계속 룰렛을 돌리다 보면 언젠가는 한 방이 터질 테니까요."

사이버 통치권이라는 이념

중국의 서투른 벤처투자가가 손에 현금을 쥐고 실리콘밸리로 몰려든 시기에 중국 정부의 관료들은 '인터넷 통치권' 또는 '사이버 통치권'이라는 이데올로기를 해외로 수출하기 위해 애쓰고 있었다. 그 이념의 골자는 한 국가가 자국의 국경 내에서 인터넷 콘텐츠를 통제할 수 있는 신성한 권리를 소유한다는 것이었다. 외부 사람들은 중국 정부가 내세운 개념만으로도 중국에서 무슨 일이 벌어지는지 알 수 있었다. VPN 사용자를 제외한 모든 중국인은 인터넷에서 어떤 정보를 볼 수 있고 없는

지를 전적으로 중국 정부에 맡겨야 했다.

중국의 인터넷 통제는 무엇보다도 공포에서 비롯되었다. 중국 정부는 소셜 미디어가 사회적 혼란을 부추기고, 자유로운 정보의 흐름이 공산당의 정통성을 위협하는 상황을 두려워했다. 하지만 중국 내의 인터넷이 발전하면서 지도자들의 자신감은 점점 강해졌다. 그들은 검열이라는 문제 앞에서 더 이상 답을 회피하거나 방어적으로 대응하지 않고, 오히려 사이버 통치권이라는 이데올로기를 앞세워 정부의 수많은 통제 조치를 정당화했다. 중국 정부는 세계 각국의 지도자들도 중국을 본받아 사이버공간에 대한 국가적 통제권을 강화해야 한다고 주장했다. '인터넷 통치권'의 개념을 본격적으로 전파하는 중국의 행보로 인해 이제 글로벌 인터넷과 중국의 관계는 새로운 국면으로 접어들었다.

이 임무를 맡은 사람은 시진핑의 '인터넷 차르'로 불리며 웨이보의 유명 '빅 V'에 대한 단속을 주도한 루웨이였다. 국영 언론사와 정부의 선전 기관에서 풍부한 경력을 쌓은 루는 2013년 4월 중국 사이버공간 관리국國家互聯網信息辦公室, Cyberspace Administration of China, CAC의 초대 수장으로 취임했다. 때마침 시기도 적절했다. 그로부터 한 달 후 미 국가안전보장국NSA에서 계약직으로 근무했던 스물아홉 살 청년 에드워드 스노든은 홍콩행 비행기에 올랐다. 그 후 스노든이 3년 동안 차례차례 공개한 NSA의 국내 통화 감찰 기록, 그리고 미국 정부가 기술기업에 '백도어back door' 프로그램을 설치해 정보를 수집한 사실을 폭로한 문서 등은 글로벌 기술 세계에서 미국 정부가 유지했던 '선한 국가'의 이미지를 여지없이 실추시켰다. 반면 국가의 보안과 '정보 보안' 사이에 밀접한 관계가 있다는 중국 정부의 주장은 스노든의 문서들로 인해 더욱 힘을 얻었다. 중국의 지도자들은 미국의 명성에 타격이 가해지는 틈을 타 자신들의 정당성을 입증하기 위해 노력했다.

세계가 우전으로 모이다

2014년 11월, 루웨이는 중국 남부의 운하 옆에 자리잡은 조용한 마을 우전烏鎭에서 제1회 세계인터넷대회世界互聯網大會, World Internet Conference를 개최했다. 이 대회의 슬로건은 '모든 사람이 공유하고 함께 다스리는 상호 연결된 세상'이었지만, 사실상 세계 인터넷의 주요 인물들을 참석시켜 그들로부터 사이버 통치권에 대한 지지를 얻어낼 목적으로 조직한 행사였다. 동시에 중국 인터넷의 거장 루웨이가 세계무대에 데뷔하는 자리였다. 당시 회의에 참석했던 어떤 사람은 〈뉴욕 타임스〉와의 인터뷰에서 이렇게 말했다.

"그는 자신감에 가득 찬 매우 전형적인 정치가였습니다. 담배도 많이 피우고, 술도 마셨어요. 그러면서도 밤늦게까지 일하고 아침에 일찍 일어나는 전형적인 워커홀릭이었어요. 마치 무대감독처럼 자기가 중심이 되어 수많은 일을 한번에 처리하는 데 능했죠."

한편 이 대회의 성과에 대한 세간의 평가는 엇갈렸다. 주최 측은 페이스북이나 링크드인 같은 인터넷 대기업의 몇몇 임원을 참석시켰지만 외국의 주요 정치가나 실리콘밸리의 거물 CEO를 초빙하는 데는 실패했다. 미국 정부를 대표해 국무부의 중간급 관료가 참석하기로 했지만 결국 나타나지 않았다고 전해졌다.

게다가 행사의 마무리는 더욱 서툰 방식으로 진행되었다. 중국 정부의 당국자는 행사에 초청된 사람들이 사이버 통치권에 대한 공식적인 지지를 표명해주기를 기대했지만, 그 사안을 두고 참석자들과 공개적인 논의를 진행할 만큼 자신들의 논리에 자신감을 갖지는 못했던 것 같다. 행사 내내 계속된 형식적인 연설과 공허한 발표 끝에, 주최 측은 폐회식 전날 밤 11시쯤 각 참석자의 호텔방 문틈으로 서류 한 장을 들이밀었다. '우전 선언문'이라는 제목의 이 문서는 행사 참석자들이 일단의 원칙에

'합의'했음을 알리는 서류였다. 그중 두 번째 항목에는 모든 국가가 다른 나라의 '인터넷 통치권'을 존중해야 한다고 적혀 있었다. 그 구체적인 의미는 '모든 나라가 인터넷을 개발하고, 사용하고, 통제할 권리'를 소유하고 있으며 누구든 '자원과 기술적 힘을 남용해서' 이 통제 정책에 위배되는 행위를 삼가야 한다는 것이었다. 주최 측은 이 문서를 수정해야 한다고 생각하는 참석자가 있으면 다음 날 오전 8시 전까지 행사 조직위원회에 알려달라고 했다.[6]

이는 참석자들이 '인터넷 통치권'을 지지하는 문서에 무심코 서명하도록 만들기 위한 서툰 계략에 불과했다. 서구 세계의 참석자들은 강력하게 반발했다. 루웨이는 문을 닫아걸고 관계자들과 몇 시간 동안 회의를 한 뒤 화가 잔뜩 나서 행사장을 떠나버렸다. 그리고 대회는 선언문 채택 없이 종료되었다.

루웨이는 첫 번째 세계인터넷대회에서 '인터넷 통치권'에 대한 참석자들의 지지를 얻는 데 실패했다. 하지만 실리콘밸리의 리더들에게 더 중요했던 것은 '말'이 아니라 '행동'이었다. 그들 중 몇몇은 중국 시장 복귀를 위해서라면 무슨 일이든 할 준비가 되어 있었다.

페이쓰부커

2014년 10월 22일, 마크 저커버그는 칭화 대학교의 강당으로 성큼성큼 걸어 들어갔다. 중국 최고의 이공계 대학인 이곳의 경영대학원 이사회에 막 합류한 그는 이 사실도 발표할 겸 학생들과 교수진을 상대로 공개적인 질의응답 시간을 진행하기로 했다. 실리콘밸리의 전설인 저커버그가 나타났다는 사실로 인해 강당은 입추의 여지 없이 만석을 이루었다. 하지만 관객들 중에 저커버그의 입에서 어떤 말이 나올지 예상하는 사람은 아무도 없었다.

중국인 진행자가 영어로 그를 소개하자 저커버그는 학생들을 향해 "따자하오大家好(여러분 안녕하세요)!"라고 외쳤다. 예로부터 중국을 방문한 정치가나 기업가는 중국 문화를 존중한다는 의미로 연설의 첫머리를 한두 마디의 서툰 중국어로 대신하곤 했다. 그러면 관객석에서 어김없이 열띤 박수가 터져 나왔다. 저커버그도 다르지 않았다. 이곳의 관객들 역시 그의 노력에 아낌없는 환호를 보냈다. 그러나 그는 서툴지만 충분히 알아들을 수 있는 중국어로 계속 말했다.

"베이징에 와서 기쁘게 생각합니다. 저는 이 도시를 사랑합니다. 제 중국어는 엉망입니다. 하지만 오늘은 중국어로 얘기하도록 노력해볼게요. 괜찮죠?"

저커버그가 한 문장 한 문장 이어갈 때마다 관객석에서는 점점 더 큰 탄성이 터져 나왔다. 그가 잠시 말을 멈추거나 같은 단어를 반복하면 관객들은 웃으며 이제 준비된 50개 정도의 어휘가 밑천이 떨어졌나 보다 생각했다. 하지만 그렇지 않았다.

저커버그는 그 전 4년간 비밀스럽게 중국어를 공부했다. 그리고 그 결과는 무척 인상적이었다. 그날 그가 학생들에게 들려준 연설은 내용도 평범하고 발음도 시원찮았지만 중국인들에게는 커다란 자부심을 안겨준 하나의 공연이었다. 한 나라의 언어는 그 국가의 국제적 위상을 상징하는 신호 역할을 한다. 중국의 학생들은 지난 수십 년간 두 개의 초강대국, 즉 러시아와 미국의 모국어를 억지로 공부해야 했다. 그런 상황에서 어떤 미국인이 역할을 바꿔 중국어를 몇 마디라도 배우려고 애쓴다면, 이는 그 사람이 중국인을 존중한다는 신호임이 분명했다.

그런데 2014년 그날, 21세기 초반의 가장 중요한 인물 중 한 명이 수천 시간을 투자해 중국어를 익혔다는 사실이 밝혀진 것이다. 진행자가 저커버그에게 왜 중국어를 공부했느냐고 묻자 그는 더듬거리며 이렇게 대답했다.

> 세 가지 이유가 있습니다. 두 번째는…… 아, 사실은 이게 첫 번째 이
> 유예요. 제 아내가 중국인이기 때문입니다. 그녀의 가족은 전부 중국
> 어를 합니다. 아내의 할머니는 중국어밖에 모르십니다. 저는 그녀의
> 가족들과 대화를 하고 싶어요. 작년 어느 날, 저와 프리실라는 결혼하
> 기로 결정했습니다. 제가 그녀의 할머니께 중국어로 말씀드렸어요.
> 할머니는 매우 놀라셨습니다.

저커버그는 중국어를 배운 두 번째 이유가 '중국이 위대한 나라이
기 때문'이며, 세 번째는 중국어가 대단히 어려운 언어이므로 자신의 도
전적인 성향과 잘 맞았기 때문이라고 밝혔다.

하지만 그는 정작 가장 중요한 이유를 얘기하지 않았다. 그는 중국
정부가 페이스북 차단 조치를 풀어주길 간절히 희망하고 있었다. 이 소
셜 네트워크는 2009년부터 중국에서 사용 금지되었다. 중국 서부의 신
장 지역에서 소수민족의 폭동이 자주 벌어지자 이에 놀란 중국공산당은
페이스북과 트위터를 사용 금지하고 신장 전역의 인터넷을 10개월 동
안 차단해버렸다. 물론 갑작스런 조치였지만 페이스북이 정보, 사진, 의
견을 자유스럽게 주고받을 수 있는 국제적 플랫폼이라는 점을 감안하면
그렇게 뜻밖의 일도 아니었다. 중국의 인터넷 사용자가 'Facebook'이
라는 영어 단어를 중국어로 음역해 장난스럽게 만든 이름은 이 서비스
의 운명을 예고한 듯했다. 페이쓰부커非死不可, 즉 '죽음 이외에는 가능성
이 없다'는 뜻이다.

그다음 해부터 마크 저커버그는 중국어를 공부하기 시작했다.

중국으로 돌아온 실리콘밸리의 CEO들

중국 정부에 구애를 보낸 사람은 저커버그뿐만이 아니었다. BAT와 중국의 벤처투자가가 캘리포니아를 앞다투어 찾은 시기에 실리콘밸리의 주요 인사들은 오히려 중국을 방문하기 시작했다. 저커버그에 이어 우버의 설립자 트래비스 칼라닉Travis Kalanick, 구글의 CEO 순다르 피차이 Sundar Pichai, 애플의 CEO 팀 쿡Tim Cook, 그리고 링크드인의 회장 리드 호프만Reid Hoffman 같은 이들은 중국 지도자의 환심을 사기 위해 줄줄이 태평양을 건넜다.

중국을 찾은 이 거물들의 분위기는 몇 년 전에 비해 격세지감이 느껴질 정도로 판이했다. 구글이 중국을 떠났을 때만 해도 업계의 분석가들은 중국 정부가 결국 마음을 돌릴 거라고 예상했다. 중국인들은 구글을 절대적으로 필요로 하기 때문에, 정부가 이 회사와 어떻게든 타협하지 못한다면 중국의 기술 산업은 쇠퇴의 길을 걸을 수밖에 없다는 것이었다. 하지만 그 후 5년이 흐르는 동안 모든 것이 변했다. 중국은 외국의 인터넷 대기업을 성공적으로 내쫓아버리고 대신 자국의 기업에 엄청난 상업적 성공을 안겨주었다. 중국은 스마트폰, 전자 상거래, 최첨단 온라인 서비스 등의 영역에서 세계 최대의 단일 시장으로 성장했다. 2015년 중국의 온라인 인구는 6억 5,000만 명이었지만, 인터넷 보급률은 50퍼센트에 불과했다.[7] 만일 보급률이 미국과 같은 75퍼센트 수준으로 성장한다면 3억 2,500만 명의 온라인 사용자가 새로 생긴다는 의미였다. 이 숫자만 해도 이미 미국의 전체 인구수를 훌쩍 넘어서는 수준이었다. 그 사용자들이 온라인에서 쇼핑을 하고, 책을 읽고, 비디오를 시청한다고 가정하면, 이는 기업들이 무시하기엔 너무나 거대한 시장이었다. 한때 중국에 등을 돌렸던 CEO들은 이곳으로 다시 돌아오게 해달라고 사정하는 수밖에 없었다.

방이 흔들리는 걸 느꼈나요?

우전에서 세계인터넷대회가 개최된 지 몇 주 후에 중국의 '인터넷 차르'는 CEO들에게 중국 정부와의 관계를 회복할 수 있는 절호의 기회를 제공했다. 루웨이는 2014년 하반기에 미국의 기술 수도라고 할 수 있는 실리콘밸리와 시애틀, 그리고 워싱턴 DC를 방문했다. 그는 먼저 미국 서해안에 자리잡은 페이스북, 애플, 아마존, 마이크로소프트의 본사를 찾았다. 이 기업들의 홍보 부서는 루웨이와 경영진의 회동을 외부에 적극적으로 공개하지 않았지만, 루웨이를 수행한 대표단이 휴대전화로 찍은 몇몇 흐릿한 사진이 중국 언론에 유출되었다. 사진에 나온 장면들은 충격적이었다. 애플의 팀 쿡은 루웨이 앞에서 마치 옛 친구를 대하듯 활짝 웃는 표정이었으며, 루는 뭔가 농담이라도 하듯 쿡에게 손가락질하고 있었다. 아마존의 설립자 제프 베조스Jeff Bezos는 '인터넷 차르'의 농담에 배를 잡고 웃는 모습이 사진에 찍혔다. 두 사람의 뒤편에는 루웨이의 아마존 방문을 환영하는 현수막이 걸려 있었다.

그중에서도 가장 적극적인 모습을 보인 사람은 저커버그였다. 그는 직접 루를 안내해서 자신의 집무실을 포함한 페이스북의 본사를 함께(물론 중국어로 얘기하며) 돌아보았으며, 루는 잠시 CEO 의자에 앉아보기도 했다. 그 과정에서 루가 저커버그의 책상 앞에서 뭔가를 내려다보며 밝은 표정을 짓는 장면이 카메라에 잡혔다. 책상 위에는 시진핑 주석의 연설문과 어록을 모은 『중국의 거버넌스The Governance of China』라는 515페이지의 두툼한 책이 놓여 있었다. 외교 전문지 〈포린폴리시〉는 이 책이 '공산당 특유의 과장된 언어로 온갖 미사여구를 늘어놓으며 아빠가 제일 잘 안다는 식의 일방적인 조언을 세계인에게 제공하는' 내용으로 구성되어 있다고 묘사했다. 페이스북의 설립자는 그런 평가에 동의하지 않았다. 중국 매체가 보도한 바에 따르면, 저커버그는 '동료들에게 중국식 사회주의를 이해시키고 싶어서' 이 책을 구입했다고 한다.

그런 열광적인 환영이 루의 두 번째 목적지까지 이어지지는 않았다. 그는 미국의 서부 해안에서 기업가들과 시간을 보낸 뒤 워싱턴 DC로 날아갔다. 루웨이는 미 국가안전보장국을 방문했을 때 중국 정부의 인터넷 통제와 해킹 행위에 대해 엄중한 항의를 받았다고 전해졌다. 미국의 기술 엘리트들은 중국 시장 진입의 꿈을 이루기 위해 중국 정부에 우호적인 태도를 보이고 어떤 규정이든 준수하겠다고 약속했지만, 루웨이 입장에서 미국 정부는 훨씬 다루기 어려운 고객이었다.

하지만 루가 미국을 방문했을 때, 중국이 주장하는 '인터넷 통치권'의 개념을 받아들일지 결정해야 할 사람들은 워싱턴 DC의 정치가가 아니라 실리콘밸리의 기업가였다. 중국 인터넷의 문지기 역할을 자처한 중국공산당은 미국 기업 하나하나에 지대한 영향력을 행사했다. 이로 인해 실리콘밸리의 기업과 미국의 정치가 사이는 점점 틈이 벌어졌다.

그런 불협화음은 2015년에 시신핑이 미국을 방문했을 때 본격적으로 가시화되었다. 버락 오바마 대통령은 시진핑을 백악관으로 초청했지만, 시 주석이 첫 번째 방문지로 선택한 곳은 워싱턴 DC가 아니라 워싱턴 주의 시애틀이었다. 시진핑은 마이크로소프트 본사에서 애플, 페이스북, 에어비앤비, 아마존 등 미국에서 가장 명망 높은 기술기업의 CEO를 불러모았다. 당연한 얘기지만 그들은 전원 참석했다. 저커버그는 이 자리에서도 시진핑과 중국어로 몇 마디 대화를 했다. 참석자들 중에는 알리바바의 마윈이나 텐센트의 마화텅 같은 중국 기술기업의 경영진도 포함되어 있었다. 시진핑의 형식적인 연설이 끝난 후, 참석자들은 함께 모여 단체 사진을 촬영했다. 그날 사진에 찍힌 경영자가 소속된 기업들의 시장가치를 합하면 2조 5,000억 달러가 넘었다.

그날의 이벤트는 제8회 미·중 인터넷 산업 포럼US-China Internet Industry Forum에 즈음하여 개최된 행사였지만, 사실은 미국의 핵심 기술기업에 시진핑의 환심을 살 기회를 주기 위해 마련한 자리였음이 분명했다. 오바마 행정부는 중국 정부의 노골적인 힘자랑에 불편한 심기를 감추지 못했다. 중국의 경제적 영향력이 미국의 21세기 핵심 기업들의 심장부에까지 미치고 있다는 신호였기 때문이다. 이 기업들은 미국에서 탄생했음에도 불구하고, 당시 그들에게 가장 많은 혜택을 베풀 수 있는 세계의 지도자는 중화인민공화국의 주석이었다. 애플의 CEO 팀 쿡은 시진핑이 행사장으로 들어오는 순간 옆 사람에게 이렇게 물었다고 한다.

"방금 방이 흔들리는 걸 느꼈나요?"

첫째아이와 페이스북의 '가상 울타리'

마크 저커버그도 방이 흔들리는 느낌을 받았을 것이다. 시진핑 주석은 시애틀에서 기업가들과 회동한 이후 백악관의 국빈 만찬에 초청받았다. 저커버그와 그의 아내 프리실라도 그 자리에 참석했다. 당시 프리실라는 첫째아이를 임신하고 있었다. 저커버그는 시진핑과 이야기를 나누는 도중에, 시 주석이 곧 태어날 자기 아이의 중국 이름을 지어준다면 커다란 영광일 거라고 말했다. 이런 국제적 '아부'가 페이스북의 미래를 어떻게 이끌지 주목되었지만, 시진핑은 결국 저커버그의 부탁을 사양했다. '너무 막중한 책임'이라는 것이 그 이유였다.

하지만 저커버그는 중국을 향한 구애를 단념하지 않았다. 한 달 후 그는 칭화 대학교를 다시 찾아 앙코르 공연을 펼쳤다. 이번에는 페이스북의 창업에 얽힌 이야기, 그리고 이 회사가 어떻게 성공적인 스타트업이 되었는지에 대해 20분 동안 연설했다. 중국인들의 어깨를 으쓱하게 만든 또 하나의 히트작이었다. 그리고 얼마 후 그는 '스모그 속의 조깅'이라는 또 다른 작품을 연출했다. 베이징의 공기오염도가 미국 기준으로 '위험' 수준을 돌파한 어느 날, 하버드 출신의 이 사업 귀재는 즐거운 표정으로 베이징의 거리에 나섰다. 한 사진사가 찍은 사진에는 페이스북의 설립자가 천안문 광장과 자금성 사이를 활짝 웃는 표정으로 뛰는 장면이 잡혔다. 사진의 배경에는 폐에 치명적인 스모그가 하늘을 뿌옇게 뒤덮고 있었지만, 저커버그는 개의치 않았다. 그는 이 사진을 자신의 페이스북 계정에 올리고 이런 글을 달았다.

'베이징에 돌아와서 기쁩니다!'

환한 미소와 서툰 중국어를 앞세운 저커버그의 끈질긴 구애 뒷면에는 사실 어두운 그늘이 존재했다. 그가 '스모그 조깅'을 시연한 지 8개월 후, 〈뉴욕 타임스〉는 페이스북이 중국 시장에 재진입하기 위해 개발 중인 새로운 검열 프로그램에 대해 보도했다. 이 도구는 중국의 협력사나 정부 기관 같은 제3자에 '가상 울타리geo-fence' 기능(특정 지역에서 특정한 콘텐츠를 차단할 수 있는 기능)을 제공함으로써 금지된 게시물이 특정 지역에서 뉴스피드에 표시되지 않도록 모니터하고 감춰주는 프로그램이었다. 물론 '가상 울타리'를 개발한 회사는 페이스북뿐만이 아니었다. 구글과 페이스북을 포함한 여러 기업은 그동안 세계 여러 곳에서 해당 지역의 법이나 규칙에 따라 자사의 플랫폼에 특정한 콘텐츠가 표시되지 않도록 삭제해왔다. 예를 들어 독일에서는 나치의 마크를 인터넷에 올리는 행위가 법으로 금지되어 있다.

그런데 중국 정부가 요구하는 검열의 강도는 날이 갈수록 거세졌다. 그럴수록 페이스북은 윤리적 딜레마 속으로 점점 더 깊이 빠져들었다. 중국공산당의 기준에 맞춰 '가상 울타리' 제품을 개발한다는 것은 앞으로 수백만 개의 네트워크 교점을 일일이 관리하고 차단하겠다는 사실을 의미했다. 서구 세계의 주요 매체에 대한 페이스북 페이지들, 중국 및 해외의 친구들 간에 이루어지는 대화, 평범한 동영상, 민주화운동가들의 게시물 등 모든 것이 감시 대상이었다. 이는 완전히 새로운 또 하나의 정보 세계, 다시 말해 '중국에 특화된 페이스북'을 구축하겠다는 말과 다를 바 없었다. 또한 중국이 주장하는 '인터넷 통치권'에 대해 매우 높은 수준의 지지를 표명하는 태도였다. 만일 세계에서 가장 큰 미디어 플랫폼이 그 이데올로기를 받아들인다면, 다른 회사들도 그러지 못할 이유가 있을까?

이 도구를 개발하는 일로 인해 페이스북 내부에서도 잡음이 일었다. 그와 관련된 몇몇 직원은 회사를 그만두었다고 알려졌다. 저커버그는 2016년 7월에 열린 전체 직원회의에서 이 검열 소프트웨어에 대한 자신의 입장을 직접 이야기했다. 그는 회사의 중국 진입 계획을 구체적으로 언급하지 않았지만, 중국 시장에 들어가기 위해 검열 요구조건을 수용하는 일을 '잔이 반쯤 찼는지, 아니면 반쯤 비었는지'를 판단하는 도덕적 논의를 참고하여 결정했다고 밝혔다.

"비록 페이스북에서 사용자들이 완벽한 대화를 할 수는 없어도, 그 대화를 부분적으로라도 가능하게 만드는 편이 더 낫다고 생각합니다."

구글, 다시 경주에 뛰어들다

저커버그는 대중 앞에서 공공연히 구애를 표출했지만, 구글은 무대 뒤에서 조용히 중국 본토와의 화해를 도모했다. 구글은 처음 중국 시장에 뛰어들었을 때 다른 기업과의 협력관계 없이 모든 활동을 단독으로 수행했다. 그 전략은 뼈아픈 실패로 이어졌다. 이제 구글은 누군가의 도움을 필요로 했다. 관건은 어디서 도움을 얻을 것인가, 그리고 그 대가로 무엇을 지불해야 하는가의 문제였다.

2014년 후반, 언론들은 구글이 구글 플레이Google Play 앱스토어를 중국에 보급할 파트너를 찾아나섰다고 보도했다. 신문의 헤드라인을 장식한 첫 번째 협력 후보자는 화웨이華爲, Huawei였다. 라우터나 휴대전화 같은 하드웨어를 생산하는 이 회사는 중국공산당이나 인민해방군과 밀접한 관계라는 소문이 파다했다. 아마 구글과 화웨이는 서로에게 어느 정도 동료의식을 느꼈을지도 모른다. 중국 정부가 구글을 쫓아낸 것처럼, 미 하원도 국가안보상의 이유로 자국의 통신 기업이 화웨이와 협력하는 일을 금지시켰다. 이국땅에서 똑같이 시련을 겪은 두 회사는 중국에서 판매되는 화웨이의 스마트폰에 구글 플레이 앱스토어를 기본으로 탑재하기로 협약을 맺었다.

앱스토어는 검색엔진을 통해 도출되는 결과물에 비해 정치적으로 훨씬 덜 민감한 콘텐츠를 제공하기 때문에, 이 회사는 구글 플레이가 중국 시장으로 복귀하는 데 보다 용이하고 정치적으로도 중립적인 제품이 될 수 있다고 판단했다. 하지만 그들의 생각은 틀렸다. 중국 정부는 구글 플레이에 〈뉴욕 타임스〉 앱, 유튜브, 검열 감시 단체에서 만든 프로그램 등이 올려진 상황을 용납할 수 없었다. 구글은 지난 2010년 중국 시장에 진입했을 때와 똑같은 딜레마 앞에서 고민해야 했다. 이 시장에 들어오기 위해 정부의 검열에 동참해야 하는가? 그런데 이번에는 구글이 정부의 방침에 적극적으로 협력하겠다는 의사를 밝혔다. 2015년 기술 뉴스 사이트 〈더 인포메이션The Information〉은 구글이 자사의 앱스토어에 대한 감찰을 받아들이겠다고 정부 당국자에게 약속했다는 사실을 보도했다. 구글의 양보 역시 '인터넷 통치권'이라는 중국 정부의 교리敎理를 철저히 묵인하는 행위였다.

그럼에도 불구하고 중국 정부의 승인은 현실화되지 않았으며, 파트너들과의 협약도 별다른 성과를 거두지 못했다. 그 후 3년이 지나도록 구글이 중국 시장에 복귀한다는 말은 무성했지만 이루어진 일은 아무것도 없었다. 기술업계의 소식통들은 구글이 구글 플레이 및 구글 스칼라 제품을 중국에서 판매하기 위해 중국의 파트너 또는 중국 정부와 협약을 맺을 날이 임박했다고 보도했다. 매체들은 구글의 잠재적 파트너로 중국 기술 산업의 주요 업체(화웨이, 샤오미, 넷이즈 등)를 거론했지만 중국 정부는 이를 승인하지 않았다.

대신 구글이 중국 시장을 떠난 뒤 처음으로 이곳에 의미 있는 발자취를 남길 수 있도록 만들어준 것은 아이러니하게도 구글의 전 직원이었다. 2015년 9월, 몹보이와 구글은 모토로라의 스마트워치 모토 360Moto 360 2세대 제품과 관련한 협력관계를 맺기 위해 모토로라의 경영진과 3자 협상을 시작했다. 모토 360은 중국을 제외한 전 세계에서 구글의 안드로이드 웨어 운영체제를 기반으로 작동했다. 하지만 구글 서치가 중국 본토에서 차단되면서 이 검색엔진을 탑재한 어떤 제품도 중국에서는 무용지물이었다. 세 회사는 그런 딜레마를 해결하기 위해 협상을 벌였다. 구글의 임원들은 협상 과정에서 몹보이의 사무실을 처음 방문했다. 그들은 몹보이의 음성 검색 기술의 안정성과 정확성을 테스트해본 후에 구글의 기준에 적합하다고 판단했다. 몹보이의 공동 설립자 위안위안은 내게 이렇게 말했다.

"그들은 협상이 시작된 후에 우리와 일하기가 매우 수월하다는 사실을 알게 되었습니다. 특히 엔지니어링 부분이 더욱 그랬죠. 우리 회사에는 구글의 유전자가 있잖아요. 우리가 어떤 문제를 생각하고 결정하는 방식은 구글과 매우 비슷해요. 서로가 추구하는 가치도 거의 똑같죠."

두 회사는 안드로이드 웨어를 최초로 중국에 도입하기 위한 전략적 제휴 관계를 체결했다. 구글의 협상팀이 몹보이에 처음 도착한 날로부터 불과 3주 후에 구글의 안드로이드 웨어를 탑재한 모토 360 제품이 중국 시장에 첫선을 보였다. 구글 서치 앱은 몹보이의 음성 검색 기술로 대체되었다.

그리고 이 제품이 출시된 지 한 달 후, 구글은 몹보이와의 파트너십을 더욱 강화하는 차원에서 몹보이에 투자하기로 결정했다. 전체 투자액은 4,000만~4,500만 달러로 알려졌다(정확한 금액은 공개되지 않았다). 구글이 중국 시장을 떠난 이후 중국의 스타트업에 직접 투자한 것은 이번이 처음이었다.[8]

그로부터 3개월 후, 리 지페이는 베이징 컨벤션센터의 무대 위에서 구글의 안드로이드 웨어 담당 부사장인 데이비드 싱글턴David Singleton과 자리를 함께했다. 중국 정부의 공식 허가를 얻은 안드로이드 웨어 앱스토어 출시를 발표하는 기자회견 장소였다. 이 대체품 덕분에 안드로이드 기반의 스마트워치 앱은 중국에서도 대부분 사용 가능하게 되었다. 싱글턴은 기쁨이 가득한 얼굴로 몹보이를 칭찬했다.

"몹보이의 팀과 함께 일한 것은 정말 즐거운 경험이었습니다. 그 영리한 직원들은 모든 것을 사용자 중심으로 생각했습니다. 그들은 이곳의 생태계가 얼마나 흥미진진한지 여실히 보여주었어요."

리 지페이가 구글을 떠나 중국 본토로 돌아온 지 4년이 지났다. 그리고 구글의 부재 속에서 리가 설립한 스타트업은 자신의 전 직장과 고국을 연결시키는 가교 역할을 톡톡히 해냈다. 이런 상황이 빚어진 것은 실리콘밸리와 중국의 역설 때문이었다. 그동안 두 기술 생태계 사이에서 사람, 돈, 아이디어는 그 어느 때보다도 활발히 교류되었지만 두 나라의 기업과 제품은 국경에 멈춰 선 채 더 이상 선을 넘지 못했다.

드래곤플라이 프로젝트

구글과 몹보이의 기자회견이 끝나고 몇 년이 지나는 동안 실리콘밸리의 대기업은 줄줄이 중국 시장에 진입했다. 우버는 중국의 경쟁업체 디디추싱滴滴出行과 오랜 출혈경쟁을 벌인 끝에 결국 디디의 주식 20퍼센트를 받는 조건으로 중국에서 철수했다. 링크드인은 중국 시장에서 사업을 하는 대가로 콘텐츠 검열이라는 조건을 받아들였지만, 전문직 인재들의 네트워크가 이미 위챗을 기반으로 형성되어 있는 중국에서 줄곧 고전했다. 에어비앤비는 외국으로 여행하는 중국인에게 서비스를 제공하고 이들 고객을 바탕으로 중국 시장을 공략한다는 전략을 세웠다. 사용자들에게 고급 주택을 빌려주는 사업은 어느 정도 성공을 거두기도 했다. 하지만 중국의 라이벌 투지아途家는 중국에 넘쳐나는 수많은 빈집을 활용해 고객에게 완벽한 숙박 서비스를 제공하는 모델로 실리콘밸리의 경쟁자를 무너뜨렸다.

2018년 초, 중국 시장에 진출한 실리콘밸리 기술 대기업의 모습은 초라했다. 일부는 정부에 의해 쫓겨났고, 일부는 경쟁에서 패했으며, 살아남은 업체도 근근이 명맥만 유지하는 형편이었다. 많은 분석가들은 10억 명이 넘는 중국 고객을 노리고 이 시장에 진입한 실리콘밸리의 기업들이 이제 돈키호테식의 무모한 도전을 멈출 때가 되었다고 논평했다.

그 시점에서 탐사뉴스 전문 매체인 〈더 인터셉트The Intercept〉는 구글이 완벽한 검열 기능을 갖춘 검색엔진을 개발해 중국 시장에 재진입할 계획을 세우고 있다는 충격적인 소식을 전했다. 심지어 이미 앱 개발을 마치고 중국 정부의 관료들 앞에서 시연까지 했다는 것이다. 이 검색엔진은 검색 결과를 검열할 뿐만 아니라 사용자에게 로그인을 요구하고, 사용자의 위치를 추적하고, 익명의 중국 파트너에게 사용자 데이터에 접근할 권한을 제공했다. 이 개발 프로젝트의 이름이 바로 '드래곤플라이Dragonfly'였다.

구글은 지난 수년간 중국 시장 언저리를 맴돌며 복귀할 기회를 호시탐탐 노렸다. 그들은 중국에 공급할 앱 제품을 구글 번역이나 구글 스칼라 등으로 한정했다. 뿐만 아니라 검열에 대한 정부의 요구도 대폭 수용해서, 사용자가 '만리방화벽'을 피할 수 있는 VPN 프로그램을 앱스토어에서 삭제하기도 했다. 하지만 구글 서치라는 검색엔진을 중국 시장으로 다시 들여오는 데는(그리고 사용자 데이터를 추적해서 중국 파트너에게 제공하는 데는) 관계자들의 협조가 훨씬 많이 필요했다.

이 프로젝트의 존재는 매우 민감한 사안이었기 때문에 10만 명이나 되는 직원들 중에서 수백 명만 알고 있을 뿐이었다. 그런데 회사가 중국 정부의 검열 정책에 동의했다는 사실에 화가 난 어느 직원이 드래곤플라이 프로젝트의 내용이 담긴 기밀문서를 〈더 인터셉트〉에 유출해버렸다.

이 프로젝트를 주도한 사람은 구글의 CEO 순다르 피차이로 알려졌다. 2017년 12월, 피차이는 베이징을 방문해서 시진핑의 가장 가까운 보좌관 중 한 명을 만났다. 피차이는 이 회의가 매우 '성공적'이었다고 평가했으며, 구글은 그 후 몇 달 동안 중국 시장을 공략하기 위해 적극적인 행보를 이어갔다. 그들은 베이징에 인공지능연구소를 설립했고, 게임 스타트업에 투자했으며, 텐센트와 특허를 공유하는 협력관계를 체결했다. 그리고 새롭게 개발한 검색엔진으로 최후의 승부수를 띄우고자 했다. 하지만 그들은 여전히 중국 정부의 승인을 기다려야 하는 입장이었다.

중국 정부의 입장에서 구글을 다시 승인하기란 쉽지 않았을 것이다. 예전에 구글이 중국 시장을 떠났을 때, 중국공산당은 자신들의 민낯이 중국의 사용자들과 국제사회 앞에 드러나면서 큰 곤욕을 치렀다. 게다가 드래곤플라이 프로젝트가 진행된 시기도 구글에 대단히 불리했다. 피차이가 베이징을 방문한 지 3개월 후에 트럼프 대통령은 중국에 무역 전쟁을 선포했으며, 이로 인해 미·중 관계는 깊은 수렁에 빠진 상황이었다.

구글의 경영진은 중국 정부의 승인이 떨어질 날을 계속 기다렸다. 2018년 7월, 구글의 검색엔진 담당 임원은 드래곤플라이 개발팀에 언제라도 제품을 출시할 수 있도록 준비하라고 지시했다. '갑자기 세상이 뒤바뀌어 트럼프 대통령이 시진핑을 자신의 가장 좋은 친구라고 생각할지 모르니까'라는 것이 그 이유였다.

인권운동가와 인터넷의 자유를 부르짖는 사람들은 이 소식에 분노했다. 검열 정책 감시 단체인 그레이트파이어의 설립자 찰리 스미스(가명)는 내게 이메일을 보냈다.

'이 정도면 갈 데까지 간 거죠. 그렇지 않습니까? 중국 정부는 이 시장에 진입하고자 하는 모든 인터넷 기업에 이렇게 말합니다. 애플이나 마이크로소프트도 자체 검열을 하니 당신 회사도 따라야 한다고요. 만일 구글마저 이 대열에 동참한다면 이제 어떤 회사가 희망을 가질 수 있겠어요?'

그동안 내가 대화를 한 많은 중국인은 이 문제에 대해 양면적인 태도를 보이거나, 심지어 긍정적인 입장을 나타냈다. 드래곤플라이 프로젝트에 관한 뉴스가 보도된 이후 나는 위챗에 친구로 등록된 모든 사람에게 중국어로 이런 질문을 던졌다.

'만일 구글이 중국에 다시 돌아오면서 국가의 법과 규정을 준수하는(즉 검열하는) 검색엔진을 제공한다면 당신은 그 제품을 사용하겠습니까?'

응답자의 대답은 각양각색이었다. 어떤 사람은 검열을 한다면 구글을 사용할 이유가 없다고 답변했다. 또 적지 않은 사람들이 바이두 검색에 따라 나오는 숱한 광고나 외국 콘텐츠에 대한 바이두의 부실한 검색 결과에 불만을 나타냈다. 몇몇 친구는 일단 다른 검색 제품과 비교해본 뒤에 결정하겠다고 답했다. 하지만 가장 높은 비율을 차지한 것은 이런 답변이었다.

'물론이죠. 꼭 쓸 거예요!'

친구들의 다양한 대답을 들어보니 2005년 당시 구글의 경영진 앞에 놓였을 딜레마가 다시금 떠올랐다. 검열 기능을 갖춘 검색엔진(물론 경쟁사보다 품질이 우수한 제품)은 사용자에게 제공되는 정보의 세계를 더 확장할까, 아니면 제한할까? 권위주의 정권과 협력하는 것이 '더 사악한 행위'일까, 아니면 그 정권을 무시하고 이 시장을 떠나는 것이 더 나쁜 일일까?

미국인에게는 이런 윤리적 문제를 언론, 대법원 판결, 입법 절차 등을 통해 공개적으로 토론하고 결정하는 전통이 있었다. 하지만 미국의 기술기업은 글로벌 인터넷에 관한 문제 해결 프로세스를 철저히 회사 내부로 가지고 들어갔다. 글로벌 인터넷의 미래를 결정할 핵심적인 의사결정자에게 미국의 유권자나 정부는 자신들이 직접적으로 책임질 대상이 아니었다. 그들의 책임은 주주나 이사회 멤버에 한정되어 있었다. 설립자 자신의 개인적 세계관을 바탕으로 의사 결정이 이루어지는 경우도 적지 않았다.

은행에 수십억 달러의 자산을 보유한 스타트업 설립자도 10억 명의 새로운 사용자라는 약속 앞에서는 군침을 흘릴 수밖에 없었다. 하지만 세계를 정복했다는 자만심이 가득한 실리콘밸리의 기업가들은 정복을 거부하는 중국 정부 앞에서 무참한 좌절을 겪었다. 미·중 양국에 대해 풍부한 경험을 지닌 미디어 기업가 빌 비숍은 이렇게 논평했다.

"실리콘밸리의 사업가는 그동안 수많은 문제를 극복해낸 매우 똑똑하고 성공적인 사람들입니다. 하지만 그들에게 중국공산당 같은 문젯거리는 처음이었을 겁니다."

반발의 시작

지난 10년 동안 중국 정부는 기술 분야에서 세 가지의 주요 성과를 거두었다. 그들은 국내 인터넷에서 정치적 논의를 봉쇄했고, 실리콘밸리의 거물들을 굴복시켰으며, 중국을 세계적인 기술 초강대국으로 만들었다. 베이징의 정계는 중국이 쌓아올린 기술적 위상을 자축하는 분위기로 충만했다.

한편 중국 정부의 승리는 미국의 정치가들로부터 거센 반발을 불러일으켰다. 그로 인해 세계의 기술 및 지정학적 기류에 엄청난 변화가 발생했다. 오랫동안 중국에만 일방적으로 유리하게(중국 내부의 엄격한 통제와 미국의 개방적인 기술 환경에 따라) 전개되었던 싸움이 상호적인 전투 양상으로 바뀌기 시작했다. 워싱턴 DC의 정치가들은 인터넷 세계의 변방이었던 중국이 위험한 경쟁자로 변하는 모습을 목격하고 자국의 문을 더 단단히 걸어 잠글 방법을 모색했다.

이제 실리콘밸리와 중국 사이에는 돈, 인재, 기술 같은 요소가 예전처럼 자유롭게 흐를 수 없게 되었다. 미국 정부는 자국의 첨단기술을 보호하기 위해 국경을 철저히 감시하겠다고 선언했다. 동시에 양국의 기업과 관료는 인공지능이나 양자 컴퓨팅 같은 최첨단기술을 육성하는 데 사활을 걸었다. 이 영역을 선점하는 국가가 경제적·지정학적 권력을 장악할 수 있다고 믿기 때문이었다. 두 나라의 기술 세계에는 긴장과 경쟁의 분위기가 급격히 고조되기 시작했다.

양국 간에 벌어진 지정학적 경쟁의 세부 형태는 계속 변했지만, 거시적 차원에서 바라본 갈등의 구조는 점점 뚜렷해졌다. 유라시아 그룹 Eurasia Group(국제정치의 리스크를 연구하고 자문하는 세계적인 연구소 - 옮긴이)은 2018년 세계의 지정학적 위험 요소 중 하나로 '국제적 기술 냉전'을 꼽았다. 이 연구소는 최근 미·중 양국 간에 고조되는 긴장의 양상을 기술 생태계의 분리, 제3국에서의 경쟁, 최첨단기술의 주도권 다툼 등 세 측면으로 요약했다. 첫째, 생태계가 분리된다는 말은 그동안 양국이 수립했던 유대관계, 즉 중국인들의 실리콘밸리 투자, 국경을 초월한 연구 네트워크, 지페이 같은 기술 인재의 교류가 서서히 사라진다는 사실을 의미한다. 둘째, 제3국에서의 경쟁이란 실리콘밸리와 중국 간에 진행되는 전투가 미국과 중국을 떠나 베트남, 브라질, 인도, 멕시코 같은 새로운 시장으로 옮겨가고 있음을 뜻한다. 셋째, 두 나라는 최첨단기술의 선점에 자국의 미래가 달려 있다는 사실을 인식하고 있으며, 중국은 사상 처음으로 이 경주에 본격적으로 뛰어들었다. 이런 세 가지 차원의 경쟁이 어떤 식으로 전개되느냐에 따라 양국의 기술 생태계뿐만 아니라 지구촌 전체의 미래가 달려 있다고 해도 과언이 아니다.

기술 생태계를 분리하면 무슨 일이 일어날까?

양국 간의 기술 생태계를 분리해야 한다는 논의가 시작된 것은 몹 보이와 구글이 협력관계를 한층 강화해가던 오바마 행정부 말기의 일이었다. 과거 수년에 걸쳐 양국 간에 기술 교류가 자유롭게 이루어졌지만, 미국 정부는 앞으로 자국의 기술기업에 대한 중국인의 투자나 인수를 제한하겠다는 의사를 분명히 했다. 2016년 오바마 대통령은 반도체, 마이크로칩 기반 컴퓨터, 휴대전화, 대륙간탄도미사일 같은 분야에서 미국 기업에 대한 인수합병 거래를 금지시켰다. 중국인이 미국의 기술기업을 사들이는 데 대한 우려의 목소리는 트럼프 행정부로 넘어가면서 더욱 높아졌다. 트럼프는 중국 자본이 미국의 반도체 기업을 사들이려는 다수의 거래를 거부했으며, 알리바바의 자회사가 미국의 송금 서비스 기업인 머니그램MoneyGram을 인수하려는 계획도 승인하지 않았다.

이 사안에 대한 세간의 경각심을 더욱 부추긴 것은 미 국방부가 실리콘밸리에 전초기지로 설치한 국방혁신실험센터Defense Innovation Unit Experimental, DIUx라는 조직이었다. 이 연구소는 오바마 정권 말기에 펴낸 보고서를 통해, 중국인의 실리콘밸리 기업 투자는 '미국이 이룩한 혁신의 심장'을 노리는 트로이의 목마라고 주장했다. 보고서에 따르면 중국의 벤처 캐피털 기업은 과거 수십 년 동안 중국 정부의 체계적인 기술 탈취 계획에 따라 미국 기업에 투자를 진행해왔다. 그러므로 미국 정부는 실리콘밸리의 인수합병 거래에 관한 국가적 심의 시스템을 전면적으로 재

검토해야 한다는 것이다. 이 보고서에서 제기된 주장은 트럼프 행정부에서 추진 중이던 무역 전쟁에 정당성을 제공하는 역할을 했다. 정부 관료들은 중국이 미국의 기술을 빼돌리기 위해 총력전에 나선 이상 미국은 무슨 수를 써서라도 이에 맞서 싸워야 한다고 주장했다.

DIUx의 보고서는 너무 앞서간 면도 없지 않았다. 중국 정부의 지원을 받고 있다는 실리콘밸리의 중국 벤처 캐피털은 대체로 투자 목표가 확실치 않았고 투자 대상 기업을 관리·감독할 능력도 없었다. 물론 최근 미국의 기술기업, 특히 몇몇 반도체 기업을 중국에서 인수한 것은 자국의 기술 역량을 강화하려는 중국 정부의 용의주도한 노력이 바탕이 되었기 때문이다. 게다가 외국인 투자 건을 검토하던 대미외국인투자위원회Committee on Foreign Investment in the United States, CFIUS는 21세기에 벌어지는 기술기업의 거래를 관리하기엔 너무 엉성한 조직이었다.

이 보고서는 또한 놓친 부분이 있었다. 보고서의 필자는 중국에서 활동하는 해외 벤처 캐피털 기업의 자금을 모두 '중국 펀드'로 잘못 일반화해버린 탓에, 중국에서 나온 자금으로 이루어지는 모든 투자 거래를 미국의 기술을 훔치려는 시도로 인식했다. 보고서가 제기한 주장은 그동안 내가 실리콘밸리의 현장에서 관찰한 모습과도 많은 점에서 달랐다. 실리콘밸리에 모여든 중국인 개인투자자는 막상 최고의 스타트업에 대한 투자 거래에는 끼어들지도 못했다. 그들은 이제 막 벤처 캐피털 사업을 시작한 초보 투자자로, 고국의 기술을 발전시키는 데 조언을 제공할 능력은커녕 대부분 자기 돈을 어떻게 투자해야 하는지에 대한 체계적인 계획조차 없는 사람들이었다.

그럼에도 DIUx의 보고서는 대단히 큰 파장을 불러일으켰다. 국방 관련 기관들은 그동안 자신들의 레이더에 줄곧 포착되어온 태평양 양쪽의 기술적 역학 관계를 경계의 눈빛으로 바라보게 되었다. 이 보고서는 국방 및 정부 정책을 담당하는 인사에게 널리 배포되었으며, 특히 존

코넌John Cornyn 상원의원은 자신이 CFIUS의 역할을 강화하기 위해 발의한 '외국인 투자에 대한 위험 검토 및 현대화 법안Foreign Investment Risk Review and Modernization Act, FIRRMA'에 이 보고서가 많은 영감을 제공했다고 밝혔다. 1975년에 설립된 CFIUS는 외국인이 미국의 기업을 인수하려 할 때 해당 거래가 미국의 국가안보를 침해하는지를 검토하는 역할을 했다. 하지만 이 기관은 별로 존재감이 없는 관료조직이었다. 그동안 검토한 거래 건수도 얼마 되지 않았으며, 금지한 거래의 수는 더욱 적었다.

FIRRMA는 CFIUS의 기능을 강화함으로써 중국의 급격한 기술적 부상에 대응한다는 목적으로 발의되었다. 이 법안은 CFIUS가 검토해야 할 인수합병 거래의 범위를 넓히고 평가 기준을 조정하는 내용으로 구성되었다. 첫째, 검토 범위에는 미국 기업에 대한 인수 거래뿐만 아니라 중국 벤처 캐피털의 투자나 미·중 조인트벤처를 수립하는 일까지 포함되었다. 둘째, 평가 기준을 한층 강화해서 '국가안보'의 정의를 종래의 협소한 범위(인수되는 기업이 미사일 부품을 만드는가?)로 한정하지 않고 더욱 광범위하게(이 거래가 미국의 기술이나 산업의 이익을 전반적으로 침해하는가?) 확장했다. 기술과 국가안보를 동일시하는 이 수사적 변화는 양국 간 기술적 경쟁 관계의 핵심 교리敎理를 새롭게 형성했다. 오랫동안 정치와 상관없이 인식되어온 실리콘밸리 민간 기업의 기술은 이제 국가안보적 자산으로서 정부가 보호하고 관리해야 할 대상으로 취급받게 되었다.

FIRRMA는 2019년 다른 국방 관련 법안과 함께 의회를 통과했으며, CFIUS가 구체적인 시행안을 마련하는 대로 효력을 발휘할 예정이다. 하지만 FIRRMA의 발효 전부터 이미 실리콘밸리의 중국인은 크게 줄어들었고 투자는 감소했으며 인공지능, 첨단 로봇, 마이크로칩 같은 분야에서 미·중 양국 기업의 협력관계는 뚝 끊기다시피 했다.

양국의 생태계를 분리해야 한다는 정치계의 압박은 단지 돈의 흐름을 막는 효과를 불러오는 데 그치지 않았다. FIRRMA의 발효가 임박하면서 정부의 국방 및 정책 담당자들은 양국 간의 연구 네트워크, 즉 실리콘밸리에 자리잡은 중국 기업의 연구소나 중국에 있는 미국 기술기업의 연구시설도 운영을 금지시켜야 하는가에 대해 논란을 벌였다. 중국 유학생에게 비자 발급을 제한하기로 한 트럼프 행정부의 조치는, 중국 학생이 미국 땅에서 너무 많은 기술 노하우를 습득하고 이를 중국으로 가지고 돌아가지 못하도록 차단함으로써 사람과 아이디어의 흐름을 방지하는 데 그 목적이 있었다. 마르코 루비오 상원의원은 이 학생들을 '세계의 지배권을 훔치려는' 중국 정부의 작전에 동원된 '무기'라고 불렀다. 하지만 그들 중 많은 수는 리 지페이 같은 사람이었다. 그들은 미국 땅에서 몇 년 동안 기술을 익히고 구글 같은 미국의 기업에서 일한 후 중국으로 돌아갔다. 그들이 세상을 바꿀 만한 스타트업을 설립하기에는 중국이 최적지였기 때문이다.

양국의 기술 생태계를 분리해야 한다는 미국 정치계의 주장은 많은 점에서 중국공산당이 오랫동안 견지해온 입장, 즉 한 나라의 기술 산업은 국가 권력의 핵심 요소이기 때문에 정부는 이를 육성하고 외부 세계로부터 보호해야 한다는 입장을 닮아가고 있다. 그동안 중국 정부는 이런 접근 방식을 통해 기대 이상의 성과를 거두었다. 정치가들은 미국도 늦기는 했지만 이제라도 같은 정책을 채택해서 대응해야 한다고 주장하고 있다. 이는 그동안 다른 나라가 미국의 기술적 개방성을 활용할 수 있도록 허용해온 미국 정부의 자유방임적 태도를 포기하겠다는 말과 다를 바 없다.

이런 접근 방식은 21세기에 전개될 차세대 혁신과 경쟁에 관해 새로운 의문점을 만들어내고 있다. 만일 중국 최고의 인재들이 미국에서 공부할 기회를 빼앗는다면 어느 편이 더 손해일까? 미국이 기술 영역에서 장기적으로 강세였던 진정한 비결은 무엇인가? 기술혁신이 국가 간의 지정학적 제로섬 경쟁의 일부가 된다면 앞으로 어떤 일이 벌어질까?

제3국에서의 경쟁

두 나라의 정치가들이 기술 산업에 대한 국가적 이익을 주장하는 사이에 개인 기업은 바다 건너 먼 곳으로 경쟁 장소를 바꾸었다. 상대의 안방에서 하나같이 좌절을 맛본 양국의 기술기업은 수억 명의 새로운 인터넷 사용자가 생겨나고 있는 브라질이나 인도 같은 나라로 전장을 옮겼다. 이들 국가의 민간 기업 사이에서 벌어진 수많은 전투는 해당 지역의 기술 생태계에 영향력을 강화하려는 미·중 두 나라 기업의 대리전이나 다름없었다.

미국과 중국의 기술기업은 각각 다른 방식으로 이 대리 경쟁에 뛰어들었다. 미국의 기업은 대개 해외시장에 홀로 진입했다. 그들은 미국에서 판매하는 제품과 브랜드를 그대로 들고 새로운 시장에 들어가 현지 경쟁자들과의 경쟁에서 이긴 뒤 시장을 장악하는 전략을 사용했다. 한편 중국 기업은 해당 시장의 유망한 스타트업을 골라 그들을 지원하는 일부터 시작했다. 그리고 그 회사에 투자하고 기술을 제공함으로써 경쟁 상대인 미국의 대기업을 몰아내는 작전을 세웠다. 만일 현지의 스타트업이 전쟁에서 이긴다면 중국 기업은 그 회사의 지분을 보유한 투자자로서 해당 시장에 든든한 아군을 만들어두는 셈이었다. 미·중 양국 기업의 전략적 행보가 다른 것은 두 나라의 기술 공동체가 걸어온 역사가 다르기 때문이었다. 미국의 초기 기술기업은 모든 글로벌 시장(중국을 제외하고)을 거침없이 공략해 들어갔다. 그리고 미국이 그 시장을 계속 지배할 거라고 믿어 의심치 않았다. 하지만 중국 기업의 주된 전쟁터는 자신들의 안방이었다. 그들은 중국의 작은 스타트업으로서 홈구장의 이점을 활용해 글로벌 대기업에 대항했다.

이런 대리전이 가장 격렬하게 벌어진 곳은 인도였다. 알리바바는 아마존을 물리치기 위해 인도의 전자 상거래 및 전자 결제 서비스 기업에 수억 달러를 쏟아부었다. 위챗을 보유한 텐센트는 하이크Hike라는 인도의 메신저 앱 기업에 1억 7,500만 달러를 투자해서 페이스북이 운영하는 왓츠앱Whatsapp의 아성을 무너뜨리려 했다. 중국에서 우버를 몰아낸 차량 공유 기업 디디추싱은 올라Ola라는 인도의 스타트업을 사들여 이곳에서도 우버에 대항했다. 중국 기업이 인도에서 맺은 파트너십은 단순한 투자자의 관계를 넘어 기술 지원, 직원 교환, 그리고 운영에 관한 전반적인 조언을 제공하는 단계까지 확장되었다. 하이크의 설립자인 카빈 바르티 미탈Kavin Bharti Mittal은 텐센트와의 협력관계를 설명하면서 중국과 인도는 시장에서 판매되는 제품부터 인구학적 구성에 이르기까지 많은 점이 유사하다고 말했다. 그는 〈월스트리트 저널〉과의 인터뷰에서 이렇게 말했다.

"텐센트는 우리가 스스로 해내야 했던 많은 일을 대신해주었습니다. 인도의 경제 상황이나 인구 규모는 미국보다 중국에 훨씬 더 가깝습니다."

물론 이 대리전의 승자가 누가 될지 아직 단정하기는 이르다. 미국의 기업은 그동안 막대한 자금력을 바탕으로 전 세계를 지배하는 성과를 거두었다. 그들은 사용자에게 진정한 의미의 글로벌 네트워크에 접근할 기회를 제공한다. 이는 현지 스타트업이나 중국 기업에는 불가능한 일이다. 하지만 중국 기업이 투자한 현지 스타트업에도 제품을 효과적으로 현지화한다거나 본사의 승인을 기다리지 않고 신속하게 의사 결정을 할 수 있다는 장점이 분명히 존재한다.

이러한 경쟁 양상이 심화되면서 양국이 구축하고 있는 기술 블록은 그 특징이 점점 뚜렷해지는 추세다. 미국의 기업은 미국 본토나 유럽 각국과 같은 선진국에서 실력을 발휘하는 반면, 자국 시장을 장악한 중국 업체는 주로 개발도상국을 대상으로 영향력을 확장하고 있다.

알파고의 승리, 그 후

미·중 간에 벌어지고 있는 경쟁의 세 번째 양상은 바로 인공지능, 5G 네트워크, 양자 컴퓨팅 같은 최첨단기술을 선점하려는 싸움이다. 이 기술들은 앞으로 양국의 지정학적 권력(경제, 사이버보안, 군사력 등)에 중대한 영향을 미칠 가능성이 매우 높다. 양국은 각 영역에서 나름대로의 강점과 약점을 지니고 있기 때문에, 오늘날 두 나라에서 가장 주목받고 있는 기술 분야 중 하나를 자세히 검토해보면 그 강점과 약점에 대한 윤곽을 잡을 수 있을 것이다. 바로 인공지능이다.

중국인에게 인공지능의 충격을 선사함으로써 중국 전체에 이 기술에 대한 경각심을 최초로 불어넣은 기업은 아이러니하게도 구글이었다. 구글의 자회사 딥마인드Deep Mind가 개발한 컴퓨터 알파고AlphaGo는 2016년 세계 바둑의 최강자인 한국의 이세돌과 대결했다. 인공지능 컴퓨터가 서양의 체스를 정복한 것은 이미 오래전이었다. 하지만 인공지능 과학자들에게 바둑의 어마어마한 복잡성(바둑판에 돌이 놓이는 경우의 수는 우주 전체의 원자 수만큼 많다)은 에베레스트 산보다 더 정복하기 어려운 문제였다.

구글의 경영진은 알파고가 중국의 전통 게임인 바둑에서 우수한 능력을 발휘하면 중국인에게 자사의 브랜드를 다시 한 번 각인시킬 수 있고, 이로 인해 구글이 중국 시장에 성공적으로 복귀하는 데 도움이 될 거라고 믿었다. 그런데 알파고가 남긴 가장 큰 유산은 중국 자체의 인공지능기술이 도약하는 계기를 만든 것이었다.

알파고가 이세돌과의 5연전에서 승리했을 때 미국인들은 이 대결에 거의 관심이 없었다. 반면 중국인들은 엄청나게 열광했다. 이 바둑 경기를 온라인으로 지켜본 6,000만 명의 시청자는 인공지능의 위력에 새롭게 눈을 떴다.[9] 그리고 2017년 알파고가 세계인터넷대회의 개최지 우전에서 중국 출신의 세계 바둑 챔피언을 누르자 그 열기는 더욱 고조되었다.

우전에서의 바둑 대결이 끝난 지 2개월 후, 중국 국무원國務院(중국의 최고행정기관 - 옮긴이)은 인공지능에 대한 원대한 국가계획을 발표하며 2030년까지 중국을 '세계에서 가장 우수한 인공지능혁신센터'로 만들겠다는 야심을 내보였다. 중앙정부가 내세운 계획이 중국 전역의 지방 관리들에게 전달한 메시지는 분명했다. 인공지능은 차세대의 혁신 영역이므로 모든 지역에서 이 기술을 빠른 시일 내에 채택해야 한다는 것이었다. 지방정부의 관리들은 인공지능 산업의 발전을 촉진하기 위해 공공 기반 시설을 확충하고, 민간투자자에게 보조금을 지급하고, 업체들이 생산한 제품을 구매했다.

2017년 말, 중국의 벤처 캐피털이 인공지능 스타트업에 투자한 금액은 미국을 훌쩍 뛰어넘었다.[10] 알리바바와 같은 대기업은 지방정부와 손잡고 인공지능에 기반을 둔 '도시 두뇌city brains(인공지능을 활용해 교통신호 체계와 같은 공공 시스템의 효율성을 개선하는 시스템)'를 구축했다. 야심만만한 일부 시장은 자신의 도시를 자율주행 자동차의 실험장으로 제공했다. 뿐만 아니라 국가기관들은 인공지능기술의 일종인 안면 인식 소프트웨어를 이용해 중국의 모든 도시를 한눈에 감시할 수 있게 되었다.

중국 서부의 신장 지역은 이슬람교를 믿는 소수민족 위구르인의 본거지다. 중국 정부는 이 지역에 새로운 차원의 감시 시스템을 도입해 인공지능에 기반을 둔 진정한 의미의 경찰국가를 건설했다. 중국 정부는 신장에서 빈번하게 발생하는 테러 사건을 위구르 극단주의자의 소행이라고 판단하고 이슬람 사원, 주유소, 마을의 작은 골목까지 이 지역 곳곳에 안면 인식 시스템을 갖춘 최첨단 디지털 검문소를 설치했다. 그리고 이곳에 세계 최대의 수용소를 설치해서 감시 장비로부터 수집된 정보를 바탕으로 의심스러운 이들을 마구 잡아 가두었다. 외부 세계의 사람들은 최대 100만 명의 위구르인이 '교화 수용소'에 갇혀 중국공산당의 메시지를 강제로 주입받는다고 주장했다. 수용소에서 탈출한 사람들의 증언에 따르면 이곳에서는 공공연히 고문도 이루어지는 듯했다.[11] 위구르인들은 납득할 수 없는 다양한 이유(외국의 가족들과 접촉해서, 수염을 길러서, 애국적인 행동을 보여주지 않아서, 스마트폰에서 VPN 프로그램이 발견돼서 등)로 수용소에 끌려 들어갔다.

과거에 중국 정부가 위구르인을 탄압하는 방식은 기술과 무관했다. 당국자는 위구르인 가정에 비위구르 중국인을 파견해 그들의 일거수일투족을 감시하게 했다.[12] 그런데 인공지능 덕분에 군중 속에서 특정인의 얼굴이나 음성을 인식할 수 있는 기술이 생기자, 사람의 눈과 귀에 의지하지 않고도 감시 범위를 획기적으로 확장할 수 있게 되었다. 2019년 4월 〈뉴욕 타임스〉는 중국 정부가 안면 인식 기반의 비밀 시스템을 통해 신장 지역 밖에서도 위구르인을 감시하고 있다는 사실을 폭로했다. 현대 국가의 정부가 자국민 중 특정 종족을 가려내기 위해 의도적으로 인공지능을 활용한 경우는 중국이 처음이었다.[13] 신장에서 발생한 상황은 인공지능이 정치권력과 결합했을 때 어떤 일이 벌어질 수 있는지, 그리고 기술이라는 도구의 가장 어두운 구석이 무엇인지를 전형적으로 보여준 사례였다. 이는 인공지능을 중국 사회의 구조 안에 통합시키려는 중국 정부의 대표적인 시도이기도 했다.

미국의 정부와 기업은 중국이 인공지능의 주도권을 장악하도록 놓아두지 않았다. 딥마인드가 중국인들에게 충격을 준 것은 무엇보다도 이 제품이 중국을 포함한 경쟁국을 훨씬 능가하는 최첨단기술을 보여주었기 때문이었다. 미국의 대학이나 대기업 연구소가 보유한 인공지능 인재는 양과 질에서 어느 나라도 따라올 수 없는 독보적인 수준이었다. 중국 전문 싱크탱크 마크로폴로MacroPolo 연구소의 제프리 딩Jeffrey Ding에 따르면 2017년 한 해 동안 세계 최고의 인공지능학회에서 활약한 182명의 학자 중 126명이 미국의 연구소 소속이었다.[14] 영국의 연구기관은 25명으로 2위를 기록했으며, 중국의 연구소에서 근무하는 학자는 고작 두 명이었다.

조금 다른 각도에서 이 통계를 바라보았을 때는 국가 간 편차가 훨씬 더 줄어들었다. 엘리트 인공지능 과학자가 어느 대학교의 학부 과정을 마쳤는지(즉 그들의 출신지가 어디인지) 조사한 결과에 따르면, 미국의 대학교를 졸업한 사람이 50명으로 여전히 가장 많았다. 중국의 대학교를 졸업한 학자는 25명으로 두 번째를 기록했다. 이 통계(미국 50 대 126, 중국 25 대 2)를 들여다보면 그동안 두 나라가 이주나 이민을 통해 고숙련 기술자를 얼마나 많이 획득 또는 상실했는지를 알 수 있다. 이는 중국 정부의 입장에서 미래에 얼마나 많은 '바다거북'이 중국으로 돌아올지 기대하게 만드는 통계이기도 하다.

미국 정부 역시 풍부한 인재풀을 보유한 우수 대기업과 협력관계를 맺고, 인공지능기술로 정부의 역량을 강화하기 위해 노력했다. 하지만 그 성과에 대한 평가는 반반이다. 2017년 미 국방부는 구글과 계약을 체결하고 드론이 찍은 영상을 분석하거나 드론으로 적을 공격할 때 명중률을 높일 수 있는 인공지능 소프트웨어를 개발하기로 했다. 기술 대기업 입장에서 그리 큰 규모의 계약은 아니었지만, 많은 사람들은 이를 국방부와 실리콘밸리 사이에 맺어질 광범위한 협력관계의 출발점으로 생각했다. 하지만 구글의 직원들은 가만있지 않았다. 이 계약의 상세 사항이 알려지면서 4,000명이 넘는 구글러는 회사가 '전쟁 기술'을 개발해서는 안 된다는 탄원서에 서명했다. 그중 수십 명은 항의의 의미로 회사를 떠났다. 그로부터 몇 달 후 구글은 이 계약을 더 이상 갱신하지 않겠다고 발표했다. 직원들이 이런 형태로 반발하는 것은 중국에서는 상상할 수도 없는 일이지만, 회사 내에 자신들만의 민주주의 사회를 건설해온 미국의 대기업에 이런 상황은 다반사였다.

중국과 미국은 매우 대조적인 모습으로 인공지능의 시대에 돌입했다. 미국은 우수한 연구자를 풍부하게 보유한 반면, 중국은 이 기술을 실용적으로 적용하는 데 강점을 보였다. 미국의 기업은 전 세계 모든 곳의 사용자에게서 다양한 데이터를 수집했지만 중국은 자국 내에서 비교적 유사한 종류의 데이터를 중점적으로 끌어모았다. 실리콘밸리의 기업은 미국 정부와 엮이는 일을 종종 거부했지만, 중국의 기업은 지역 관료와 협력해 대규모의 인공지능 프로젝트를 진행했다.

중국이 인공지능 영역에서 두각을 나타내자 미국의 기술 전문가와 정책입안자는 국가 정책과 기술혁신의 관계를 다시금 돌아보게 되었다. 그동안 미국이 인터넷 혁명을 주도하고 실리콘밸리가 소프트웨어 엔지니어와 사업가의 메카가 될 수 있었던 것은 미국 정부가 견지해온 자유로운 정책 덕분이었다. 하지만 인공지능을 현실 세계에 적용하는 일(자율주행 자동차, 자동화 상점, 두뇌 도시 등)은 정부의 적극적이고 전폭적인 참여가 요구되는 물리적 과정이다. 그렇다면 미국의 정치인들은 이제까지 정부가 유지해온 자유방임적인 접근 방식을 중국이 채택하고 있는 적극적인 행보에 맞서 어떻게 바꿔나갈 것인가?

인공지능 시스템이 향상되고 활용 폭이 더욱 넓어지면서 이를 둘러싼 미국과 중국의 경쟁은 양국 간의 지정학적 갈등보다 훨씬 더 깊고 포괄적인 문제를 야기할 가능성이 높다. 현대의 인공지능은 단순하고 구체적인 분야(바둑을 두거나, 노래를 추천하는 등)에서 인간에 비해 탁월한 능력을 발휘한다. 하지만 이 기술은 아직까지 인간이 수행하는 복잡한 업무, 예를 들어 혁신적인 연구를 하고, 아이를 키우고, 소설을 쓰는 일 등을 해낼 수 있는 '보편 지능'을 갖추지는 못했다. 이렇게 복잡한 일들을 수행할 정도로 강력한 인공지능 시스템, 다시 말해 '인공보편지능Artificial General Intelligence, AGI' 또는 '초고도기계지능High-Level Machine Intelligence, HLMI'이 언제 등장할지에 대한 세간의 예상은 다양하다. 일부 급진적인 과학자는 10년 내로 그런 기술이 나올 거라고 주장하지만, 많은 전문가는 HLMI가 등장하는 시기를 40년쯤 후로 예상한다.[15]

AGI 또는 HLMI가 언제 개발되든, 이 기술이 현실화한다면 인간이라는 존재에 대해 본질적인 의문이 제기될 것이다. 그리고 이 문제는 미·중 관계의 긴장에 따라 더욱 복잡해질 것이다. AGI는 병을 치료하고, 사람의 업무를 자동화하고, 막강한 위력의 사이버 무기를 디자인하는 등 거의 무제한적인 용도로 사용될 수 있다. 만일 미국과 중국이 이전보다 훨씬 지적인 기계를 경쟁적으로 개발하는 과정에서 인공지능 시스템을 통제할 수 없는 상황에 이르면 어떤 일이 벌어질까? 이 영역에 정통한 전문가들, 예를 들어 스튜어트 러셀Stuart Russell 같은 인공지능 과학자나 스티븐 호킹Stephen Hawking 등의 천체물리학자들은 초고도의 지적 능력을 갖춘 인공지능 시스템에 적절한 안전장치가 없다면 인류의 존재 자체가 위험에 빠질 수도 있다고 경고한다.

AGI 시스템의 잠재적인 위험과 더불어 미·중 양국의 기술 생태계가 분리되는 상황은 심각한 질문을 불러일으킨다. 미국 정부는 자국의 최고 과학자를 중국으로부터 차단함으로써 중국의 인공지능 발전을 막아야 할까? 아니면 인공지능의 안전에 대해 양국이 개방적으로 대화하고 두 나라의 연구팀이 국경을 넘어 자유롭게 왕래한다면 우리의 미래가 더욱 안전해질까? 세계의 두 초강대국은 인류 앞에 놓인 더 큰 위협 요소에 맞서기 위해 함께 협력할 수는 없을까? 그리고 트랜스퍼시픽 실험(태평양을 오가는 학생, 과학자, 기술기업가들)의 주역인 '바다거북'은 이 위협을 누그러뜨리기 위해 어떤 역할을 할 수 있을까?

다섯 갈래의 교차로

내가 몹보이의 팀을 마지막으로 만난 것은 2017년 베이징의 어느 행사장에서였다. 워싱턴 정계에서는 양국의 기술 분야를 둘러싼 긴장감이 한창 고조되고 있었지만, 몹보이와 폭스바겐 중국 지사가 조인트벤처 계획을 발표할 기자회견장의 분위기는 지정학적 갈등과 전혀 무관했다. 폭스바겐은 새로 설립하는 조인트벤처에 1억 8,000만 달러를 투자하기로 했다. 그리고 두 회사는 몹보이의 기계학습 소프트웨어 기반의 자동차용 애플리케이션, 예를 들어 음성으로 작동되는 백미러나 스마트워치에서 도출된 정보를 차량 운행에 직접 적용하는 프로그램 등을 공동 개발할 계획이었다.[16] 기자회견 장소는 베이징 예술구藝術區 근처의 기술공원에 있는 2층 건물이었다. 바닥에 콘크리트가 깔리고 벽이 하얀색으로 칠해진 행사장의 입구에는 폭스바겐 승용차와 SUV 차량이 늘어서 있었다. 행사를 알리는 현수막에 'AI MEETS AUTO(인공지능, 자동차를 만나다)'라고 쓰인 글자가 눈에 띄었다.

유리문을 통해 건물 안으로 들어간 나는 잠깐 동안 리 지페이를 알아보지 못했다. 내가 그를 처음 본 것은 3년 전 스카이프의 흐릿한 화면을 통해서였다. 2년 전에는 해커톤 행사장으로 가는 버스에서 그를 다시 만났다. 이전에 나는 리가 후드티나 티셔츠, 또는 구글의 재킷 이외에 다른 옷을 입은 모습을 본 적이 없었다. 그런데 오늘은 말끔한 검정색 양복과 갈색 가죽구두 차림이었다. 머리는 단정하게 빗어 내렸으며, 하얀색 셔츠의 단추는 꼭 채워져 있었다. 몹보이의 다른 임원들도 멋진 검정색 정장과 셔츠를 입고 폭스바겐 임원이나 기자와 대화를 하고 있었다. 리와 그의 팀원들 모두 한결 성숙해진 모습이었다.

공동 설립자인 리 위안위안의 손목에는 최근에 출시된 매끄럽고 둥근 모양의 틱워치가 채워져 있었다. 몹보이의 자체 기술로 개발해낸 이 스마트워치는 자사의 운영체제를 탑재했으며, 구글과의 협력 결과물인 안드로이드 웨어 중국판 앱스토어를 지원하는 제품이었다. 몹보이는 이 제품을 해외에서 판매하기 시작해 이미 200만 달러의 선주문을 이끌어냈으며, 기술 매체로부터도 호평을 받았다. 그들은 아마존에서도 곧 틱워치를 직접 판매할 예정이라고 했다. 그동안 미국에 진출한 중국 기업은 검열을 일삼는 나라의 '짝퉁' 회사라는 부정적인 이미지 때문에 어려움을 겪었지만, 몹보이의 경영진은 과감하게 세계로 나아가는 길을 택했다. 리는 〈파이낸셜 타임스〉와의 인터뷰에서 이렇게 말했다.

"우리는 몹보이가 중국 회사라는 사실을 굳이 강조하지 않습니다. 하지만 숨기지도 않을 겁니다."

스피커에서 기자회견이 곧 시작된다는 안내 방송이 흘러나오자 청중들은 모두 위층으로 올라갔다. TV에 자주 나오는 젊고 세련된 진행자가 영어와 중국어를 번갈아 쓰며 폭스바겐과 몹보이의 임원들을 소개했다. 양사는 상대에 대해 서로 칭찬을 늘어놓으며, 앞으로 인공지능이 세계의 자동차 산업을 뒤흔들 거라고 자신 있게 강조했다. 그동안 몹보이가 구글과 협력 및 투자 관계를 체결하는 모습을 목격한 사람들은 이 스타트업의 역할이 구글의 중국 시장 재진입을 위한 교두보에 불과하다고 생각했다. 하지만 몹보이는 폭스바겐과 새롭게 협력관계를 맺으면서 그런 인식을 완전히 불식시켰다. 이제 몹보이는 완벽하게 독립적인 회사로 자리잡았을 뿐만 아니라 실리콘밸리와 베이징이라는 울타리에서 벗어나 세계로 뻗어나가는 기술기업이 되었다.

기자회견이 끝나자 나는 아래층으로 내려가 리와 그의 팀원들에게 양사의 협력이 잘 체결된 데 대한 축하 인사를 했다. 그러고는 베이징의 밤거리로 나섰다. 약간의 스모그가 있었지만 날씨는 포근했다. 도시는 겨울의 두꺼운 껍질을 깨고 봄으로 접어들고 있는 듯했다. 기술공원과 인근의 예술구에서 쏟아져 나온 20대 전후의 젊은이들은 삼삼오오 무리를 지어 즐겁게 이야기를 나누고, 택시를 잡고, 전화로 음식을 주문했다. 나도 시간이 조금 남았기에 거리의 상점에서 차가운 맥주 한 캔을 사 들고 도심 방향으로 걸었다.

내가 마지막으로 베이징을 찾은 때가 불과 5개월 전이었지만 그사이에 이 도시의 느낌은 확연히 달라졌다. 갑자기 형형색색의 자전거가 도로, 자전거 차선, 보도 등을 메우고 있었다. 중국에서 새롭게 떠오르고 있는 기술 트렌드인 공유 자전거였다. 한때 이 도시 전체를 뒤덮었던 녹슨 페이거飛鴿(1950년 톈진에서 설립된 중국 국영 자전거 회사 - 옮긴이) 자전거는 과거 베이징의 트레이드마크 같은 물건이었다. 하지만 도시의 인구가 늘어나고 평균소득이 증가하면서 젊은이들은 편리하면서도 자신을 과시할 수 있는 자동차를 선호하게 되었다. 그런데 이제 불과 몇 개월 만에 몇몇 중국 스타트업이 시류를 거슬러 올라가 이 도시 전체를 화려한 색의 자전거로 가득 메운 것이다. 공유 자전거 회사는 각각 자사의 제품을 나타내는 색깔이 있었다. 이 업계의 선두 주자인 모바이크Mobike는 오렌지색과 은색 자전거를 운행했으며, 경쟁자인 오포Ofo의 자전거는 밝은 노란색이었다. 그리고 10여 개의 다른 스타트업도 저마다의 독특한 색으로 도로를 물들였다.

이 스타트업들은 거치대가 필요 없는 공유 자전거 시대를 열었다. 사용자는 도시 전체에 흩어져 있는 아무 자전거나 골라 모바일기기로 손잡이의 코드를 스캔하면 잠금장치를 풀 수 있다. 미국의 도시에서 사용되던 고정 거치대 방식의 공유 자전거 시스템과 달리, 중국에서는 어디서나 자전거를 집어타고, 사용이 끝나면 아무 곳에나 놓아둘 수 있다. 덕분에 도시의 젊은이들은 대중교통을 이용한 뒤 최종 목적지에 도착할 때까지 마지막 구간을 자전거로 이동할 수 있게 되었다. 이 화려한 색깔의 자전거는 대중교통 시스템의 부족한 부분을 메워주면서 수백만 개의 새로운 교통 경로를 만들어냈다.

이 혁신적인 교통수단은 이미 태평양 건너편으로도 전파되기 시작했다. 몹보이의 기자회견이 열리기 3주 전, 실리콘밸리의 라임바이크 Limebike라는 스타트업은 거치대가 없는 공유 자전거 모델을 미국 시장에 도입해 수천만 달러의 투자를 유치했다. 중국에서 태어나고 미국에서 공부한 사업가가 설립한 이 회사는 실리콘밸리의 유명 투자 기업 앤드리슨 호로위츠와 중국의 벤처 캐피털로부터 자금을 받았다. 하지만 모바이크와 오포 같은 중국 출신 선구자들이 싱가포르와 영국을 포함한 해외시장을 조심스럽게 두드리고 있는 사이, 라임바이크는 미국 현지의 규정에 따라 사업 모델을 바꿔야 하는 상황에 처했다. 미국의 도시들에서 고정 거치대가 없는 공유 자전거가 법으로 금지되었기 때문이다. 그러자 이 회사는 사명을 라임Lime으로 바꾸고 무거치대 방식의 전동 스쿠터 공유 사업으로 방향을 전환했다. 그러자 많은 업체가 이 사업 모델을 모방해 너도나도 시장에 뛰어들었다.

공유 자전거의 물결에 휩쓸려 베이징 거리를 걷던 내 앞에 어느덧 다섯 갈래의 교차로가 나타났다. 중국에 처음 도착했을 당시 나는 이런 교차로를 만나면 당황해서 어쩔 줄 몰랐다. 방향 표시판도 제대로 없는 도로를 꽉 메운 채소 수레, 택시, 디젤 연기를 내뿜는 트럭들이 한 치라도 더 앞서가기 위해 으르렁대던 시절이었다. 오늘도 교통이 혼잡하기는 마찬가지이지만 오렌지색, 노란색, 파란색 자전거들은 마치 흐르는 물이 바위를 돌아나가듯 정차된 자동차들 사이를 빠져나갔다. 나는 도로의 남동쪽 모퉁이에 도착해 경치가 더 잘 보이는 낮은 언덕 위로 올라갔다. 교통신호가 바뀔 때마다 온갖 색깔의 자전거가 다섯 갈래의 교차로에서 쏟아져 나오고 그 길로 다시 흘러 들어가고 있었다.

미키 마우스는 미국 쥐일까?

어슴푸레한 오렌지색 햇빛이 방 안을 비추면서 나는 잠에서 깼다. 시차로 인한 멍한 느낌이 그리 낯설지는 않았지만, 창문 밖의 세상이 아침인지 저녁인지 분간하기가 어려웠다. 방 안을 살펴보며 실마리를 찾으려고 애쓰다가, 반쯤 열린 여행 가방을 보고 내가 이곳에 도착하기 위해 세 곳의 공항을 거쳤다는 사실을 기억해냈다. 벽에 걸린 싸구려 농촌 풍경화는 내가 누워 있는 곳이 중국의 어느 값싼 호텔임을 상기시켰다. 바깥에서 조식을 파는 노점상의 목소리가 들리는 걸로 봐서 아침이 분명했다.

상하이 외곽 지역인 이곳은 고층빌딩 대신 옥수수밭이 즐비하고 세련된 도시인보다는 농부, 과일 판매상, 건설노동자 같은 이들을 더 많이 볼 수 있는 마을이었다. 그동안 나는 중국의 도시가 농촌으로 뻗어나가는 접경지역을 방문해 도시화에 따른 문화적 충격을 관찰해왔다. 그런 지역에서는 평생 쌀농사를 짓던 농부가 갑자기 콘크리트 건물에 올라앉게 되고, 사업가가 조용한 마을에 대규모 가라오케 복합시설을 건설한 뒤 그곳도 도시로 편입될 날을 기다리는 일이 예사로 벌어졌다.

그런데 오늘 내가 이곳을 찾은 이유는 조금 다른 문화적 현상을 관찰하기 위해서였다. 이 마을은 미국 문화가 중국의 중산층 시민에게 가장 값비싼 방식으로 전달되는 실험의 현장, 바로 상하이 디즈니랜드가 자리잡은 지역이다. 지난 2016년에 문을 연 이 테마파크에는 15년간의 건설 기간 동안 무려 55억 달러가 투입되었다. 월트디즈니의 CEO 밥 아이거Bob Iger는 상하이 디즈니랜드를 두고 '창업자인 월트 디즈니 자신이 플로리다 중부의 땅을 사들여 디즈니월드를 건설한 이후 접한 가장 큰 기회'라고 말했다.[1]

그가 말한 기회란 단지 입장권을 판매하고 매점을 운영해서 수익을 얻는 것뿐만 아니라 이 공원을 통해 세계에서 가장 큰 영화 시장에 진입하는 일을 의미했다. 2010~2018년 중국의 영화산업 매출은 다섯 배 이상 성장했다. 총매출 89억 달러는 북미 지역에 이어 세계에서 두 번째로 큰 액수였다.[2] 반면 북미의 영화산업은 정체기 또는 쇠퇴기로 접어들고 있었다. 미국 땅에서 흥행에 실패한 할리우드의 블록버스터는 중국 덕분에 위기에서 벗어나는 경우가 많았다. 「트랜스포머」나 「분노의 질주」 시리즈는 미국보다 중국에서 더 많은 매출을 올렸다. 2018년 1분기 중국의 영화 매출은 처음으로 북미 지역을 넘어섰다.

영화산업의 중심이 중국으로 급격히 이동하면서 할리우드의 영화 제작자나 주요 인물은 너도나도 태평양을 건넜다. 그들은 정부에 의해 엄격하게 통제되는 중국 시장에 접근하기 위해 「캡틴 아메리카」 같은 영화를 중국 관객의 입맛에 맞춰 '현지화'할 수 있는 전문가를 찾아나섰다. 영화산업의 높은 수익성 앞에서는 중국의 부자들도 군침을 흘렸다. 부동산 같은 전통 산업을 통해 부를 축적한 많은 사람들은 서서히 문화 산업으로 손을 뻗쳤다. 그들은 이 분야에 경험은 부족했지만 돈으로 단점을 메웠다. 중국의 전통 산업에서 막대한 부를 쌓은 거부들은 영화제작사에 자금을 투자하고, 테마파크를 건설하고, 할리우드의 영화사를 사들였다.

미국의 예술가와 중국의 부자가 결합한 이 기묘한 커플은 세계의 엔터테인먼트 시장에서 새로운 성배를 찾아나섰다. 미국과 중국 시장 양쪽에서 엄청난 돈을 쓸어 담을 수 있는 영화를 제작하는 일이었다.

마법의 나라 정문에서

나는 성배를 찾는 디즈니의 노력이 어떻게 진행되는지 알아보기 위해 침대에서 일어났다. 그리고 죽 한 그릇으로 아침을 때우고 자전거에 올랐다. 옥수수밭이 펼쳐진 벌판을 한참 달리다 보니 공원의 정문이 보였다.

입구에 도착하자 이미 온몸이 땀으로 흠뻑 젖어버렸다. 기온은 섭씨 34도를 가리켰다. 하지만 '마법의 나라'를 방문한다는 흥분에 들뜬 내 주위의 아이들에게 8월의 더위쯤은 아무것도 아닌 듯했다. 아이들이 회전문을 열고 공원 안으로 쏟아져 들어가자 함께 온 부모는 자기 아이를 따라잡기 위해 쩔쩔맸다.

공원의 중심 도로를 걷다 보니 밝은 표정의 중국 아이들이 구피와 사진을 찍으며 손으로 V자를 그리는 모습이 눈에 들어왔다. 여자친구와 함께 온 젊은이는 한쪽 어깨에 지갑 주머니를 걸고 다른 손으로는 이 공원의 트레이드마크인 성城을 배경으로 세심하게 연인의 사진을 찍었다. 이곳에 입장한 지 1분밖에 안 되었지만, 디즈니는 이미 관람객에게 마법의 주문을 걸고 있었다.

내가 이런저런 생각을 하다가 갑자기 현실로 돌아온 것은 바로 옆에 서 있던 아이 때문이었다. 여덟 살쯤 되어 보이는 남자아이가 갑자기

나에게 손가락질을 하며 "라오와이老外(외국인)!"라고 소리쳤다. 중국에서 여러 해를 보낸 나는 그런 식으로 내 국적을 상기시켜주는 사람들이 별로 낯설지 않았다. 하지만 이번에는 마음속에서 조금 다른 종류의 의문이 생겨났다. 저 아이에게는 디즈니의 사랑스러운 캐릭터가 다 외국인일까? 미키 마우스도 미국에서 온 쥐일까?

월트디즈니는 그동안 중국에 많은 영어 학교를 개설하고 디즈니 원작 영화를 수업 교재로 사용했다. 하지만 대부분의 중국 아이들이 화면으로 접한 미키 마우스는 중국어로 장난을 치고 중국어로 익살을 부렸다. 이 공원에서도 미키와 미니는 중국의 전통 옷을 입고 중국어로 아이들에게 말을 걸었다.

나는 언어나 복장을 떠나 중국 아이들이 미키 마우스를 '라오와이', 즉 외국 땅에서 온 방문자라고 생각하는지 알고 싶었다. 그래서 전화기를 꺼내 예전에 시안에서 영어 강사로 함께 일했던 동료 헬렌Helen에게 위챗 메시지를 보냈다. 나는 그녀가 가르치는 어린 학생들에게 이렇게 물어봐달라고 부탁했다.

'미키 마우스는 중국 쥐일까, 아니면 미국 쥐일까?'

위험한 협력, 불편한 힘겨루기

아이들에게는 내 질문이 바보같이 들렸겠지만, 사실 내가 정말로 궁금했던 점(누가 21세기의 세계 문화를 주도하고, 누가 이를 통해 더 많은 돈을 벌어들일까?)은 그동안 할리우드와 중국 사이에 형성되어온 위태로운 협력관계의 핵심에 놓인 문제라고 할 수 있다. 영화의 영향력은 달러나 인민폐의 힘보다 훨씬 더 강하다. 대중 영화는 '소프트파워soft power(한 나라의 문화예술 및 정보과학이 다른 나라에 행사하는 영향력)'의 가장 강력한 원천 중 하나이기 때문이다. 할리우드는 오래전부터 이론의 여지가 없는 세계 문화의 챔피언으로서 미국의 소프트파워를 주도적으로 생산했고, 자국의 문화적 수도로 기능하며 정부의 대외 정책에 큰 힘을 실어주었다.

한편 중국공산당은 미국이 세계의 문화를 지배하는 현상에 대해 심각한 우려를 나타냈다. 정부의 지도자들은 '국제적 적대세력'이 문화상품이라는 '트로이의 목마'를 이용해 중국에 '침투'함으로써 이 나라를 서구화하려 한다고 경고했다. 그들은 중국의 젊은이들이 미국의 가치라는 주문에 걸려 외국에서 온 물건이라면 무엇이든 숭배하는 반면 자국의 문화는 경멸하게 될 거라고 걱정했다. 물론 개발도상국의 지도자라면 이런 문제를 어느 정도 우려하지 않을 수 없겠지만, 중국공산당의 경우는 다소 지나친 점이 없지 않았다. 중국 정부는 해악적인 할리우드 영화에 맞서기 위해 수입되는 외국영화의 내용을 엄격히 규제하고 상영작의 숫자에 제한을 두었으며, 중국의 관객들이 자국 영화와 전통적 가치에 더 많은 관심을 갖도록 유도했다.

하지만 중국 정부는 자국의 영화산업 발전을 위해서라도(그리고 수익을 올리기 위해서라도) 할리우드 영화 수입을 완전히 금지할 수는 없었다. 미국의 영화가 들어오고 할리우드 제작사의 노하우가 전파되면서 중국의 영화산업은 급속히 성장하기 시작했다. 할리우드와 중국은 불편한 협력을 이어가면서 각자의 경쟁적 욕구(돈, 더 나은 제작 환경, 문화적 지배력에 대한 욕구)를 채우기 위해 관계의 주도권 싸움을 벌였다.

양측 간의 협력은 다양한 형태로 이루어졌다. 초창기에는 할리우드와 중국이 상대방의 무한한 가능성과 신비로움에 이끌려 서로를 향해 활짝 팔을 벌렸다. 그러다 두 나라의 지정학적 역학 관계로 인해 우호적인 분위기가 점점 사라지면서 양측은 '공동제작' 모델로 접어들게 되었다. 할리우드의 제작사는 중국의 부자들과 협력관계를 맺고, 미국의 블록버스터에 중국적인 콘텐츠를 포함시켜주는 대신 그 영화를 중국 시장에 진출시켜달라는 조건을 제시했다. 중국의 부유한 후원자와 할리우드의 제작자는 파트너십의 통제권을 두고 무대 뒤에서 끊임없이 힘겨루기를 했다. 이런 인위적 중매결혼 같은 관계에서 유기적인 영화제작 과정을 기대하기란 거의 불가능했다. 때문에 그들이 만들어낸 작품은 영화이기에 앞서 국제적 마케팅 캠페인에 가까웠다. 일부는 성공하고 일부는 실패했지만, 어떤 경우든 두 나라의 문화를 발전시키는 데는 도움이 되지 않았다.

원래 문화적 특수성이 강한 상품일수록 소비자에게 더 큰 호응을 얻는 법이다. 디즈니는 가장 디즈니다운 테마파크를 건설함으로써 상하이에서 성공할 수 있었다. 리안李安 감독이 제작한 지극히 중국적인 영화「와호장룡」은 미국 관객의 상상력을 사로잡았다. 중국의 영화제작자가 중국 관객을 겨냥해 만든 스크루볼 코미디screwball comedy(등장인물들이 바보스럽고 우스꽝스러운 행동을 하는 영화 - 옮긴이)물은 외국 관객에게 별다른 호응을 얻지 못했지만 중국 시장에서는 엄청난 관객을 끌어들였다. 그런 영화들이 지금 이 순간에도 쉴 새 없이 제작되고 있는 곳이 상하이 남쪽 외곽에 있는 헝디엔 영화촬영소橫店影視城다. '중국의 할리우드'로 불리는 이곳은 중국의 갖가지 명소를 원래 크기로 만들어놓은 영화 세트장으로 유명하다. 특히 이곳의 명물인 자금성이나, 마오쩌둥이 전쟁 중에 은신했던 동굴을 재현해놓은 세트장은 항상 수천 명의 제작 스태프와 엑스트라로 넘쳐난다. 엄청난 규모의 촬영 시설을 자랑하는 헝디엔은 중국의 배우 지망생에게 메카와 같은 곳이 되었으며, 여행객에게는 중국의 역사적 명소를 쉽고 저렴하게 구경할 수 있는 관광지로 자리잡았다.

중국인들은 할리우드에 비해 훨씬 현실적인 방식으로 영화라는 마법을 창조했다. 그들이 생각하는 영화산업 발전의 조건은 서구 세계의 이론이나 상식과 전혀 달랐다. 그들은 개인적 자유나 예술가의 영감은 영화의 발전과 별다른 관계가 없으며, 먼저 자원을 확보하고, 세트를 짓고, 훌륭한 촬영 장비를 확보하고, 자금을 투입하고, 수많은 사람들을 동원하는 일이 더 중요하다고 생각했다. 그리고 이 모든 요소를 효과적으로 한곳에 모으면 관객이 원하는 어떤 작품이라도 제작할 수 있다는 것이다. 이러한 접근 방식은 과거에 중국인이 전통 제조업이나 인터넷 산업을 발전시킨 과정과도 유사했다. 하지만 세계의 공장을 구축하면서 얻어진 교훈이 예술 같은 추상적 분야에도 적용될 수 있을까? 중국 남부의 시골 마을이 로스앤젤레스의 화려함과 맞설 수 있을까?

우리는 이 질문에 답하기 위해, 또 세계 영화산업의 미래를 파악하기 위해 할리우드와 헝디엔 사이를 잠시 오가며 생각해봐야 할 것 같다.

상하이의 스필버그

할리우드와 중국의 초기 관계는 그리 나쁘지 않았다. 1980년대에 두 지역은 짧으나마 우호적인 밀월 관계를 즐겼다. 두 나라의 영화 관계자들은 캘리포니아의 스토리텔링 마법이 중국의 거대한 스케일과 풍부한 역사적 드라마를 만났을 때 어떤 작품이 탄생할 수 있는지를 분명히 보여주었다.

중국이 외국에 문호를 개방하기 시작한 것은 외국과의 관계가 철저히 차단되었던 마오쩌둥의 문화혁명(1966~1976년) 이후였다. 문화혁명 기간에는 외국의 문화(심지어 공산당 집권 이전에 존재했던 중국의 '봉건적' 문화까지)와 조금이라도 연관된 사람은 사형에 처해질 수도 있었다. 중국 정부가 유일하게 받아들인 것은 노동자의 영웅적 행위를 미화하거나 마오쩌둥의 이데올로기를 찬양하는 문화상품이었다. 물론 공산당이 상영을 허락한 영화도 교육과 사상 주입이라는 실용적 목적을 지닌 작품으로 한정될 수밖에 없었다.

1976년에 마오쩌둥이 사망하고 덩샤오핑이 집권하면서 중국의 지도자와 국민은 서서히 바깥세상으로 눈을 돌리기 시작했다. 중국 정부는 우수한 학생을 미국의 대학으로 보내 교육을 받게 했으며 외국의 투자자를 선전深圳 같은 해안 지역에 끌어들여 기업을 설립하도록 유도했다. 중국 정부 내의 일부 극단적 보수주의자들은 자본주의 문화의 위험성을 두고 경고의 목소리를 냈지만, 덩샤오핑은 특유의 소탈한 화법으로 그들의 우려를 일축했다.

'신선한 공기를 마시기 위해 창문을 열면 파리가 몇 마리 따라 들어오게 마련이다'는 그가 남긴 유명한 말이다.

중국은 몇몇 서양 영화를 국내 시장에 조심스럽게 받아들였다. 그 과정에서 핵심적 역할을 수행한 인물 중 한 명이 자넷 양Janet Yang이라는 여성이었다. 중국 본토 출신의 부모를 둔 자넷은 뉴욕의 퀸즈Queens에서 태어났다. 그녀는 1980년대 초에 중국 국영 출판사에서 번역가 겸 편집자로 일하기 위해 베이징으로 이주했다. 그리고 그곳에 근무하면서 문화혁명의 폐허를 딛고 태어난 중국의 1세대 영화를 자연스럽게 접했다. 그때까지 이 젊은 여성은 영화에서 아시아계 배우를 거의 본 적이 없었다. 간혹 지나가는 행인처럼 보잘것없는 역할을 맡은 사람들이 전부였다. 그녀가 내게 말했다.

"저는 중국인이 출연하는 극영화를 처음 봤습니다. 그 영화를 통해 제 인생에서 무엇을 놓치고 있었는지 알게 되었어요. 저는 우리가 그런 영화를 만드는 일이 가능하다고 생각하지 않았습니다. 저처럼 생긴 사람도 카메라 앞에 설 수 있다고는 상상하지 못했던 거죠."

당시는 새로운 세대의 영화제작자가 속속 등장하기 시작한 시절이었다. 문화혁명 이후 베이징의 영화 학원을 졸업한 천카이거陳凱歌나 장이머우張藝謀 같은 1세대 감독들은 중국의 농촌을 배경으로 잔잔한 삶의 이야기를 스크린에 담아 전 세계의 관객을 사로잡았다. 천카이거가

1984년에 발표한 데뷔작 「황토지」는 촬영감독을 맡았던 장이머우의 환상적인 영상에 힘입어 수많은 사람들을 영화관으로 끌어들였다. 자넷 양은 이 작품이 자신의 인생을 바꿔놓았다고 극찬했다.

그녀는 뉴욕으로 돌아간 뒤 35밀리 필름에 녹화된 중국 영화를 수입해 미국의 영화관에서 상영하고 여러 영화제에도 선보였다. 1985년이 되면서 이번에는 중국에 진출한 할리우드 영화사의 작품을 중국 시장에 배급하는 역할을 맡았다. 이 영화사들은 중국의 엄청난 인구를 잠재적 기회로 생각했지만 중국의 협력사들은 처음부터 수익에 대한 기대를 아예 접었다. 자넷 양은 이렇게 회고한다.

"그 사람들은 중국에 어떤 식으로 영화가 배급되는지 우리에게 알려줬습니다. 그들은 이렇게 말하더군요. '시골에 가서 영화가 어떻게 상영되는지 보세요. 업자들은 아무데나 하얀 천을 걸어놓고 영사기를 틀죠. 관객들은 벽돌담 위에 올라앉아 영화를 봐요. 관람료는 달걀로 대신하고요.'"

자넷 양은 중국인의 평균 구매력이 낮다는 점을 감안해 「로마의 휴일」이나 「밤의 열기 속에서」 같은 할리우드의 고전영화를 먼저 소개하기로 했다. 세계에서 가장 큰 나라이면서 가장 강력한 문화적 잠재력을 보유한 중국은 할리우드와 서서히 교류의 물꼬를 트기 시작했다.

양국의 교류가 한 단계 발전한 것은 스티븐 스필버그Steven Spielberg 감독이 「태양의 제국」을 촬영하기 위해 중국을 방문한 1987년의 일이었다. 제2차 세계대전 중의 상하이를 배경으로 한 이 서사적 작품은 당시 어린 소년이었던 크리스찬 베일이 주연을 맡고 존 말코비치와 벤 스틸러가 조연으로 출연했다. 자넷 양은 3주 예정으로 진행될 중국 내 촬영의 사전 준비 작업을 맡게 되었다.

그런데 이는 그때까지 누구도 시도해본 적이 없는 일이었다. 경우에 따라 중국 국무원(미국의 대통령 각료회의에 해당하는 최고의사결정조직)의 승인까지 필요할 수도 있는 사안이었다. 말하자면 뉴욕에서 중국 영화를 촬영하기 위해 미국의 국무장관에게 허가를 받아야 하는 상황과 비슷했다. 자넷 양은 자신의 인맥을 총동원해 촬영 허가를 받으려 노력하는 한편, 영화 내용 중에 매춘부나 거지가 나오는 장면이 중국인들의 정서에 맞지 않는다고 판단해 자진 삭제했다. 그 결과 중국 정부는 단지 영화 촬영을 승인하는 데 그치지 않고 중요한 장면에 필요한 인원을 대대적으로 지원해주기까지 했다. 특히 일본군이 상하이로 몰려들어 혼란스러운 와중에 크리스찬 베일이 부모와 헤어지는 장면에서는 정부가 동원한 수많은 인력이 화면을 가득 메웠다. 자넷 양의 회상이다.

"영화를 찍는 날에는 상하이 전체가 문을 닫다시피 했습니다. 무려 5,000명이 넘는 엑스트라가 옛날 복장으로 등장했어요. 회사에서 온 사람들도 있고, 군대나 경찰에서 온 사람들도 있었어요. 인원을 동원할 수 있는 곳에서는 모두 데려왔죠. 우리가 '무엇무엇이 필요합니다'라고 말하기만 하면, 그들은 '알았어요. 그럼 이 공장과 저 공장을 이용해서 찍으면 되겠네요'라고 했어요. 오늘날에는 절대 불가능한 일이죠."

스필버그가 상하이에서 마법을 펼치던 비슷한 시기에 이탈리아의 영화감독 베르나르도 베르톨루치Bernardo Bertolucci는 베이징에서 스케일이 더욱 큰 역사극 「마지막 황제」를 찍었다. 제작자인 제레미 토머스Jeremy Thomas는 사상 최초로 이 영화를 자금성에서 촬영할 수 있는 허가를 얻어냈으며, 중국 정부가 군대에서 동원한 1만 9,000명의 엑스트라를 제공받기도 했다. 토머스는 〈로스앤젤레스 타임스〉와의 인터뷰에서 이렇게 말했다.

"이 작품은 근대의 중국을 무대로 한 최초의 서양 영화입니다. 중국은 이 영화에서 가장 빛나는 스타입니다. 이 작품을 촬영하는 일은 마치 2,500만 달러 가치의 문화적·사업적 조인트벤처를 설립하는 일과 같았습니다."

1988년 아카데미 시상식에서 「태양의 제국」과 「마지막 황제」는 총 17개 부문의 수상작 후보에 올랐다.[3] 스필버그는 한 개의 상도 받지 못했지만 「마지막 황제」는 후보에 오른 9개 부문의 상을 휩쓸었다. 같은 해 장이머우는 감독 데뷔작인 「붉은 수수밭」으로 베를린 국제영화제에서 황금곰상을 수상했다. 중국과 서구 세계를 영화로 연결시키기 위해 노력한 자넷 양과 그녀의 동료들은 앞으로 두 세계가 협력할 수 있는 가능성이 무한하다고 믿었다.

"모두가 이렇게 생각했죠. '이제 중국은 훌륭한 감독들이 제작한 우수한 영화에 본격적으로 문을 열기 시작했어. 앞으로 이 나라에는 어떤 일이 벌어질까…….'"

파리 내쫓기

그 후에 벌어진 일은 바로 1989년 천안문 광장의 학살이었다. 중국 인민해방군은 학생들의 민주화운동을 가혹하게 진압함으로써 수천 명의 목숨을 앗아갔다. 이 비극의 와중에 대세를 장악한 중국 정부의 문화적 수구파는 시위의 원인을 서양 문화의 탓으로 돌렸다. 록 음악에 빠진 학생들이 자유의 여신상과 똑같이 생긴 민주주의 여신상을 천안문 광장에서 만들고 숭배한 것은 모두 사악한 서구 문화의 영향이라는 것이었다. 중국은 외부 세계에 창문을 활짝 여는 길을 택했지만 신선한 공기와 함께 들어온 '파리'는 덩샤오핑이 생각했던 것보다 훨씬 위험했다. 결국 중국은 문화적 침체기에 빠져들었으며, 할리우드가 보냈던 구애도 무기한 연기될 수밖에 없었다.

중국의 영화제작자들은 국제무대에서 호평 받는 작품을 속속 만들어냈지만 정작 자신의 고국에서는 숱한 제재를 받았다. 천카이거가

1993년에 발표한 「패왕별희」는 칸 영화제에서 황금종려상을 받았지만 중국에서는 상영이 금지되었다가 동성애나 문화혁명에 관련된 장면을 삭제한 뒤에야 대중에게 공개되었다. 아카데미상 후보에 수차례 오른 장이머우의 작품들도 국내에서는 여러 편이 상영 금지되었다.

할리우드의 배우나 영화사도 비슷한 대접을 받았다. 1990년대에 미국의 몇몇 블록버스터가 제한적으로 상영 허가를 받아 중국 관객들에게 공개되었지만 1997년에 양측의 관계가 갑자기 악화되는 일이 발생했다. 중국의 국가라디오영화텔레비전총국國家廣播電影電視總局은 「티벳에서의 7년」, 「쿤둔」, 「레드 코너」 등 중국을 부정적으로 그린 영화를 제작한 할리우드 영화제작사 세 곳을 블랙리스트에 올렸다. 「티벳에서의 7년」과 「쿤둔」은 달라이라마를 다룬 작품이었으며, 「레드 코너」는 중국 정부에 살인 누명을 쓴 어느 미국 사업가를 다룬 영화였다. 중국 정부는 이들 제작사의 작품 수입 금지 조치를 발표하면서 이 영화들이 '중국을 악랄하게 공격하고 인민의 정서를 해쳤다'고 밝혔다.

중국이 갑자기 입장을 바꾸기는 했지만, 그때만 해도 중국이 그렇게 대단한 협상력을 갖춘 국가라고 할 수는 없었다. 중국 영화 전문가 스탠리 로젠Stanley Rosen에 따르면 당시 중국의 영화산업 매출은 페루와 비슷한 수준이었으며, 미국의 영화사가 중국에서 거둔 실적은 말레이시아, 태국, 필리핀 같은 나라보다도 적었다.[4] 어쨌든 중국 정부의 강경한 금지 정책으로 인해 할리우드의 영화사는 중요한 교훈 하나를 얻었다. 중국이라는 새로운 시장에 접근하려면 절대 넘지 말아야 할 레드 라인이 있다는 것이다. 물론 미국의 관객만을 대상으로 하는 영화도 예외가 될 수 없었다. 중국 정부의 제재 조치가 할리우드 영화사의 매출에 직접적인 영향을 미치지는 않았지만, 앞으로 전 세계의 관객들이 영화관에서 어떤 내용을 볼 수 있고 볼 수 없는지에 대한 일종의 규칙을 제시하는 역할을 했다.

할리우드와 중국 정부가 달라이라마에 관해서는 견해가 달랐을지 몰라도, 딱 하나 의견이 일치한 부분이 있었다. 언젠가 중국의 영화산업이 매우, 매우 커질 거라는 점이었다.

할리우드를 움켜쥔 중국 돈

왕젠린王健林은 중국의 영화산업을 이끌기에 그다지 어울려 보이는 인물은 아니었다. 키가 170센티미터 정도로 왜소한 편인 그는 목소리가 높고 제임스 본드의 영화에 나오는 악당처럼 이마가 V자형이었다. 젊은 시절 그는 중국 인민해방군에서 17년간 복무한 후 자신이 설립한 완다萬達 그룹을 이끌고 고층빌딩과 대형 쇼핑몰을 건설하는 데 30년을 보냈다. 그룹의 직원들이 모두 '왕회장'이라고 부르는 왕젠린은 군대처럼 엄격한 방식으로 회사를 운영한다고 소문이 파다했으며 경쟁사에도 인정사정없는 비즈니스 본능을 휘둘러 악명을 떨쳤다. 그는 자신의 제국을 건설하는 과정에서 정치적 인맥을 동원했다는 의혹에 여러 차례 휩싸인 끝에 한때 고위층 부패 조사에 연루되어 구금되기도 했다.

하지만 왕젠린은 중국의 정치적 기류를 점치는 데 타고난 재능을 발휘했다. 그리고 그러한 예지 능력을 바탕으로 막대한 돈을 벌어들였다. 그가 설립한 완다 그룹은 1990년대부터 2000년대까지 중국의 도시화 열풍을 타고 어마어마한 부를 축적했다. 이 회사는 정부의 땅을 싼값에 불하받고 개발권을 얻어내어 자사의 트레이드마크인 완다 복합시설, 즉 쇼핑몰과 고층아파트가 빽빽하게 들어선 거대 시설물로 채웠다. 이를 통해 그곳의 시장은 도시의 GDP를 성장시키는(그리고 자신의 주머니도 두둑하게 만드는) 성과를 거둘 수 있었으며, 완다 그룹은 땅도 얻고 제국도 건설하는 이득을 챙겼다.

마치 상어가 피 냄새를 맡듯 사업 기회를 포착하는 데 능했던 왕회장은 2012년에 드디어 할리우드로 눈을 돌렸다. 지난 20년간 할리우드의 매출에 기여한 바가 없었던 중국의 영화산업은 갑자기 폭발적으로 성장하기 시작했다. 2004~2010년 중국의 영화 매출은 연평균 38퍼센트 증가했다.[5] 할리우드의 평론가들은 2018년이 되면 중국의 영화산업 규모가 미국을 넘어서고 2025년에는 미국의 두 배에 달할 거라고 예측했다. 할리우드의 영화사가 갑자기 중국에 관심을 갖기 시작하자 왕회장은 우호적인 태도로 그들에게 손을 내밀었다.

왕젠린은 중국으로 몰려든 영화사들의 경쟁을 교묘히 이용하며 비공식적인 주$_{駐}$할리우드 중국 대사 역할을 수행했다. 그는 미국의 영화관 체인과 제작사에 수십억 달러를 투자해 중국의 문화를 외국으로 확산시켰으며, 동시에 미국의 영화사가 중국 시장에 진입할 수 있도록 다리를 놓아주었다. 또한 레오나르도 디카프리오와 니콜 키드먼 같은 유명 배우를 중국으로 불러 함께 레드카펫 위를 걸었고, 자국 정치지도자의 친척들로부터 투자를 유치했다. 뿐만 아니라 해안 도시 칭다오에 80억 달러를 투입해 대규모의 영화제작사와 테마파크를 건설하고 '동방의 할리우드'로 만들겠다는 원대한 계획을 발표했다.

하지만 왕회장은 영화산업에 그렇게 많은 돈을 투자했음에도 개인적으로는 영화 자체에 그다지 큰 흥미를 드러내지 않았다. 그를 인터뷰한 기자에 따르면 왕회장은 할리우드의 유명 배우 이름을 줄줄 외우고 영화라는 '마술'에 대해 온갖 미사여구를 늘어놓았지만, 정작 영화를 만드는 창조적 과정에는 거의 관심이 없었다. 그는 자신이 영화관을 찾는 것은 1년에 꼭 한 번, 90세 된 자신의 노모에게 특별한 날을 선사하기 위해서라고 털어놓았다.

영화를 창조하는 과정에 무관심했던 왕젠린의 태도는 중국 영화산업의 특성을 그대로 상징하는 것처럼 보였다. 중국은 영화를 통해 글로벌 문화를 주도하길 원했지만, 그 목표에 도달하기 위해 영화를 제작하는 회사나 기술을 통째로 사들이는 방식을 선호했다.

2012년 왕젠린은 세계에서 가장 큰 영화관 체인을 인수하면서 본격적으로 영화산업에 뛰어들었다. 완다 그룹에 근무했던 직원은 왕회장이 인수할 회사를 고르는 과정에서 특유의 무미건조한 태도로 일관했다고 귀띔했다. 그는 부하 직원에게 세계 굴지의 영화관 체인 기업의 목록을 가져오게 했다. 그러고는 별달리 고민하지 않고 비상장기업 중 제일 큰 곳을 인수하기로 결정했다. 그 회사가 바로 AMC 엔터테인먼트였다.

당시만 해도 미국 사람들에게 거의 알려지지 않은 완다 그룹은 이 영화관 체인 기업과의 인수 협상을 1년 넘게 끌었다. 결국 AMC가 주식시장에 상장한다는 계획을 포기하면서 양사는 계약서에 도장을 찍었다. 2012년 5월, 다롄의 완다 그룹은 AMC 엔터테인먼트를 26억 달러에 인수한다고 발표했다. 이는 당시까지 중국의 비상장기업이 해외 기업을 인수한 것 중 가장 큰 규모의 거래였다.[6] 왕회장은 미국의 영화산업에 비로소 깃발을 꽂은 셈이었지만, 이는 시작에 불과했다. AMC는 몇 년 동안 경쟁 영화 체인을 속속 사들여 세계에서 가장 큰 영화관 체인 기업으로 변신했다. 그 후에 왕젠린은 할리우드의 영화사를 매입하는 쪽으로 눈을 돌렸다. 완다 그룹에 근무했던 어느 직원은 이렇게 말했다.

"왕회장은 자신의 경영 철학을 이렇게 얘기했습니다. '나는 오직 1등하고만 일을 한다네. 2등과는 일하고 싶지 않아. 사실 1등이 아니면 누구와도 일을 안 하지. 내가 원하는 것은 오직 1등이야.' 그는 모든 것이 자신의 놀이터인 양 행동했어요. 비즈니스 세계를 포함한 이 세상 전부를 가지고 노는 것 같았죠. 하지만 무대 뒤에서 일하는 사람들은 죽을 맛이었어요."

중요한 것은 소프트파워

왕젠린이 기업을 사들이는 동안 중국 정부가 손을 놓고 있었던 것은 아니다. 2012년 초, 중국의 후진타오 주석은 '서구의 문화적 제국주의'라는 소프트파워의 위험성에 대한 글을 발표하면서 한 해를 시작했다. 후진타오는 이렇게 썼다.

'우리는 국제적 적대세력이 중국을 서구화하고 분리시키려는 전략적 계획을 한층 강화해가는 현 상황을 냉정히 직시해야 한다. 특히 이데올로기와 문화 영역은 그들이 이 나라에 장기적으로 침투할 목적에서 중점적으로 활용하는 분야이다.'

그는 중국의 문화적 소프트파워를 놀라울 정도로 직설적으로 평가했다.

'서구는 강하고, 중국은 약하다.'

학자들은 소프트파워를 평가할 때 주로 대외적·국제적 소프트파워(외국인이 특정 국가에 어떤 이미지를 갖는지)에 초점을 맞추었다. 그동안 세계적 소프트파워를 증진시키는 데 많은 공을 들인 중국의 지도자들은 '세계인에게 중국의 이야기를 들려줄 것을' 예술가에게 끊임없이 주문했다. 하지만 중국공산당 입장에서 더욱 시급한 문제는 '국내적' 소프트파워였다. 중국의 국민들은 자신의 국가와 문화를 어떻게 생각하는가?

1980년대부터 1990년대까지는 대부분의 중국인이 이 질문에 긍정적으로 답했다. 정치지도자들이 국민의 삶의 질을 향상시키고 민족주의를 지속적으로 고취한 결과였을 것이다. 하지만 내가 중국으로 이주한 2010년경에는 중국 정부와 국민들 사이에 맺어진 이 무언의 사회계약이 많이 무너진 모습이었다. 온 나라에 만연한 부패, 식품 안전 스캔들, 2011년의 고속열차 충돌사고 같은 사건은 정부에 대한 대중의 신뢰를 상당 부분 훼손시켰다. 소셜 미디어에는 정부를 조소하고 비난하는 대중의 불만이 넘쳐났다. 당시는 아랍의 여러 권위주의 정권이 인터넷의 힘 앞에 굴복했던 '아랍의 봄'이 한창이었다.

중국 사회에도 깊은 냉소주의가 스며들었다. 경제는 여전히 호황이었지만, 사람들은 중국에 살고 싶어 하지 않았다. 내가 알던 많은 가족들은 어떻게든 이 나라에서 벗어날 궁리를 했다. 당시 중국의 백만장자를 대상으로 조사한 바에 따르면 부자들 중 60퍼센트가 다른 나라로 이민을 고려하고 있거나 이미 이민 절차를 밟는 중이라고 했다.[7]

그중 많은 사람들은 자신이 정착할 나라로 중국의 가장 큰 전략적 경쟁자인 미국을 선택했다. 중국인들에게 미국이 꿈의 나라로 자리잡은 것은 강력한 국제적 소프트파워 때문이었다. 테일러 스위프트나 레이디가가 같은 미국 가수는 중국의 10대들을 사로잡았다. 부모들은 자식을 미국의 학교에 보낼 수만 있다면 무슨 일이라도 할 준비가 되어 있었다. 그들에게 중국은 과거였지만, 미국은 미래였다.

할리우드 영화, 중국을 지배하다

미국의 막강한 소프트파워는 중국의 영화 매출에도 그대로 반영되었다. 왕젠린이 AMC를 인수한 2012년 「아바타」, 「트랜스포머 3」, 「타이타닉 3D」 등 할리우드 영화 세 편이 중국의 흥행 역사상 가장 큰 매출을 기록했다. 중국 정부는 외국영화가 중국 땅에서 성공하지 못하도록 온갖 방해를 했지만, 이 영화들은 그런 악조건에서도 최고의 성공을 거두었다.

중국은 외국에서 들어오는 영화에 엄격한 쿼터제를 실시했다. 한 해에 국내에서 상영할 수 있는 외화를 스무 편으로 제한했으며, 오직 국내 업체와 수익을 배분하는 조건(할리우드에서 선호하는 비즈니스 모델)으로 수입을 허가했다. 심지어 중국 정부는 쿼터에 포함되어 정식으로 수입되는 영화에 대해서도 그 작품의 흥행을 방해하기 위해 갖은 애를 썼다. 예를 들어 춘절이나 여름휴가철 같은 성수기에 일정 기간 동안 할리우드 영화를 상영하지 못하게 하는 '블랙아웃 기간'을 운영했으며, 서로 다른 할리우드 영화들이 같은 주말에 영화관에 걸리도록 개봉일을 조작해 그 작품들이 서로의 매출을 잠식하도록 만들었다.

하지만 2012년 초, 중국의 영화산업 종사자에게 더욱 좋지 않은 소식이 들려왔다. 미국이 국제무역기구WTO에 정식으로 제소함에 따라 중국이 외국영화의 수입쿼터를 늘려야 하는 처지에 놓인 것이다. 이로 인해 중국은 예전처럼 한 해에 스무 편의 일반 영화를 수입해야 할 뿐만 아니라 열네 편의 아이맥스Imax 또는 3D 영화를 추가로 들여와야 했다. 외국영화의 수입이 늘어나면서 중국 영화의 흥행 실적은 몇 년 만에 처음으로 전체 매출의 50퍼센트 아래로 떨어졌다.[8] 미디어의 규제와 검열을 담당하는 정부 기관의 책임자는 이를 두고 '심각한 상황'이라고 표현했다.

외국영화의 쿼터가 늘어나는 것을 우려한 사람들은 정부의 관료뿐만이 아니었다. 중국의 영화제작자들은 중국 시장에 밀려든 할리우드 영화가 결국 국내 영화산업을 벼랑 끝으로 내몰 거라고 믿었다. 당시 어느 영화제에 참석했던 자넷 양은 중국 영화계를 감싼 비관적 분위기를 실감할 수 있었다.

"영화제작자들은 이렇게 말했어요. '이제는 포기해야 할 것 같네요. 은퇴하고 다른 일이나 알아볼까 해요. 앞으로 할리우드 사람들이 들이닥쳐 우리를 산 채로 잡아먹을 텐데요. 살아남기 어려워요.'"

완다라는 이름의 상어[9]

왕젠린이 2012년에 AMC를 인수한 일이 할리우드의 문을 처음 두

드린 것이라면, 2013년의 '동방 영화 도시' 기공식은 본격적인 사교계 데뷔 파티라고 할 수 있었다. 그가 해안 도시 칭다오의 360만 제곱미터 부지에 82억 달러를 들여 건설할 이 영화산업 단지에는 9,300제곱미터 규모의 스튜디오, 중국 최대의 실내·외 수중촬영 시설, 5성급 호텔, 영화 박물관, 시네플렉스 영화관, 테마공원 등이 들어설 예정이었다.[10] 이곳을 '동방의 할리우드'라고 부른 왕회장은 이 영화 단지가 내려다보이는 주변의 언덕 위에 할리우드의 유명한 상징물을 본뜬 글자판을 설치하겠다는 계획을 발표하기도 했다.

하지만 부동산 개발은 중국 어디서나 흔하게 볼 수 있는 장면이었다. 왕젠린이 이 기공식을 특별한 행사로 만들려면 할리우드의 도움을 받아야 했다. 그는 AMC를 인수하면서 자신이 수십억 달러의 자산가이고 중국 내에 엄청난 인맥을 소유한 사람이라는 명성을 로스앤젤레스에 심어두었다. 이제 그가 할리우드의 빛나는 명사들을 초청해 고향 사람들에게 깊은 인상을 줄 기회가 찾아왔다.

완다 그룹의 회장은 할리우드에서 가장 유명한 인물 셋을 기공식 행사에 초청하라고 부하 직원에게 임무를 주었다. 물론 그러려면 약간의 자금이 필요했다. 완다 그룹은 레오나르도 디카프리오, 존 트라볼타, 니콜 키드먼에게 각각 50만 달러를 제시했다. 이들 중 일부가 계약서에 서명을 마쳤을 때, 왕회장은 목표를 더 높여 여섯 명을 초청하라고 지시했다. 직원들은 더 많은 명사에게 초청장을 보냈다. 그 대상자 중에는 할리우드의 주요 제작사 임원도 포함되어 있었다.

아름다운 해안 풍경과 맥주로 유명한 칭다오는 할리우드의 유명 배우들을 맞이할 준비를 시작했다. 완다 그룹은 외국 손님의 개인 시중을 들어줄 젊은이들을 고용했다. 또한 폭이 엄청나게 넓은 레드카펫을 사들여 바닥을 장식하고, 양옆에는 중국 팬이 몰려들어 배우들에게 사인을 요청하도록 만들었다. 그리고 행사 1주일 전, 왕회장은 아카데미 시상식을 주관하는 '영화예술과학아카데미Academy of Motion Picture Arts and Sciences'라는 단체에 2,000만 달러를 기부했다. 이 단체의 대표도 칭다오 행사에 참석하기로 했다.

왕회장은 이 행사에서 중국이 앞으로 세계 최대의 영화 시장이 될 거라고 호언장담했으며, 자신은 그 목표를 이루기 위해 비공식적 외교 관으로서 열심히 봉사하겠다고 말했다.

"영화산업에 종사하는 세계의 모든 사람 중에 그 사실을 먼저 깨달 았거나 중국과 먼저 협조하는 이들은 그 열매를 먼저 맛보게 될 것입니다."

공동제작의 시대

그렇다면 할리우드의 제작사는 완다 그룹 같은 중국의 기업과 어떤 방식으로 협조해야 했을까? 바로 '공동제작' 모델이었다. 미국과 중국의 영화산업 종사자가 함께 영화를 만들면, 그 작품은 두 나라의 '공동제작' 영화로 분류되어 중국 정부가 외국영화에 부여하는 수입쿼터에서 제외 되었다. 뿐만 아니라 할리우드 제작사는 그 영화의 중국 매출 중 43퍼센 트를 자기 몫으로 챙길 수 있었다. 원래 수입 영화로 분류된 작품의 할리 우드 제작사 몫은 25퍼센트에 불과했다.[11]

할리우드 제작자들은 중국의 수입쿼터를 피하는 방법으로 오래전 부터 공동제작 모델을 활용했다. 그들은 중국의 파트너에게 제작비를 투자받고 순수한 '미국 영화'를 만들었다. 그 작품은 중국인이 지원한 자 금을 바탕으로 제작되었기 때문에 공동제작 영화의 자격을 얻고 수입 제한 조치에서 벗어날 수 있었다. 그런데 2013년이 되자 중국의 당국자 는 '진정한' 의미의 공동제작 영화, 즉 중국인 배우가 출연하거나, 줄거 리가 중국과 관련되어 있거나, 또는 제작 스태프가 중국인으로 구성된 작품을 제작하라고 요구하기 시작했다. 세계적인 블록버스터에 중국의 명승고적이나 유명 인물이 등장한다면 자국의 소프트파워를 강화하는 데 도움이 될 거라는 중국 정부의 계산 때문이었다. 중국인 입장에서는 체면을 세울 수 있고 미국의 영화는 중국 시장에 진출해 매출을 올릴 수 있으니, 언뜻 보면 둘 다 만족할 수 있는 원윈Win-Win의 조건 같았다.

이러한 거래에서 유일하게 만족하지 못한 사람들은 바로 관객이었다. 공동제작이란 두 나라의 문화적 다양성을 창의적으로 연결하는 작업이 되어야 했다. 하지만 그 과정을 거친 대부분의 영화는 미국과 중국의 문화가 어설프게 섞여 이도 저도 아닌 최악의 작품이 되어버렸다. 우선 작품이 탄생하는 과정 자체가 전혀 유기적이지 못했다. 양측 모두 영화의 스토리는 뒷전인 채 수익만 추구하거나 국가적 자긍심만 강조했다. 〈할리우드 리포터〉의 편집국장 스티븐 갤러웨이Stephen Galloway는 공동제작 프로세스를 두고 '너무 다른 두 남녀가 만나, 둘 중 누구도 사랑하지 못할 사생아를 낳았다'고 혹평했나.

할리우드의 제작사는 진정한 문화적 다양성을 작품 속에 녹여 넣는 대신, 순수한 '미국식 블록버스터' 안에 '중국적 요소'를 적당히 끼워 넣는 방식을 택했다. 그러다 보니 중국 배우가 갑자기 카메오로 등장하거나 주인공이 느닷없이 중국의 어느 도시에 착륙하는 일이 종종 발생했다. 등장인물이 중국 브랜드의 음료수를 천천히 마시며 제품의 상표를 카메라에 비추는 촌극이 벌어지기도 했다.

그중에서 가장 민망한 장면이 연출된 작품은 「아이언맨 3」였다. 이 영화는 결국 당국으로부터 공동제작 작품으로 인정받는 데 실패했다. 영화의 대본은 전적으로 디즈니와 마블Marvel(미국의 종합 엔터테인먼트 회사 – 옮긴이)에 의해 쓰였으며, 그 후에 중국의 협력사인 DMG 엔터테인먼트에 전달되었다. DMG는 이 영화가 공동제작으로 인정받으려면 중국적 요소가 들어가야 한다고 할리우드 측에 통보했다. 미국의 대본 작가는 중국 배우가 등장하는 몇 개의 시나리오를 제안했다. 양측은 중국인의 체면을 세워주면서도 중국 배우의 출연 시간을 최소화할 수 있는 방안을 만들어냈다. 중국인 의사와 그를 돕는 아름다운 간호사가 아이언맨에게 중요한 수술을 실시하는 장면을 삽입한 것이다.

외과의사 역을 맡은 사람은 중국인들에게 존경받는 배우 왕쉐치王學圻였으며, 간호사 역은 중국에서 가장 유명한 여배우 판빙빙範冰冰이었다. 그녀가 외과의사 사무실로 들어가 아이언맨이 병원에 도착했다는 사실을 알리는 순간 마침 왕쉐치는 냉장고에서 일리伊利 브랜드의 두유를 꺼내 잔에 따른다. 왕쉐치와 판빙빙이 앞으로 진행될 수술의 엄중함을 생각하는 장면에서 불길한 바이올린 선율이 흐른다. "만일 이 수술이 잘못되면 세계는 위대한 영웅을 잃게 되는 거야……." 그리고 로버트 다우니 주니어, 기네스 펠트로, 돈 치들 같은 배우의 모습도 화면에 대사 없이 지나간다. 수술 장면은 고작 30초에 불과하다. 그리고 관객들은 수술이 성공했음을 알게 된다. 중국이 세계에서 가장 위대한 영웅을 구해냈다는 소식을 세상 사람들에게 알리는 데 4분도 걸리지 않는다.

영화 전체를 놓고 보면 이는 참으로 뜬금없는 장면이었다. 마블은 개봉 직전에 이 영화를 두 가지 버전으로 공개하겠다고 밝혔다. 하나는 전 세계에 배급할 국제판이고, 또 하나는 '중국 관객들을 위해 특별한 영상을 추가한' 중국 버전이었다. 그런데 영화를 감상한 중국 관객들은 손발이 오그라드는 장면에 당혹감을 감추지 못했다. 어느 중국 관객은 판빙빙과 왕쉐치가 등장하는 대목을 두고 "그 배우들은 마치 영화 세트장을 잘못 찾아간 것 같았어요. 무슨 일이 있었던 거죠?"라고 말했다. 이 장면은 결코 중국 관객들을 자랑스럽게 만들지 못했다. 그러기는커녕 어느 부모가 다른 아이들이 노는 곳에 자기 아이를 억지로 끼워 넣은 듯한 느낌을 줄 뿐이었다. 중국인들은 영화제작이라는 게임에 끼어들었지만, 그 작업은 결국 값싸고 낯간지러운 작품을 만들어내는 것으로 마무리되었다.

하지만 관객들의 불만은 영화의 흥행에 별로 영향을 미치지 않은 듯하다. 「아이언맨 3」는 중국 개봉 첫날 2,150만 달러라는 사상 최고의 매출을 기록했으며, 그해 개봉된 영화 중 두 번째로 높은 1억 2,120만 달러의 흥행 실적을 올렸다.[12] 만일 민망한 장면 한두 개를 삽입해서라도 중국 시장에 진입할 수만 있다면, 할리우드 제작자들은 마다할 이유가 없었다.

'판다 익스프레스'

중국 정부는 할리우드와 중국 사이에 형성되는 기묘한 협력관계의 중매쟁이이자 후견인 역할을 떠맡았다. 그들은 결코 자연스럽지 못한 양측의 파트너십을 억지로 주도했을 뿐만 아니라 그 협력의 결과물을 엄격하게 감시했다.

공동제작에 참여한 제작사는 중국 정부의 철저한 검열에 응해야 했다. 당국자는 제작 예정인 영화의 대본을 미리 받아 철저히 검토했으며, 대중매체 규제를 담당하는 관리는 종종 촬영장을 찾아가 진행 상황을 꼼꼼히 기록했다. 일부 제작자들은 제작팀 안에도 정부의 스파이가 있어서 영화가 원래의 대본에서 벗어난 내용으로 촬영되지는 않는지 감시한다고 믿었다. 한편 어떤 제작자들은 당국자의 지속적인 검열을 오히려 환영했다. 만일 영화제작 과정에서 미리 검열이 이루어진다면 영화가 완성된 후에 정부로부터 상영 금지를 당할 가능성이 낮아진다는 의미일 테니까.

할리우드 영화를 중국 시장에 들여오기는 쉽지 않았다. 어떤 영화는 특정 장면을 삭제하는 조건으로 수입이 허가되었지만, 어떤 작품에는 아무런 설명이나 수정할 기회조차 없이 무작정 금지 딱지가 붙었다. 할리우드 영화사의 경영진은 중국 정부에 작품을 제출하기 전에 스스로 검열을 시행했다. 그들은 특정한 장면이나 의도치 않은 대사가 수입쿼 터의 관문을 통과하는 일을 그르치지 않을까 신중히 검토했다. 코미디 언 스티븐 콜베어Stephen Colbert는 이런 자체 검열 과정을 '판다 익스프레 스Panda Express'(미국식 중국요리를 취급하는 패스트푸드 체인점 - 옮긴이)에서 중국요리 를 만드는 일 같다고 비꼬았다.

그러는 중에 소니Sony 사의 경영진이 주고받은 이메일이 언론에 유 출되면서 영화사의 자체 검열이 어떤 식으로 이루어지는지 대중에게 공 개되었다. 이 회사의 경영진은 아담 샌들러가 주연한 영화 「픽셀」의 어 느 장면이 중국인에게 거부감을 불러일으킬지 논의했다. 그들은 외계 인이 중국의 만리장성에 구멍을 내는 장면을 두고 논란을 벌였다. 중국 정부의 영화국映畵局은 국가 보물이 파괴되는 모습에 불쾌감을 나타낼 까? 아니면 워싱턴 기념비나 타지마할 같은 곳도 영화 속에서 함께 파괴 된다는 점을 감안해 그 장면을 받아들일까? 이메일을 작성한 사람은 미 국 대통령과 CIA 국장 두 사람이 정체 모를 신무기로 미국을 공격한 세 력을 중국으로 의심하는 장면도 삭제하라고 제안했다. 소니 픽처스 릴 리징 인터내셔널Sony Pictures Releasing International의 대표인 스티븐 오델Steven O'Dell은 이메일에서 이렇게 썼다.

'다른 나라에서 상영할 필름도 중국 버전으로 바꾸는 게 좋겠습니 다. 영화를 지금 그대로 놓아두면 단점만 있을 뿐입니다. 차라리 중국 버 전에 맞춰 모든 필름을 수정하는 편이 나을 듯합니다. 그러지 않으면 나 중에 블로거들이 두 가지 버전을 비교해서 우리가 중국 시장을 위해 그 장면만 바꾸었다는 사실을 언론에 알리고 난리를 칠 테니까요.'

결국 소니의 경영진은 중국과 관련된 대목을 모두 삭제해버렸다. 자신들을 공격한 수수께끼의 세력이 누군지 지도자들끼리 논란을 벌이는 장면에서도 의심의 대상을 러시아, 이란, 심지어 구글로 바꾸었다. 「픽셀」은 2015년 수입쿼터에 포함되어 무사히 중국에 들어와 1,500만 달러를 벌어들였다.[13]

중국 정부의 검열은 중국에서의 상영을 목표로 하지 않은 영화에까지 영향을 미쳤다. 당국자는 중국을 모욕했거나 자국의 이익을 침해한 세력을 절대 잊지 않았다. 1990년대 티베트를 배경으로 제작된 영화들은 애초에 중국 시장과 전혀 상관없었지만, 중국 정부는 그 영화를 만든 회사를 블랙리스트에 포함시켰다. 오늘날 중국에 대해 부정적인 내용이 들어간 영화를 제작하는 할리우드 기업은 거의 없다. 물론 현대의 역동적인 국제 정세를 감안하면, 다음번 007 영화에 등장할 악당이 중국인이 될 가능성은 충분하다. 하지만 이 업계의 분석가 중 한 사람은 내게 "제임스 본드 영화에 중국인 악당이 등장하려면 아주, 아주 오랜 시간이 걸릴 겁니다"라고 말했다.

당분간 그 역할은 악당을 닮은 V자형 이미와 10억 달러의 재산을 지닌 왕회장이 맡아야 할 것 같다.

목적지 없는 레드카펫

왕젠린이 연출한 '동방 영화 도시' 기공식은 문화적 다양성에 기반을 둔 영화산업의 미래와 국경 없는 영화예술의 세계를 약속하는 멋진 행사처럼 보였다. 「타이타닉」에서 수많은 중국 팬의 사랑을 받은 레오나르도 디카프리오는 자신의 개인 비행기로 칭다오에 도착했다. 니콜 키드먼은 '니하오'라고 인사하며 운집한 팬들을 열광시켰다. 소니와 디즈니의 경영진도 태평양을 건너 공동제작에 대해 논의했다. 심지어 그 영화사들이 만든 작품을 검열대에 올릴 중국 정부의 영화국 담당자들도 이곳에서 참석자들과 어울렸다.

이 모든 사람의 중심에는 21세기 버전의 글로벌 문화 서커스를 연출한 무대감독 왕회장이 있었다.

그런데 뭔가가 이상했다. 사람들은 화려한 행사 뒤에 감춰진 그의 의도가 왠지 석연치 않다는 사실을 깨닫기 시작했다. 만일 왕회장이 진정으로 영화제작에 뛰어들고 싶었다면 왜 영화관 체인을 사들인 걸까? 온라인 엔터테인먼트 사업이 한창 성장세를 보이던 시기에, 그는 왜 인터넷에 밀려 쇠퇴 일로에 놓인 오프라인 사업에 수십억 달러를 쏟아부은 것일까? 그리고 영화관 체인을 인수하고 싶었다면 왜 매년 40퍼센트씩 급성장 중인 중국을 외면하고 사양길에 놓인 미국 시장에서 회사를 사들인 걸까?

세간에서는 왕회장의 의중이 무엇인지를 두고 소문이 무성했다. 2012년은 중국의 최고지도자가 10년에 한 번 교체되는 해였다. 그 와중에 많은 정치인이 권력을 잃었으며, 몇몇 주요 인물은 부패 혐의로 체포되었다. 많은 기업가도 덩달아 자리가 위태로워졌다. 그중에서도 왕젠린은 특히 심각했다. 그가 중국의 북부 도시 다롄에서 부동산으로 처음 많은 부를 축적했을 때, 당시의 다롄 시장은 중국의 차세대 리더로 떠오르던 거물 정치가 보시라이薄熙來였다. 하지만 2012년 보시라이는 현대 중국사에서 가장 극적인 정치 스캔들의 희생양이 되어 수많은 부패 혐의를 뒤집어쓰고 자리에서 물러났다. 보시라이와 가까웠던 사람들도 당연히 수사 대상이었다. 게다가 〈뉴욕 타임스〉는 왕젠린의 회사가 2007~2011년에 현재 가치로 10억 달러가 넘는 자사 주식을 중국의 최고 권력층 가족이 운영하는 회사에 매각했다는 사실을 보도했다. 이런 검은돈에 대한 의혹이 제기되면서 사람들은 의문을 나타내기 시작했다. 왕회장이 AMC를 사들인 것은 정말 엔터테인먼트 사업을 시작하기 위해서였을까, 아니면 자신이 중국에서 갑자기 떠나야 할 때를 대비해 해외에 자금을 도피하기 위한 방편이었을까?

그가 엔터테인먼트 사업에 손을 댄 이유가 단지 더 많은 부동산을 획득하기 위해서였다고 평범하게 해석하는 사람들도 있었다. 2012년 후진타오 주석이 문화 산업 육성을 통한 소프트파워 증진을 강조하자, 중국 전역의 정부 기관 관료들은 지도자의 명령을 이행할 수 있는 길을 모색하기 시작했다. 그들이 생각해낸 방법 중 하나는 '문화 산업'을 개발하겠다고 약속하는 기업에 국가의 토지를 임대해주는 것이었다. 왕회장은 공공 토지를 유리한 조건으로 불하받을 수 있다면 언제라도 중국의 문화라는 현수막을 내걸 준비가 되어 있었다. 상하이 디즈니랜드 개장이 임박한 상황에서 그는 앞으로 중국 전역에 자국의 문화 관련 테마파크를 15~20개 건설하겠다는 약속을 내놓았다. 그는 디즈니랜드 개장을 한 달쯤 앞둔 시점에 국영 TV와 인터뷰를 하며 이렇게 말했다.

"디즈니는 중국에 오면 안 되는 거였습니다. 사람들이 미키 마우스와 도날드 덕에 열광하며 무턱대고 그 캐릭터들을 쫓아다니던 시대는 지났습니다. …… 디즈니랜드는 전적으로 미국 문화 위에 건설되었습니다. 우리는 중국의 문화를 더욱 중요시해야 합니다."

완다 그룹의 전 직원에 따르면 왕젠린은 문화를 '빛나고, 새롭고, 정치적으로 그럴듯한 포장지'로 인식했다고 한다. 그에게 문화란 단지 더 많은 땅을 사들이고 더 많은 부동산을 개발하기 위한 도구에 불과했다는 것이다. 그런 사고방식은 그가 기공식 행사장에서 보인 태도에서도 분명히 드러났다. 세계에서 가장 유명한 연예인들이 행사장을 찾았는데도 그는 행사 시간의 대부분을 칭다오 시정부의 관료들과 대화를 하며 보냈다. 그들은 왕회장이 80억 달러를 들여 건설할 계획인 '동방 영화 도시' 부지의 불하 권리를 소유한 공무원이었다. 이미 공사가 부분적으로 진행되고 있었지만, 세금 문제라던가 토지 불하에 대한 상세 사항은 아직 결론나지 않은 상태였다. 그러므로 왕회장이 레오나르도 디카프리오 같은 유명 인사들을 칭다오에 부른 것은, '동방 영화 도시'를 포함해 많은 대형 개발 사업을 눈앞에 둔 그가 정부 관료들 앞에서 자신의 협상력을 과시하려는 속셈 때문이었을 것이다. 왕회장이 영화를 제작하는 데 관심이 없다는 사실은 칭다오의 레드카펫 위에서도 상징적으로 드러났다. 완다 그룹의 전 직원은 이렇게 말했다.

"할리우드 스타들은 그날 하루에 레드카펫 위를 두 차례 걸었습니다. 그리고 레드카펫이 끝나는 지점에서 행사도 끝났죠. '감사합니다. 이제 차에 올라 호텔로 돌아가세요.' 시상식이나 영화시사회 같은 것도 없었어요. 그 레드카펫은 아무데로도 이어지지 않았습니다."

할리우드의 CEO가 누군가요?

왕젠린과 할리우드의 기업가는 돈을 벌겠다는 공동의 목표로 뭉친 사람들이었다. 하지만 서로에 대한 자존심으로 인해 양측의 관계는 악화되기 일쑤였다. 그들은 '새로운 종류의 다문화적 스토리텔링'이나 '진정한 글로벌 영화' 같은 립서비스를 앞세웠지만 실제적인 협력관계는 원만하지 못했다. 그들은 모두 상대방이 원하는 것을 소유했지만, 양측 모두 자신의 가치를 더 중요시했다. 로스앤젤레스와 중국에서 경력을 쌓은 제작자 위안위안Yuan Yuan은 할리우드와 중국의 공동제작 과정을 '완고한 협상가들의 힘겨루기'라고 표현했다. 그녀가 베이징의 어느 카페에서 내게 말했다.

"중국 회사는 '내가 돈을 투자하니 당신들은 내 말을 들어야 해'라고 했어요. 반면 할리우드 제작사도 이렇게 받아쳤죠. '우리는 할리우드야. 당신이 우리 방식을 따라야 해.'"

기업들 간에 벌어지는 힘겨루기도 문제였지만, 중국 정부와 연관되어 일하는 중국-할리우드 합자회사는 영화산업에 대한 관료들의 무지함 때문에 많은 어려움을 겪었다. 할리우드 제작사의 임원은 영화제작 프로젝트가 관료주의의 늪에 빠져 헤어나지 못하는 상황을 겪기 일쑤였다. 경직된 명령체계에 익숙한 중국 정부의 관료는 '실리콘밸리'나 '할리우드' 같은 상징적 개념을 전혀 이해하지 못했다. 어느 사업가는 자신이 2008년 중국의 문화 산업을 담당하는 고위 공무원과 회의를 했을 때, 그 공직자가 뜬금없이 "그럼 할리우드의 CEO는 누군가요?"라고 물었다고 했다.

이렇듯 미·중 간의 문화적 협력관계에서는 서로의 목적이 근본적으로 일치하지 않는 경우가 많았다. 하지만 그런 문제는 좀처럼 밖으로 드러나지 않았다. 「하이 스쿨 뮤지컬」을 포함해 공동제작 영화에 여러 차례 제작자로 참여했던 자넷 양은 양측이 동상이몽에 빠져 있었다고 말한다.

"서로가 속셈이 달랐던 셉니다. 중국은 할리우드를 꿈꿨고 할리우드는 중국을 꿈꿨어요. 중국이 원하는 것은 존중이었습니다. 세계의 관객들이 중국과 관련된 콘텐츠를 봐주길 바랐던 거예요."

그렇다면 미국은 무엇을 원했을까?

"현금이죠."

연기된 꿈

몇 년이 지나면서 왕회장의 할리우드 이야기는 서서히 결말로 접어들기 시작했다. 그는 2016년 로스앤젤레스의 레전더리 엔터테인먼트 Legendary Entertainment를 35억 달러에 사들였으며, 복싱을 다룬 드라마 「사우스포」 같은 몇몇 영화에 투자했다. 하지만 할리우드에서 가장 큰 다섯 개 제작사 중 하나를 인수해 오스카상에 도전하겠다는 그의 꿈은 끝내 이뤄지지 않았다. 파라마운트 픽처스Paramount Pictures는 49억 달러에 자사의 지분 49퍼센트를 인수하겠다는 왕젠린의 제안을 거절했다. 또 2017년 중국 정부가 발표한 자본 통제 정책으로 인해 골든글로브 시상식을 주관하는 제작사를 10억 달러에 인수하려는 거래도 무산되었다.[14] 중국 정부는 2017년 8월 부동산, 호텔, 엔터테인먼트 등의 영역에서 '비합리적' 해외투자를 공식적으로 금지하는 정책을 발표한 바 있었다.

재정 상황만이 문제가 된 것은 아니었다. 미·중 두 나라가 공동으로 제작한 작품도 잇달아 처참한 실패의 늪에 빠졌다. 특히 맷 데이먼이 주연하고 장이머우가 감독한 괴물영화 「그레이트 월」은 양국 시장에서 문화적·상업적 성공을 거둘 수 있는 훌륭한 작품으로 기대를 모았다. 하지만 이 영화는 양국 시장 모두에서 흥행에 실패했다. 부자연스러운 대사와 개연성 없는 줄거리가 난무하는 이 작품은 두 나라의 경제적 논리에서 탄생한 영화라는 한계성을 그대로 노출시켰다. 유니버설 픽처스Universal Pictures와 완다 그룹이 함께 자금을 지원한 이 영화는 중국 내 촬영작으로는 사상 최대의 제작비가 투입되었지만 결국 7,500만 달러의 손해를 보았다.[15] 제작에 참여했던 어느 임원은 〈할리우드 리포터〉와의 인터뷰에서 이렇게 말했다.

"그들은 이 영화를 봐달라고 모든 사람에게 호소했지만, 한 사람도 영화관으로 끌어들이지 못했습니다. 마치 에스페란토(1887년에 국제 공용어로 만들어진 인공어 - 옮긴이) 같았죠."

「그레이트 월」은 중국과 할리우드의 공동제작 역사에 종지부를 찍은 영화처럼 느껴졌다. 이 영화가 개봉된 날, 나는 오클랜드 시내의 어느 텅 빈 극장에서 이 작품을 감상했다. 그리고 중국과 미국의 문화적 교류가 실제적인 성과를 만들어내고 있는 모델을 찾으려면 다른 영역을 살펴봐야 한다는 사실을 깨달았다.

내가 상하이 디즈니랜드로 향한 것도 그 때문이었다.

진정으로 디즈니다운, 참으로 중국적인

나는 '환상의 정원'을 지나 '마법의 동화나라 성'으로 향하는 순간에도 미키 마우스의 국적에 대한 의문을 머릿속에서 떨쳐버리지 못했다. 번화한 중국의 도시와 미국 테마파크의 아기자기한 풍경을 섞어놓은 듯한 이 친숙한 느낌의 공원은 숨이 턱턱 막히는 더위에도 불구하고 나를 편안하게 해주었다. 귀를 막고 지평선을 바라보면 마치 내가 로스앤젤레스 애너하임의 디즈니랜드에 와 있는 것처럼 느껴졌다. 눈을 가리고 주변 사람들의 이야기를 들으면 이곳이 내가 베이징에서 가장 좋아하는 어느 공원인 듯했다.

이런 멋진 문화적 배합이 이루어질 수 있는 것은 10년 넘게 이어진 국제적 협상이 결실을 맺었기 때문이었다. 디즈니의 CEO 밥 아이거는 상하이 시정부의 공산당 관료부터 중국 문화부 장관, 그리고 심지어 시진핑 주석에게까지 줄기차게 로비를 했다. 결국 디즈니가 어느 나라에서도 볼 수 없을 만큼 많은 양보를 하는 선에서 협상이 타결되었다.

상하이 시정부는 디즈니와 파트너십을 맺기 위해 설립한 국영기업 상하이 션디申迪 그룹을 통해 이 테마파크의 지분 57퍼센트를 갖게 되었다.[16] 중국의 관료들은 공원 내의 놀이 시설 설계에 대해서도 거부권을 행사할 수 있었다. 그들은 상하이 디즈니랜드에서만 볼 수 있는 놀이 시설을 더 많이 설치하자고 압력을 가했다. 또 션디 그룹은 디즈니랜드 주변의 토지를 광범위하게 사들임으로써 이 공원을 상하이 관광 생태계의 일부로 포함시켰으며, 이를 바탕으로 지역의 경제 발전을 도모했다.

디즈니의 경영진은 중국 정부와 수익을 분배할 뿐만 아니라 '중국을 세계에 알리기 위해' 디즈니의 플랫폼을 활용하고, 상하이 디즈니랜드에 중국의 문화를 최대한 반영하겠다고 약속했다. 밥 아이거는 향후 진행될 설립 프로젝트의 철학을 다음과 같은 슬로건으로 요약했다.

'진정으로 디즈니다운, 참으로 중국적인' 테마파크.

물론 그러기 위해서는 기존의 디즈니랜드 구조를 적지 않게 변경해야 했다. 일단 도로 양쪽에 고풍스러운 선물 가게가 모여 있는, 디즈니의 상징과 같은 넓은 길의 이름은 '메인 스트리트, USA'에서 '미키 애비뉴Micky Avenue'로 바뀌었다. (한때 외세의 침략을 당하고 도시의 일부가 조계지로 할양되었던 상하이에 외국 지명을 붙이는 것은 민감한 문제였다.) 식당과 매점 등은 현지화하기에 더욱 수월한 영역이었다. 전통적인 찻집 형태로 만들어진 이 공원의 만월식부漫月食府 레스토랑은 '중국 방랑 시인들의 창조적인 영혼을 기리는 의미로' 설계했다고 한다. 이 식당에서는 아이들을 위한 중국 음식이 미키 마우스 머리 모양의 쟁반에 담겨 나왔다.

하지만 내가 그 뒤로 경험한 공원의 수많은 볼거리 속에서는 중국의 문화가 그다지 크게 느껴지지 않았다. 나는 세계에서 가장 큰 디즈니 성인 '마법의 동화나라 성'을 구경하던 중 '캡틴 아메리카'와 사진을 찍기 위해 긴 줄에 서서 기다렸다. 사각턱인 뉴욕 출신의 그 사내는 내 나이와 비슷해 보였다. 그리고 곰돌이 푸의 꿀단지 놀이 기구를 타며 사진을 찍었고, '뒤엉킨 나무 주막'이라는 식당에서 '먼지버섯과 채소'라는 이름의 꽤 비싼 점심을 먹었다.

내 이름은 케빈이야!

나는 상하이의 뜨거운 태양을 견디다 못해 2002년에 발표된 애니메이션 「릴로와 스티치」의 실내 테마 공간으로 들어갔다. 이 영화는 하와이 소녀와 스티치라는 외계 동물 사이에 펼쳐지는 이야기를 담은 작품이었다. 나는 이 애니메이션을 보지도 않았고 하와이에 가본 적도 없지만, 이곳에 들어온 사람들 중 90퍼센트는 나와 마찬가지일 터였다. 관람객이 복도에 모이자 이곳을 담당하는 도우미가 얼굴에 미소를 띠고 등장해 우리가 곧 만나게 될 장난꾸러기 외계인에 대해 설명했다. 그녀는 아이들에게 중국어로 말했다.

"스티치가 지구에 떨어졌을 때 도착한 곳이 하와이였어요. 그래서 조금 후에 스티치가 여러분에게 하와이 말로 '안녕'이라고 할 거예요. 하와이 말로 '안녕'이 뭘까요? 여러분, 따라해보세요. '알로하!'"

"알로하!" 아이들은 한목소리로 외쳤다.

관람객이 작은 공연장으로 입장할 때 내 앞의 유치원생 같은 아이가 엄마의 팔을 흔들며 계속 소리를 질렀다. "알로하! 알로하! 알로하!" 엄마는 다른 손으로 휴대전화에 문자를 입력하느라 정신이 없었다. 우리가 모두 자리에 앉자 스크린에는 우주선의 계기판 같은 장치가 비춰졌다.

화면에 코알라와 강아지를 합쳐놓은 듯한 모습의 스티치가 우주선을 조종하며 등장했다. 그가 관객들에게 "알로하!"라고 인사하자 관객석에 앉은 아이들도 요란한 소리로 따라했다. 스티치는 관객석에 앉은 몇몇 아이를 골라 이름을 묻고 익살스런 농담을 했다. 내 앞의 아이는 스티치가 아이들에게 말을 걸 때마다 자리에서 일어났다 앉았다 하며 소리쳤다. "내 이름은 케빈이야! 내 이름은 케빈이야!"

스티치가 몇몇 아이 엄마에게 데이트를 신청하고, 어떤 어른이 코를 후비는 모습을 카메라로 잡아 보여주자 관객들은 모두 배를 잡고 웃었다. 10분 전까지만 해도 하와이나 스티치에 대해 전혀 들어보지 못했던 아이들은 귀가 큰 외계인에게 정신이 팔려버렸다.

스티치가 다른 은하계에서 임무를 수행하기 위해 서둘러 떠나자 관람객들은 모두 공연장을 빠져나왔다. 출구는 스티치 관련 상품을 판매하는 기념품 매장과 바로 연결되어 있었다. 중학생 소녀 두어 명이 커다란 스티치 봉제 인형을 끌어안고 있었다. 인형은 눈을 감은 채 계속 소리를 질렀다. "스티치! 스티치!" 아이에게 학교 공부를 엄하게 시키기로 유명한 중국 부모들도 자식에게 장난감을 사주는 데는 관대했다. 그들의 장바구니는 곧 차올랐다.

오후의 뙤약볕 아래로 다시 나왔을 때 전화가 울렸다. 전 동료 헬렌이었다. 그녀는 미키 마우스의 국적을 묻는 내 질문에 아이들이 답한 영상을 찍어 위챗으로 보내주었다. 헬렌은 손가락으로 전화기를 가리키며 아이들에게 중국어로 "미키 마우스는 중국 쥐일까요, 아니면 미국 쥐일까요?"라고 물었다. 한 영상에서는 여자아이 둘이 의아한 표정으로 서로를 바라보았다. 그러다가 한 소녀가 천천히 말했다. "미국 쥐요……." 어떤 영상에서는 조숙한 여자아이가 상당히 정치적으로 답변했다. "미국 쥐이기도 하고 중국 쥐이기도 해요. 그래야 미키 마우스가 온 세상 사람들에게 똑같이 재미있는 것들을 만들어줄 수 있으니까요."

스팀보트 윌리와 왕회장

나는 남은 오후 시간을 놀이 기구를 타고 그늘에서 더위를 식히며 보냈다. 디즈니 성 앞에서 벌어지는 '언더 더 씨Under the Sea' 라이브 공연을 볼 때 때마침 소나기가 내려 온몸이 시원하게 젖었다. 공원 이곳저곳에는 중국의 문화를 최대한 반영하려고 노력한 흔적이 엿보였다. 미키와 미니는 중국의 전통 의상을 입었으며, 어느 벽면에는 12간지의 각 동물에 디즈니 캐릭터를 조합시킨(예를 들어 호랑이는 「곰돌이 푸」의 '티거'로, 쥐는 「라

『라따뚜이』의 '레미'로) 장식물이 전시되어 있기도 했다.

물론 관람객들은 12간지 따위를 보기 위해 300위안이나 지불하고 이곳에 들어오지는 않았을 것이다. 그들이 상하이 디즈니랜드를 찾은 것은 오직 디즈니만이 만들어낼 수 있는 마법의 세계, 이 회사에 엄청난 상업적 성공을 안겨준 환상적인 스토리텔링의 연금술을 구경하기 위해서였다. 왕회장은 미키 마우스와 도날드 덕에 대해 불평을 늘어놓았지만, 그가 디즈니라는 회사에 맞서기에는 아직 역부족이었다.

그 싸움은 여러모로 공평한 대결이 될 수 없었다. 월트디즈니는 1928년에 「스팀보트 윌리」라는 작품으로 미키 마우스를 데뷔시켰다. 그가 만든 회사는 이후 50년 동안 엄청난 지적재산을 쌓아올렸으며, 사랑스러운 만화 캐릭터를 창조하고 상업화하는 데 독보적인 노하우를 축적했다. 그 시기에 중국은 외세의 침략, 내전, 기근, 문화혁명 같은 혼란한 상황을 겪었다. 중국공산당 지도자들은 중국의 5,000년 역사와 다양한 지역문화에 대해 이야기하기를 좋아한다. 그러나 중국인들로부터 문화를 박탈한 마오쩌둥의 광폭한 혁명 시기에 대한 이야기나, 중화인민공화국이 예술가에게 상업적 창작물을 허용한 것이 고작 한두 세대에 불과하다는 사실은 잘 언급하지 않는다. 그런 역사적 배경을 지닌 중국이 디즈니에 필적하는 작품을 만들어낸다면, 그건 기적 같은 일일 수밖에 없다.

상하이 디즈니랜드는 중국 정부에 많은 이득을 안겨준 작품이었다. 디즈니에 창문을 열었을 때 외국의 문화라는 '파리'가 따라 들어오기는 했지만, 중국 정부는 많은 가시적 혜택을 얻었다. 그들은 중국 땅에서 이 테마파크를 운영함으로써 관광산업을 발전시켰고, 지역의 창작가들에게 우수한 선진문화를 소개했으며, 정부의 주머니를 두둑하게 만들었고, 아이들에게 기쁨을 안겨주었다. 중국공산당이 이 거래를 선뜻 받아들인 건 그 때문이었을 것이다.

해가 점차 기울면서 더위도 조금 견딜 만해졌다. 나는 수많은 가족을 따라 출구로 빠져나갔다. 밖에서는 마을 사람들이 관람객의 물결을 거슬러 오르며 미키 마우스 배낭 모조품을 공원 안에 비해 10분의 1 가격으로 판매했다.

스피커에서는 여전히 오케스트라의 음악이 울려 퍼졌고 하늘에는 불꽃놀이가 한창이었다. 관람객들은 셔틀버스와 주차된 자동차 쪽으로 지친 발걸음을 옮겼다. 오늘 아침 공원으로 뛰어 들어갔던 아이들은 부모에게 안긴 채 이곳에 다시 올 날을 꿈꾸며 잠들어 있었다.

뜻밖에 세워진 '중국의 할리우드'

비록 왕회장의 할리우드 드림은 이루어지지 못했지만, 그렇다고 중국의 영화산업이 디즈니 앞에 완전히 무릎을 꿇은 건 아니었다. 중국의 국내 영화는 공동제작 모델의 실패에 따른 공백을 훌륭히 메웠다. 중국 영화산업의 미국화 열풍에 맞서 저항의 횃불을 들어올린 것은 중국 최고의 부자가 아닌 어느 초라한 시골 마을이었다. 헝디엔이라는 이름의 이 지역은 한때 실크 제품이 불법으로 유통되던 마을에서 중국 영화산업의 허브로 변신했다. 디즈니랜드에서 하루 종일 숨 막히는 더위를 겪은 나는 '중국의 할리우드'를 탐사하기 위해 이곳으로 향했다.

헝디엔은 세계에서 가장 큰 나라의 영화산업 수도라고 불리기엔 교통이 너무 불편했다. 이곳 주변에는 공항은커녕 변변한 기차역도 없었다. 상하이에서 출발한 나는 먼저 고속열차를 타고 경공업 제품의 도매 및 유통산업으로 유명한 도시 이우義烏(이곳의 슬로건은 '작은 상품들을 위한 큰 세계'이다)에 도착했다. 그리고 푹푹 찌는 장거리 버스 터미널에서 한참을 기다린 후 1시간 30분 동안 버스를 타고 헝디엔에 도착했다.

이 마을은 저장성 외곽의 높은 언덕들 사이에 놓인 평평한 대지에 자리잡고 있었다. 저장성은 원래 훌륭한 사업가를 많이 배출한 곳으로 유명했다. 헝디엔을 명소로 키워낸 쉬원룽徐文榮도 그중 한 명이었다. 쉬는 1975년 마오쩌둥이 여전히 정권을 잡고 있을 때 누에고치를 수확하는 공장을 불법으로 설립했다. 자칫하면 마오쩌둥을 추종하는 세력에 의해 '교화 노동 수용소'로 끌려갈 수도 있었지만 배짱이 두둑한 그는 아랑곳하지 않았다. 그가 이 공장을 세운 것은 훗날 수십억 달러의 거부로 향하는 첫걸음이었다. 1980년대에 중국이 경제적 개방정책을 실시하면서 쉬원룽의 헝디엔 그룹은 호텔, 금속, 반도체 등을 포함한 여러 분야로 진출했다.

그런데 1995년이 되면서 그의 회사는 예상치 못한 전환점을 맞게 되었다. 그해 중국의 영화감독 셰신謝晉은 영화 「아편전쟁」을 찍을 장소를 찾아 헤매고 있었다. 이 작품은 중국이 홍콩을 영국에 넘겨주는 과정을 그린 전형적인 선전영화였다. 셰진은 1997년 홍콩이 반환되는 날에 맞춰 영화를 개봉할 계획이었지만, 19세기의 거리 풍경을 찍을 만한 곳을 찾지 못해 애를 태웠다. 쉬원룽은 셰진 감독과 회의를 한 후 자신의 고향에 세트장을 아예 처음부터 지어주겠다고 제안했다. 그는 현지에서 사람들을 동원해 인근 마을에서 적당히 낡아 보이는 돌들을 운반해왔고, 1840년대 광둥 지역의 거리 풍경을 재현한 상점가를 만들었다.

덕분에 촬영이 순조롭게 진행되었으며, 영화도 흥행에 성공했다. 그러자 다른 제작자들도 너도나도 헝디엔을 찾아 세트를 만들어달라고 부탁했다. 다행히 중국의 영화나 TV 프로그램이 다루는 역사적 배경이나 장소는 비슷했다. 제2차 세계대전 중에 벌어진 중국과 일본의 싸움, 또는 고대 궁궐을 배경으로 한 황제 이야기가 대부분이었다. 쉬원룽이 사재를 털어 역사적 장소의 복제품을 계속 건설하면서 마침내 헝디엔 월드 스튜디오Hengdian World Studio가 탄생했다. 그는 세트장을 사용하는 영화제작자에게 돈을 받지 않았다. 대신 이곳에 몰려든 관광객이 역사적 유물을 본뜬 세트장을 구경하고, 그가 소유한 식당에서 음식을 먹고, 그의 호텔에서 잠을 자는 데서 수익을 얻었다.

헝디엔으로 오세요!

오늘날 헝디엔은 영화를 향한 원대한 꿈과 중국의 시골 마을이라는 기묘한 조합을 상징하는 장소가 되었다. 이곳에 몰려든 영화인은 10억 명이 넘는 중국인의 상상력을 사로잡는 환상적인 영화나 TV 시리즈를 만들고 싶어 했다. 하지만 헝디엔이 지향하는 창작 과정은 경쟁자들(미국뿐 아니라 중국의 다른 제작자들)과 확연히 달랐다. 미국인들은 할리우드의 세계적 지배력이 개인적 창의성과 독보적인 스토리텔링 능력에서 비롯된다고 생각했다. 왕젠린이 돈을 쏟아부어 할리우드의 마법을 사들이려 애쓰고 있을 때, 헝디엔은 벽돌 하나부터 차근차근 산업의 기반을 쌓아올렸다. 내가 헝디엔 월드 스튜디오에서 받은 팸플릿에 적힌 영어 문구는 영화인을 끌어들이기 위한 구호라기보다 직물 공장 유치 광고에 더 잘 어울리는 문구처럼 느껴졌다. '헝디엔으로 오세요. 더욱 저렴하고 노력이 적게 듭니다!'

영화 촬영장으로 향하는 길에서 만난 헝디엔은 퍽이나 생소했다. 물론 중국의 소도시에 아직 다듬어지지 않은 모습이 많이 남아 있다고는 해도, 이곳에서는 베이징 같은 국제도시에서 오래전에 사라진 광경이 눈에 띄었다. 어느 치과의사는 입에 담배를 문 채 환자를 치료했고 열두 살쯤 되어 보이는 소년이 화물트럭을 운전하고 있었다. 영화배우를 지망하는 많은 사람들에게 헝디엔은 메카 같은 곳이지만, 이 마을은 보통의 중국 소도시보다도 시대가 더 후퇴한 느낌이었다.

버스 정류장에서 호텔까지 걸어갈 때 흑백 체크무늬 망토를 걸친 남자가 테크노 팝 음악에 맞춰 교차로 한가운데서 춤을 추는 모습이 보였다. 호텔 로비의 소파에 앉아 있을 때는 티셔츠를 배꼽 위로 말아 올린 술 취한 남자가 담배를 물고 내 앞을 지나갔다. 그날 저녁 무렵, 개업식을 하는 어느 보석 가게 앞을 지나쳤다. 상반신에 아무것도 입지 않은 채 보디페인팅을 한 여성 모델들이 퍼레이드를 벌였다. 행사 진행자는 돈이 가득 든 붉은색 봉투를 구경꾼들이 내민 손을 향해 휘둘러댔다.

헝디엔이 낯선 느낌을 주는 시골 마을이기는 해도, 이곳은 적절한 시기에 적절한 산업을 제대로 선택한 셈이었다. 중국 영화산업의 폭발적인 성장, 그리고 온라인 TV 프로그램의 급증으로 헝디엔이 제공하는 영화적 자원에 대한 수요는 점점 늘어났다. 이미 완성된 영화 세트들, 수만 벌의 의상, 수백만 개의 소품, 적은 임금에도 기꺼이 노동력을 제공하는 풍부한 인력 등등. 비즈니스는 언제나 호황이었다. 헝디엔 월드 스튜디오의 직원들은 수천 명에 이르는 스태프의 촬영 스케줄을 손에 쥐고 바쁘게 움직였다. 나는 어느 스태프에게 촬영 현장을 잠시 따라다니게 해달라고 부탁했다. 그는 서기 1세기를 배경으로 궁중의 음모를 다루는 영화 촬영 현장으로 나를 초대했다.

판빙빙의 가슴골

이 영화의 배경이 된 시대부터 2000년 하고도 91년이 더 지났지만, 아직도 부채는 황제가 8월의 더위를 식힐 수 있는 유일한 도구였다. 스물아홉 살인 배우 루 이Lu Yi는 촬영장 벽에 비스듬히 기대선 채 화장이

지워지지 않도록 땀을 말리고 있었다. 나와 같은 해(1988년)에 태어난 루는 잠시 언론계에서 일하다가 연기 쪽으로 전환해 어느 정도 인기를 얻었다. 중국 여성들이 선호하는 턱선이 뚜렷한 미소년의 외모를 지닌 그는 국영 라디오 방송국에서 잠시 일한 뒤 상하이 TV의 광고에 출연했으며, 헝디엔에서 제작된 몇몇 영화의 주연을 맡았다.

오늘 그가 찍을 장면은 기원전 74년 제위에 오른 지 29일 만에 권좌에서 물러난 중국의 어느 타락한 황제 역이었다. 그는 침울한 표정으로 궁궐의 산책로를 따라 걸으며 깊은 생각에 잠겨 먼 곳을 바라보았다. 사색에 빠진 황제 주변으로 영화 카메라들이 오가고, 마이크 선들이 교차하고, 감독은 연신 지시를 내리고, 메이크업 담당자들은 배우의 화장을 고치느라 분주했다. 스태프들 모두 화면에 조금이라도 더 좋은 그림을 담기 위해 노력했다.

이 영화는 장시성 정부가 제작비 중 일부를 부담했다고 한다. 최근 일단의 고고학자들은 장시성에서 이 작품의 주인공인 황제의 무덤을 발견했다. 지방정부의 관료들은 온라인으로 공개될 이 영화가 지역의 관광을 활성화시키는 데 도움이 되기를 기대했다.

하지만 이런 장르의 영화를 계속 제작하는 데 문제가 없는 것은 아니다. 헝디엔에서는 매년 비슷한 내용의 영화나 TV 연속극이 수십 편 넘게 제작된다. 비극적인 운명의 황제, 환관들의 음모, 중상모략을 일삼는 후궁들을 다룬 역사물이 대부분이다. 배우들의 과장된 연기와 천편일률적인 스토리가 끝없이 이어지는 프로그램들은, 외국인(심지어 중국어를 할 줄 아는 외국인) 입장에서는 서로 다른 점을 구별하기 어려울 정도다. 그럼에도 훌륭한 줄거리를 갖추거나 나름 특이한 요소를 가미한 작품은 종종 수천만 명의 시청자를 스크린 앞으로 불러모은다.

대표적인 사례가 2014년에 방영된 TV 드라마 「무미랑전기武媚娘传奇」였다. 중국 역사상 유일한 여자 황제인 측천무후의 일생을 다룬 이 드라마는 헝디엔에서 촬영되었으며 판빙빙이 주연을 맡았다. 이 작품을 찍은 감독은 측천무후와 다른 후궁들에게 목 부분이 깊이 파인 복장을 입게 했으며, 그들의 가슴 부위를 카메라 앞에 과감히 노출시켰다. 그런데 드라마가 방영된 지 1주일 후 제작자는 갑자기 '기술적인 이유'로 프로그램을 중단했다. 그로부터 4일 후 방송이 재개되었을 때는 배우들의 전신을 찍은 장면이 얼굴만 클로즈업한 장면으로 대체되었다. 처음에 이 드라마의 방영을 허가한 중국의 검열관이 생각을 바꿔 판빙빙의 가슴골이 화면에 나오지 않게 하라고 요구했음이 분명했다.

이 어처구니없는 일화에는 많은 시사점이 내포되어 있었다. 미국의 제작자들이 생각하는 중국 정부의 검열은 정치적 내용을 담은 영화를 중국에서 상영하지 못하게 하는 일을 의미했다. 그 제재 조치는 매우 실제적이고 분명했기 때문에, 중국 사회의 어두운 구석을 폭로하고자 하는 예술가들은 종종 견고한 검열의 벽에 부딪혔다.

그러나 이제 헝디엔에서는 검열의 대상이 일상적 영역으로 확대되었으며 전혀 예측할 수 없게 되었다. 나는 중국에서 5년 동안 거주하면서 다양한 주제의 프로그램이 정부의 검열로 퇴출되는 경우를 자주 목격했다. 시간 여행을 그린 TV 드라마, 연예인의 자녀가 출연하는 리얼리티 쇼, 동성끼리 친밀한 모습을 보이는 장면, 그리고 판빙빙의 가슴골까지. 2016년 미국 대통령 선거운동이 한창일 때 중국의 당국자는 '연예인, 억만장자, 인터넷 유명 인사를 떠받드는 내용의 프로그램을 제작하지 말라'고 경고하기도 했다.

중국 정부가 금지하는 주제들 뒤에 놓인 공통점은 분명했다. 당국자는 성적인 내용(특히 동성애를 다룬 내용)에 거의 결벽증적으로 민감한 반응을 보였다. 또한 대중매체를 규제하는 관료는 관객이나 시청자에게 '건강'하고 '사회주의적'인 가치를 심어주어야 한다는 사명감을 지녔다. 하지만 그들이 내세우는 가치의 기준은 늘 애매모호했다. 미디어 산업에서 일하는 사람들은 당국자의 심중을 헤아리기 위해 늘 노심초사했다. 사회적 비판과 무관한 내용의 작품을 제작하는 사람들은 대체로 정부의 승인을 쉽게 받는 편이었지만, 그들 역시 어떤 주제가 갑자기 정부의 금기 대상으로 바뀔지 알 수 없었다.

그런데 지금 헝디엔에서 촬영에 참가하고 있는 스태프에게는 찍고 있는 장면이 성공적으로 마무리되어 점심식사를 하러 가는 일이 더 급한 듯했다. 영화감독은 티셔츠를 벗고 자신의 왼쪽 가슴에 새긴 호랑이 문신을 드러냈다. 조연출을 맡은 사람은 촬영감독 뒤에 딱 달라붙어 길게 뻗은 한 팔로 검정색 우산을 들고 카메라에 그늘을 만들어주었다. 해가 중천에 떠오를 때쯤, 나를 촬영장에 초대해준 오스트레일리아 유학생 출신의 친절한 20대 젊은이는 다음 세트장으로 이동하자고 제안했다. 우리는 차에 올라 에어컨을 최대한 세게 틀었다.

코미디는 다른 곳으로 여행하지 않는다

돌이켜보면 지난 2012년은 할리우드 영화의 중국 시장 지배가 절정에 달한 해였으며, 동시에 중국 영화가 부상하기 시작한 해였다. 후진타오 주석이 중국으로 '침투'하는 서구 문명에 대해 심각하게 경고한 바로 그해, 할리우드 영화 세 편이 중국 영화산업 사상 최대의 흥행 실적을 기록했다. 중국의 영화제작자 입장에서 당시 상황은 여러모로 긍정적이지 못했다. 많은 사람들은 외국영화의 수입쿼터가 늘어난 일이 아직 초기 단계에 머물고 있는 중국의 영화산업을 결정적으로 망쳐놓을 거라고 예상했다.

그런 상황에서 전혀 예상치 못한 일이 벌어졌다. 2012년부터 2018년까지 매년 가장 많은 매출을 올린 영화 일곱 편 중 여섯 편이 중국 영화였던 것이다. 이 시기에 전체 영화산업 매출은 세 배 이상 성장했으며, 그중 50퍼센트가 중국 영화 매출이었다. 물론 이 숫자가 과장되었을 가능성도(그것도 상당한 규모로) 적지 않다. 중국의 영화계는 매출 통계를 조작하거나, 중국 영화에 유리하게 개봉일을 변경하는 것으로 악명이 높다. 그러한 통계의 허수를 감안하더라도 이는 자국어로 만들어진 중국 영화에 대한 제작자들의 열정, 그리고 중국 관객들의 특수한 취향이 반영된 추세라 할 수 있었다.

중국 영화의 도약이 시작된 것은 2012년 12월이었다. 당시에 개봉한 영화 「로스트 인 타일랜드」는 동남아시아 국가를 무대로 촬영된 저예산 코미디물이었다. 이 작품을 관람한 몇몇 미국인(이 영화는 미국에서 5만 7,387달러의 매출을 기록했다)에게는 슬랩스틱 코미디와 배우들의 과장된 연기를 엉성하게 섞어놓은 삼류 영화에 불과했을 것이다. 하지만 중국 관객들의 반응은 뜨거웠다. 이 영화는 상영되고 얼마 되지 않아 매출 10억 위안을 돌파한 첫 번째 중국 영화가 되었다. 상영 막바지에는 「트랜스포머」와 「타이타닉 3D」를 제치고 중국 내 최고의 흥행 실적을 기록한 영화로 자리잡았다.

왜 두 나라의 관객 취향이 그토록 극명하게 엇갈리는 걸까? 한 가지 이유는 '코미디는 다른 곳으로 여행하지 않는다'는 원리가 들어맞았기 때문이었다. 대체로 액션영화는 전 세계의 모든 시장에서 비슷한 실적을 거두는 반면, 해당 지역의 문화에 특화된 '유머'를 다룬 코미디물은 그 영화가 탄생한 국가로 시장이 한정되는 경우가 많다. 중국에서 흥행에 성공한 영화를 보면 그런 추세가 더욱 확연해진다. 2012~2016년 중국에서 가장 많은 매출을 올린 중국 영화는 거의 다 스크루볼 코미디물이었다. 그 작품들은 중국어 문화권 외에서는 별다른 흥행 실적을 거두지 못했다.

해당 언어를 아는 사람만 이해할 수 있는 말장난 외에도, 서양 관객

에게는 정신없고 혼란스럽게 전개되는 영화 줄거리도 이런 코미디물의
특징이었다. 곡예 같은 슬랩스틱 연기, 애니메이션으로 그려지는 괴물
들, 역겨운 유머, 관객의 진을 빼는 액션 장면 등등. 게다가 얼기설기 얽
힌 줄거리가 결말 부분에 이르면 일부는 서둘러 마무리되고 일부는 무
시된 채 넘어가기 일쑤였다. 이런 통속적 제작 기법은 중국 영화팬들의
시대적 요구가 스크린에 반영된 결과라고 할 수 있다.

　홍콩의 영화감독 겸 배우인 주성치周星馳가 제작한 「서유기 : 모험의
시작西遊降魔篇」은 그 대표적인 사례였다. 헝디엔에서 촬영된 이 영화는
2013년 「로스트 인 타일랜드」의 기록을 깨고 잠깐 동안 사상 최고의 흥
행 실적을 거둔 작품으로 기록되었다. 영화의 제목은 인도로 불교 경전
을 가지러 가는 삼장법사와 손오공의 전설에서 따왔지만, 중국의 전통
문화에 대한 단순하고 일방적인 찬가讚歌와는 거리가 멀었다.

　대신 작품의 내용은 어디선가 본 듯한 슬랩스틱 코미디, 애니메이
션으로 그려진 요괴들의 출현, 느닷없는 스토리의 탈선 같은 파격을 끊
임없이 오간다. 이 영화의 진수는 배우들의 과장된 연기 중간중간에 튀
어나오는 독특한 희극적 대사나 사회·정치적 풍자 같은 부분이라고 할
수 있다. 주성치 감독은 자신이 전달하고 싶은 메시지를 애니메이션을
포함한 화려한 시각적 요소로 포장할 필요를 느꼈을 것이다. 그래야 관
객들이 입장료를 아까워하지 않고 영화관을 떠날 수 있을 테니까. 이 영
화에서 가장 중요한 악당은 결말을 30분 정도 남겼을 때 등장한다. 스토
리는 거기서부터 몇 번 종잡을 수 없이 방황을 거듭한다. (스포일러 주
의!) 결국 지구보다 더 큰 부처가 갑자기 나타나 지구의 외기권外氣圈에
서 자신의 거대한 손바닥을 누름으로써 악당에게 벌을 내린다. 영화가
끝나고 화면에 엔딩 크레디트가 올라갈 때 나는 혼잣말을 했다.

　"정말 이 작품이 올해 중국 최고의 영화란 말이야?"

　서양 사람들은 헝디엔의 코미디를 보고 의아한 표정으로 머리를 긁

적일 수밖에 없을 것이다. 그럼에도 이 통속 코미디물은 중국의 영화제
작자가 할리우드에 빼앗긴 매출액을 되찾아오는 데 적지 않게 기여했
다. 이 장르의 영화들은 중국 관객에게 볼거리를 안겨주었고, 현지 제작
자에게 흥행에 성공할 수 있는 작품을 만들 기회를 제공했으며, 나아가
중국 영화를 한 차례 도약시킬 수 있는 기반으로 작용했다.

그림자와 메아리

우리가 다음으로 방문한 세트장의 풍경은 갑자기 2000년을 건너뛴
하류층 사회로 바뀌었다. 헝디엔 촬영소에는 수많은 영화의 배경이 되
는 고대 궁궐뿐만 아니라 오래된 절이나 교실 같은 소규모 세트장도 다
양하게 구비되어 있었다.

우리는 근처의 언덕에 위치한 세트장으로 향했다. 낡아빠진 노란색
건물들이 모인 이곳은 과거 한두 세기를 배경으로 한 영화를 찍기에 제
격일 듯싶었다. 오늘 이곳에서 촬영 중인 작품은 1930년대를 그린 쿵푸
영화라고 했다. 당시는 전통 무술이 현대식 전투에 대한 시대적 요구 속
에서 갈등을 겪던 격동의 시기였다. 이 영화의 제목 '우저武者'는 중국어
로 '전사'나 '투사'를 뜻하는 말이지만, 제작사는 영어 제목을 '그림자와
메아리Shadows and Echoes'라고 붙였다.

우리가 건물의 뒷문을 통해 살금살금 촬영장으로 들어가자 촬영
을 보조하는 스태프들이 손가락을 입에 대고 조용히 하라는 신호를 보
냈다. 오래된 작업장을 재현해놓은 세트장의 반대편 창문에서는 노란색
햇빛이 쏟아져 들어와 나무 양동이와 바구니들을 비추었다. 벽과 벽을
연결한 밧줄에는 빨간 고추와 마늘이 매달려 있었다. 그리고 세트 한가
운데에는 체격이 건장한 사내가 짧은 머리와 턱수염을 하고 식품점 주

인이 입는 것 같은 앞치마를 두른 모습이 눈에 띄었다.

　세트장의 절반 정도를 차지한 카메라 스태프들 옆에는 파란색 유니폼을 입은 젊은 두 남자가 보였다. 그들의 왼편에는 챙이 넓은 검정색 모자를 쓰고 바닥까지 닿는 긴 검정색 재킷을 입은 또 다른 사내가 서 있었다. 그는 뒷짐을 진 채 우리와 반대편을 바라보고 있었지만 그의 태도에서는 일말의 우아함과 고요함이 느껴졌다. 스태프 한 명이 그 사내의 주위를 돌면서 장비를 사용해 먼지인지 연기인지 모를 무언가를 허공에 뿜어댔다. 사내가 안개 속으로 사라지자 워키토키를 든 남자가 카메라를 켜라고 지시했다. 한 스태프가 판자로 된 벽을 두드렸다.

　갑자기 앞치마를 두른 남자가 공중으로 들어올려졌다. 그는 밧줄과 도르래에 고리로 연결된 장비를 착용하고 있었다. 티셔츠 차림의 남자 세 명이 온몸으로 밧줄을 당겼다. 그는 바닥에서 1미터쯤 떠올랐을 때 천장에 매달린 고리 모양의 밧줄을 잡아 자신의 목 주변에 걸었다. 도르래를 담당하는 팀이 밧줄을 당기는 힘이 조금 약해지자 그는 밧줄이 자신의 목을 조인다고 소리쳤다. 도르래 팀이 다시 힘을 줘 그 남자를 조금 더 들어올렸다.

　"셋, 둘, 하나, 액션!"

　촬영이 시작되자 검정색 옷을 입은 사내와 파란색 유니폼을 착용한 두 젊은이는 매달린 남자 주위를 천천히 맴돌았다. 카메라는 트랙을 따라 그들을 뒤쫓았다. 검정색 옷을 입은 배우는 밧줄에 대롱대롱 매달려 공중을 돌고 있는 앞치마 차림의 남자에게 조용하고 위협적인 목소리로 뭐라고 얘기했다. 갑자기 워키토키의 잡음이 정적을 깼다.

　"오케이, 컷, 컷!"

　앞치마를 입은 남자는 목에서 밧줄을 풀고 바닥으로 내려왔다. 워키토키에서 지시가 떨어졌다.

　"한 번 더 갑시다. 저 친구가 위로 올라가기 전에 누가 좀 잡아줘요.

너무 많이 빙빙 돌지 않도록."

'하나의 과정'

앞치마 차림의 남자가 몇 번 더 오르락내리락한 뒤에 촬영이 끝났다. 헝디엔 그룹의 직원 한 명이 내게 검정색 옷을 입은 루안 성원Ruan Shengwen이라는 이름의 배우를 소개해주었다. 그가 무거운 촬영용 의상을 벗고 회색 티셔츠로 갈아입은 후에 우리는 옆 건물로 자리를 옮겨 캠핑용 의자에 앉았다. 큰 키에 미남형인 루안은 차분해 보이는 용모를 지녔지만 그동안 주인공 역할보다 악당이나 반反영웅 같은 역을 많이 맡았다고 했다. 그는 오늘의 촬영을 위해 콧수염을 기르고 있었다.

루안은 원래 직업 댄서가 되기 위해 훈련을 받았으며, 그 인연으로 카메라 앞에 서게 되었다고 한다. 그는 10여 년 전 중국의 엔터테인먼트 산업이 떠오르기 시작하던 시기에 연기로 방향을 전환했다. 그 후의 경력은 어떻게 펼쳐졌느냐고 내가 질문하자 그는 네 마디로 과거를 요약했다. "고…… 고, 저…… 저." 루안은 첫 번째 오디션에서 TV 시리즈의 주연 자리를 따냈지만 새롭게 도전한 분야에서 시청자들의 인정을 받기에는 아직 역부족이었다. 이후 영화나 TV 드라마의 작은 배역을 전전하며 과거에 댄서가 되려고 춤을 익힐 때처럼 열심히 노력했다. 그리고 2015년 루안은 10세기를 배경으로 한 역사 판타지 시리즈에서 짙은 눈썹의 악당 역할을 맡아 시청자들의 열렬한 호응을 얻었다.

그 시리즈의 성공 덕분에 루안은 보다 예술적인 기준으로 출연할 작품을 고르고 역할을 선택할 수 있게 되었다. 물론 이따금 맥주나 자동차 광고를 찍기도 했다. 그는 기본적으로 영화를 진지한 예술 장르로 인식하는 사람이었다. 나는 매출에 대한 업계의 집착이 그가 맡은 역할이나 그가 찍는 영화에 어떤 영향을 주느냐고 질문했다. 그는 이렇게 말했다.

"고도의 상업영화를 만들어야 하는 것은 이 단계에서 불가피한 일입니다. 그건 하나의 과정이라고 생각해요. 가장 중요한 것은 시간이 흐르면서 중국 관객들이 보다 사려 깊게 영화를 고를 거라는 사실이죠. 앞으로 영화의 예술적 가치에 대한 대중의 인식이 높아지면서 상업적 요소와 예술적 요소가 조화된 작품들이 나올 겁니다."

'하나의 과정'이라는 말은 우리의 대화에서 여러 차례 반복되었다. 그는 중국 중산층의 문화적 지평을 넓히는 일, 정부의 콘텐츠 검열이 수행하는 역할, 할리우드 영화를 바탕으로 한 중국 영화산업의 발전 등을 이야기하며 '과정'이라는 단어를 자주 사용했다.

"저는 할리우드 영화를 공부하거나 모방하는 일을 개의치 않습니다. 어떤 분야의 장인이든 그런 과정을 거치니까요."

루안과 다른 제작자 한 명은 지금 촬영 중인 영화 프로젝트가 어떻게 시작되었는지 이야기해주었다. 루안이 베이징 외곽에서 다른 작품을 찍고 있을 때 지금의 제작사에서 그에게 「그림자와 메아리」의 대본을 보내주었다. 그가 대본을 읽어본 뒤 작품이 마음에 든다고 말하자, 그날 오후 감독과 제작자 한 명이 직접 차를 몰고 영화 세트장으로 달려와 그를 만났다. 그는 이렇게 회상했다.

"우리는 대본 자체에 대해서는 별로 말하지 않았습니다. 그보다는 앞으로 영화산업을 위해 어떤 일을 하고 싶고 어떤 식으로 노력하길 원하는지 이야기했죠."

그는 중국 영화를 발전시키겠다는 의욕이 이 제작팀을 결속시킨 원동력이며, 그 때문에 모두가 헝디엔의 무더위 속에서도 열심히 촬영에 임하는 거라고 말했다.

함께 대화하던 제작자는 일 때문에 자리를 떠났다. 나는 루안의 휴식 시간을 더 많이 뺏고 싶지 않았다. 떠나기 전에 나는 그에게 물었다.

이 업계에서 10년간 수많은 우여곡절을 겪은 뒤에도 그는 여전히 꿈을 추구하고 있을까?

"제 꿈은 중국의 관객들이 영화를 보다 예술적인 시각으로 바라보게 되는 것입니다. 저는 그런 날이 머지않았다고 믿어요. 제가 할 수 있는 일은 그런 순간을 준비하는 것뿐입니다."

———∞———

열 시간 동안 세트장을 돌아다니다 에어컨이 켜진 자동차에 오르니 살 것 같았다. 차를 운전하는 사람은 헝디엔 그룹에서 일하는 관리자였다. 그가 나를 이곳저곳으로 안내해주는 동안 우리는 할리우드와 헝디엔의 관계에 대해 이야기를 나누었다. 나는 이곳을 방문하는 미국인이라면 누구나 궁금해할 질문 몇 가지를 그에게 던졌다. 수많은 영화가 똑같은 건물과 장소에서 촬영되면 관객들이 지루해지지 않나? 정부의 검열로 인해 훌륭한 영화의 제작이 무산되는 경우는 없나? 왜 헝디엔은 기술에 더 많은 돈을 투자하지 않고 물리적인 세트장을 짓는 데만 열중할까? 그는 의아한 표정으로 내 얼굴을 흘깃 쳐다본 후에 마치 어린아이에게 이야기하듯 쉬운 문장을 사용해서 천천히 대답했다.

"영화를 제작하려면 시각적인 배경이 필요합니다. 할리우드에서는 대부분 컴퓨터나 특수효과를 사용하지요. 우리는 진짜와 똑같은 세트를 처음부터 만들 수 있는데도 왜 컴퓨터에 돈을 써야 할까요?"

그의 반문은 나를 잠시 당황하게 만들었다. 세계의 문화를 주도하는 할리우드 사람들에게 헝디엔의 접근 방식은 전혀 이치에 맞지 않을 것이다. 하지만 값싼 노동력이 풍부한 반면 시각적 스토리텔링이 상대적으로 부족한 헝디엔에서는 그의 논리가 어느 정도 설득력이 있었다. 그리고 그들의 접근 방식은 생각보다 큰 성공을 거두는 중이었다.

그런 빌어먹을 시대는 지나갔어

나는 헝디엔에서 첫 번째 밤을 보내며 새로운 종류의 중국 블록버스터를 처음 관람할 기회를 얻었다. 그동안 「특수부대 전랑 2」(영어 제목은 '늑대 전사Wolf Warrior 2')라는 영화를 다룬 기사의 헤드라인('중국의 람보'라거나 중국공산당의 선전영화에 불과하다거나 등등)을 몇 차례 지나치기는 했지만, 나는 이 작품에 대한 관객의 후기나 전문가의 분석을 의도적으로 읽지 않았다. 대신 중국의 영화관에서 중국 관람객들과 함께 이 작품을 처음 감상해보고 싶었다. 나는 스마트폰으로 영화표를 구매한 후 공유 자전거로 헝디엔을 가로질러 극장으로 향했다.

내가 이 영화를 보지 않고 지나갈 수 없었던 이유 중 하나는 엄청난 매출액 때문이었다. 2017년에 개봉한 「특수부대 전랑 2」는 중국 역사상 최대인 8억 5,700만 달러의 흥행 실적을 올렸다.[17] 이는 「스타워즈 : 깨어난 포스」가 북미 시장에서 거둔 9억 3,600만 달러에 이어 세계 영화사상 특정 작품이 단일 시장에서 기록한 두 번째로 큰 매출액이었다. 두 영화의 차이는 「특수부대 전랑 2」가 해외시장에서 400만 달러의 수익을 기록한 데 비해 「스타워즈」는 북미 이외의 지역에서 10억 달러의 매출을 올린 것이다. 중국의 영화산업 매출은 세계 그 어느 시장보다 성장 속도가 빨랐지만, 중국에서 만들어진 영화는 아직 해외 관객들에게 그다지 큰 호응을 얻지 못했다.

예정 시간보다 몇 분 늦게 극장에 도착했다. 영화는 이미 시작되어 화면에는 액션 장면이 한창이었다. 나는 미안하다는 말을 연발하며 같은 줄에 앉은 가족들 사이를 어렵사리 뚫고 들어가 자리에 앉았다. 하지만 별로 사과할 일도 없어 보였다. 극장에 온 관객들은 대부분 영화를 관람하는 중에도 툭하면 자리를 뜨고 다른 사람과 큰 소리로 대화했다. 또 옆 사람과 영화평을 얘기하고 스마트폰으로 화면을 찍어 위챗 친구들에게 전송했다. 위챗 앱에서는 동영상을 한 번에 보낼 수 있는 시간이 10초로 제한되어 있지만 일부 관객들은 아랑곳하지 않았다. 그들은 마치 121분 짜리 영화 전체를 10초 단위로 찍어서 친구들에게 보낼 작정인 듯했다.

이 화려한 액션영화는 전쟁과 질병으로 시달리는 아프리카의 이름 모를 나라에서 악당을 응징하는 군인의 이야기를 담았다. 미국인들에게 는 꽤 익숙한 줄거리이지만, 단지 그 군인이 중국인이고 그에게 벌을 받 는 악당이 미국인이라는 점이 달랐다. 그동안 중국에서 내 국적을 그다 지 의식하고 살지 않았지만, 주인공과 악당의 소속 국가가 뒤바뀌었다 는 사실만으로도 미국인으로서의 내 남성호르몬이 끓어오르기에 충분 했다.

게다가 놀라운 점은 이 영화가 '꽤 훌륭했다'는 사실이었다. 다소 눈 에 거슬리는 부분(탱크의 모습이나 폭발 장면은 플레이스테이션 2 게임에 나오는 그래픽 같 았다)도 있었지만, 대부분의 액션 장면은 할리우드 영화에 비해 손색이 없었다. 이 영화의 제작자가 「캡틴 아메리카」의 액션을 담당한 루소 형 제Russo brothers를 고용한 것이 그 이유 중 하나일 거라고 생각되었다. 그 리고 작품에 투입된 풍부한 제작비와 중국 영화제작자의 전반적인 기술 향상도 작품의 수준을 높이는 데 한몫을 한 듯싶었다.

내가 이 영화를 보고 감탄했던 것은 기존의 중국 영화(특히 액션물)가 얼마나 시각적 완성도가 떨어지는지를 잘 알고 있었기 때문이다. 나처 럼 문외한인 사람에게도 중국 영화의 특수효과는 조잡해 보이고 뭔가 부족한 느낌을 주기 일쑤였다. 하지만 「특수부대 전랑 2」는 중국 액션영 화의 수준을 한 단계 끌어올린 작품이었다. 비록 아카데미 촬영상을 받 을 정도는 아니더라도, 할리우드 스타일의 사실적 효과를 화면에 그려 내는 기술을 충분히 발휘한 영화라 할 만했다.

물론 작품의 내용은 뻔했다. 「블랙 호크 다운」이나 「람보 2」 같은 '거친 미국인이 전쟁 지역에 고립되어 적과 싸우는' 장르의 영화를 적당히 섞어놓은 스토리였다. 주인공은 적을 상대로 무자비한 폭력을 휘두르는 한편, 적의 인질이 된 현지 주민에게 깊은 연민을 보이며 그들을 구해낸다. 이 영화의 감독, 시나리오 작가, 주연으로 맹활약한 우징吳京은 보통의 중국 배우들과 달리 거친 남자의 이미지를 한껏 발휘하는 인물이다. 잘생기고 싸움에 능한 그는 결국 아름다운 여성의 사랑까지 얻게 된다.

게다가 중국인들의 가슴을 뛰게 만드는 애국심은 이 영화의 호소력을 배가시켜주는 요소였다. 영화의 클라이맥스인 마지막 싸움 장면에서 '빅 대디Big Daddy'라는 이름의 냉혹한 미국인 용병은 바닥에 넘어진 우징의 목에 칼을 겨누고 이렇게 말한다. "너 같은 인간들은 나 같은 사람 앞에서 항상 열등한 존재일 수밖에 없어. 그냥 받아들여. 그러려니 하고 살아가란 말이다!" 하지만 애국심과 정의감에 불타는 우징은 한순간 자세를 역전시켜 빅 대디를 땅 위에 눕히고 강력한 주먹세례로 응징한다. 그는 숨을 거둔 미국인에게 마지막 한마디를 남긴다. "그런 빌어먹을 시대는 지나갔어."

미국인 입장에서는 등골이 서늘한 대사에 헝디엔 극장의 관객들은 환호성을 질렀다. 중국의 영화산업은 자국의 팬들이 못내 기다리던 영화를 드디어 만들어낸 셈이다.

영화가 끝나고 엔딩 크레디트가 올라갈 때 나는 비로소 중국 영화의 미래를 엿본 듯한 느낌을 받았다. 「특수부대 전랑 2」는 시각적 요소만으로 평가하면 헝디엔보다 할리우드 영화에 훨씬 더 가까웠다. 그리고 이 작품의 수준 높은 제작 기술은 장차 그 두 곳의 경쟁자들을 모두 위협할 잠재력을 내포하고 있다는 생각이 들었다. 앞으로도 헝디엔에서는 황제를 소재로 한 드라마나 저예산 전쟁영화가 계속 만들어지겠지만, 이제 그런 장르의 황금기는 지나갔다. 내가 이 영화를 본 지 몇 주 후, 어느 중국 영화제작자는 「특수부대 전랑 2」를 보고 커다란 충격을 받았다고 털어놓았다. 그는 중국 영화의 수준을 한층 향상시킨 이 작품을 통해 자신도 앞으로 더욱 열심히 노력해야 한다는 자극을 받았다고 말했다.

국제적 관점에서도 이 영화는 앞으로 할리우드가 액션이나 전쟁물에서 세계시장을 독점하지 못할 거라는 경고의 사례가 될 수 있을 것이다. 당분간은 언어장벽이나 문화적 타성으로 인해 중국의 블록버스터가 자국 시장 밖으로 폭넓게 진출하기는 어렵겠지만, 「특수부대 전랑 2」는 할리우드 영화가 동남아시아나 아프리카를 포함한 세계 여러 곳에서 중국 영화와 경쟁해야 한다는 사실을 상기시키는 작품이었다.

이 순간에도 할리우드와 중국의 이야기는 엎치락뒤치락하면서 스토리가 진행 중이다. 물론 세계적으로 소프트파워를 주도하는 나라는 여전히 미국이라고 할 수 있지만 로스앤젤레스, 상하이, 헝디엔 사이에서 세계의 문화 이야기는 급속도로 진화하는 중이다. 그리고 향후 그 스토리의 종착지가 꼭 할리우드가 되라는 법도 없다.

영화관에 앉아 이 모든 것을 한꺼번에 생각하려니 머리가 터질 듯했다. 나는 폭발하는 탱크와 무술 전사들의 이미지가 아직 남아 있는 머리를 부여잡고 헝디엔의 밤거리로 나와 택시를 잡아타고 숙소로 향했다.

5

중국을 사랑한 시장님

렉스 패리스Rex Parris는 중국의 훌륭한 시장이 되었을 법한 인물이었다. 그는 야망에 넘쳤고, 적당히 허세도 부릴 줄 알았으며, 반대파를 무시해버리는 뚝심도 갖추었다. 어느 정도의 재산과 비즈니스 감각을 갖고 있는 한편으로 마음이 약한 구석도 있었다. 또한 사람들을 다루는 기술이 뛰어나고 선거보다 업무적 성과를 더 중요시했다.

하지만 패리스는 중국의 대도시가 아니라 미국 캘리포니아 주의 랭커스터Lancaster라는 작은 도시의 시장이었다. 로스앤젤레스 카운티 변두리에 위치한 이 사막 도시는 신나치주의자와 필로폰 제조 공장이 많은 곳으로 유명했다. 이곳에는 늘 '로스앤젤레스 카운티 최악의 도시', '캘리포니아에서 스트레스를 가장 많이 받는 도시' 등과 같은 달갑지 않은 꼬리표가 따라다녔다.[1]

로스앤젤레스 시내에서 랭커스터까지는 교통 사정이 좋은 경우 자동차로 1시간 30분 정도 걸리지만 러시아워에는 그 두 배가 넘게 소요된다고 한다. 14번 고속도로를 타고 샌가브리엘 산맥이 펼쳐진 북동쪽으

242

로 계속 올라가다 보니 어느덧 모하비 분지라는 평평한 지역이 나타났다. 고속도로를 아직 벗어나지 않았는데도 렉스 패리스는 벌써 내 시선을 사로잡았다. 그가 운영하는 상해(傷害) 전문 법률 회사를 홍보하는 고속도로 광고판에 그의 커다란 사진이 나타난 것이다. 얼굴을 온통 뒤덮은 흰 수염과 장난꾸러기 같은 미소를 띤 패리스의 모습(마치 컨트리 싱어 케니 로저스를 닮은 듯한)은 도시 여기저기서 눈에 띄었다. 지역 뉴스 사이트에 그를 비판하는 댓글도 종종 등장했지만, 만면에 미소를 띤 그의 사진 아래에는 이렇게 적혀 있었다. '렉스 패리스 법률 회사 : 1985년부터 생명을 되살리고 있습니다.'

〈로스앤젤레스 타임스〉는 그를 '외교적 수완가라기보다는 옛 서부 시대의 보안관 같은 인물'이라고 평했다. 렉스 패리스가 내놓는 거창한 정책은 종종 과장되고 균형이 맞지 않는 느낌을 주곤 했다. 그는 하늘에 '감시용' 경찰 드론을 띄워 도시 전체를 감시했으며, 랭커스터 시에서 투견용 개 핏불을 없애버리겠다는 목표를 세우기도 했다. 시민들의 코르티솔 호르몬 수준을 낮추기 위해 도시의 중심 도로에 새소리를 울려 퍼지게 했고, 넥타이가 사람의 머리로 유입되는 혈액을 7.5퍼센트 감소시킨다는 이유로 넥타이 퇴출 캠페인을 전개한 적도 있었다. 뿐만 아니라 샌버너디노San Bernardino 총기 난사 사건의 범인을 도시 인근의 공동묘지에 매장하지 못하게 만들기 위해 애썼으며, 랭커스터 시에 새로 건축되는 모든 주택에 반드시 태양전지판을 설치해 화석 에너지 소비를 제로로 만들어야 한다는 법안을 통과시키기도 했다.

요즘 랭커스터의 괴짜 시장 렉스 패리스는 자신의 도시를 녹색 기술에 특화된 중국인 투자의 오아시스로 만들기 위해 갖은 노력을 쏟아붓는 중이었다. 2014년 3월 패리스는 자신의 시청 집무실에 앉아 내게 이렇게 말했다.

"랭커스터는 작은 중소 도시에 불과합니다. 그동안 이곳이 바깥세상에 알려진 것은 오직 범죄 사건뿐이었어요. 하지만 이제 우리는 세상을 바꾸고 있습니다. 우리는 중국과 함께 모든 일을 이루어낼 겁니다. 물론 미 국무부나 연방정부가 방해하지 말아야겠지요."

미국의 세계 지배는 끝났어요

랭커스터와 중국은 서로 어울리지 않는 한 쌍의 커플 같았다. 그러다 보니 렉스 패리스를 둘러싼 세계에서도 그만큼 기묘한 상황이 연출될 수밖에 없었다. 기후변화 문제에 집착하는 공화당 소속 시장이 세계에서 가장 많은 오염물질을 배출하는 국가와 손을 잡은 일, 중국 최고의 부자가 미국의 가난한 도시에 투자한 일, 그리고 미국의 항공우주산업 위에 건설된 도시가 중국 전기자동차 기업의 근거지로 바뀐 일 등등. 패리스의 말이다.

"미국이 세계를 지배하는 시절은 이미 지나갔습니다. 우리가 세계 무대에서 경쟁하려면 다른 나라를 존중해야 해요. 하지만 미국은 그랬던 적이 한 번도 없습니다. 특히 아시아 국가에는 더 심했죠. 이제 미국에 혜택을 주는 쪽은 아시아입니다. 우리는 그 나라들에 별로 해줄 게 없어요. 일자리가 필요한 건 우리 쪽이니까요."

현대의 정치 환경에서 중국을 파트너로 존중하기는 쉽지 않은 일이었다. 트럼프 행정부는 양국 간의 투자보다 무역 전쟁에 더 관심을 가졌고, 기후협약보다는 석탄 산업을 부활시키는 데 열중했다. 두 초강대국의 관계는 갈수록 불신의 골이 깊어지고 경쟁이 심화되는 양상을 보였다.

하지만 워싱턴과 베이징의 정치가들이 지정학적 힘겨루기를 하는 동안, 캘리포니아와 중국의 지역 지도자들은 기후변화에 맞서 싸우기 위해 상호 투자와 협력을 바탕으로 구체적인 경제적·환경적 관계를 새롭게 수립해나갔다.

2010~2016년 미국에 대한 중국의 직접투자는 66억 달러에서 558억 달러로 급증했다.[2] 지난 수십 년간 값싼 제품의 수출에만 몰두해온 중국 기업은 태평양 건너편으로 시선을 옮겨 기술과 인재, 그리고 브랜드를 찾아나섰다. 그들에게는 할리우드 영화제작사, IBM의 컴퓨터 프로세서, 버지니아의 돼지 농장 등 모든 것이 거래 대상이었다. 중국 기업은 미국의 브랜드를 사들이며 사상 최대의 금액을 지불했고, 미국인에게 10만 개가 넘는 일자리를 제공했다.[3] 그 기업들이 미국에 투자한 동기는 다양했다. 어떤 투자자는 미국의 인재나 지적재산을 획득하려 했고, 일부 기업은 자신들의 제품에 '메이드 인 USA' 도장을 찍음으로써 회사의 브랜드 가치를 높이고 싶어 했다. 정치적으로 궁지에 몰린 중국의 억만장자는 (완다 그룹의 왕회장처럼) 고국에서 문제가 생겼을 때를 대비해 자신의 재산을 해외로 도피시킬 방편을 찾아나서기도 했다.

캘리포니아는 그런 폭발적 투자의 중심에 놓인 지역이었다. 이곳에는 엄청난 액수의 중국 자금이 다양한 경로로 쏟아져 들어왔다. 2000년부터 2018년 전반기까지 캘리포니아는 598건의 중국인 투자를 성사시키고 300억 달러가 넘는 금액을 유치함으로써 다른 주를 단연 앞질렀다.[4] 캘리포니아가 중국인 투자자가 가장 선호하는 투자처가 된 것은 자연스러운 현상이기도 했고 노력의 결과이기도 했다. 기술과 엔터테인먼트 산업의 세계적 메카라는 캘리포니아 주의 위상은 글로벌 가치사슬에서 자신의 위치를 격상시키고 싶어 하는 중국인 투자자를 자연스럽게 유혹했다. 왕젠린이 할리우드의 기업을 사들이고 BAT가 실리콘밸리의 기업을 지원한 일을 포함해 수많은 중국인이 캘리포니아에 투자한 이유는, 자신들이 중국 시장에서 만들어내지 못한 가치를 캘리포니아의 기업으로부터 사들이기 위해서였다.

한편 캘리포니아의 지방정부 지도자들도 중국으로부터 투자를 유치하기 위해 중국 기업이나 정치인을 대상으로 적극적인 구애를 보냈다. 이런 국제적 투자 유치 붐을 만들어내는 데 앞장선 인물 중 한 명이 렉스 패리스였다. 세일즈맨이자 정책입안자 역할을 동시에 수행해야 하는 시장에게는 중국인 투자자를 유혹할 수 있는 우대책을 내놓거나 행정적인 융통성을 발휘할 권한이 주어져 있었다. 거리의 상점 하나하나까지 파악하고 있는 소도시의 시장은 국가 간의 지정학적 역학 관계에 크게 영향받지 않았다. 그들은 남중국해의 영토분쟁 때문에 밤잠을 못 이룰 필요가 없었으며, 국가 차원의 경제적 경쟁력이 지역의 공장에 미칠 영향을 걱정하지 않아도 되었다. 그들은 자신의 관할구역에서 주어진 일들, 즉 일자리를 만들고, 주택을 확충하고, 거리를 안전하게 지키고, 훌륭한 학교를 만들어내는 일을 충실히 해내면 그만이었다. 2016년 예일 대학교 로스쿨의 이사이자 '미·중 트랙 II 대화'의 리더 폴 게월츠Paul Gewirtz는 내게 이렇게 말한 적이 있다.

"기업가적인 성향을 지닌 주지사나 시장은 중국과의 긍정적 관계를 바탕으로 지역 주민에게 경제적 혜택을 제공하는 역할을 수행합니다. 양국 관계가 정부 차원에서 교착 상태에 빠졌을 때 그들은 자신의 관할 지역에서 구체적인 프로젝트를 자체적으로 추진해나갑니다."

패리스 시장은 중국이라는 나라에 자신의 정치적 승부를 걸었다. 그는 중국과의 밀접한 민간교류를 통해 랭커스터에 양질의 일자리가 만들어지고, 탄소 배출을 줄이는 기술이 도입되면 이 도시도 다시 활력이 넘칠 거라고 믿었다. 기후변화 문제의 열렬한 전도사인 패리스는 랭커스터를 지구온난화의 해결책을 개발하는 실험실로 만들고 싶어 했다. 2014년 패리스는 내게 이렇게 말했다.

"세계는 이 중차대한 문제에 겨우 눈뜨기 시작했습니다. 하지만 국가 차원에서 이 문제가 해결될 것 같지는 않아요. 결국 각 도시가 스스로 풀어야 합니다. 우리는 그 해결책에 대한 모범 사례를 만들고 있어요. 오바마는 건물의 건축 허가를 내릴 권한이 없습니다. 내게는 그 권한이 있어요."

렉스 패리스의 노력은 결국 결실을 맺었다. 워런 버핏Warren Buffett이 투자한 중국의 전기자동차 기업 비야디比亞迪, BYD가 자사의 첫 번째 미국 공장을 랭커스터에 설립하기로 결정한 것이다. 2013년부터 가동되기 시작한 이 공장은 1990년대 이후 제조업이 빠져나간 랭커스터에 수백 개의 새로운 일자리와 소득을 가져다주었다.

하지만 이 기업은 미국에 상륙하면서 강력한 사회적 반발에 부딪혔다. BYD가 캘리포니아에 처음 발을 내디뎠을 때(이를 적극적으로 지원한 사람은 아놀드 슈왈제네거 주지사였다), 이 트랜스퍼시픽 실험의 긍정적·부정적 측면을 두고 많은 논란이 벌어졌다. 사회운동가들은 BYD에 반대하는 시위에 나섰고, 대중매체는 이 기업에 대한 공세를 벌였으며, 캘리포니아 주정부는 이 회사를 샅샅이 조사하기에 이르렀다. BYD는 안전에 문제가 있는 버스를 만들었다는 비난부터 시간당 1달러 50센트를 받는 중국인 노동자를 수입해 로스앤젤레스 지역의 저소득층에 돌아갈 일자리를 빼앗았다는 혐의까지 많은 의혹에 휩싸였다. 이 회사는 그런 근거 없는 주장에 맞서 결국 승리했지만, 그 소동의 와중에 중요한 계약을 놓쳤고 기업 이미지에도 커다란 손실을 입었다. 이제 미국 시장에 입성한 지 8년이 된 BYD는 전열을 정비하고 새로운 성공 스토리, 즉 미국의 작은 도시에 일자리와 녹색 기술을 가져다준 중국 기업의 성공 사례를 다시 써 내려가는 중이다.

중국인에게 우호적인 태도로 일관하는 패리스 시장에 대한 시민들의 반발도 만만치 않았다. 그의 정적들이 제작한 광고에는 중국 군대가 도시로 행진해 들어오는 만화가 실리기도 했다. 사람들은 패리스 시장이 중화인민공화국의 정치체제를 모방해 랭커스터를 권위주의 국가처럼 운영한다고 비난했다. 패리스의 말이다.

"시민들을 이해시키는 일이 가장 어렵습니다. 중국인들은 이곳을 점령하려고 들어오는 게 아니에요."

렉스 패리스와 BYD의 이야기는 미·중 양국의 국민들에게 많은 교훈을 안겨주는 사례다. 국가 지도자들이 기후변화에 대한 약속을 이행하지 않는 상황에서, 개개의 도시는 어떻게 구체적인 탄소 배출 감축 조치를 취할 수 있을까? 미국의 도시가 중국인 투자자를 끌어들여 양질의 일자리를 만들어내고 지속적인 성장을 이루려면 무엇이 필요할까? 중국 기업은 어떻게 외국의 침략자라는 이미지를 불식시키고, 현지의 법률을 파악하고, 자유언론과 같은 민주적 집단을 상대하는 법을 익혀야 할까? 미국인은 중국의 배심원에게, 그리고 중국 기업은 미국의 재판관에게 답변할 준비가 되어 있는가?

골든스테이트의 골든 컴퍼니

2010년 4월 30일 로스앤젤레스 시청에 모인 캘리포니아 정치인들의 머릿속에는 그런 골치 아픈 질문이 존재하지 않는 듯했다. 아놀드 슈왈제네거 주지사는 로스앤젤레스의 전·현직 시장들 옆에 서서 이 '천사의 도시'에 북미 지역 본부를 설립하기로 한 BYD의 결단을 축하했다. 이 행사가 열리기 15일 전, 〈블룸버그 비즈니스위크〉는 휴대전화 배터리를 생산하는 회사에서 전기자동차 기업으로 변신한 BYD를 세계에서 가장 혁신적인 기업 8위에 올려놓았다. 슈왈제네거 주지사는 BYD의 설립자 왕촨푸 王傳福를 향해 이렇게 말했다.

"BYD를 열렬히 환영합니다. 앞으로 캘리포니아와 중국의 관계가 무궁히 발전함으로써 양측에 많은 환경적·경제적 혜택이 돌아가기를 기원합니다."

이 자리에 참석한 사람들은 BYD의 전기자동차와 캘리포니아의 선구적인 탄소 배출 감축 정책을 두고 찬사를 늘어놓았다. 정치인들은 앞으로 이 도시에 수천 개의 '친환경' 일자리가 만들어질 거라고 예상했다.

중국의 전기자동차 기업이 미국 땅에 진입하는 일에 대해 많은 사람들이 큰 기대를 건 이유는 당시의 시대적 상황 때문이었다. 2008년 베이징 올림픽의 웅장한 개회식은 새로운 21세기 초강대국의 데뷔 무대와 다름없었다. 그로부터 5주 후 미국의 금융회사 리먼 브라더스Lehman Brothers의 붕괴와 함께 시작된 세계 경제위기는 미국의 글로벌 패권 시대에 종말을 고하는 사건으로 받아들여졌다. 캘리포니아의 정치인들은 BYD의 미국 진출을 통해 그동안 중국에 뺏긴 일자리를 되찾아올 수 있고, 나아가 차세대 혁신도 이루어낼 수 있을 거라고 기대했다.

로스앤젤레스의 정책입안자들은 BYD를 끌어들이기 위해 온갖 노력을 기울였다. 먼저 이 회사의 관세를 인하해주었고, 모든 전기자동차 구입자의 주택에 충전 시설을 설치해주기로 약속했다. 또한 로스앤젤레스 공항에 BYD 제품을 전시하고, 오바마 대통령의 경기부양 자금에서 160만 달러를 떼어 BYD의 본사 건물을 수리해주기로 했다.[5] 심지어 유명 연예인을 BYD 전기자동차에 태워 아카데미상 시상식 행사장으로 데려가겠다는 계획을 세우기도 했다.

BYD의 설립자는 이 모든 혜택을 '거부하기 어려웠다'고 말했다. 이 회사는 2015년 8월까지 58개의 정규직 일자리를 만들어내고 그중 절반은 로스앤젤레스 주민과 저소득층 시민에게 제공하겠다는 약속이 담긴 계약서에 서명했다. BYD는 나중에 자체적으로 발표한 '고용 계획서'에서 2013년 가을까지 102명의 정규직 직원을 채용하겠다고 밝혔다.[6]

당시 BYD를 둘러싼 분위기를 감안했을 때 로스앤젤레스의 정치가들이 큰 기대를 거는 것은 당연한 일이었다. 이 회사를 설립한 왕촨푸는 중국에서도 가장 낙후된 지역에서 가난한 농부의 아들로 태어났다. 그는 고등학교에 진학하기 전 부모님을 모두 잃고 형제의 도움을 받으며 성장했다. 대학교와 대학원에서 화학을 전공한 왕촨푸는 충전 배터리에 관심을 갖기 시작했다. 그리고 이 진로를 택한 덕분에 그는 중국 최고의 부자가 될 수 있었다.

1995년 왕촨푸는 BYD를 설립하고 휴대전화 배터리 시장에 발을 들여놓았다. 그의 회사는 순식간에 시장을 장악한 뒤 다른 분야로 방향을 바꾸었다. 2003년 왕촨푸는 경영난에 허덕이던 국영 자동차 기업을 인수하고 중국에서 새롭게 각광받기 시작한 자동차 산업에 뛰어들었다. BYD는 외국의 유명 자동차를 교묘하게 역설계reverse engineering(다른 회사의 상품을 분해하여 생산 방식을 알아낸 뒤 복제하는 일 - 옮긴이)하는 수법으로 그 모델의 싸구려 복제품을 만들어냈다. 이 회사가 생산한 F3라는 모델은 도요타 코롤라와 거의 똑같이 생긴 제품이었다. BYD 자동차를 판매하는 딜러들은 F3를 구입하는 고객에게 소액을 추가 부담하면 도요타 상표를 부착해주겠다고 제안하기도 했다.[7] 5년 동안 휘발유 자동차를 생산한 왕촨푸는 2008년 자사의 배터리 사업과 자동차 사업을 통합해 전기자동차 비즈니스로 방향을 전환하겠다고 선언했다.

그러자 세계에서 가장 유명한 자본가와 일단의 공산주의자들이 동시에 이 회사에 관심을 갖기 시작했다. 워런 버핏과 중국공산당은 시장을 마음대로 움직일 수 있는 막강한 영향력의 소유자였다. 세계 경제위기가 닥치면서 이 두 세력은 BYD를 국제적 스포트라이트 앞에 내세우기로 마음먹었다.

2008년 가을, 버핏의 버크셔 해서웨이Berkshire Hathaway는 BYD의 지분 10퍼센트를 2억 3,000만 달러에 사들였다.[8] 버핏의 오른팔인 찰리 멍거Charlie Munger는 BYD의 설립자를 두고 이런 찬사를 늘어놓았다. "그는 토머스 에디슨과 잭 웰치Jack Welch(GE를 세계적 기업으로 만든 경영인 - 옮긴이)를 합쳐놓은 사람 같습니다. 기술적 문제를 해결하는 모습은 에디슨을 닮았고 업무를 완수하는 능력은 웰치와 흡사해요. 그런 사람은 처음 봤습니다." 그의 평가는 곧 세계적인 관심을 끌었다. 분석가와 언론인은 앞다투어 BYD를 극찬하기 시작했다.

버핏이 이 회사에 투자한 지 몇 달 뒤에는 중국 정부가 그 대열에 끼어들었다. 세계 경제위기로 값싼 중국산 수출 제품에 대한 수요가 급격히 감소하자, 중국 정부는 기반 시설 투자와 재생에너지 개발에 막대한 경기부양 자금을 쏟아부었다. 2009년 가을, 중국 정부는 2008년에 2,100대 수준이었던 전기자동차 및 하이브리드 차량 생산을 2011년까지 50만 대로 늘리겠다는 야심 찬 목표를 내놓았다.[9]

중국은 전기자동차 혁명을 이끌어갈 만반의 준비를 마친 듯했다. 그리고 그 선봉에 선 것은 단연 BYD였다. 2009년 이 회사의 주가가 600퍼센트 넘게 치솟으면서 왕촨푸는 중국 최고의 부자가 되었다.[10] 이에 고무된 BYD는 미국 시장 진출의 교두보 역할을 하게 될 본부 설립 계획을 세웠다. 당시는 시대적 상황도 매우 유리했다. 금융시장이 급격히 붕괴되면서 미국 기업은 매우 방어적인 자세를 취할 수밖에 없었다. 그런 상황에서 BYD는 ('Build Your Dream'의 머리글자라는 광고와 함께) 국제무대에 화려하게 데뷔한 것이다. 2014년 초에 렉스 패리스는 내게 이렇게 말했다.

"나는 그 회사가 도요타와 어깨를 견줄 정도로 성장할 거라고 굳게 믿습니다. BYD는 가장 혁신적인 기업입니다. 그런 회사는 시장에서 반드시 승리할 겁니다."

안텔로프 밸리의 몰락, 출구는?

랭커스터 시가 도요타 같은 대기업을 유치하지 못할 이유는 없었다. 1980년대만 해도 랭커스터를 포함한 안텔로프 밸리Antelope Valley 주변의 여러 도시에는 인근의 에드워드 공군기지에 공급할 폭격기와 전투기를 생산하는 공장이 많았다. 이 지역에서는 고등학교만 졸업해도 록히드 같은 회사에서 일하며 충분히 가족을 부양할 수 있었고, 엔지니어는 미 항공우주국NASA에서 높은 연봉을 받으며 근무했다.

하지만 냉전 시대가 막을 내리자 랭커스터의 중산층을 번성시켰던 항공우주산업의 일자리가 급속히 사라지기 시작했다. 1990~1992년에 이 지역의 실업률은 10퍼센트로 두 배 이상 늘어났다.[11] 1995년 〈USA 투데이〉는 랭커스터 인근의 도시 팜데일Palmdale을 '캘리포니아 부동산 압류의 수도'라고 불렀다. 필로폰 사용자와 갱들의 폭력도 급증했다.

이곳의 고등학교를 졸업한 사람들은 일자리를 구할 수가 없었다. 그들에게 국가와 맺은 사회계약은 아무런 의미가 없었다. 1997년 〈뉴요커〉에는 「아무도 원치 않는 사람들 The Unwanted」이라는 기사가 실렸다. 윌리엄 피니건William Finnegan 기자는 이 기사에서 안텔로프 밸리의 신나치주의자 폭력배와, 그들의 경쟁자인 스킨헤드skinhead(머리를 짧게 깎은 폭력적 인종차별주의자들 - 옮긴이) 간에 발생한 충돌을 자세히 묘사했다. 결손가정 비율이 높은 이 지역의 10대들은 필로폰을 투약했고 칼을 휘두르는 싸움을 예사로 벌였다. 사회에 큰 충격을 안겨준 피니건의 기사 때문에 이 지역의 평판은 악화되었다. 오늘날에도 많은 지역 주민이 그 기사를 언급한다.

랭커스터는 한때 번성했던 산업이 빠져나간 후유증을 좀처럼 극복하지 못했다. 2008년 금융위기가 닥치자 이 도시의 실업률은 무려 17.2퍼센트로 뛰었다.[12] 하지만 랭커스터가 구렁텅이로 빠져드는 사이 렉스 패리스는 서서히 부상을 시작했다.

가난한 집에서 태어난 패리스는 주변의 따돌림 속에서 성장했다. 그가 어렸을 때 아버지가 집을 나가버린 탓에 어머니는 식당에서 일하며 돈을 벌어야 했다. 가족들은 이따금 정부의 복지 프로그램에 의존해 생계를 이어갔다. 그러다 보니 패리스는 학교를 제대로 다니기가 어려웠다. 그의 말이다.

"나는 남들과 달랐습니다. 부잣집 아이가 남들과 다르면 그저 취향이 독특하다거나 조금 별나다는 말을 듣죠. 하지만 가난한 집 아이가 남들과 다르게 보이면 뭔가 잘못된 것으로 취급받고 따돌림을 당하는 겁니다."

고등학교를 중퇴한 그는 갖은 애를 쓴 끝에 지역 전문대학에 입학했다. 그리고 캘리포니아 대학 산타바바라 캠퍼스를 거쳐 지역의 로스쿨을 졸업했다. 패리스는 아내와 함께 랭커스터로 돌아와 상해傷害 소송을 전문으로 하는 법률 회사를 설립했다. 한때 그는 '완전한 코카인 중독자'였음에도 새로운 인생을 성공적으로 개척해냈다. 마약중독에서 완전히 벗어난 그는 수백만 달러가 걸린 상해 사건을 맡으며 막대한 부를 쌓기 시작했다. 그는 개인 비행기를 소유했고 테니스 코트와 야구장이 딸린 저택을 사들였다. 한때 자선사업 회사를 운영한 덕분에 그의 이름을 딴 고등학교가 생기기도 했다.

그런 한편으로 패리스는 안텔로프 밸리의 정치를 무대 뒤에서 좌지우지하는 실력자로 떠올랐다. 그는 지난 30년간 자신과 가까운 공화당원들과 함께 이 도시의 정책에 강력한 영향력을 행사했다. 하지만 자신의 권한과 리더십에 한계를 느낀 그는 2008년 랭커스터의 시장 선거에 직접 출마했다. 40만 달러에 달하는 선거비용을 개인적으로 쏟아부은 패리스는 결국 352표 차로 당선되었다.

렉스 패리스는 결의를 불태우며 시장 업무를 시작했다. 그는 첫 번째 임기를 수행하는 동안 자신의 정책에 사사건건 발목을 잡는 미국시민연합American Civil Liberties Union이라는 시민단체와 맞붙었으며, 오토바이 불량배들에게 선전포고를 했다. 또한 랭커스터를 '기독교인'의 도시로 만들겠다고 선언하고 시의회 회의를 기도祈禱로 시작해야 한다고 고집했다. 시의원들의 종교적 의식에 반발한 미국시민연합은 시 당국을 고발했지만 랭커스터 시는 3년간 이어진 재판에서 결국 승리했다.

그 후 패리스의 칼끝은 이 도시의 갱들을 향하기 시작했다. 2009년 〈로스앤젤레스 타임스〉와의 인터뷰에서 패리스는 이렇게 말했다.

"나는 폭력배들이 랭커스터에서 떠나기를 바랍니다. 나는 무슨 수를 써서라도 갱들이 이 도시를 불편하게 느끼도록 만들 겁니다. 다시 말해 그들이 좋아하는 것은 무엇이든 빼앗으려 합니다. 그들을 의도적으로 괴롭히겠다는 거죠."

그가 처음으로 취한 조치는 갱 단원들이 시민을 위협할 목적으로 즐겨 키운다는 애완견 핏불을 거세하거나 안락사시키는 것이었다. (일부 지역 주민은 이 조치를 두고 핏불을 좋아하는 랭커스터의 젊은 흑인들을 괴롭히기 위한 얄팍한 수단이라고 비난했다.) 또 필로폰을 유통한다고 알려진 '몽골 모터사이클 클럽'이라는 오토바이 폭력단이 연례 회의를 개최하기 위해 랭커스터 호텔을 예약했을 때, 패리스는 호텔 측에 예약을 취소하라고 요구했다. 호텔 경영진이 이를 거부하자, 그는 이 호텔이 세금을 미납했다는 이유를 들어 경찰에게 건물 주변을 쇠사슬로 두르고 출입을 통제하라고 명령했다. 이에 대해 패리스는 이렇게 말했다.

"내가 조금 지나쳤을 수도 있겠죠. 하지만 나에 대한 시민들의 신뢰는 한층 강해졌을 겁니다."

지역의 범죄 통계에 따르면 패리스가 시장으로 부임한 후 첫 5년 동안 이 도시의 폭력 범죄 발생률은 33퍼센트 감소했다고 한다.[13]

심리학 연구에 관심이 많은 패리스는 랭커스터를 사회심리학의 실험장으로 만들고 싶어 했다. 그는 도로의 보행로를 물결모양의 곡선으로 만들면 보행자의 마음을 안정시킬 수 있다고 생각했다. 그리고 스트레스 호르몬인 코르티솔의 과다한 분비가 갱들의 폭력을 유발하고 학생들의 성적 저하를 가져온다고 주장했다. 패리스가 내게 말했다.

"우리는 코르티솔이 많이 분비될 수밖에 없는 환경에서 아이들을 키우지요. 그래서 이 호르몬을 줄일 수 있는 방법을 찾아낸 겁니다."

그는 새들의 울음소리를 녹음해 학교 운동장이나 도시의 주요 도로에 울려 퍼지게 했다. 랭커스터를 다시 번영시키겠다는 꿈을 지닌 패리스에게는 지역의 인구학적 구성을 바꾸는 일도 숙원 사업 중 하나였다. 2014년 시청 집무실에서 패리스가 내게 말했다.

"아시아인의 인구 비율을 적정선까지 증가시킬 수 있다면 긍정적인 일이 많이 생길 겁니다. 범죄율이 떨어지고 교육 수준은 높아지겠죠. 재미있는 사실은, 동성연애자를 늘려도 똑같은 효과를 거둘 수 있다는 겁니다. 그래서 우리가 시 중심부에 예술 공연 센터를 설립한 거죠."

하지만 보행로를 곡선화하거나 게이들에게 우호적인 환경을 조성하는 것만으로는 랭커스터의 문제를 근본적으로 해결할 수 없었다. 이 도시의 가장 큰 골칫거리는 사람들에게 양질의 일자리가 부족한 것이었다. 패리스는 랭커스터에 풍부하게 내리쬐는 햇빛을 해결책 중 하나로 생각했다. 그는 시장에 당선된 이후로 랭커스터를 태양발전의 수도로 만들겠다고 끊임없이 큰소리쳤다. 그 야망은 그가 열정적으로 추진하는 또 다른 과업과도 잘 맞아떨어졌다. 바로 지구온난화의 해결책을 자체적으로 수립하는 일이었다. 독실한 기독교인인 패리스는 기후변화의 위험성을 세상의 종말이라는 종교적 사고의 틀 안에서 받아들였다. 그는 이렇게 말했다.

"인류가 지구에서 살아남으려면 먼저 지구를 살려야 합니다. 더 이상 어물거릴 시간이 없습니다."

2011년 시의회는 랭커스터를 화석 에너지를 전혀 사용하지 않는 세계 최초의 도시로 만들겠다는 계획을 통과시켰다. 이에 따라 시정부는 지역 주민들이 태양전지판을 쉽게 설치할 수 있도록 온갖 편의를 제공했고, 특히 새로 건축되는 주택에는 이를 의무화했다. 그 후 18개월 동안 이 도시의 태양전지판 보급은 세 배로 늘어났다.[14] 랭커스터 시는 거리의 가로등도 모두 LED 전구로 교체했으며 태양전지 기업, 주택건설업체, 공공서비스 기업 등과 협력관계를 체결했다. 패리스는 〈포브스〉와의 인터뷰에서 이렇게 밝혔다.

"그렇게 긴밀한 관계를 맺으면 상승작용이 생길 수밖에 없어요. 그 기업들은 더 훌륭한 기술을 개발하게 될 겁니다. 사람들에게 '우리는 혁신이 필요합니다. 당신이 지구를 지키는 일을 도와주세요'라고 말하기 시작하면 굉장한 일이 생깁니다."

기후변화의 해결책을 찾아 헤매던 패리스에게 BYD의 등장은 구세주와도 같았다. 최첨단 에너지 기술을 보유한 중국 기업이 미국 땅에서 미래를 찾고 있었던 것이다.

우리는 워싱턴을 기다리지 않습니다

미국 땅에 야망을 품은 기업은 BYD뿐만이 아니었다. 글로벌 금융위기가 발발하면서 미국에 대한 중국의 해외직접투자Foreign Direct Investment, FDI는 급증하기 시작했다. FDI란 해외 기업이 미국 회사의 지분을 상당 부분 사들여 경영에 참여하거나 미국 땅에 회사를 직접 설립하는 일을 의미한다. 이는 증권시장이 불안해지면 투자자가 바로 주식을 매각해버리는 포트폴리오 투자 또는 간접투자에 비해 훨씬 안정적이고 장기적인 투자 방식이다. FDI 방식으로 투자한 기업은 대상국에 구체적이고 물리적인 발자취를 남기게 되며, 현지인과 오랜 시간에 걸쳐 지속적인 관계를 형성하게 된다. 그동안 여러 중국 기업이 다양한 방식으로 미국 시장에 투자했다. 앨라배마의 낙후된 지역에 동관銅管 공장을 새로 설립한 기업, 오리건의 LED 공장을 인수한 회사, 그리고 뉴욕의 월도프

아스토리아 호텔을 20억 달러에 사들인 보험회사 등등.

FDI는 크게 두 종류로 구분되는데, 기업 인수acquisition와 그린필드 투자greenfield investment다. 기업 인수란 중국 회사가 미국 기업의 지분을 사들이는 일을 의미하며, 그린필드 투자는 중국 기업이 미국 땅에 공장을 짓거나 사무실을 설립해 기업 활동을 처음부터 시작하는 것을 뜻한다. 미국인 입장에서는 이 두 형태의 투자 방식에 각각 장단점이 존재한다. 기업 인수는 대개 투자액 규모가 더 크고 회사를 매각하는 미국 기업가에게 엄청난 돈을 안겨준다. 하지만 이 과정에서 미국이 애써 구축해놓은 소중한 지적재산이 중국에 흘러 들어가고, 그로 인해 핵심 산업 분야에서 미국의 경쟁우위가 손상될지 모른다는 문제가 있다. 그린필드 투자는 외국 자본으로 미국 땅에 새로운 일자리를 창출함으로써 때로 랭커스터처럼 낙후된 지역도 새롭게 발전시킬 수 있는 투자 방식이다. 반면 중국인이 회사를 설립하면서 낯선 사람들 간에 발생하게 되는 직접 교류는 이 방식의 대표적인 위험 요소다. 예를 들어 중국인 상사와 미국인 직원 간의 마찰로 인해 지역 주민의 반발이 야기될 가능성이 상존한다. 국가 전체적으로 보면 그동안 미국에 대한 중국인 투자의 90퍼센트가 기업 인수 형태로 이루어졌다. 하지만 렉스 패리스 같은 야심만만한 시장에게는 대규모의 그린필드 투자 프로젝트를 유치하는 일이 가장 이상적인 목표일 것이다.[15] 이를 통해 일자리가 늘어나고, 투자를 유치한 시장에게 언론의 관심이 집중되고, 새로운 세수稅收도 확보되기 때문이다.

BYD의 투자는 기후변화 극복을 위한 국가 간의 협조라는 정치적 구호에도 꼭 들어맞았다. 지난 수년간 미국과 중국(세계에서 탄소를 가장 많이 배출하는 두 나라)은 기후변화 문제에서 국제사회의 골칫덩어리가 되어버렸다. 미국은 중국이 상당한 양의 탄소 배출 감축 조치를 함께 약속하지 않는 한 어떠한 협약에도 서명하지 않겠다고 버텼다. 중국 정부는 지난 수십 년간 환경오염을 통해 성장한 미국이 갑자기 중국 같은 개발도상국에 책임을 돌려서는 안 된다고 맞받아쳤다. 이러한 교착 상태에서 기후 변화의 재난을 막기 위한 의미 있는 국제적 협약이 이루어지기는 불가능했다.

하지만 캘리포니아는 이런 공백기 속에서 자체적으로 기후 문제를 해결하기 위해 중국과의 협력에 나섰다. 이 과정에 참여한 캘리포니아의 정치인, 관료, 학자, 기업가, 과학자들은 국가 차원의 대화가 정체상태인 상황에서 지역적인 협력관계를 통해 문제를 해결할 방법을 찾았다. 그들은 '하늘은 높고 황제는 멀다天高皇帝遠'는 중국 속담에서 영감을 얻었다. 중앙정부에서 어떤 일이 벌어지든, 지역의 정치가들이 자체적으로 원하는 일을 할 수 있다는 뜻이다.

2006년 슈왈제네거 주지사는 지구온난화 해결 법안Global Warming Solutions Act을 통과시키고 캘리포니아의 탄소 배출 감축 조치에 나섰다. 슈왈제네거에 이어 주지사 자리에 오른 제리 브라운Jerry Brown은 캘리포니아 주지사에 세 번째로 당선된 70대 정치가였다. 그는 1975년부터 1983년까지 이 지역의 주지사를 두 차례 역임했으며, 이후 30년간 미국 대통령 선거 출마, 일본 선불교 공부, 대통령 선거 재출마, 오클랜드 시장 역임, 캘리포니아 법무장관 같은 경력을 거쳤다. 그는 2011년 선거에서 승리하면서 캘리포니아 역사상 가장 나이 많은 주지사가 되었다.

그 자신이 오랫동안 환경문제에 목소리를 높여온 브라운은 중국의 투자와 협력을 통해 기후 문제를 해결하고자 하는 렉스 패리스의 열정에 공감을 표시했다. 2013년 그는 투자 유치를 위해 중국을 방문한 자리에서 장차 국가 간 협약의 밑거름이 될 수 있는 주 차원의 기후 외교 캠페인을 출범시켰다. 브라운은 중국의 성장省長을 포함한 지방정부 지도자와 일련의 양해 각서MOU를 체결하고 향후 어떤 형태로든 기후 관련 문제에 함께 협력하기로 약속했다. 문서의 내용 중에는 중국의 대표단을 캘리포니아의 환경보호기관인 대기자원위원회California Air Resources Board에 파견하고, 탄소시장에 대한 지식을 서로 교환하고, 청정에너지와 기후 문제 해결에 대해 '발전적인 협력'을 이어간다는 포괄적 약속 등이 포함되었다.

브라운 주지사가 주도한 주 차원의 움직임과 랭커스터 시에 대한 패리스 시장의 계획은 여러모로 상호 보완적이었다. 브라운이 중국과 맺은 양해 각서는 대중을 향해 강력한 신호를 보내는 상징적 효과(미·중 간에 열린 새로운 대화채널을 통해 장차 두 나라의 포괄적 협력이 이루어질 수 있다는 희망을 주는 효과)를 발휘했지만, 실제적인 탄소 감축으로 연결시킬 실행 계획은 부족했다. 반면 청정에너지 기업을 지역에 끌어들이기 위한 패리스 시장의 구애가 국제적 기후협약으로 직접 이어지지는 못했지만, 그 기업들은 전 세계 도시에서 실제로 탄소 배출을 줄일 수 있는 전기자동차를 생산해냈다.

캘리포니아와 랭커스터의 상승작용이 결정적인 전환점을 맞은 것은 2013년 4월 제리 브라운이 중국을 방문했을 때였다. 브라운은 선전에 있는 BYD의 본사를 견학하는 자리에서 이 전기자동차 기업이 미국의 첫 번째 공장을 랭커스터에 설립할 거라고 발표했다. 75세의 브라운 주지사는 BYD가 생산한 전기버스를 시승하며 버스의 손잡이에 매달려 몇 차례 턱걸이를 하는 노익장을 과시했다. 브라운 주지사는 나중에 랭커스터 공장 준공식에서 이렇게 말했다.

"우리는 워싱턴을 기다리지 않습니다. 우리는 이곳 태평양의 끝에서 강력한 협력관계를 이뤄냈습니다."

중국을 향한 구애 : 체면과 기능

로스앤젤레스 카운티 감독관 마이클 안토노비치Michael Antonovich는 랭커스터에 공장이 설립된다는 소식을 듣고 2009년 자신이 주선했던 저녁식사가 비로소 결실을 맺었다고 생각했을 것이다. 안토노비치의 중국인 아내 크리스틴Christine은 중국 본토에서 오랫동안 배우로 활동했기 때문에 중국의 유명 인사들 사이에 인맥이 많았다. 이들 부부는 BYD의 회장 왕촨푸와 저녁식사를 하는 자리에 렉스 패리스를 초대했다. 패리스가 내게 말했다.

"나는 아무런 준비 없이 저녁식사 자리에 갔습니다. 그곳에서 갑자기 중국 최고의 부자를 만난 거죠. 하지만 나는 태양발전이나 에너지 같은 분야에 지식이 조금 있었기 때문에 그 주제에 대해 조심스럽게 이야기를 시작했습니다. 그런데 크리스틴 안토노비치 여사가 테이블 아래에서 자꾸 내 발을 차는 거예요. '계속 얘기해요. 계속 얘기해요!'"

그 저녁식사 후에 패리스는 랭커스터에 BYD의 미국 본부가 설립될 가능성이 있다고 철석같이 믿었다. 물론 이는 매우 '오만한' 착각이었다. 하지만 결과적으로는 그 착각으로 인해 랭커스터에 BYD 공장을 유치하기 위한 노력에 더욱 박차를 가할 수 있었다.

2010년 슈왈제네거 주지사가 캘리포니아에 진출하겠다는 BYD의 결정을 축하한 이후부터 이 회사의 사업은 급격히 침체에 빠졌다. 전기자동차는 미국과 중국 시장에 대규모로 진입할 준비가 된 제품이 아니었다. 중국 정부는 2011년까지 50만 대의 전기자동차 또는 하이브리드 차량을 보급하겠다고 큰소리쳤지만 그해의 판매대수는 8,159대에 그쳤다.[16] 게다가 이 회사의 전통적 주력 기종인 휘발유 자동차의 매출이 감소하면서 2010년부터 2011년까지 BYD의 주가는 80퍼센트 폭락했다.[17] 회사는 위기 상황에 대처하기 위해 미국에서의 사업 초점을 전기버스 생산으로 전환했다. 일반 전기자동차는 까다로운 소비자의 입맛을 만족시켜야 했지만, 전기버스는 비용에 민감한 기업의 차량 담당 관리자만 설득하면 판매할 수 있기 때문이었다. 게다가 미국의 지방자치단체는 버스 구입 계약을 맺을 때(특히 연방정부의 경기부양책으로 지원받을 때) 미국 땅에서 만들어진 제품을 사들인다는 '바이 아메리카Buy America' 원칙을 내세웠다. 이 때문에 BYD는 자사의 공장을 설립할 도시를 찾아나서야 했다.

패리스는 풍부한 자본과 우수한 녹색 기술을 보유한 중국을 자신의 도시를 구해낼 잠재적 구원자로 생각했다. 그는 BYD를 모하비 분지로 유혹하기 위한 전면적인 캠페인에 돌입했다. 이 캠페인의 두 가지 핵심 요소는 '체면face'과 '기능function'이었다. '체면'이란 중국인 경영진과 관료에게 존경을 표하고 그들의 환심을 사는 일이었으며, '기능'은 BYD가 랭커스터에 자리를 잡는 데 지장을 주는 갖가지 관료적 장애물을 없애는 일이었다.

중국인의 문화에서 '체면'은 모든 인간적 상호작용(특히 남성들 사이에서)의 바탕이다. 서양인은 이해하기 어렵겠지만 중국인에게 '체면'은 다른 사람이 나를 대할 때 표시하는 존경심의 수준, 다시 말해 내 사회적 지위의 수준이라고 할 수 있다. 체면은 다른 사람이 공식적인 자리에서 나에게 존경을 표시할 때 '부여'되며, 반대로 내가 대중 앞에서 남에게 무시당한다는 느낌을 받을 때 '상실'된다. 만일 적절한 사람이 적절한 시간에 적절한 양의 체면을 상대방에게 세워준다면 대인 관계가 부드럽게 진행될 가능성이 높다. 하지만 한쪽이(특히 나이가 더 많은 쪽이) 사람들 앞에서 업신여김을 당했다고 느끼게 되면 일이 잘될 거라는 기대는 갖지 않는 게 좋다.

중국 정부의 관료나 기업의 경영진은 외국인을 상대할 때 체면을 극도로 중요시한다. 그들의 마음속에는 세계무대에서 중국의 불안정한 입지에 대한 자격지심이 깊이 뿌리박혀 있다. 그런 심리로 인해 양측의 교류는 자칫 교착 상태에 빠지기 십상이다. 이 외국인은 중국과 중국의 문화를 존중하는가? 이들은 우리를 동등한 협상 상대로 바라보는가? 이런 의문을 가진 중국인에게 충분한 '체면'을 선물할 수 있는 사람은 협상에서 좋은 성과를 기대해도 좋다.

렉스 패리스는 중국인 방문자의 체면을 세워주는 데 달인의 면모를 과시했다. 중국인 관료가 랭커스터를 찾았을 때, 그는 경찰 오토바이를 도시 경계선까지 마중 나가게 해서 방문자를 시내까지 에스코트했다. 안토노비치 감독관이 이끄는 대표단의 일원으로 BYD의 선전 본사를 방문했을 때 그는 한 면은 영어로, 또 다른 면은 중국어로 인쇄된 명함을 만들어 돌렸으며 개인 교사를 고용해 중국어를 배우기도 했다. 자신의 직원들 중에 중국어로 말할 수 있는 사람이 아무도 없었지만 패리스는 저커버그처럼 중국어를 몇 마디 익히는 노력을 기울임으로써 중국인들에게 높은 점수를 땄다.

게다가 패리스 시장의 태도에서는 솔직한 마음가짐이 배어나왔다. 그가 중국인에게 표시하는 존경심은 단순히 상대방의 환심을 사서 눈먼 돈을 끌어들이려는 술책이 아니었다. 중국에 대한 그의 태도는 매우 진지했다. 그는 미국이 중국과 중국의 문화에서 뭔가를 배워야 한다고 믿었다. 덩샤오핑을 자신의 영웅으로 추앙한다는 패리스는 미국이 비서구권 국가를 대할 때 드러내는 오만한 자세를 맹비난했다. 패리스의 말이다.

"저는 진심으로 아시아를 좋아합니다. 그들의 문화도 높이 평가합니다. 수천 년이 넘은 문화잖아요. 그 나라들은 우리가 세계에 줄 수 없는 것을 제공할 능력이 있어요. …… 지금 미국에서 벌어지는 일들은 정말 충격적입니다. 우리는 스스로를 과대평가하지요. 세계가 전부 타락했고 우리만 순수하다고요. 절대로 그렇지 않습니다."

중국 기업의 경영진을 설득하려면 술자리에서 건배를 하거나 그들의 비위를 맞추는 것만으로 충분치 않았다. 경영대학원의 교수들은 미국 기업이 중국에서 성공하려면 중국인의 비즈니스 예절을 숙지해야 한다는 사례연구를 수없이 작성했다. 하지만 수천만 달러가 걸려 있는 상황에서 중국인에게 젓가락을 능숙하게 사용하는 모습을 보여주는 것만으로 좋은 협상 결과를 기대할 수는 없었다. 중국 기업의 경영진은 이 도시가 자신들이 사업을 시작하기에 적절한 장소라는 사실을 확인해야 했다.

바로 이것이 '기능'이 담당해야 할 역할이었다. 패리스는 중국 기업을 유치하는 데 성공하기 위한 핵심 요소 중 하나가 그 기업이 미국의 난해한 관료적 절차를 잘 헤쳐 나가도록 인도해주는 것이라고 믿었다. 다른 도시에서는 기업에 금전적인 혜택을 제공하는 데 초점을 맞추었지만, 패리스는 기업의 손을 잡고 어려운 일을 하나하나 도와주는 데 역점을 두었다. 그가 내게 말했다.

"저는 BYD를 처음 방문했을 때, 이 회사가 시대를 앞서가는 조직이라는 사실을 깨달았습니다. 하지만 그들은 미국 문화를 받아들이는 데 애를 먹고 있었죠. 그렇게 큰 회사가 미국에는 인맥이 거의 없었어요."

미국에 투자를 계획하는 중국 회사가 돈이 부족한 경우는 거의 없다. 그 기업들이 세계로 진출하고 싶어 하는 이유는 대개 중국 시장을 정복하는 데 실패했기 때문이다. 하지만 그들은 미국의 까다로운 법, 노동, 환경규제의 숲을 헤쳐 나갈 만한 능력이 충분치 않다. 중국에서는 당국자의 공식적인 허가보다 '용서'를 구하는 편이 더 나은 경우가 많다. 중국의 법률이나 규제의 역사는 수십 년에 불과하며, 그 규정은 이 순간에도 계속 바뀌고 있다. 그 말은 당국자에게 무엇이 용인될 수 있고 무엇이 그렇지 못한지를 중국 기업이 '실험'을 통해 스스로 파악해야 한다는 뜻이다. 반면 미국의 안정적인 법률과 잦은 소송에 익숙한 미국의 전통적 기업은 모든 일을 습관적으로 대단히 신중하게 처리한다. 대부분의 회사에서는 여러 명의 변호사와 로비스트가 매사를 꼼꼼히 따져보면서 자칫 발생할 수 있는 법적 위험 요소를 줄이기 위해 노력한다.

복잡한 행정절차를 단순화하는 길을 찾던 패리스는 시의 허가나 승인을 한 번에 처리할 수 있는 방안을 세웠다. 그는 새로운 사업계획이 제안될 때마다 시청의 담당 부서장(보건 담당 부서부터 대기질을 관리하는 부서까지)을 모두 불러 지역 호텔에서 점심식사를 하며 해당 문제를 협의했다. 패리스의 말이다.

"새로운 사업에 이의가 있는 부서장은 그 식사 자리에서 바로 의견을 제기했죠. 그건 매우 좋은 방법이었습니다. 우리가 로스앤젤레스 카운티에서 뭔가 큰 규모로 사업을 벌일 때는 첫 삽을 뜨는 데만 2~3년이 훌쩍 지나가는 경우가 많았어요. 하지만 기업은 불확실성을 싫어합니다. 그들은 앞날을 가능한 한 정확히 예측하고 싶어 하죠."

패리스의 간단명료한 업무 방식은 BYD의 미국 사업부를 이끌게 된 스텔라 리Stella Li 수석 부사장에게 깊은 감명을 주었다. 그녀는 〈로스앤젤레스 타임스〉와의 인터뷰에서 이렇게 말했다.

"그 사람들은 우리에게 무엇이 필요하냐고 물었습니다. 그리고 어떤 일이든 바로 처리해주었죠."

패리스는 BYD를 이 지역의 어느 레저용 자동차RV 제조 기업에 소개해주었다. 그 회사는 금융위기로 인한 불경기를 견디지 못하고 폐업한 상태였다. BYD는 그 회사 소유의 공장을 개조해 버스를 제조하는 작업장으로 손쉽게 리모델링했으며, 그 공장의 소유주를 새로운 공장의 대표로 채용하기까지 했다. 그리고 랭커스터 시는 BYD를 위해 최후의 결정적인 혜택을 내놓았다. 만일 향후 3년간 200명의 근로자를 지역에서 채용한다면 회사를 둘러싼 5만 3,000제곱미터의 땅을 제2공장 부지로 제공하겠다고 약속한 것이다.

이 모든 노력은 결국 결실을 맺었다. 2013년 5월 1일, BYD는 자사의 첫 번째 해외 공장을 캘리포니아의 작은 도시 랭커스터에 설립한다고 발표했다. 브라운 주지사와 안토노비치 감독관이 참석한 이 공장의 개소식에서 가장 돋보이는 승리자는 단연 패리스 시장이었다. 패리스는 행사에 참석한 귀빈들에게 이렇게 연설했다.

"이 공장의 설립 취지는 지구온난화 문제를 해결할 장소를 만드는 것입니다. 그리고 랭커스터는 그 목표를 이루어낼 겁니다. 중국과 미국이 힘을 합치면 특별한 일이 생깁니다. 새로운 세상이 열립니다."

이 작은 도시에서 시작된 미·중 기후협력의 낙관적 분위기는 캘리포니아 주정부를 거쳐 백악관까지 도달했다. 브라운 주지사가 중국의 파트너와 양해 각서를 체결한 지 몇 년 후, 오바마 행정부는 자체적으로 기후 문제 캠페인을 시작해 태평양 건너편으로 확산시키기 시작했다. 그리고 미·중 양국의 협상을 바탕으로 2015년 파리에서 국제적 협약을 성사시키려 노력했다. 오바마 팀은 그 과정에서 중국-캘리포니아 기후 문제 협력에 경험이 많은 인물들을 영입해 중국과의 협상을 돕는 조언자로 삼았다. 정부의 적극적 행보는 마침내 결실을 맺었다. 2014년 11월, 오바마 대통령과 시진핑 주석은 베이징에서 사상 최초로 양국 간 기후협정을 체결했다. 미국은 탄소 배출 감축량을 두 배로 늘리겠다고 약속했으며, 중국은 2030년 이후에는 자국의 탄소 배출량이 더 이상 증가하지 않도록 동결하고 그때까지 재생에너지 비율을 전체 에너지 소비량의 20퍼센트로 늘리겠다고 했다.[18] 두 나라의 약속은 그다음 해에 이루어진 파리 기후협약의 밑거름이 되었다.

쉽지 않은 첫걸음

국가 차원의 관계는 이제야 조금 나아지는 듯했지만, 랭커스터에 펼쳐진 민간교류의 현장에는 세부적인 문제점이 불거지기 시작했다. 물론 랭커스터에 BYD의 공장을 유치한 것은 그동안 중국에 끝없이 구애를 보낸 패리스의 빛나는 업적이었다. 하지만 그의 원대한 야망은 이 회사의 경험 부족, 미국인들의 불안감, 그리고 관료들의 실수 등으로 인해 큰 난관에 부딪혔다.

BYD와 랭커스터 시가 계약서에 서명하기 전부터 이미 예상되었던 대중의 반발이 가시화되면서, BYD가 고객과 최초로 맺은 몇몇 납품 계약이 수포로 돌아갔다. 그리고 중국인의 투자를 유치해 랭커스터를 녹색 기술의 오아시스로 만들겠다는 패리스의 비전도 덩달아 위기에 빠졌다. BYD는 로스앤젤레스에 본부를 설립한 직후에 중국에서는 거의 상대할 일이 없던 두 세력과 맞서게 되었다. 바로 언론과 사회운동가들이었다. BYD는 이런 종류의 민간단체에 대응할 준비가 전혀 되어 있지 않았다.

문제가 처음 불거진 것은 2013년 초에 BYD가 첫 번째 대량 주문을 받았을 때였다. 롱비치 트랜짓Long Beach Transit(캘리포니아 롱비치 지역에서 버스 서비스를 제공하는 지방자치단체 기관 - 옮긴이)은 BYD에 전기버스 열 대를 주문했고, LA 메트로도 스물다섯 대를 구매하는 계약서에 서명했다. 하지만 롱비치 트랜짓과 맺은 입찰 계약(BYD가 미국의 전기버스 회사 프로테라Proterra를 제치고 따낸 계약) 과정에서 그동안 BYD가 대중에게 제공했던 긍정적인 이미지는 종말을 고하게 되었다. 롱비치 트랜짓 이사회는 업체를 선정하는 과정에서 다소 의견이 엇갈렸다. 언론매체는 이사회가 BYD 제품을 구매하기로 최종 결정하자 득달같이 달려들어 기사를 게재하기 시작했다. 지역 언론인과 블로거들은 프로테라 대신 BYD를 선택한 이사회의 결정을 '반反미국적' 행위로 몰아세웠다. 그들은 중국 기업이 생산한 버스의 안전성 문제를 물고 늘어지며(즉 BYD 버스가 내구성 실험에서 드러난 자잘한 결함을 하나하나 거론하며), LA 메트로에 중국 기업을 입찰에 참여시키지 말라고 종용했다.

이런 일에 무방비 상태였던 BYD는 대부분의 중국 기업이 그러듯이 입을 꾹 다물고 소나기가 지나가기만을 기다렸다. 그들은 지역 매체에 손을 내밀기보다 자신들을 혹평한 지역 언론사를 블랙리스트에 올리는 것으로 대응했다.

이는 그 후 BYD에 쏟아질 더욱 거센 악평의 전주곡에 불과했다.

BYD가 최저임금법을 위반하고 중국인 노동자를 들여와 시간당 1달러 50센트를 주었다는 의혹이 퍼진 것이다. 2013년 10월, 캘리포니아의 근로감독관은 외부인의 제보를 바탕으로 로스앤젤레스 본부와 랭커스터 공장을 급습해 조사를 벌였다. 그들은 BYD가 최저임금 규정을 어겼고, 급여명세서를 조작했으며, 직원에게 적절한 휴식을 부여하지 않았다는 이유로 벌금 10만 달러를 부과했다.[19]

BYD가 중국인 노동자에게 터무니없이 적은 급여를 지급했다는 의혹은 BYD 미국 사업부에서 전략 담당 부사장을 지낸 샌드라 이트코프 Sandra Itkoff의 소송서류에서 처음 제기되었다. BYD의 로스앤젤레스 본부에서 유일한 비중국인이었던 이트코프는 2012년에 해고된 이후 부당해고와 국적 차별을 이유로 BYD를 고소했다. 그녀는 근로감독관이 조사에 돌입하기 한 달 전 작성한 문건에서, 자신이 이 회사의 전체 직원회의에 한 차례도 참석하지 못했고, BYD가 생산하는 버스에 안전 문제가 존재하며, 이 회사가 중국에서 온 노동자들을 로스앤젤레스 본부에 고용해 한 해 5,000~8,000달러에 불과한 급여를 지불했다고 주장했다.

지역 사회운동가인 매들린 제니스 Madeline Jannis는 이트코프의 소송 내용을 입수해 캘리포니아의 근로감독관에게 넘겼다. 제니스가 운영하는 노동조합의 산하 단체 '잡스 투 무브 아메리카Jobs to Move America'는 BYD가 본사 건물을 수리하는 비용으로 지방정부로부터 160만 달러를 받았다는 사실에 주목했다. BYD는 그 대가로 2015년까지 58명의 정규직 직원을 고용하고, 그 일자리의 절반은 이 지역에 거주하는 저소득층 노동자에게 할당하기로 약속한 바 있었다. 제니스는 BYD가 처음부터 그 약속을 지키는 데 소극적이었고, 이 지역의 노동조합이 회사의 직원에게 접근하지 못하도록 막았다고 주장했다.

제니스는 근로감독관의 조사 사실이 대중에게 공개되자 BYD 본사 건물 밖에서 시위대를 이끌고 집회를 벌였다. 그들이 내건 팻말에는 이렇게 쓰여 있었다. '이곳은 버스요금도 안 되는 시간당 1달러 50센트의 임금을 우리의 세금으로 지급하는 노동력 착취의 현장입니다. 그들이 약속한 일자리는 어디로 갔나요?' 또 '아시아계 미국인의 발전을 위한 정의의 모임'이라는 단체는 노동자의 권리를 중국어와 영어로 설명하는 전단지를 BYD 직원들에게 나눠주었다. 〈뉴욕 타임스〉와 〈로스앤젤레스 타임스〉도 BYD를 비난하는 기사를 실었다. BYD 입장에서 주 감독관이 부과한 벌금보다 더 뼈아팠던 대목은 '지방정부의 돈을 받고 일자리를 창출하기로 약속한 중국 기업이 임시직 노동자들을 들여와 푼돈에 불과한 금액을 주고 일을 시켰다'는 이야기가 사람들에게 기정사실로 굳어진 것이었다.

BYD는 이 사태를 진화하기 위해 레니 데이비스Lanny Davis라는 전설적인 정치 홍보 전문가를 워싱턴에서 불러들였다. 원래 직업이 변호사였던 데이비스는 지난 20년간 부자와 권력자의 위기를 관리하는 일에 종사했다. 특히 그는 모니카 르윈스키 스캔들에 휩싸인 빌 클린턴 대통령을 방어하면서 명성을 쌓았고, 그 후에는 다국적기업과 해외의 권력자에게 서비스를 제공했다. 지칠 줄 모르고 고객을 대변하며, 고객을 가리지 않는 것으로도 유명한 데이비스는 2009년 온두라스에서 발발한 쿠데타 주도 세력을 위해 일했고, 적도기니의 악명 높은 독재자를 고객으로 삼기도 했다. 그가 홍보 전문가로서 가장 큰 강점으로 내세우는 대목은 자신의 고객과 변호사-의뢰인 비슷한 관계를 맺는다는 점이었다. 고객들은 그에게 자신이 어떤 일을 저질렀는지 솔직하게 털어놓았지만, 그는 의뢰인에게 들은 이야기를 절대 외부에 발설하지 않았다. 천성적으로 열정적인 업무 스타일을 지닌 데이비스는 BYD를 방어하기 위한 전면적인 작전에 돌입했다. 그는 언론을 진화하고 시민들의 감정을 누그러뜨리기 위해 온갖 수단을 동원했지만, 롱비치 트랜짓과 LA 메트로에는 BYD와의 계약을 포기하라는 압력이 계속 밀려들었다.

그런데 이 회사를 둘러싼 위기가 절정에 달했을 때, 주 근로감독관은 갑자기 태도를 바꾸었다. BYD가 중국인 임시직 노동자들의 중국 은행 계좌로 시간당 12~16달러를 지급했다는 사실을 입증하는 문서를 제출하자, 캘리포니아 주는 BYD가 최저임금 규칙을 위반했다는 고발을 취하했다. 결국 근로감독관은 중국인 노동자들에게 달러가 아닌 중국 돈으로 급여를 지급했다는 이유로 벌금 1,900달러를, 그리고 급여명세서에서 오류가 발견되었다는 점과 근로자에게 휴식을 나누어 제공했다는 이유로 벌금 3만 달러를 BYD에 부과했다. BYD 아메리카의 마이클 오스틴Michael Austin은 이렇게 말했다.

"근로감독관은 이곳을 덮쳤을 때 수많은 노동자가 빽빽하게 밀집된 노동력 착취 공장 같은 곳을 생각했을 겁니다. 하지만 여기는 그런 곳이 아닙니다. 당시 공장에 있던 사람들은 모두 장비를 들고 일하는 기술자였어요."

렉스 패리스는 이 지역의 노동조합 단체들이 BYD 작업장에 노조를 설립하기 위해 근로감독관의 단속을 뒤에서 조종했다고 믿었다.

"BYD는 제너럴모터스나 도요타만큼 커질 게 확실합니다. 하지만 이 회사는 노동조합에 굽실거리지 않았어요. 그게 이유였던 것 같습니다."

레니 데이비스는 BYD에 부과될 벌금의 최종 액수가 결정되자 분통을 터뜨렸다. 그는 나와 전화 통화를 하며 흥분된 목소리로 말했다.

"이건 「새터데이 나이트 라이브Saturday Night Live」(미국의 TV 코미디 쇼 프로그램 - 옮긴이)에 나오는 나쁜 정부 풍자극이 아닙니다. 이제 막 문을 연 기업에 미국의 관료들이 저렇게 쓸모없는 짓을 할 수도 있는 건가요? 세간에서 떠돌던 소문도 전혀 사실이 아닌 걸로 판명되었잖아요. …… 아마 캘리포니아 주정부는 근로감독관에게 이렇게 말할 겁니다. '지금 장난하는 겁니까? 달러가 아닌 인민폐로 월급을 지급했다고 벌금을 매기다니요. 그것도 고작 1,900달러라고요? 이러고도 우리가 외국에서 투자를 유치하기 위해 애쓴다고 할 수 있겠어요?'"

권력을 남용하면 안 됩니다

데이비스가 언급한 '풍자극'은 이제 마지막 반전을 남겨두고 있었다. BYD는 최저임금에 관련된 소동이 벌어지는 가운데서도 롱비치 트랜짓 및 LA 메트로와의 계약을 성사시키는 데 온갖 노력을 기울였다. 하지만 일이 순조롭게 진행되는 것처럼 보이던 어느 날, 미 연방교통관리국Federal Transit Administration, FTA은 롱비치 트랜짓에 BYD의 버스를 구매할 경우 연방정부 보조금을 제공할 수 없으니 주문을 취소하라고 압력을 넣었다.

그들은 2013년 초에 진행된 전기버스 입찰 과정에서 BYD가 취약자기업Disadvantaged Business Enterprise, DBE 규정 준수에 대한 계획을 제출하지 않았다는 점을 문제삼았다. 연방정부의 보조금이 제공되는 사업에 참여한 업체는 소수집단이나 여성이 소유한 기업과 얼마나 많은 거래를 할지 비율 목표를 작성해 제출하도록 되어 있었다. BYD는 취약자기업과 관련된 규정을 지키고 있었지만 입찰 과정에서 규정 준수에 대한 계획을 제출하지 않았다.

FTA는 롱비치 트랜짓이 연방정부 보조금을 사용하고 싶다면 다시 공개 입찰을 실시해 프로테라에 또 한 번의 기회를 줘야 한다고 통보했다. 그로부터 2개월 후, 전직 교통부 장관 레이 러후드Ray LaHood는 BYD의 최대 경쟁사인 프로테라의 이사회에 합류했다. 오바마 행정부에서 교통부 장관을 지낸 러후드는 2013년 7월까지 FTA를 관리·감독했다. 그는 장관 재임 당시 프로테라의 공장을 방문한 후 찬사의 글을 남긴 적이 있었다. 그는 백악관 블로그에 이렇게 썼다.

'2009년만 해도 프로테라에는 재정적 자원이 부족했고 이 회사의 급속 충전 버스를 주문하는 고객도 별로 없었다. 하지만 미 교통부의 보조금과 각 지역 교통 당국의 지원에 힘입어 프로테라는 큰 성장을 이뤄 냈다.'

렉스 패리스는 격분했다. 그가 내게 말했다.

"BYD의 버스는 프로테라의 제품보다 두 배는 우수합니다. 하지만 그들은 BYD의 앞길에 온갖 장애물을 설치하고 있습니다. 그러면서도 중국인들이 장애물을 만들면 온갖 불평을 하지요. 만일 이곳에 일자리가 늘어나기를 원한다면 우리의 권력을 남용하면 안 됩니다. 모두에게 공평한 기회를 줘야죠. 그 나라가 예전에 우리 제품을 모방했다고 복수해서도 안 돼요. 하지만 중국인들에게는 이런 원칙을 지키지 않아도 좋다는 인식이 많아요. 그 피해는 결국 우리에게 돌아올 겁니다."

랭커스터의 적색공포

정작 피해를 본 사람은 렉스 패리스 자신이었다. BYD가 로스앤젤레스에서 새로운 무용담을 시작할 즈음 패리스는 랭커스터에서 큰 반발에 직면했다.

패리스가 처음 중국을 방문해서 BYD에 구애를 보냈을 때, 그의 지지자들 중에서도 반대하는 사람들이 생겨났다. 미국인들에게 랭커스터는 과거 수십 년간 소련과 대치한 미국 군대의 역사를 상징하는 애국적인 도시였다. 이제 미국의 세계적 지배력에 도전장을 던지는 세력이 중국으로 바뀐 상황에서, 패리스가 중국 기업에 무작정 구애를 보내는 행위를 안텔로프 밸리의 모든 사람이 지지할 수는 없었다.

2010년 패리스가 첫 번째 시장 재선에 도전했을 때, 그의 경쟁자는 옛 소련의 '적색공포'를 상기시키는 반反중국적 TV 광고를 내보냈다. 이 광고에는 중국 군대가 천안문 광장에서 군사 퍼레이드를 벌이는 영상과, 패리스가 중국인의 투자 유치를 위해 인터뷰하는 장면이 나란히 등장했다. 중국 인민해방군의 깃발이 펄럭이는 가운데 패리스가 이렇게 말한다.

"우리는 중국인에게 우호적인 자세를 보여야 합니다. 그래서 시청의 직원들도 중국어를 배우고 있습니다. 우리는 중국인이 이곳을 좋아하게 될 것이며 우리도 그들을 환영한다는 메시지를 전달하기 위해 모든 수단을 강구해야 합니다."

영상이 끝나면 화면에는 이런 글귀가 새겨진다. '200명의 중국 공산주의자를 랭커스터에 들이려는 패리스를 저지합시다!'

시장 선거 직전에 지역 TV로 방송된 이 광고는 큰 파장을 불러일으켰다. 패리스 시장은 이렇게 말했다. "내가 지난 20년간 목격한 것들 중에서 가장 인종차별적인 광고입니다. …… 중국인들을 모두 공산주의자로 매도하는 행위는 명백한 인종차별입니다." 선거에서 패리스의 경쟁자로 나선 후보는 자신이 이 광고와 관련이 없다고 주장했다. 하지만 광고를 제작한 전 민주당 시장 후보 로버트 데이븐포트Robert Davenport는 지역 매체를 통해 지속적으로 패리스를 공격했다. 데이븐포트는 지역 매체와의 인터뷰에서 이렇게 말했다.

"패리스 시장과 그를 따르는 지지자들이 반드시 알아야 될 사실이 있습니다. 미 중앙정보부CIA가 정기적으로 발간하는 〈월드 팩트북The World Factbook〉에는 중국이 공산국가라고 명백히 기술되어 있습니다. 패리스 시장과 그를 지지하는 공산주의자들, 그리고 그의 사업 파트너가 되고자 하는 사람들은 미국 국방의 중추적 역할을 담당하는 이 지역의 주민들이 자신들을 두 팔 벌려 환영할 거라고 믿을지 모릅니다. 하지만 그 생각은 틀렸습니다. 아마 대부분의 미국인은 제 의견에 동의할 겁니다. 근면하고 자부심 강한 자본주의자들은 강력한 반공주의자들입니다."

오믈렛을 만들려면 계란을 깨뜨려야

결과적으로 이 강력한 반공주의적 정서는 선거에 결정적인 영향을 미치지 못한 듯싶었다. 패리스는 67퍼센트가 넘는 득표율로 시장에 재선되었다.[20] 그가 이런 대승을 거둔 것은 지역 주민들이 그의 업적에 열광적인 지지를 보냈기 때문만은 아니었다. 그보다는 랭커스터를 무대 뒤에서 조종하는 '어두운' 정치세력에 힘입은 바가 크다고 할 수 있었다. 패리스의 경쟁자들, 지역의 운동가들, 그리고 일부 시민들은 패리스가 중국이라는 나라의 나쁜 측면만 흉내낸 방식으로 지역의 정치적 문화를 이끌고 있다고 말했다. 반대파를 철저히 탄압하고, 독재를 휘두르고, 부패를 일삼는다는 것이었다. 예전에 패리스의 기획위원회 소속이었다가 그의 강력한 비판자로 변신한 조나단 어빈Johnathon Ervin의 말이다.

"랭커스터는 마치 마피아 조직처럼 운영되고 있습니다. 그는 돈과 공포로 이곳을 다스립니다."

어빈은 패리스와 몇몇 파트너가 이 도시의 권력을 온통 쥐고 흔든다고 말했다. 랭커스터 시는 지방자치단체 선거를 4월에 실시한다. 이때는 출마하는 후보자가 많지 않기 때문에 주민 참여율이 낮은 틈을 타 재빨리 선거를 해치우는 것이다. 또 패리스는 지역의 대형 교회를 활용해 선거운동을 전개하고 유권자에게 인종차별적 메시지를 전파함으로써 보수적인 기독교인의 경각심을 자극한다. 그는 자신의 계획에 반대하는 사람을 절대 용납하지 않는다.

어빈은 패리스와 불화를 겪고 기획위원회를 떠난 후 시의원 선거에 도전했다. 그러자 패리스는 어빈에 대한 극단적 인신공격이 담긴 전단지를 작성해 유권자에게 배포했다. 그는 이 홍보물에서 흑인인 어빈은 과거 반反경찰 시위에 참가한 전력을 지닌 '갱단 소속 후보자'이기 때문에 어빈이 당선된다면 경찰의 활동 정보를 자신의 '친구들'에게 빼돌릴 거라고 주장했다. 폭력으로 얼룩진 역사를 지닌 이 도시에서 이는 명백한 인종차별적 공세였다.

결국 어빈은 패리스가 지명한 시의원 후보자에게 749표 차로 패했다.

어빈은 이 사건을 두고 자신의 목표를 달성하기 위해 수단과 방법을 가리지 않는 패리스의 마키아벨리식 스타일을 전형적으로 보여주는 사례라고 말했다. 어빈이 내게 말했다.

"패리스가 인종차별적 발언을 했느냐고요? 물론이죠. 그는 뻔뻔스러울 정도로 인종차별적인 주장을 거침없이 해댑니다. 그가 내뱉는 말에는 분명한 목적이 있습니다. 사람들에게 공포심을 조장해서 자신에게 투표하도록 만들려는 거죠."

지역의 다른 운동가들도 패리스를 여러 문제가 뒤섞인 복잡한 인물로 평가했다. 라틴아메리카 시민연합동맹League of United Latin American Citizens의 대변인 세이비어 플로레스Xavier Flores는 패리스의 대중 메시지 전략을 '뼛속까지 이기적인' 행위라고 표현했다. 특히 그는 갱 조직원들을 기소할 수 있을 만한 정보를 제공하는 사람에게 1,000달러의 '포상금'을 제공하겠다는 패리스의 기상천외한 선거공약을 비난했다. 하지만 플로레스는 패리스가 인접한 도시 팜데일을 상대로 제기한 선거권 관련 소송을 지지했으며, 패리스의 중국 친화적인 전략에도 찬성하는 입장이었다. 플로레스는 이렇게 말했다.

"우리가 그의 정책을 일부 반대한다고 해서…… 사람들이 옳다고 믿는 해결책을 위해 그와 함께 일하지 말라는 법은 없으니까요."

패리스도 사람들이 자신의 권위주의적 경향을 비난한다는 사실을 인정했다. 그리고 주민들이 '갱단 소속 후보자'라는 표현이 담긴 전단을 왜 인종차별로 받아들이는지 이해한다고 말했다. 하지만 그런 일들은 랭커스터라는 도시에서 자신이 요리 중인 오믈렛을 만들기 위해 꼭 깨뜨려야 하는 달걀과 같다는 것이다. 마치 패리스의 영웅인 덩샤오핑(중국을 가난에서 건져낸 반면 천안문에 탱크 출동을 명령한 인물)의 자기합리화를 연상케 하는 논리였다. 패리스가 내게 말했다.

"내가 처음 이곳에 도착했을 때 이 도시는 깊은 침체의 구렁텅이에 빠져 있었습니다. …… 그런 상황에서 일상적인 의사 결정으로는 이곳을 발전시키기가 불가능했어요. 내가 독재자처럼 일한다고요? 맞습니다. 그래서 결국 그들이 선거로 나를 물러나게 만들 거라고요? 그럴 수도 있겠죠. 하지만 그로 인해 이 도시가 다시 퇴보의 늪에 빠지게 되면 그 사람들은 결코 그 상황을 되돌리지 못할 겁니다."

호텔 캘리포니아에서 아기를 낳으세요

패리스는 자신의 친親중국 정책 중 가장 특이한 계획을 추진하다 결국 큰 좌절을 맛보았다. 중국의 원정 출산 관광객을 끌어들여 지역 병원의 재정난을 해결하려 한 것이었다. 미국 땅에서 태어난 모든 사람에게 미국 시민권을 부여하는 미국의 제14차 수정헌법은 그동안 외국인을 끊임없이 이 나라로 유혹하는 법적 근거가 되었다. 공화당 소속 하원의원들은 가난한 멕시코 사람들이 미국에서 아기를 낳아 아이의 시민권을 취득하는 이른바 '앵커 베이비anchor baby' 수법에 강력하게 반발했지만, 사실 최근 몇 년간 미국의 시민권 제도를 가장 효과적으로 이용한 사람들은 부유한 중국인이었다.

법적으로만 따졌을 때 중국인 여성이 미국을 방문해 출산하는 데
는 아무런 문제가 없었다. 산모가 비자를 받기 위한 인터뷰에서 거짓말
을 했거나 비자에 명시된 기간을 초과해서 미국에 머물지 않는다면 원
정 출산은 법적으로 전혀 하자가 없는 행위였다. 하지만 이런 관행은 반
이민적인 트럼프 지지자들과 이민을 장려하는 사람들 모두의 마음을 불
편하게 만들었다. 상하이나 베이징에서 미국을 찾은 부유한 가족들은,
반이민주의자들의 정서는 물론이고 현대 미국의 정치 문화를 상징하는
'이민자의 나라'라는 서사와도 어울리지 않는 사람들로 여겨졌다. 물론
이는 미국을 찾는 중국인이 늘어나면서 생기는 또 다른 부수적 현상이
겠지만, 사람들은 그동안 캘리포니아가 소중히 간직해온 가치를 되돌아
보지 않을 수 없게 되었다. 미국이 외부인에게 개방하는 이민의 문은 오
직 가난한 사람들에게만 열려야 하는가? 아니면 근면한 사람들에게? 또
는 특정 지역에서 온 사람들에게?

물론 '경제적' 측면으로만 생각한다면 이는 완벽하게 합리적인 정
책이었다. 중국인 산모는 지역의 병원(특히 중국어가 가능한 직원을 둔 병원) 입
장에서 재정적으로 큰 도움이 되었다. 그들이 지불하는 현금은 의료보
험이 없는 환자나 병원비 지불 능력이 부족한 환자로 인해 발생한 손실
을 메우는 데 큰 도움이 되어줄 터였다. 랭커스터의 안텔로프 밸리 호스
피털Antelope Valley Hospital은 특히 그런 도움이 절실한 곳이었다. 이 병원은
정부의 지원이 지속적으로 감소하고 수많은 환자가 병원비를 지불하지
못하면서 재정적으로 큰 곤경에 빠진 상태였다. 2013년 6월, 신용평가
회사 무디스Moody's는 이 병원의 신용 등급을 '정크본드junk bond'로 분류
했다.

패리스는 이 문제를 해결하기 위해 안텔로프 밸리 호스피털을 중국
인 산모의 원정 출산 병원으로 만든다는 계획을 세웠다. 그는 중국인 부
자를 위해 아예 전용 병동을 새로 건설한다는 아이디어를 구상하기도

했다. 그는 이 병원의 이사장인 레바논 출신의 신경외과의사 압달라 파루크Abdallah Farrukh 박사와 그 계획에 대해 상의했다. 2016년 패리스는 내게 이렇게 말했다.

"저는 그 병원을 재건하려 했습니다. 계획을 추진하기 위해 호텔 하나를 구입할 생각도 했죠. 하지만 일이 잘 진행되고 있는 참에 이 계획을 무슨 범죄처럼 취급하는 분위기가 생겨나더니 갑자기 모든 게 무산되어 버렸어요."

캘리포니아의 근로감독관이 BYD의 공장을 기습 단속하던 비슷한 시기에, 이 병원의 간호사들은 이사회에서 파루크 박사를 향해 공세를 퍼부었다. 그들은 현재 어떤 계획이 진행 중인지 정확히 밝히라고 요구했으며, 이런 중대한 결정이 공개적으로 이루어지지 않은 이유를 따지고 들었다. 파루크는 '기업 비밀'이라는 이유로 그들의 질문을 피해 가려 했지만 결국 간단한 설명으로 대답을 대신했다. 병원에 돈이 필요하다는 것이었다. 파루크는 이 병원을 찾는 환자들 중 40퍼센트가 의료보험에 가입되지 않아 무료로 의료서비스를 받는다고 말했다. 병원의 재정을 안정화하려면 원정 출산을 원하는 산모를 유치함으로써 새로운 수익원을 찾을 수밖에 없다는 것이었다. 파루크 박사는 지역 언론과의 인터뷰에서 이렇게 말했다.

"이 사업은 두 팔 벌려 환영할 만한 비즈니스입니다. 정말 훌륭한 사업 기회예요. 그들은 병원비를 선불로 냅니다. 게다가 메디케어Medicare (미국의 노인의료보험제도 - 옮긴이) 가입 환자에 비해 두 배나 많은 돈을 지불합니다."

랭커스터 주민들은 이 계획을 긍정적으로 받아들이지 않았다. 〈안텔로프 밸리 프레스〉는 시민들 중 95퍼센트가 반대한다는 여론조사 결과를 보도했다. 〈안텔로프 밸리 타임스〉에는 한 손에 아이를 안고 다른 손에 『마오쩌둥 어록』을 든 중국인 산모들이 마치 군인들이 행진하듯 병원에서 줄지어 나오는 삽화가 실렸다. 그림 아래에는 이런 해설이 달렸다. '원정 출산 시민권자가 몰려듭니다. 공산주의 국가 중국에서 만들어져 미국 랭커스터에서 태어난 아이들이.'

패리스는 전혀 예상치 못한 논란에 당혹감을 감추지 못했다. 그가 내게 말했다.

"저는 이 아이디어가 완벽하게 타당하다고 생각합니다. 부유한 중국인을 이 나라로 끌어들이고 그들의 2세를 미국 시민권자로 만드는 겁니다. 우리가 그걸 원하지 않는 건가요? 제 생각에 미 국무부도 어느 정도 찬성하는 것 같은데요. 그러니까 그 사람들에게 비자를 내주고 있지요! …… 우리가 할 일은 중국인에게 이렇게 말하는 겁니다. '당신이 부자라면 이곳에 올 수 있도록 우리가 모든 편의를 제공해드리겠습니다.'"

파루크 박사도 주민들의 반발에 당황하기는 마찬가지였다. 그는 지역 신문과의 인터뷰에서 이렇게 말했다.

"우리는 오랫동안 병원을 무료로 운영하다시피 했습니다. 특히 히스패닉 계열의 주민들은 거의 치료비를 지불하지 못했어요. 하지만 중국인은 이곳에 와서 많은 돈을 냅니다. 사람들은 돈 때문에 중국인 산모를 유치하는 일을 비윤리적이라고 말하죠. …… 왜 비윤리적일까요? 저는 아무리 생각해도 이해가 되지 않습니다."

패리스와 파루크 박사의 항변에도 불구하고 이 계획은 끝내 실행되지 못했다. 금전적인 이익을 위해 중국인 산모를 모하비 분지로 데려와 미국 시민권자를 양산한다는 계획에는 이민정책, 미국 중산층의 몰락, '공산국가 중국'의 부상 등을 포함한 너무나 많은 사회적 논란의 소지가 담겨 있었다. 결국 패리스는 이 계획을 철회하고 뒤로 물러났다. 중국과의 협력을 위한 그의 노력이 공식적인 실패를 기록한 것은 이번이 처음이었다.

"제 생각에 이 도시에는 인종차별주의자가 너무 많습니다. 우리가 중국과 비즈니스를 하는 일을 그들이 반대하는 이유는 단 하나, 상대가 중국인이라는 사실 때문입니다."

저패노포비아의 재림

외국인의 투자에 대한 미국인의 반발은 새로운 현상이 아니었다. 과거에 새롭게 부상한 경제대국 일본이 미국 땅에서 호텔을 사들이고 공장을 세웠을 때, 미국인들은 일본이 수출이나 투자를 통해 경제적으로 미국에 침투해 이 나라를 정복할 거라는 공포, 즉 '저패노포비아 Japanophobia'에 온통 휩싸였다.[21] 따라서 일본의 해외투자 역사와 그에 대한 미국인의 반응을 잠시 돌이켜보면 중국 기업이 미국에 사업체를 설립할 때 어떤 장점을 기대할 수 있고 어떤 문제점을 주의해야 할지 예측하는 데 도움이 될 듯하다.

경제적 측면으로만 보면 1970년대와 1980년대 일본의 상황은 오늘날의 중국과 매우 흡사했다. 일본은 제2차 세계대전의 폐허를 딛고 일어나 아시아의 주력 수출 기지로 변신했으며, 이후 30년간 눈부신 '경제 기적'을 일궈냈다. 또한 일본을 기점으로 한국, 대만, 중국 본토 등지에서도 제조업 기반의 경제가 속속 성장했다. 일본 정부의 전략적 시장 개입의 혜택을 톡톡히 본 일본 기업은 먼저 자국 시장을 장악한 뒤 세계시장을 넘보기 시작했다. 처음에 섬유, 저가 전자 제품, 자동차 등의 수출에 주력했던 일본 기업이 1980년대 중반이 되면서 해외로 내보낸 수출품 중 가장 대표적인 상품은 바로 '자본'이었다.

자신만만한 일본의 투자자들은 넘쳐나는 현금을 손에 쥐고 인수할 기업을 찾아 미국 전역을 누비면서 페블비치 골프 코스, 록펠러 센터, 컬럼비아 영화사 등을 사들였다. 그와 동시에 미국과 일본 간에 발생한 무역 긴장의 여파로 미국 시장에 대한 그린필드 투자도 급증했다. 값싸고 연비 좋은 일본 자동차가 제너럴모터스 같은 미국 브랜드의 시장점유 율을 급격히 떨어뜨리자, 일본과의 무역 협상에 나선 미국의 관리들은 일본에서 생산해 미국으로 수출하는 자동차 대수를 스스로 제한하라는 '자발적 수출 규제'를 요구했다. 그러자 도요타 같은 일본 기업은 미국의 규제를 피하고 시장점유율도 높이려는 목적으로 아예 자국 내의 생산 기지를 미국으로 이전하는 길을 택했다. 덕분에 미국에서는 새로운 일 자리가 창출되었고, 미국 노동자들은 일본인 상사와 처음으로 대면하게 되었다. 일본은 세계적 경제 제국을 건설할 준비가 끝난 듯했으며, 그 일 에 앞장선 사람들은 투자자와 공장의 감독들이었다.

미국인은 일본 사람에게 경외감과 두려움을 함께 느꼈다. 대학생은 너도나도 일본어 수업에 몰려들었고 공항 서점의 책꽂이는 일본 기업의 성공 비밀을 다룬 책으로 메워졌다. 「블레이드 러너」나 「백 투 더 퓨처 2」 같은 블록버스터 영화에는 미래에 일본이 경제적으로 미국을 압도하 는 장면이 담겼다. 각종 매체는 일본에 대한 공포심을 부채질했고, 일본 을 외부의 정복자로 묘사하며 외국인 혐오 정서를 부추기는 사람도 적 지 않았다. 일본의 대기업 소니가 컬럼비아 픽처스를 34억 달러에 인수 했을 때, 〈뉴욕 타임스〉 표지에는 기모노를 입은 자유의 여신상 그림 옆 에 '일본, 할리우드를 침략하다'라는 헤드라인이 달렸다. 존경받는 언론 인들도 '탐욕스럽고 교활한' 일본 경제의 거물들이 '투자'라는 명목의 트로이의 목마를 이용해 미국 사회를 장악하려 한다고 주장했다.

무차별적인 반反일본 공세는 사회적으로 큰 파장을 불러왔다. 1980년 대 후반 여론조사에 참여한 미국인은 일본의 경제적 지배로 인한 위협 이 소련의 위협보다 크다고 응답했다.

일부 인사들의 과장된 호들갑은 차치하더라도, 냉철한 분석가들 역 시 일본인의 투자를 감시하거나 차단해야 하는 당위성을 '국가안보'와

'공정성'이라는 두 가지 근거로 설명했다. 실리콘밸리의 기업은 일반 소비자를 위한 제품과 군사 장비를 함께 제작했다. 하지만 이 두 영역의 경계가 모호한 경우가 많기 때문에, 일본이 특정한 기술기업을 인수하려 한다면 일단 그 의도를 의심해야 한다는 것이었다. 또한 공정성의 문제는 일본 정부가 자국의 기업을 보호하고 육성하는 방식과 깊이 관련되어 있었다. 미국의 기업은 외국 기업의 수출이나 투자를 제한하는 일본 정부의 규제에 발목이 잡혀 일본 시장에서 퇴출되기 일쑤였다. 그리고 일본 정부의 외환 정책이나 기업에 대한 자유로운 대출 등은 일본 기업의 경쟁력을 노골적으로 높여주는 수단으로 작용했다.

일본에 대한 공포심이 절정에 달한 것은 1987년 일본의 IT 대기업 후지쯔가 미국의 반도체 기업이자 군납 업체인 페어차일드 반도체를 인수하려 했을 때였다. 레이건 행정부의 상무장관과 국방장관은 국가안보 차원에서 이 거래에 반대하는 의사를 공개적으로 표명했다. 미국 군대의 핵심 통신 기술을 외국 기업에 의존할 수 없다는 이유였다. 〈뉴욕 타임스〉는 정부 고위 관료의 말을 인용한 기사를 실었다. '이 거래가 향후에 시범 사례가 될 겁니다. 만일 일본이 이번에 페어차일드를 인수하게 된다면, 그들은 다른 회사도 닥치는 대로 사들일 겁니다. 우리는 미국의 반도체 산업이 일본의 통제 아래 놓이는 모습을 보고 싶지 않습니다.' 그렇지 않아도 일본 정부는 미국산 슈퍼컴퓨터의 국내 시장 도입을 방해한 일이나 반도체 수출과 관련한 보호 조치를 취한 일로 여러 나라의 비난에 시달리는 중이었다. 그런 상황에서 페어차일드 반도체 인수가 난항을 겪자, 많은 사람들은 이 일이 일본 정부의 보호주의 정책에 대한 보복이라고 생각했다. 시민들의 분노가 폭발하고 정부의 압박도 거세지자 결국 후지쯔는 '미국에서 발생한 정치적 논란' 때문에 입찰을 포기한다고 발표했다. 그다음 해에 미 하원은 엑슨 플로리오 법Exon-Florio Act을 통과시켰다. 이 법에 따르면 외국인의 국내 기업 인수로 인해 국가안보가 위험에 빠질 우려가 있다고 판단될 때 대통령은 인수합병을 불허할 권한을 부여받게 되었다. 후지쓰의 페어차일드 인수가 무산된 후, 대미외국인투자위원회CFIUS를 비롯한 관련 기관은 일본 기업이 정밀기계 같은 산업 영역에서 미국 회사를 인수하는 일도 함께 금지시켰다.

한편 미국에 공장을 설립한 일본 기업은 또 다른 문제에 시달렸다. 미국 땅에서 문을 연 일본 기업의 사무실이나 공장은 양국의 국제적 교류에 따른 문화충돌의 현장이 되었다. 일본 회사가 미국 문화에 가장 무지했던 부분은 차별적인 인사人事 관행이었다. 획일적인 사회 분위기와 성적 차별이 만연한 작업장 문화에 길들여진 일본 관리자들은 직장 내의 차별이 어떤 결과를 낳을 수 있는지 깨닫는 과정에서 뼈아픈 수업료를 지불했다. 바로 법적 소송이었다. 1980년대 후반, 혼다나 닛산 같은 여러 일본 기업은 흑인과 여성을 인종적·성적으로 차별했다는 비난에 휩싸였다. 1990년대 초가 되면서 직원의 국적을 차별했다는 혐의(특히 미국인 노동자에 대한 인사 불이익)로 수많은 소송이 이어졌다. 예를 들어 어느 일본 기업에서 마케팅을 담당했던 미국인 임원은 자신의 국적이 다르다는 이유만으로 일본 직원에게 자리를 빼앗겼다고 전 고용주를 상대로 소송을 제기했다. 해고된 전직 임원은 〈뉴욕 타임스〉와의 인터뷰에서 이렇게 말했다.

"오랜 시간이 지난 후에야 일본 기업의 실체를 알게 되었습니다. 그들에게 미국인은 쓰고 버리는 소모품에 불과했던 겁니다."

최근 몇 년간 미국을 휩쓴 중국인의 투자 열풍은 그 패턴, 문제점, 정치적 파장 등에서 한 세대 전 일본인이 미국에 도착했을 때와 놀랄 만큼 흡사했다. 2016~2017년에 CFIUS와 오바마·트럼프 행정부가 머니그램이나 래티스 반도체Lattice Semiconductor를 중국 기업에 넘기는 일을 금지한 것은 후지쓰의 페어차일드 인수가 무산된 사건의 복사판이라고 할 수 있었다. 제3장에서 다룬 DIUx의 보고서가 FIRRMA 법안의 통과로 이어진 일은 엑슨 플로리오 법이 발효되었을 때의 상황과 거의 똑같았다. 그리고 '바이 아메리카' 정책으로 인해 BYD가 미국에 지사를 설립하게 된 과정은 미국 정부가 일본 기업에 '자발적 수출 규제'를 강요함으로써 도요타가 미국으로 생산 거점을 옮겼을 때의 사정과 다를 바 없었다. 샌드라 이트코프가 BYD를 상대로 국적 차별에 대한 소송을 제기한 일도 1990년대 초에 미국인 마케팅 임원이 자신의 전 직장을 고소한 일과 판박이였다.

오늘날 미·중 간의 지정학적 배경 아래서 벌어지는 현상은 1980년대 미국과 일본 간에 발생했던 상황과 신기할 정도로 비슷하다. 세계무대에서 자국의 위상에 대해 자신감을 상실한 미국은 새로 부상하는 아시아 국가에 우려를 나타내고 외국인이 미국 땅으로 몰려드는 현상에 불편함을 드러낸다.

하지만 미국에서 '일본인 공포증'이 기승을 부린 지 25년이 지난 오늘날, 미국에 대한 일본 기업의 투자는 어느덧 성공 스토리로 바뀌었다. 1991년 일본 증권시장의 붕괴 이후 일본의 대미 투자는 급격히 감소했지만, 기존에 일찌감치 투자한 일본 기업은 미국에서 일자리와 소득, 그리고 혁신을 만들어냈다. 미국에 자리잡은 일본 자동차 기업의 공장(주로 미국 소비자를 위해 자동차를 생산하는 공장)은 꾸준히 성장했다. 2015년 일본의 자동차 기업은 공장 노동자, 사무직원, 딜러 등을 포함해 미국 전역에서 50여만 개의 일자리를 창출했다.[22] 미국에서 판매된 일본 브랜드의 자동차 중 4분의 3이 북미 지역에서 생산된 제품이었다.

일본에 대한 미국인의 공포가 가라앉은 가장 큰 원인은 일본 내의 경기 침체였다. 1990년대 초, 일본 경제의 거품이 꺼지자 기업은 미국 땅에 투자할 외화가 부족해졌다. 게다가 그 뒤로 '잃어버린 10년'이 이어지면서 미국인은 일본에 대한 공포심을 내려놓고 한숨을 돌릴 수 있게 되었다. 그런 가운데서도 미국 시장에 이미 뿌리를 내린 일본 기업은 미국 문화 속으로 자연스럽게 스며들었다. 1990년대에 유년기를 보낸 많은 미국인에게 소니 픽처스 같은 브랜드는 컬럼비아 픽처스와 다를 바 없는 미국 기업으로 인식되고 있다.

부활

2013년 후반이 되자 BYD는 비로소 친숙한 미국 기업으로 소비자에게 받아들여지기 시작했다. 지난 몇 개월 동안 BYD는 중국에 대한 부정적인 고정관념 속에서 고전을 면치 못했다. 그들은 노동력 착취 공장을 운영하며 근로자를 학대했다는 혐의를 받았고, 안전하지 않은 싸구려 제품을 만들었다는 의혹에 휩싸였으며, 미국의 심장부에 침입하는 공산당의 앞잡이 노릇을 한다는 비난을 받았다. 게다가 캘리포니아 주가 BYD를 조사하면서 그들의 첫 번째 고객 주문은 결국 무산되었다. 주지사가 BYD의 미국 진입을 축하하는 연설을 한 지 4년이 지난 후, BYD의 캘리포니아 드림은 산산이 깨지는 듯했다.

그런 시련 속에서도 BYD는 서서히 제자리를 찾기 시작했다. LA 메트로는 중국 기업을 보이콧하라는 시위대의 항의에도 불구하고 원래 계약대로 BYD에 버스 다섯 대를 주문했다. 그해 12월, 랭커스터와 인근 도시를 관할하는 안텔로프 밸리 교통국도 BYD에서 버스 두 대를 사들였다. 구입 자금은 안토노비치 감독관의 주선으로 할당된 정부 보조금이었다. 그리고 2015년 4월, BYD는 연방교통관리국의 방해로 무산되었던 롱비치 트랜짓 버스 입찰에 다시 참가해 결국 계약을 따냈다. 경쟁사인 프로테라가 받은 점수는 캐나다 기업 뉴플라이어New Flyer에 이어 3위에 그쳤다.

그리고 2015년 말, BYD는 커다란 도약의 기회를 맞게 되었다. 그해 9월 미국 전기버스 역사상 가장 큰 규모의 입찰에서 최고 점수를 얻은 것이었다. 워싱턴 주는 12개 업무 영역에 필요한 800대의 전기버스 구매 건을 입찰에 붙였다. BYD는 그중 10개 영역에서 가장 높은 점수를 받았다.[23] 몇 개월 후, 안텔로프 밸리 교통국(렉스 패리스가 지명한 부시장이 의장을 맡은 기관)은 미국 최초로 모든 버스를 100퍼센트 전기버스로 대체한다고 발표하며 BYD에 85대를 주문했다. 2016년 이 회사에서 근무한 정규직은 257명이었지만 2018년 중반에는 700명으로 늘어났다.[24]

일자리가 늘어나고 청정에너지 보급이 확산되는 현상에 고무된 패리스는 이제 중국의 국영 전력 기업인 중국전건그룹中國電建集團에 구애의 손길을 보냈다. 랭커스터에 수소에너지 공장을 설립해서 전력을 공급해 달라고 요청한 것이었다. 패리스가 이 회사의 해외 수소 공장 건설 사례를 언급하며 이렇게 말했다.

"중국전건은 전 세계 모든 곳에 진출했습니다. 하지만 미국에는 아직 들어오지 못했어요. 그 회사가 혹시 스파이라도 들어오지 않을까 하는 미국인의 우려 때문입니다. 뭐 그럴 수도 있겠죠. 하지만 그걸 밝혀내는 건 FBI의 몫입니다."

투자와 기후 문제에 대한 미·중 간의 국가적 관계가 경색되면서, 최근 몇 년 동안 지역 간의 자발적 교류와 국가 차원의 외교 사이에 커다란 불균형이 발생했다. 2017년 중국 정부가 실시한 엄격한 자본 통제로 할리우드 제작사나 실리콘밸리의 기술기업을 수십억 달러에 사들이려는 중국 기업의 인수합병 시도는 실패로 돌아갔다. 미국 정부가 CFIUS의 기능을 강화한 일이나 트럼프가 불을 지핀 무역 전쟁은 중국인의 대미 투자를 더욱 위축시켰다. 2016년에 558억 달러로 최고액을 기록했던 중국의 대미 FDI는 2017년에 91억 달러로 추락했으며, 2018년에는 더욱 줄어들었다.[25]

아슬아슬하게 진행되던 국제 기후협력도 트럼프 행정부가 들어서면서 완전히 수포로 돌아갔다. 도널드 트럼프는 지구온난화에 대한 논란을 두고 '미국 제조업의 경쟁력을 약화시키려는 중국인의 사기詐欺'라고 지속적으로 주장했다. 2017년 6월, 그는 선거운동 과정에서 약속한 대로 파리 기후협약을 일방적으로 탈퇴한다고 선언했다.

국가 차원의 관계는 퇴보하고 있었지만 BYD와 캘리포니아는 기후 문제를 자체적으로 해결하기 위해 더욱 많은 노력을 쏟아부었다. BYD는 미국 땅에 자리잡고 수익을 올리는 그린필드 기업으로서 중국의 자본 통제나 미국의 투자 제한 조치를 피할 수 있었다. 트럼프 대통령이 파리 기후협약에서 탈퇴한다고 선언한 날, 나는 브라운 주지사의 사무실에서 그의 중국 방문 계획에 대해 얘기하고 있었다. 그는 방문 기간 동안 몇몇 대학교 간의 연구 협력관계 수립이나 청정에너지 조인트벤처 설립을 포함한 새로운 합의서를 발표할 예정이었다. 브라운 주지사가 내게 말했다.

"진정한 문제는 당장 살아남는 게 아니라 미래에 어떻게 살아남을 수 있느냐는 것입니다. 우리가 인류의 생존에 필요한 지혜를 충분히 지니고 있을까요? 모든 사람이 생각해봐야 합니다. 그래서 우리는 이 일을 계속 추진해야 합니다. 나는 중국을 독려하고 그들과 함께 일하기 위해 할 수 있는 모든 일을 하려고 합니다."

중국 기업은 무엇을 배웠을까?

렉스 패리스의 차이나 드림과 BYD의 아메리칸드림은 중국의 그린필드 투자에 대한 모범 사례이자 미국과 중국 양측에 여러모로 교훈을 주는 이야기라 할 수 있다.

도시의 행정 책임자나 투자를 유치하는 기관은 중국인 투자자를 끌어들이는 과정에서 충분한 시간(돈이 아니라)을 투입해야 한다는 사실을 명심해야 한다. 만일 로스앤젤레스 시가 BYD 본사를 수리하는 데 필요한 자금 160만 달러를 제공하지 않았거나 BYD가 이를 거절했다면 그후로 몇 년간 이어진 주문 취소 사태, 벌금 부과, 부정적 언론 보도 같은 사건은 일어나지 않았을지도 모른다. BYD에 보조금 160만 달러는 푼돈(이 회사의 당시 기업가치 140억 달러의 0.01퍼센트에 불과한 금액)이었지만, 그로 인해 회사의 임원들은 몇 년 동안 큰 곤경을 겪어야 했다.[26] 지방정부가 유명 기업(특히 '외국' 기업)에 자금을 지원했다는 사실은 미국의 시민단체라는 상어 떼에 피 냄새를 풍기기에 충분했다. 항상 특종 거리에 목이 마른 언론사 역시 정치가들이 외국의 개인 기업에 지갑을 열었다는 소식에 흥분해서 달려들었다.

미국 땅에 도착한 중국 기업에 필요한 것은 자금 지원이 아니다. 그들은 손을 내밀어줄 누군가를 원한다. 그들은 항상 세계무대에 자신만만하게 발을 들여놓지만 미국의 법이나 규정, 그리고 기업 관행 등에 대한 지식과 경험이 부족하다. 그들은 미국의 엄격한 고용 관련 법이나 규정을 파악하느라 어려움을 겪는 경우가 많고, 언론인을 상대하는 데서도 실수를 저지르기 십상이다.

렉스 패리스의 중국인 투자 유치 노력이 결실을 맺은 것은 그가 직접 기업의 손을 잡고 여러 가지 도움을 제공했기 때문이다. 그는 중국인의 발밑에 레드카펫을 깔아주는 동시에 그들의 법률적인 문제를 해결해주는 데 팔을 걷어붙였다. 그는 랭커스터 시가 BYD와 진지한 관계를 체결하고 싶어 한다고 회사의 경영진을 설득하는 데 많은 시간을 보냈다. 그는 BYD를 직접적으로 지원하는 한편 그들의 비즈니스 계약이 합법적으로 이루어지도록 무대 뒤에서 많은 노력을 기울였다. 물론 BYD에 공장 주변의 토지를 제공하는 재정적 인센티브를 제공하기도 했지만, 그 약속이 지켜진 것은 BYD가 채용한 정규직 직원의 수가 200명을 넘어선 이후였다. BYD가 이국의 낯선 환경을 잘 극복하고 성공하는 데 가장 큰 도움을 준 것은 무엇보다도 패리스의 탁월한 업무 능력이었다.

BYD가 새로운 환경에서 어려움을 겪은 일도 미국에 사업체를 설립하려는 중국 기업에 많은 교훈을 준다. 미국에 도착하는 순간 그들이 기존에 지니고 있던 정부, 비즈니스, 시민단체 등에 대한 지식은 아무런 쓸모가 없어진다. 물론 중국의 비즈니스 세계도 다른 나라 못지않게 복잡하고 냉혹하다. 그곳에도 산업스파이, 부패한 세금징수원, 치열한 가격경쟁 등이 존재한다. 하지만 중국인 임원은 미국의 자유언론이나 선동적인 사회운동가들 앞에서 무기력할 정도로 순진한 모습을 드러내게 마련이다.

BYD의 채용 담당자는 자기 회사가 중국의 비즈니스 방식을 그대로 미국에 들여왔다고 털어놓았다. 그들에게 가장 높은 우선순위는 '공산당 서기 한 명을 제대로 구워삶는 일搞定一個書記', 즉 미국에서는 캘리포니아 주지사나 도시의 시장과 긴밀한 관계를 구축하는 일이었다. 중국에서는 정부 인사와 좋은 관계를 맺으면 거의 모든 문제를 해결할 수 있다. 유력 정치가의 지원을 받는 기업에는 자유로운 은행 대출, 우호적인 언론 보도, 정책적 협조 등의 혜택이 주어진다. 다시 말해 중국의 기업은 정부의 핵심 관료와 개인적인 관계를 맺는 데 비즈니스의 성공이 달려 있다. 친척이 교통 당국이나 경찰에서 근무하는 사람은 사업에서 높은 수익을 기대할 수 있는 것이다.

BYD는 주지사와 시장이 자신들을 두 팔 벌려 환영하자 모든 준비가 끝났다고 판단했다. 성가신 기자와 목소리 큰 운동가는 철저히 무시해버렸다. 중국에서는 그런 부류의 사람들을 본 적이 없기 때문이었다. 무슨 문제가 있겠어? 하지만 그들은 이곳 미국에서는 주지사와 함께 찍은 사진 한 장으로 모든 일이 해결되지 않는다는 사실을 깨달았다. 오히려 그 사진은 자신들을 표적으로 만들 뿐이었다.

중국의 투자에 대한 미국인의 반응은 세계무대에서 미국이 차지하고 있는 위상과도 무관하지 않다. 지난 수십 년간 도전자가 없는 절대 강국이었던 미국은 세계무대에 도전하는 중국의 야심을 공포와 우려가 섞인 눈으로 바라볼 수밖에 없다.

한편 중국은 세계적 강대국으로서는 이제 청소년기에 접어든 국가라고 할 수 있다. 지난 수십 년간 극적인 성장을 거듭한 중국은 여전히 한창 자라나는 아이와 같은 상태다. 세계무대로 발을 내딛는 중국 기업은 자신들의 한계를 절감한다. 그들은 자신감에 넘치지만 경험은 부족하다. 이는 케냐에서부터 랭커스터까지 지역사회의 갖은 마찰에 직면했던 기업들의 역사가 잘 말해준다.

그런 면에서 오늘날 중국이 처한 입장은 20세기로 접어들 무렵에 미국이 겪은 상황과 별반 다르지 않다. 당시 미국의 기업은 자신감에 가득 차 있었지만, 자신들의 목표를 어떻게 달성해야 할지 몰랐다. 미국 땅에 투자를 원하는 중국 기업은 20세기 초에 미국을 세계무대로 진출시킨 어느 정치가의 조언을 귀담아들을 필요가 있다.

"부드럽게 말하되 큰 방망이를 들고 다녀라Speak softly, and carry a big stick." (시어도어 루스벨트 대통령이 어느 연설에서 자신의 대외 강경책을 표현한 말 – 옮긴이)

일자리만 있다면 어디든

2016년 5월에 내가 랭커스터를 다시 찾았을 때, BYD는 직원들을 채용하느라 여념이 없었다. 이 지역의 어느 직업소개소는 사막의 뜨거운 열기 속에서도 공원의 한쪽 구석에 자리잡은 주민자치센터에서 BYD를 위한 채용박람회를 개최하는 중이었다. 한낮의 더위 탓에 공원 안에는 인적이 드물었지만 박람회가 열리는 주민자치센터는 사람들로

붐볐다. BYD는 이번 주말까지 74명의 직원(용접공, 페인트공, 정비공 등)을 채용할 예정이고 연말까지 225명을 추가로 뽑을 계획이라고 했다. 에어컨이 최대로 가동되는 방에서는 수학 시험과 읽기 테스트를 치르는 지원자들이 OMR 카드를 작성하느라 바빴다.

그들은 대부분 유색인종이었으며 20~30대로 보였다. 일부는 학교를 갓 졸업한 젊은이였고 일부는 생계를 위해 여러 계약직 일자리를 전전하고 있다고 했다. 내가 대화해본 사람들은 대부분 BYD가 중국 기업이라는 사실을 몰랐다.

아담Adam은 흰 수염에 배가 불룩한 30대의 백인이었다. 그는 말끝마다 '예, 부인' 또는 '아니요, 선생님' 같은 말을 붙이는 습관이 있었다. 아담은 자신의 아이가 태어나기 바로 전날 직장에서 해고된 후 할리우드에서 풀장 건설노동자로 일했다. 그는 「마이티 덕Mighty Ducks」에 나오는 배우 찰리Charlie의 집 풀장을 만들어준 적도 있다고 했다. 오늘 용접공 일자리에 지원한 아담은, 초보자는 시간당 15달러 정도를 받지만 경험이 쌓인 사람은 훨씬 더 많은 임금을 받을 거라고 말했다. 내가 패리스 시장에 대해 어떻게 생각하느냐고 묻자, 아담은 패리스가 시내를 깔끔하게 단장한 일과 그의 이름을 딴 이 지역의 고등학교에 대해 이야기했다.

아담 옆에서는 흑인 여성이 지원서를 작성하느라 여념이 없었다. 이번 달에 비행기 정비사 자격증을 취득할 예정인 그녀는 대학교 학사 과정과 항공 정비 분야의 일자리를 동시에 알아보는 중이었다. 내가 앞으로의 계획에 대해 묻자, 그녀는 지원서를 작성하다 말고 찡그린 것인지 웃는 것인지 알 수 없는 표정으로 올려다보며 이렇게 말했다.

"일자리만 있다면 어디든 가야죠."

6

핵폐기물에서 부활한 불사조

　로스앤젤레스의 어느 선선한 밤 11시 30분. 나는 이 도시에서 가장 큰 건설 현장 앞에 서 있었다. 눈앞에서 건축 중인 콘크리트 건물은 마치 샌드위치처럼 맨 윗부분과 맨 아랫부분에만 조명이 비춰진 모습이었다. 지상 층에서 작업 중인 근로자들을 향해 하얀색 작업조명이 켜졌고, 15층 꼭대기에서 이리저리 움직이는 노란색 크레인에도 밝은 투광조명이 뿌려졌다. 바로 옆에서 인부 한 명이 착암기로 요란한 소리를 내며 작업을 했지만, 나는 개의치 않고 벽에 기대어 밤하늘을 휘젓는 크레인을 올려다보았다.

　샌프란시스코의 베이 에어리어에서 자라난 나는 철근콘크리트 건물이 세워지는 모습을 직접 볼 기회가 별로 없었다. 원래 베이 에어리어 주민들은 자신이 거주하는 지역 근처에 뭔가를 새롭게 짓는 일을 강력히 반대하는 것으로 악명이 높았다. 그들은 새로운 건축물이 도시의 미관을 해친다고 주장했지만, 한편으로 동네에 집이 새로 들어서는 일을 원천 봉쇄함으로써 자신의 주택 가치를 높게 유지하겠다는 의도도 만만치 않았다. 나는 2010년 중국으로 이주한 후에 건설 현장에서 작업자들이 일하는 모습을 넋이 빠진 듯 바라보곤 했다. 때로 지하철 터널이나 고층 건물의 공사 현장을 직접 찾아간 적도 많았다. 수많은 근로자가 작업에 열중하는 모습은 감탄을 자아냈고, 공사 속도는 말문이 막힐 정도로 빨랐다. 고층 건물은 하늘로 불쑥불쑥 솟아올랐으며, 지하철 노선은 거미가 집 짓는 모습을 초고속카메라로 촬영한 것처럼 순식간에 사방팔방으로 뻗어나갔다. 물론 이곳 로스앤젤레스 도심의 건축 현장이 중국처럼 압도적인 광경은 아니지만, 이곳의 공사 현장을 비추는 조명을 바라보고 있자니 마치 한 편의 극사실주의 드라마를 관람하는 듯한 느낌이 들었다.

저 멀리서 네온색 조끼와 현장용 안전모를 착용한 여성이 내 쪽으로 뛰어왔다. 그녀가 뭐라고 소리를 질렀지만 착암기의 소음 때문에 잘 들리지 않았다. 손짓으로 봐서는 뒤로 물러서라는 것 같았다. 나는 뒤쪽의 좁은 길을 건너 보도 위로 올라갔다. 그녀는 내게 뛰어오더니 손을 내밀었다. 그녀가 웃으며 말을 건넸다.

"데보라Deborah라고 합니다. 손은 차갑지만 가슴은 따듯하죠."

데보라는 30대 중반으로 보이는 단단한 체격의 흑인 여성이었다. 그녀가 안전모를 벗자 머리에 두른 파란색 스카프가 드러났다. 나는 그녀에게 메트로폴리스Metropolis라고 불리는 이 대형 프로젝트의 진행 상황에 대해 물었다. 그녀는 작업자들이 밤과 낮에 교대로 작업을 진행하고, 공사 자재의 상하차를 위해 퇴근 시간대 이후에는 근처 고속도로의 출구를 폐쇄한다고 말했다. 그녀는 건설 중인 주변 건물을 하나하나 자세히 설명해주었다. 로스앤젤레스 시의 외곽 지역 확산은 거의 포화 상태에 이른 듯했지만, 이곳 도심에는 여전히 초고층빌딩이 들어서고 있었다. 데보라는 그 고층 건물마다 각각 별명을 붙였다고 했다. 그녀가 북동쪽을 가리키며 말했다.

"저기 저 빌딩 보이시나요? 저 앞 언스트앤영 빌딩 바로 옆 건물 말이에요. 저 녀석에게는 '더 타워the tower'라는 이름을 붙였어요. 왜 '더 타워'라고 하는지 아세요? 항상 뉴스에 나오거든요. TV를 켜면 저 건물이 늘 화면에 등장해요. 때로 저는 '나의 성'이라고 부르기도 하죠."

데보라가 하나씩 늘어놓는 주변 건물의 이야기를 모두 기억하기는 어려웠지만, 그녀가 자신의 일을 꽤 즐긴다는 사실만은 분명해 보였다.

이 개발 사업을 즐기는 사람은 데보라뿐만이 아니었다. 중국의 부동산 개발업자는 자신들의 고국에서 사상 최대의 건설 붐을 일으킨 다음, 로스앤젤레스 도심에 상륙해 새롭게 사업을 시작했다. 데보라가 소속된 기업 그린랜드 USAGreenland USA는 미국 회사 이름 같지만 상하이에 있는 중국 국영기업의 자회사였다. 어느 부동산 관계자가 내게 귀띔한 바에 따르면 그린랜드 USA의 모기업인 거대 부동산 개발업체는 사실상 '상하이 시정부의 산하기관'과 다름없다고 했다. 로스앤젤레스 도심에 위치한 이 좁고 긴 모양의 지역은 미국 역사상 가장 큰 중국 자본의 건설 붐이 시작된 곳이었다. 중국의 개발업체는 이 공사 현장으로부터 반경 1킬로미터에 호화 호텔, 고급 콘도, 그리고 수많은 상점 건축을 포함해 무려 다섯 개의 대형 건설 사업을 시작했다.

어느 부동산 기업에서 일하는 임원은 〈로스앤젤레스 타임스〉와의 인터뷰에서 "이 건설 프로젝트가 완료되면 로스앤젤레스 도심의 사진을 담은 우편엽서는 다시 제작되어야 할 겁니다"라고 말했다.

가난하고 불쌍한 이민자가 아닙니다

지난 6년 동안 미국의 부동산 시장에는 막대한 중국 자금이 흘러 들어왔다. 물론 미국 전역이 마찬가지였지만, 그 현상이 특히 두드러진 곳은 언제나처럼 캘리포니아였다. 중국의 개발업체와 개인주택 구입자에게 이곳 골든스테이트는 가장 이상적인 정착지였다. 그들이 들여온 자금은 도심의 스카이라인을 바꾸었고, 교외의 주택 가격을 끌어올렸으며, 주 전체에 걸쳐 수만 채의 콘도와 호화주택을 새롭게 건설했다.

중국 자본은 대략 세 가지 경로로 캘리포니아의 부동산 시장에 유입되었다. 첫째, 중국인이 직접 투자한 상업적 건설 프로젝트. 둘째, 개별 중국인 가족의 주택 구입. 셋째, EB-5 자금. 그중 연방정부가 운영하는 EB-5 프로그램은 외국인이 10개 이상의 일자리를 창출하는 미국 기업에 50만 달러 이상을 투자할 경우, 투자자 본인과 가족에게 미국 영주권을 제공하는 일종의 투자이민제도였다. 관련된 제3자에게 모두 혜택을 안겨준다는 이 프로그램의 취지에 따르면 지역의 기업은 싼 이자로 자금을 지원받고, 미국 노동자는 일자리를 얻고, 이민을 원하는 외국인은 영주권을 획득할 수 있었다. 그런데 지난 10년간 EB-5 비자를 받은 사람은 대부분 중국인 투자자였다. 그들은 이 프로그램에 배정된 영주권의 80퍼센트를 독식했고, 미국의 부동산 프로젝트에 수십억 달러를 투자했다. 물론 EB-5 비자를 통해 미국에 들어오는 사람들은 수동적인 투자자에 불과했지만(그들은 프로젝트에 관여할 권한이 없었으며, 개발 사업에 참여한 대가로 아파트를 받지도 못했다), 중국인이 싼 이자로 제공한 자금은 미국 전역에서 수많은 대형 개발 사업을 출범시키는 역할을 했다.

물론 중국인의 돈이 유입되는 과정에서 논란이 전혀 발생하지 않을 수는 없었다. 외국인에게 땅과 주택, 그리고 시민권을 넘겨주는 문제는 캘리포니아를 넘어 국가 전체적으로 수많은 사회적 논쟁을 불러일으켰다. 중국에서 온 주택 구입자, 부동산 개발업자, 투자이민자가 미국 땅에 자리를 잡으면서 지역 주민, 경쟁 개발업체, 그리고 미국의 상원의원은 거세게 반발했다.

그중에서도 가장 많은 논란이 집중된 정책은 EB-5 프로그램이었다. 그동안 샌프란시스코 시는 EB-5 자금을 활용해 이 도시 역사상 가장 큰 부동산 개발 사업을 지원해왔다. 이 건설 프로젝트는 과거에 해군 조선소로 사용되었던 버려진 땅에 1만 2,000채의 주택을 건설함으로써 도시의 주택난을 해결하기 위한 종합개발계획이었다. 샌프란시스코 조선소 건설 현장 인근의 헌터스 포인트 베이뷰Hunters Point-Bayview는 샌프란시스코에서 가장 가난한 동네이자 마지막 남은 흑인 밀집 지역이었다. 이곳 주민들은 조선소 개발 사업 덕분에 건설 일자리가 늘어나고 저렴한 가격에 주택을 구입할 수 있을 거라고 기대하는 한편, 건설이 끝나면 또다시 젠트리피케이션이 시작되지 않을까 노심초사했다. 게다가 이번에 젠트리피케이션을 주도할 사람들은 오직 미국 영주권을 얻겠다는 일념으로 태평양을 건너온 중국인 투자자였다.

EB-5 프로그램은 미국 전역에서 수많은 공격을 받았다. 비판자들은 대형 개발업체가 미국 영주권을 미끼로 외국인으로부터 낮은 이자의 자금을 끌어들이려 한다고 비난했다. 특히 도널드 트럼프 대통령의 사위이자 백악관 수석 고문인 재러드 쿠슈너Jared Kushner가 이 프로그램으로 중국인의 투자를 유치해서 저지시티Jersey City에 호화 개발 사업을 진행한 사실로 인해 거센 논란이 벌어졌다.

부동산의 세계에서는 가난한 자에게 선택의 권한이 없다. 특히 헌터스 포인트 개발 같은 거대 사업에서는 미국에서 가장 큰 부동산업체라도 자금이 부족하면 거지나 다름없는 처지에 놓이기 십상이다. 이런 현실에서 지역 주민, 기업, 그리고 정책입안자들은 일련의 불편한 질문에 답해야 했다. 만일 미국의 금융기관이 이 도시에서 가장 가난한 동네를 개발하는 데 자금을 지원하지 않는다면, 그 대안으로 중국의 백만장자를 끌어들이는 일이 옳을까? 반이민주의자와 노동자 계층 주민의 불만이 고조되는 상황에서 중국인 투자자에게 영주권을 제공하고 그들이 투자한 돈으로 건설 일자리를 만드는 것이 과연 좋은 생각일까? 중국인

이 부유하다는 이유만으로 그들을 미국인으로 만들어도 될까?

캘리포니아 교외 지역의 주민들에게 던져진 질문의 내용은 조금 달랐다. 내 고향 팔로알토는 첨단의 기술기업과 훌륭한 공공 교육기관 덕분에 이미 부동산 가격이 매우 높은 도시였다. 그런데 2012년을 기점으로 중국인 주택 구매자가 대규모로 이주하면서 이곳의 주택 가격은 더욱 올랐다. 지역 주민들은 중국인이 집을 사는 과정에서 터무니없는 가격을 부르거나, 구입한 주택을 비워놓는 데에 거부감을 드러냈다. 다양한 인종적 배경을 지닌 이민자를 포용하는 데 자부심을 지닌 이 지역의 주민들은 집값만 잔뜩 부풀려놓고 이곳 팔로알토에 '중국적 가치'를 전파하려는 중국인에게 큰 실망감을 느꼈다. 그들의 불만이 폭발한 가장 큰 이유는 그동안 마음속에 간직하고 있던 이민자에 대한 서사가 역전되었기 때문이다. 전통적으로 미국인은 '지치고, 가난하고, 불쌍하고, 겁에 질린' 이민자에게 문을 활짝 열어주었다. 그런데 이주해온 사람이 자신보다 훨씬 부자라면 어떻게 해야 할 것인가?

불사조, 중국 돈으로 날다

2013년 6월의 어느 맑은 날 오후, 샌프란시스코 시정부의 주요 인사들은 헌터스 포인트 베이뷰 개발 사업의 기공식이 열리는 언덕 위에 모였다. 샌프란시스코 전직 시장 겸 이 지역의 실력자 윌리 브라운Willie Brown은 어두운 색 정장과 유명 브랜드의 선글라스, 그리고 중절모자로 한껏 멋을 부린 채 행사에 초대된 사람들과 즐겁게 어울렸다. 샌프란시스코 최초의 중국계 시장 에드 리Ed Lee 역시 언론과 인터뷰를 하고 지역 주민들과 대화를 했다. 행사 분위기가 이렇듯 활기찬 데는 그럴 만한 이유가 있었다. 샌프란시스코 조선소 지역의 개발 사업이 지난 20년간 수없이 반복된 사업 기획, 입찰, 제염除染 등의 과정을 뒤로하고 오늘에야 비로소 첫 삽을 뜨게 된 것이다. 헌터스 포인트 조선소의 버려진 땅(수십 년간 방치되었던 280만 제곱미터의 공업용지) 위에서 진행될 이 프로젝트는 샌프란시스코 역사상 가장 큰 개발 사업으로 1만 2,000채의 주택, 32만 5,000제곱미터 넓이의 상가 및 오피스, 그리고 헌터스 포인트와 인근의 캔들스틱 포인트까지 포함하는 20만 제곱미터의 공원을 건설하는 대규모 공사였다.[1]

이 프로젝트는 규모도 컸지만 공사가 진행될 지역도 특별했다. 미국에서 가장 부유한 도시의 가장 가난한 구역에서 시행되는 개발 사업이기 때문이었다. 1974년 헌터스 포인트 해군 조선소가 폐쇄되면서 이 지역의 경제는 순식간에 활기를 잃었다. 그 후 수십 년이 흐르는 동안 헌터스 포인트는 점점 소외되었고 빈곤도와 범죄율은 갈수록 치솟았다. 주민들은 이 지역의 암환자 발생률이 비정상적으로 높은 이유가 땅 속에 묻힌 화학 폐기물과 방사능 오염물질 때문이라고 믿었다. 제거되지 못하고 방치된 독성물질로 인해 이 지역의 개발 프로젝트는 번번이 무산되었으며 이곳의 거주자들은 계속 힘든 삶을 이어가야 했다.

조선소 개발 사업에 뛰어든 사람들은 사업이 시작되면 모든 상황이 나아질 거라고 주장했다. 대규모 공사로 인해 수천 개의 일자리가 생겨나고, 주민 공동체에도 많은 보조금과 혜택이 돌아가리라는 것이었다. 개발업자들은 적정한 가격의 주택을 신축해 지역 주민에게만 특별히 공급하겠다고 약속했다. 그들은 일단 건설 프로젝트가 시작되기만 하면 샌프란시스코에서 마지막으로 남은 흑인 거주 지역에 새로운 활기가 넘칠 거라는 긍정적인 희망을 제시했다. 샌프란시스코 시의 감독관 말리아 코헨Malia Cohen은 기자에게 이렇게 말했다.

"과거에 헌터스 포인트 조선소는 샌프란시스코의 주민들, 특히 남부에서 일자리를 찾아 이곳에 이주한 사람들(저의 가족을 포함해서)에게 수십 년 동안 든든한 경제적 기반이 되어주었습니다. 조선소가 문을 닫은 일은 이 지역공동체에 커다란 충격이었습니다. 이곳을 제대로 개발하려면 엄청난 노력과 돈이 필요합니다. 하지만 이제 르네상스가 시작되었습니다. 우리는 핵폐기물에서 되살아난 불사조처럼 모든 상황을 바꿔버릴 겁니다."

그런데 2013년의 기공식 참석자들 중 이곳을 개발할 자금이 중국에서 흘러 들어왔다는 사실을 언급한 사람은 아무도 없었다. 이 조선소 부지 개발 사업은 향후 수십 년간 수십억 달러가 필요한 대형 프로젝트였다. 글로벌 금융위기가 발발하면서 미국 은행의 투자는 갑자기 얼어붙었다. 부실채권과 파생 상품의 붕괴로 휘청대던 금융기관은 조선소 프로젝트처럼 집중적인 기반 시설 공사가 요구되는 개발 사업에 더 이상 자금을 지원하지 못했다. 지역의 종합개발계획에 따라 시행되는 대규모 기반 시설 공사(경사진 땅을 평평하게 고르고, 도로를 놓고, 상하수도를 설치하는 등의 공사)는 이익을 환수하는 데 수십 년이 걸리게 마련이었다. 미국의 은행은 그런 사업에 투자할 여력이 없었다.

이 프로젝트에 돈을 빌려줄 사람을 찾지 못한 개발업체와 샌프란시스코 시는 중국의 자금에 눈독을 들이기 시작했다. 조선소 개발 사업권을 따낸 주택건설업체 레나 코퍼레이션Lennar Corporation은 2012년 헌터스 포인트 조선소 부지 및 샌프란시스코 만의 트레저아일랜드 개발 사업에 필요한 자금 17억 달러를 중국개발은행中國開發銀行으로부터 대출받기 직전 단계까지 이르렀다.[2] 하지만 사업 통제권을 두고 양측의 의견이 좁혀지지 않으면서 결국 협상은 결렬되었다. 그러자 레나는 다시 EB-5 프로그램으로 눈길을 돌렸다. 이 회사는 시정부와의 정치적 연줄을 바탕으로 EB-5 자금을 모으던 어느 기업과 손을 잡고, 미국 영주권을 얻고 싶어 하는 부유한 중국인들을 대상으로 조선소 개발 사업 계획을 적극적으로 홍보했다. 덕분에 레나는 EB-5 프로그램을 통해 4년간 600명의

외국인 가족으로부터 3억 달러를 모을 수 있었다. 전체 투자자 중 80퍼센트가 중국인이었다.[3]

자금이 들어오면서 조선소 개발 사업은 조금씩 숨통이 트이기 시작했다. 기반 시설이 구축되고, 많은 주택이 건설되었으며, 중국의 백만장자와 샌프란시스코의 최빈곤층 주민 사이에는 기묘한 유대 관계가 형성되었다.

새우잡이 어부와 '리틀 보이'

헌터스 포인트에 중국인 이민자가 나타난 것은 이번이 처음은 아니었다. 조선소 개발 사업이 시작되기 142년 전인 1871년, 중국에서 온 어부들은 이 지역 북쪽 해안가에 간이 숙소를 설치하고 새우잡이에 나섰다. 원래 샌프란시스코에서 처음 새우를 잡기 시작한 사람들은 당시로부터 몇 년 전에 등장한 이탈리아 어부들이었지만 엉성한 그물을 사용한 이탈리아인들은 별로 신통한 어획고를 거두지 못했다. 그 뒤에 나타난 중국인 어부들은 고향인 광둥 지방에서 사용하는 새우잡이 기술을 그대로 들여왔다. 촘촘한 그물로 무장한 중국인들은 작은 새우부터 수많은 종류의 생선까지 어종을 가리지 않고 닥치는 대로 잡아들였다. 순식간에 새우 어업을 장악한 중국인들은 살이 통통하고 신선한 새우를 지역 주민에게 판매하고, 나머지는 건조시켜 중국으로 수출했다.

이 지역 주민들은 순식간에 새우 사업을 장악해버린 중국인들에게 반발했다. 백인 어부들은 중국인 어부들이 지나치게 촘촘하게 짜인 그물로 작은 새우까지 싹쓸이한다고 항의했다. 1901년 초, 샌프란시스코시는 새우잡이 기간을 별도로 정하고 건조된 새우를 수출하지 못하게 만드는 법안을 통과시켰다. 중국인 어부들이 이 법에 반발하는 소송을 제기하면서, 이 사건은 연방 대법원까지 올라갔다. 결국 중국인들은 소송에서 패했다. 1911년에는 중국인들이 들여온 그물도 전면적으로 사용 금지되었다.

1930년대까지도 중국인들은 이곳에 돌아와 간간이 새우잡이를 했으며, 몇몇 중국 수산회사도 헌터스 포인트와 인근 지역에서 사업을 이어갔다. 그러는 중에 유럽에서 제2차 세계대전이 발발하자, 헌터스 포인트는 중국인 어부들에게 맡겨놓기에 너무나 중요한 군사적 요충지가 되었다. 중국인들은 쫓겨났고 그들이 거주하던 임시 숙소는 불태워졌다. 1938년에 촬영된 사진에는 샌프란시스코 소방국의 소방대원 한 명이 팔짱을 끼고 불타오르는 건물을 바라보는 장면이 담겼다. 중국 기업은 그 후 75년이 지나도록 이 해안가에 다시 모습을 나타내지 못했다.

그사이에 건설된 헌터스 포인트 조선소는 이 지역의 경제를 떠받치는 엔진 역할과 이곳을 수렁으로 몰아넣는 역할을 차례로 수행했다. 제2차 세계대전의 발발과 함께 이곳에는 해군 조선소가 만들어졌다. 중국인 어부들은 쫓겨났지만 조선소에는 수천 개의 일자리가 새로 생겨났다. 대부분 태평양 전선에서 싸울 군함을 만드는 노동자였다. 그 시절의 해군 조선소를 찍은 사진에서는 미국의 주력 방위산업체가 총동원된 모습을 볼 수 있다. 조선소 부두에 정박한 축구장보다 큰 전함, 포탑砲塔을 이리저리 옮기는 크레인, 대열을 맞춰 행진하는 군인과 배에 물건을 싣고 내리는 항만노동자들. 내 할아버지 레오 시한Leo Sheehan도 전쟁통에 불어닥친 조선 붐 덕분에 헌터스 포인트 북쪽으로 24킬로미터 떨어진 리치먼드 조선소에서 야간 경비원 일자리를 얻었다.

헌터스 포인트 조선소는 제2차 세계대전이 끝날 때까지 1만 8,000여 명의 노동자를 고용했으며 그중 3분의 1이 흑인이었다.[4] 그 흑인들 대부분은 20세기 초 미국 남부에서 서부와 북부로 일자리를 찾아 '대이주Great Migration'한 사람들이었다. 그들 중 일부는 히로시마에 투하된 원자폭탄

'리틀 보이Little Boy'에 적재될 핵물질을 배에 싣는 일을 거들기도 했다. 그 폭탄이 폭발하면서 전쟁은 끝났다. 그리고 한때 활발했던 이 지역의 조선 경기도 종말을 고했다. 이후 헌터스 포인트는 방사능 오염물질을 제거하는 실험 센터로 바뀌었다. 냉전 시대 초기에 미 해군은 태평양상에서 실시된 핵실험에 동원된 선박의 방사능 오염물질을 이곳 조선소에서 제거하려 했다. 그 과정에서 염소나 쥐 같은 동물, 또는 바다의 조류潮流에 대한 방사능 노출 실험 시설도 함께 설치했다. 그 후 계속된 실험 끝에 이 지역의 토지는 방사능으로 심하게 오염되었고, 조선소 부지는 수십 년 동안 아무도 살지 못하는 땅으로 남게 되었다.

1974년 해군이 조선소에서의 군사 활동을 모두 중단하자 헌터스 포인트의 경제는 더욱 깊은 수렁에 빠져들었다. 백인 노동자들은 연방정부의 지원을 받아 다른 지역에서 집을 마련할 수 있었지만, 그 정책에서 고의적으로 배제된 흑인들은 인근에 새롭게 형성된 중산층 동네로 옮겨갈 능력이 없었다. 헌터스 포인트 주변의 경제적·사회적 여건이 나날이 악화되면서 총기 사건, 갱들의 폭력, 부패한 경찰의 만행이 끊임없이 이어졌다. 인근에 위치한 석탄화력발전소에서 날아온 공해물질과 해로운 쓰레기 더미는 이 지역의 환경을 더욱 악화시켰다. 1989년 미 해군은 조선소 부지의 오염 수준이 매우 심각하다고 판단해 이곳을 슈퍼펀드Superfund 사이트, 즉 국가 차원의 대대적인 오염 제거 작업이 필요한 지역으로 지정했다. 헌터스 포인트를 정화하는 데는 수십 년간 수억 달러가 소요되었지만, 세간에서는 제염 작업에 나선 해군이 예산을 아끼기 위해 지역 주민들을 위험에 빠뜨리고 있다는 소문이 지속적으로 나돌았다. 그럼에도 시청의 관료들은 주민들을 안심시키기 위해 노력했다. 그들은 오염물질 제거 작업이 끝나면 곧 개발 프로젝트가 시작될 것이며, 그로 인해 지역 주민들의 삶이 훨씬 개선될 거라고 큰소리쳤다.

미국 내 자금줄이 마르다

해군이 방사능 폐기물을 제거하는 동안 샌프란시스코 시는 조선소 부지를 개발할 회사를 찾아나섰다. 버려진 군사기지를 개발하는 데 전문적인 능력을 갖춘 〈포춘〉 500대 기업 레나 코퍼레이션은 개발에 필요한 비용 일체를 회사가 대고 수익을 샌프란시스코와 나눈다는 독특한 제안을 바탕으로 사업권을 따냈다. 레나는 토지에 대해서는 한 푼도 내지 않는 대신 기반 시설을 구축하는 데 필요한 비용 전부를 부담하기로 했다. 또한 전체 수익의 25퍼센트를 회사 몫으로 챙기고 나머지는 시정부와 나누어 갖기로 약속했다.

그런데 프로젝트가 잘 진행되는 중에 갑자기 미국 전역이 서브프라임 모기지 붕괴 사태에 휩쓸리면서 세계경제가 바닥으로 추락했다. 그동안 주택이나 토지에 엄청난 돈을 투자한 금융기관의 기업가치는 하루아침에 증발해버렸다. 은행은 엉망이 된 재무구조를 수습하고 전열을 가다듬기 위해 너도나도 시장에서 빠져나갔다. 2014년, 레나 어번Lennar Urban의 부사장이자 조선소 프로젝트의 대표 코피 보너Kofi Bonner는 내게 이렇게 말했다.

"주택시장과 자본시장이 통째로 무너져 내렸습니다. 새로운 사업에 필요한 돈을 빌릴 곳이 아무데도 없었죠. 결국 미국에서는 토지개발에 필요한 자금을 조달하기가 불가능하다는 사실을 깨달았습니다."

코피 보너는 헌터스 포인트 조선소 주민자문위원회Hunters Point Shipyard Citizens Advisory Committee, CAC 멤버들에게 주기적으로 자금조달 현황과 사업 개시 일정을 보고했다. 레나가 이 지역공동체에 제공하기로 약속한 혜택(그리고 이 지역의 경제가 되살아날 거라는 희망)은 그들이 어떻게 자금을 확보해서 프로젝트를 진행하느냐에 달려 있었다. 하지만 CAC의 멤버였던 크리스틴 존슨Christine Johnson은 금융위기가 확산되면서 레나의 말이 점점 변해간다는 사실을 감지했다.

"자금조달에 대한 이야기가 이전과 달라졌던 걸로 기억합니다. 2007년부터 2008년까지만 해도, 심지어 2009년 초까지도 돈은 별로 문제되지 않았어요. 우리는 그들이 분기별로 어떻게 자금을 조달했고 어떻게 사용했는지 내역서를 받아보고 있었죠. 그런데 경제 상황이 점점 심각해지면서 자금줄이 마르기 시작했습니다. 2009년 말이 되자 코피는 아예 중국에 가서 살다시피 하더군요."

중국인 주택 사냥꾼들

코피 보너가 태평양을 오가며 중국인의 자금을 끌어들이기 위해 애쓰고 있을 때 캘리포니아에는 중국인 주택 구매자가 몰려들었다. 글로벌 금융위기가 발발하고 몇 년이 지나는 동안 10만 가구가 넘는 중국인 가족이 중국의 오염된 공기, 획일적인 교육 시스템, 불안한 경제 상황 등을 피해 미국에서 집을 사들였다.

2011~2015년에 중국인이 미국 부동산을 구매한 금액은 286억 달러로 네 배가 넘게 급증했다. 미국에서 집을 구매한 외국인의 국적에 순위를 매겼을 때, 중국은 압도적인 1위였다.[5] 중국인이 지불한 평균 금액 역시 크게 증가했다. 미국부동산협회National Association of Realtors, NAR의 자료에 따르면 2011년 중국인은 주택 한 채를 구입하는 데 평균 37만 902달러를 지불했지만, 2016년에는 거의 100만 달러를 썼다. 그리고 그 금액 중 3분의 2를 현금으로 결제했다.

중국인 구매자는 로스앤젤레스, 뉴욕, 마이애미, 디트로이트 같은 '관문 도시'에서도 집을 사들였지만 그들이 주로 몰려든 곳은 역시 캘리포니아였다. NAR의 자료에 의하면 2013년 중국인의 주택 구매 중 53퍼센트는 캘리포니아에서 이루어졌다. 2016년에는 중국인의 구매 성향이 다변화되면서 37퍼센트로 줄어들었지만, 중국인의 주택 구매 비율에서 캘리포니아는 여전히 다른 5개 주(텍사스, 플로리다, 일리노이, 뉴저지, 매사추세츠)를 합친 것보다 높았다. 중국인은 캘리포니아 내에서도 특정 지역을 선호하는 경향을 보였다. 내 고향 팔로알토도 그중 하나였다.

팔로알토는 맑은 하늘, 훌륭한 학교, 그리고 활발한 중국인 공동체 등 중국인 부모가 꿈꾸는 여러 조건을 갖춘 도시였다. 일부 미국인은 중국의 '호랑이 엄마'가 길러낸 중국 학생의 우수한 학업 성적에 찬사를 보내기도 했지만, 막상 중국인 부모는 자국의 숨 막히는 경쟁 체제와 암기 위주의 교육 방식에서 아이를 벗어나게 해주고 싶어 했다. 팔로알토는 느긋하고 자율적인 교육 환경을 제공하는 우수한 공립 교육기관과 인근에 위치한 실리콘밸리의 후광이 공존하는 지역이었다. 이 중국인들이 주택을 구매하기 위해 해외로 떠날 무렵, 중국 전역을 휩쓴 키워드는 '혁신'이었다. 자신의 사회적 위치에 민감한 중국인 부자에게 스탠퍼드나 구글과 밀접한 연결고리를 지닌 팔로알토는 최고의 주거지였다. 중국과 미국에서 똑같이 추앙받고 있는 스티브 잡스가 이곳에 거주했다는 사실만으로도 중국인 부모가 팔로알토를 선택해야 할 이유는 충분했다.

새로운 스위스 은행 계좌?

중국인이 해외 부동산에 투자한 이유가 단지 아이를 양육하기에 건강한 환경을 원했기 때문만은 아니었다. 그들은 자신이 힘들여 모은 재산(때로는 부정하게 벌어들였지만)을 안전한 장소에 보관하고 싶어 했다. 당시 중국의 경제가 일대 전환기를 맞는 상황에서 해외 부동산에 투자하는 것은 자국의 불안한 금융시스템과 예측 불가능한 환율 정책을 피해 현

304

금을 은닉할 수 있는 훌륭한 방편이었다. 특히 비도덕적인 방법으로 재산을 축적한 중국의 관료나 사업가에게 해외 부동산은 검은돈을 세탁할 수 있는 통로이자 그들이 중국을 떠나야 하는 상황이 생겼을 때 안전한 보호막이 되어줄 수 있는 경제적 도피처였다. 말하자면 중국인 백만장자에게 미국의 주택은 새로운 형태의 스위스 은행 계좌와 다름없었다.

중국이 세계 경제위기에 큰 타격을 입지 않은 이유 중 하나는 정부가 고속도로, 고속철도, 고층빌딩 등의 건설에 엄청난 돈을 쏟아부어 경기를 살리려 노력했기 때문이었다. 2011년부터 2013년까지 3년 동안 중국이 사용한 시멘트의 양은 미국이 20세기 내내 사용한 양보다 많았다.[6] 하지만 정부의 경기부양 효과가 시들해지면서 중국인은 자국의 부동산 시장과 금융시스템의 안정성에 불안감을 느끼기 시작했다.

아직 성숙하지 않은 중국의 증권시장이 갈수록 불규칙한 움직임을 보이자, 중국인은 외국에 여러 채의 주택을 구입해 재산을 안전하게 지키려 했다. 1990년대에 국민들에게 처음 개방된 중국의 주택시장은 출범 이후 가격이 하락한 적이 없었다. 심지어 택시 운전사나 과일 판매상 같은 저소득층 시민도 아파트를 예사로 서너 채씩 소유했다. 하지만 글로벌 금융위기가 발발하고 몇 년이 지나면서 중국의 주택시장은 거품 붕괴 조짐을 드러냈다. 부동산 가격은 소득수준과 상관없이 계속 치솟았고, 도시의 변두리에는 사람이 거주하지 않는 아파트가 수없이 방치되었다. 그림자금융(은행과 비슷한 역할을 하면서도 중앙은행의 규제와 감독을 받지 않는 금융회사 - 옮긴이)과 복잡한 '자산관리' 제품이 판을 치는 가운데 전통적 은행은 채무자가 예전의 대출을 갚을 수 있도록 다시 새로운 대출을 해주었다. 분석가들은 미국의 서브프라임 위기 따위는 어린애 장난에 불과한 어마어마한 거품의 붕괴가 임박했다고 지속적으로 경고했다.

중국공산당 고위층의 권력투쟁도 우려를 더하는 요인이었다. 2012년, 수려한 외모와 카리스마를 갖춘 고위 관료 보시라이가 충격적인 부패 혐의를 뒤집어쓰고 실각했다. 정치국 상무위원의 자리에 오를 것이 확실해 보였던 그는 자신의 측근인 공안국장이 미국 영사관으로 도피한 사건, 내연녀와의 성추문, 프랑스의 호화주택 구입, 그리고 그의 아내가 영국인 사업가를 독살한 혐의 등으로 체포되었다. 그해 가을, 10년에 한 번 치러지는 중국공산당 지도자 교체 회의를 앞두고 정치적 음모, 쿠데타, 심지어 새로운 지도자 시진핑에 대한 암살 시도 같은 소문에 온 나라가 들썩거렸다.

그런 상황에서 중국인들 사이에는 중국 내에만 재산을 보관하는 일이 현명치 않다는 인식이 형성되기 시작했다. 많은 중국인 가족은 안전한 도피처를 찾아 하나둘씩 해외로 떠났다. 아이러니하게도 그들이 선택한 장소는 불과 몇 년 전 70년 만에 최악의 경제위기로 몸살을 앓은 미국의 부동산 시장이었다.

'근본적으로 다른' 이웃

2013년 가을, 내가 팔로알토의 집에서 부러진 발목을 치료하고 있는 시기에 많은 중국인이 주택을 구매하기 위해 이 도시로 몰려들었다. 실리콘밸리의 기술기업이 주식시장에 상장되면서 이곳의 주택 가격은 이미 오를 대로 오른 상태였지만, 중국인은 불에 기름을 부은 듯 부동산 시장을 한층 과열시켰다. 2012~2013년 팔로알토의 평균 주택 가격은 무려 50퍼센트가 오른 200만 달러를 기록했다.[7] 그 시기에 외국인의 주택 구매는 전반적으로 급증하는 추세였다. 부동산 관계자의 추정에 따르면 이 지역에서 집을 사들인 사람들 중 15~25퍼센트가 중국인이었다.[8] 그들은 대체로 고가 주택을 선호했고, 현금으로 대금을 지불했다. 당시 어떤 부동산 중개업자가 내게 이렇게 말했다.

"어제도 집을 한 채 중개해서 팔았는데, 중국인 네 명이 관심을 보이더군요. 그중에 집을 실제로 구경한 사람은 아무도 없었습니다. 그 사람들은 파격적인 현금가를 제시하면서 기존의 시세를 순식간에 올려버렸어요. 다른 세 명을 이기려면 더 많은 금액을 불러야 한다는 사실을 알았으니까요."

팔로알토의 주민들은 중국인이 이 지역에 미치는 영향을 어느 정도 감지하고 있었다. 하지만 버스를 타고 주택 구매 투어에 나선 중국인들처럼 그 현상을 확실하게 느끼게 해주는 모습도 없었다. 이 지역에 집을 사들이는 중국인이 늘어나자 디레온 리얼티DeLeon Realty라는 부동산 회사는 14인승 메르세데스 리무진 버스를 구입해서 양옆에 디레온의 로고를 그려 넣고 중국인 운전기사를 고용했다. 미국인(특히 돈 많은 미국인)은 구매자가 한꺼번에 버스를 타고 이집 저집을 오가는 데에 거부감을 느꼈겠지만, 부유한 중국인의 취향은 달랐다. 주택 구매 투어는 무엇이든 단체로 구입하길 좋아하는 중국 사람의 특성을 적절히 활용한 아이디어였다.

10월의 어느 상쾌한 아침, 나는 디레온 리얼티 사무실 바깥의 주차장에서 여러 중국인 가족과 함께 투어에 나섰다. 오늘은 팔로알토와 인근의 멘로 파크Menlo Park(페이스북 본사가 위치한 곳)를 돌아볼 예정이라고 했다. 투어 참가자 중에는 대만 출신도 두어 명 있는 듯했지만, 대부분은 중국 본토에서 온 사람들이었다. 출발을 기다리는 동안 몇몇 남자가 주차장 구석에 모여 담배를 피우며 자신이 사업에서 겪고 있는 문제에 대해 중국어로 불평을 늘어놓았다. 버스 안에서는 여성 몇 명이 이야기를 나누고 있었고, 무료로 제공되는 생수를 여러 병 차지하려고 애쓰는 어린아이와 그 아이를 말리는 엄마의 모습이 눈에 띄었다. 버스의 창문은 색유리였고 검정색으로 칠해진 바깥 차체는 막 페인트칠을 끝낸 것처럼 깔끔했다. 산뜻한 가죽 시트가 덮인 좌석과 자주색 조명이 켜진 천장은 고급스런 느낌을 주었다. 10시가 되자 주차장에 서 있던 남자들이 담배를 비벼 껐다. 그리고 우리 모두 버스에 올랐다.

디레온 리얼티에서 중국 사업을 총괄하는 킴 헝Kim Heng이 환영 인사를 하고 자신의 회사를 소개했다. 킴은 중국어로 이야기하다가 이따금 동네나 도로의 이름을 영어로 발음했다. 그녀는 이 지역의 학교, 동네의 특성, 주택 가격 동향 등에 관한 여러 통계를 읊어대면서 학교 순위가 담긴 소책자를 탑승자에게 나눠주었다. 그 책자 겉면에 인쇄된 만리장성이 내 눈길을 끌었다. 구불거리는 성벽은 안개 속으로 사라지다 페이지 아랫부분에서 스탠퍼드 캠퍼스의 사진과 합쳐졌다. 그리고 스탠퍼드에서 가장 유명한 상징물인 후버 타워Hoover Tower가 성의 기둥이 되었다. 만리장성의 벽은 페이지 하단부로 계속 이어지다 골든게이트 브리지와 만났다. 결국 샌프란시스코의 가장 유명한 명소가 중국 고대 장성의 일부로 바뀌었다.

버스가 처음 멈춰 선 곳은 팔로알토의 어느 평범한 주택 앞이었다. 침실 두 개가 딸린 이 집의 가격은 150만 달러 정도라고 했다. 별로 흠잡을 데 없는 물건이었지만 그다음에 들른 집만큼 중국인들의 관심을 끌지는 못했다. 멘로 파크 시 경계선 근처에서 버스가 다시 정차한 곳은 푸른 숲과 널찍한 잔디밭으로 둘러싸인 진정한 의미의 '저택'이었다. 현관으로 들어서자 2층 발코니로 이어지는 호화로운 대리석 계단이 나타났다. 집 안 여기저기를 구경한 후에 뒤뜰로 빠져나가니 석회암으로 만든 테라스, 물을 뿜는 조각, 그리고 물빛이 반짝이는 수영장이 눈에 들어왔다. 어느 중국인 남자가 이렇게 농담했다.

"제기랄, 굉장하구먼. 보시라이는 왜 이런 집을 사지 않은 거야?"

사람들은 모두 웃었다. 그렇다고 전혀 근거 없는 농담이라고 할 수도 없었다. 중국인의 주택 구매가 늘어나면서, 캘리포니아에서 집을 사들여 엄청난 돈을 빼돌린 중국의 부패 관료 이야기가 속속 폭로되었다.

우리가 투어에 참가하기 2주일 전, 어느 중국어 매체는 저장성의 기업가 겸 관료가 5억 위안을 대출받아 해외로 도주했다는 소식을 보도했다. 그는 그 돈의 상당 부분을 오렌지카운티에서 일곱 채의 호화주택을 사들이는 데 사용했다고 한다.

오늘 투어에 참가한 사람들 중에 나 같은 미국 언론인과 대화하고 싶어 하는 이는 별로 없었다. 물론 놀랄 일은 아니었다. 중국인들, 특히 부유한 중국인은 언론매체와 접촉하는 것이 장점보다는 단점이 훨씬 많다는 사실을 알고 있었다. 버스에 탄 사람들과 짬짬이 이야기를 나누다 보니 그들 중 일부는 전자 제품 수출, 철강, 부동산 등 그동안 중국 경제의 번영을 이끈 산업 분야에서 일한다는 사실을 알게 되었다. 그들은 이곳에서 주택을 구입하면 아내와 아이들을 미국으로 불러 EB-5 영주권을 신청하게 만들 예정이었다. 중국인 남성 가장은 본토에 남아 기존의 사업을 계속하면서 미국 영주권을 받지 않는 경우가 많았다. 영주권을 취득하면 미국에서도 소득에 대한 세금을 내야 하기 때문이었다. 가끔 엄마나 자식들이 팔로알토에서 소규모 사업을 하고 아버지가 미국의 가족을 주기적으로 방문하는 경우도 있었다. 어떤 가족은 이곳에서 구입한 집을 평소에는 비워두고 여름휴가철이나 겨울방학 때만 잠깐씩 방문했다.

중국인 가족 입장에서는 경제적으로 매우 현명한 구매 방식인지는 몰라도, 이는 주변의 이웃에게 큰 마찰의 빌미가 되는 일이었다. 팔로알토의 주민들은 기술기업의 돈이 쏟아져 들어왔을 때도 이웃과 끈끈한 공동체의식을 지켜나갔다. 이 도시에서는 주말마다 여러 개의 농산물 직판장이 열렸으며, 기술기업의 임원들도 바쁜 시간을 쪼개어 이웃의 파티나 아이의 축구 경기에 참가했다. 그런데 이제 주민들은 이 지역에 집을 구매한 중국인이 근본적으로 '다른 부류'의 이웃이라는 점에 우려를 나타내기 시작했다. 그들이 어디에서 왔건 상관없지만 일단 이곳의 집을 산 사람은 그 집에 거주하며 지역공동체의 일원으로서 의무를 수행해야 했다. 주민들은 오랫동안 어울려 살아온 이웃이 떠나고 집을 비워둘 사람이 그 주택을 구매하는 것을 원치 않았다. 그들은 집주인이 돌보지 않은 잔디가 누렇게 변하면서 마을의 미관을 해치고, 빈집이 도둑이나 불법 거주자들의 목표가 되지 않을까 염려했다.

나도 집 주위의 이웃이나 같은 마을에 살던 학교 교수님이 그런 이야기를 하며 한숨 쉬는 장면을 여러 차례 목격했다. 그런데 오늘 버스에 탄 사람들은 주민들의 반발에 전혀 개의치 않는 듯했다. 그들에게는 캘리포니아의 한쪽 끝에 자리잡은 이 도시가 자신의 재산과 아이들을 지키기 위한 이상적인 목적지였다.

버스는 수백만 달러가 넘는 집 앞에 몇 차례 더 정차했다. 그리고 우리는 공원에 들러 음료와 다과를 함께 즐겼다. 디레온 리얼티의 주차장으로 돌아온 탑승자들은 버스에서 내려 팔로알토의 맑은 햇빛 속으로 되돌아갔다.

헌터스 포인트 조선소 주민자문위원회

베로니카 허니컷Veronica Hunnicutt 박사는 헌터스 포인트 주민센터의 지하실에서 회의를 주재했다. 검정색 드레스와 모피 조끼를 착용하고 도서관 사서에게나 어울릴 법한 안경을 쓴 허니컷 박사는 안건을 발의하고, 참석자의 발언을 청취하고, 주민들이 제시한 찬성과 반대 의견을 세심하게 기록했다. 그녀의 양옆에는 위원회가 소속된 지역의 주민으로 보이는 나이 지긋한 흑인 여성들이 나란히 자리잡았다. 인자한 할머니 같으면서도 전문가의 노련함을 풍기는 허니컷 박사는 발언자가 연단에 올라 의견을 발표하도록 독려하면서 방 안을 가득 채운 지역 주민들과 즐겁게 농담을 주고받기도 했다.

이곳은 헌터스 포인트 조선소 주민자문위원회CAC가 2017년 1월의 월간 정기 회의를 개최하는 현장이었다. 의장을 맡은 사람은 허니컷 박사였다. 결성된 지 20년이 넘은 CAC는 조선소 프로젝트의 진행 상황을 감시하고 지역 주민들의 의견을 취합하고 제시하는 역할을 했다. 그들의 가장 중요한 업무는 이곳에 80억 달러 규모의 개발 프로젝트가 시작되었을 때 개발업체, 시정부의 정치인, 그리고 중국인 투자자가 지역 주민들에게 적절한 혜택을 제공하도록 만드는 일이었다.

지난 수십 년간 교육자로 일한 허니컷 박사는 이 지역의 부상과 몰락, 그리고 '르네상스'를 가장 가까이에서 지켜본 사람이었다. 그녀는 개발 사업이 잘 진행되도록 여러 가지 도움을 제공하고 개발에 따른 혜택이 가능한 한 많은 사람에게 돌아가게 만드는 일을 자신의 의무라고 생각했다. 허니컷 박사는 그 일을 맡기에 충분한 능력을 지닌 사람이었다. 하지만 할머니 같은 그녀의 인자한 모습이 가끔 사람들을 혼란스럽게 만들기도 했다. 그녀는 회의를 진행하면서 주민들과 수다스럽게 이야기를 나누다가도 갑자기 시정부의 관료에게 보증금 지원 시스템의 구조에 대해 날카로운 질문을 던지곤 했다. 2014년 그녀가 내게 말했다.

"이 아름다운 땅이 그토록 오랫동안 버려졌다는 것은 참으로 안타까운 일입니다. 샌프란시스코 시뿐만 아니라 이곳의 주민들을 위한 잠재적인 기회를 생각한다면, 우리는 이 사업이 잘 진행될 수 있도록 최선의 노력을 기울여야 합니다."

하지만 그 과정은 완전하지 못했다. CAC의 멤버들은 선거로 뽑힌 것이 아니라 샌프란시스코 시장이 지명한 사람들이었다. 조직의 이름에서도 알 수 있듯, CAC는 지방정부에 '자문'을 제공하는 역할만 수행했으며 시의 정책에 대해 실제적인 거부권을 갖지 못했다. 그러다 보니 CAC는 이 개발 프로젝트를 두고 이해관계가 엇갈리는 수많은 이익단체(흑인 이슬람교도 단체, 건설업자, 흑인 원주민 연합, 오직 일자리와 주거시설을 원하는 지역 주민들 등등) 중 하나에 불과한 조직이었다. 이들 그룹 사이에서 벌어지는 논쟁은 국회의원들의 점잖은 토론과는 사뭇 달랐다. 2017년, CAC의 멤버였던 크리스틴 존슨은 팟캐스트 인터뷰에서 이렇게 말했다.[9]

"제가 처음 회의에 참석했을 때 사람들이 고함치고 완전 난장판이었어요. 무슬림형제단(세계 최대의 회원 수를 자랑하는 이슬람 단체 - 옮긴이) 소속 회원들이 문을 막고 서 있었죠. 회의 시간이 마치 10년 같았어요. 제가 왜 그곳에 갔는지 모르겠더군요."

그런 혼란 속에서도 CAC는 자신들에게 주어진 임무를 꾸준히 수행해나갔다. 이 조직의 핵심 과업 중 하나는 '주민 공동체를 위한 복지합의서'를 레나 코퍼레이션과 협상하는 일이었다. 이 계약서는 조선소 개발 사업을 통해 주민들의 삶이 개선될 수 있도록 지역공동체에 재정적·사회적 혜택을 제공한다는 취지로 작성되었다. 주요 혜택은 젊은 노동력을 개발하는 데 수천만 달러의 보조금을 직접 지원하고, 낡은 주택을 수리해주고, 노인들을 위한 복지센터를 운영하고, 주민들에게 담보대출을 제공하는 일 등이었다. 새로 건축되는 주택 중 30퍼센트를 표준 시장가격 이하로 책정한다는 내용도 포함되었다. 허니컷 박사는 이 계약서를 두고 지나칠 정도로 찬사를 늘어놓았다.

"이 계약은 미국의 지역공동체, 시정부, 그리고 국가 전체가 지침으로 삼아야 할 모범 프로그램입니다."

EB-5 프로그램

하지만 금융위기로 인해 프로젝트의 자금이 고갈되면서 주민들에게 돌아갈 혜택이 한순간에 사라질 위기에 처했다. 레나의 코피 보너가 중국으로 건너가기 시작한 것은 이 때문이었다. 그는 처음에 중국 정부의 통제를 받는 대형 정책금융기관인 중국개발은행과 대출 협상을 벌였다. 2012년 12월, 샌프란시스코의 지역 매체는 이 은행이 조선소 프로젝트와 트레저아일랜드 개발 사업에 17억 달러를 빌려주는 대출 계약이 임박했다고 보도했다. 하지만 2013년 4월, 거래는 결국 무산되었다.[10] 그리고 그 자리를 대신한 것은 EB-5 자금이었다.

1990년 일자리 창출을 위한 투자이민제도로 출범한 EB-5 프로그램은 실업률이 높은 지역에 투자하는 외국인에게 특별한 인센티브를 제공하는 내용으로 설계되었다. 요컨대 실업률이 미국 평균보다 50퍼센트 이상 높은 '목표 고용 지역targeted employment area, TEA'에 자금을 지원하는 EB-5 투자자에게는 투자이민 요건을 충족하는 최소 투자 금액을 50만 달러로 줄여주는 제도였다.

이 법이 처음 통과되었을 때는 투자자 본인이 직접 회사를 설립하고 경영을 해서 고용을 창출해야 한다는 조건이 붙었다. 그로부터 얼마후 의회는 외국인이 이 프로그램을 보다 쉽게 사용할 수 있도록 법을 개정했다. 외국인이 미국의 '지역 센터(정부가 지정한 금융기관)'에 50만 달러 이상을 예치하면, 지역 센터는 일자리를 창출할 수 있는 대형 프로젝트에 이 자금을 대신 투자했다. 관계 당국은 전문가들의 계량경제학적 분석을 바탕으로 그 프로젝트(거의 대부분은 부동산 개발 사업)에서 얼마나 많은 일자리가 만들어졌는지를 계산했다. 이렇듯 문턱이 낮아졌는데도 이 프로그램은 출범 후 15년이 되도록 활용이 지지부진했다. 그동안 EB-5에 배정된 1만 개의 비자가 모두 소진된 적은 한 번도 없었다.

그러다가 이 제도가 중국인 백만장자들의 눈에 띄었다. 부유한 중국인은 2010년경부터 이 프로그램에 지원서를 내밀기 시작했다. 2011년 중국인이 발급받은 EB-5 비자는 772개에 불과했지만 2012년에는 6,000개가 넘었다. 2014년, 중국인 국적자는 9,128개의 비자를 획득함으로써 그해 발급된 EB-5 비자의 85퍼센트를 독식했다. 그들은 모두 '목표 고용 지역'에 50만 달러 이상을 투자한 사람이었다.[11]

중국인이 EB-5 프로그램에 몰려드는 현상에는 밀고 당기는 요인이 모두 작용했다. 30년 넘게 이어진 중국의 산업 개발 붐은 수많은 백만장자를 탄생시켰다. 하지만 무분별한 개발의 여파로 대기오염이 극심해지자 부유한 중국인들은 해외로 탈출하기 시작했다. 글로벌 금융위기로 빈사 상태에 빠졌던 미국의 자본시장은 EB-5 '지역 센터'가 개발업체와 투자자 사이에 다리를 놓아주면서 새로운 형태의 자금원을 찾아냈다. 부동산 개발업체 입장에서는 EB-5 프로그램에 추가적인 서류작업이 요구되었지만 이 프로그램의 낮은 이자율을 생각하면 그 모든 불편을 기꺼이 감수할 가치가 있었다. 중국인 '투자자'의 궁극적인 목표는 이자가 아니라 미국 영주권이었으므로, 그들에게는 몇 퍼센트의 이자만 지불해도 별문제가 없었다.

2011년 레나는 조선소 프로젝트에 EB-5 자금을 끌어들이기 위해 시정부와 정치적 연줄이 있는 샌프란시스코 '지역 센터'와 협력하기 시작했다. 비록 중국개발은행과의 대규모 대출거래는 무산되었지만 중국의 백만장자들은 그 금액의 일부를 십시일반 메워주는 데 기꺼이 동의했다. 2013년 레나는 7,700만 달러의 EB-5 자금을 모아서 조선소 부지에 88채의 주택 공사를 최초로 착공했다. 그다음 해에는 1억 달러를 유치해 기반 공사 및 개발 현장 인접 지역의 주택 재건축에 투입했다. 2013년부터 2017년까지 약 600가구의 중국인 가족이 조선소 개발 사업에 3억 달러의 EB-5 자금을 투자했다. 미국 노동통계국의 경제모델에 따르면 이 프로젝트가 창출한 일자리 수는 1만 2,121개에 달했다.[12]

2014년 허니컷 박사는 EB-5 프로그램이 이 개발 프로젝트의 진행에 핵심적인 역할을 수행하고 있다고 말했다.

"우리는 중국인 친구들이 투자해준 덕분에 샌프란시스코 조선소 프로젝트가 가동될 수 있었다는 사실을 대단히 고맙게 생각합니다."

EB-5는 중국의 백만장자와 샌프란시스코의 최빈곤층 주민 사이에 기묘한 유대를 맺어준 프로그램이었다. 또한 종족, 계층, 국적을 초월해서 결성된 국제적 협력관계였다. 하지만 투자자는 때로 자신이 투자할 곳을 다소 멀찌감치 떨어져서 바라보는 편이 좋을 것도 같다. 샌프란시스코에서 이민 전문 변호사로 활동하는 로버트 쉬Robert Xu는 조선소 프로젝트에 투자를 고려하는 어느 중국인을 개발 현장에 데려갔을 때의 이야기를 내게 털어놓았다.

"중국인 고객과 공사 현장에 막 도착했는데, 갑자기 저 앞으로 경찰차 10여 대가 사이렌을 울리며 쏜살같이 지나갔습니다. 마치 영화의 한 장면 같았어요. 우리는 이러다 총에 맞는 게 아닌가 걱정했죠."

쉬의 고객은 결국 캘리포니아 애너하임의 워터파크 공사에 EB-5 자금을 투자하기로 결정했다.

"그 사람은 그곳에 가보지도 않았어요. 지도만 보고 디스니랜드에서 가까운 곳이니 괜찮을 거라고 생각한 거죠."

2억 달러쯤은 어린애 장난이죠

미국의 부동산을 통해 안전과 품위를 추구한 사람들은 중국인 가족뿐만이 아니었다. 2013년을 기점으로 중국의 부동산 개발업자들(세계 역사상 가장 거대한 건설 붐을 설계한 사람들)은 처음으로 태평양을 건너 모험을 시작했다. 2010년부터 2015년 사이에 중국인들은 미국의 토지 매입에 40억 달러 이상을 쏟아부었고, 그 땅 위에서 건설 프로젝트를 수행하는 데 150억 달러를 추가 투입할 계획을 세웠다.[13]

중국 개발업체의 프로젝트는 하나같이 어마어마한 규모였다. 그들은 어느 지역에서나 최고의 요충지에 널따란 땅을 사들여 가장 눈에 띄는 랜드마크를 건설했다. 그들이 대규모 프로젝트를 선호하게 된 것은 고국에서 몸에 밴 습관 때문이었다. 중국인은 보통 사람의 상상을 초월하는 규모로 공사를 진행하는 경우가 흔했다. 이는 한편으로 자신들의 독특한 브랜드 전략이기도 했다. 미국 땅에 몰려든 부동산 개발업체는 중국이라는 나라 자체와 중국 기업의 세계적 영향력을 상징하는 존재였다. 그들은 세계에서 가장 강력한 나라의 땅 위에 강철, 유리, 콘크리트로 이루어진 메시지를 만들어냈다. 그리고 그 메시지를 접수한 사람들은 그린랜드나 오션와이드Oceanwide 같은 중국의 부동산 브랜드를 처음 들어본 미국인, 그리고 자신들의 주요 고객인 중국인 구매자였다. 요컨대 그린랜드라는 브랜드가 뉴욕의 화려한 소비자에게 좋은 평가를 받는다면, 이 회사의 콘도는 베이징이나 상하이에서 날개 돋친 듯 팔려나갈 게 분명했다.

그동안 중국인이 미국의 부동산을 사들이면서 언론의 헤드라인을 가장 많이 장식한 곳은 뉴욕이었다. 그들은 2010년부터 2015년 사이에 100억 달러가 넘는 금액을 투자해 유명 건물들을 구입했다.[14] 뉴욕의 전설적인 명소 월도프 아스토리아Waldorf Astoria 호텔이 중국의 안방安邦보험 그룹에 인수된 이후, 유엔총회에 참석하기 위해 뉴욕을 방문한 오바마 대통령은 오랜 관례를 깨고 이 호텔에 투숙하지 않기로 결정했다. 대통령이 숙소를 바꾼 이유가 중국에 도청당할까 우려해서였는지, 아니면 미국의 자산이 중국에 넘어간 데 대한 소심한 항의의 표시였는지는 아무도 모른다. 어쨌든 이 작은 거절은 일종의 메시지를 전하는 역할을 했다.

월도프의 주인이 바뀌었다고는 해도 이 건물의 구조가 변한 것도, 그곳에서 일하는 직원들이 교체된 것도 아니었다. 건물주 입장에서는 이익이 많이 남는 장사를 했을지 몰라도, 세간의 이목을 끄는 이런 인수합병은 도시 자체나 인력시장에 별다른 충격을 주지 않았다. 도시의 모습을 바꾸고 시민들의 일자리에 지대한 영향을 주는 개발 사업의 현장을 관찰하려면 미국의 서해안으로 다시 돌아가야 할 것 같다.

———∞———

2013년 로스앤젤레스에서 건축 붐이 일어난 이후 로스앤젤레스와 샌프란시스코에서는 중국인의 개발 사업이 본격적으로 벌어지기 시작했다. 중국 남부의 선전에 본사를 둔 부동산 기업 오션와이드는 로스앤젤레스 시내의 거대한 주차장 부지를 2억 달러에 매입했다. 이 회사는 프로 농구팀 레이커스의 홈구장 스테이플스 센터Staples Center 맞은편에 위치한 이곳에 화려한 메가플렉스megaplex(복합상영관 - 옮긴이)를 건설하겠다고 발표했다.[15]

이 사업계획이 공개된 지 두 달 후, 상하이의 국영 부동산 기업 그린랜드 그룹은 오션와이드 공사 현장으로부터 북쪽으로 몇 블록 떨어진 곳에 24만 제곱미터의 땅을 1억 5,000만 달러에 사들였다. 그들은 원래 주차장이었던 이곳을 메트로폴리스라 불리는 '도시 안의 도시'로 만들겠다고 약속했다. 이 장의 맨 앞에서 소개한, 데보라가 공사 차량을 통제하던 작업 현장이 바로 이곳이었다. 메트로폴리스에는 호텔 인디고Hotel Indigo라는 최신식 비즈니스호텔을 포함해 6만 5,000제곱미터 넓이의 상점가, 그리고 50만~700만 달러를 호가하는 콘도 1,500여 채가 들어설 예정이었다.[16]

로스앤젤레스 시민들의 입장에서 메트로폴리스는 매우 큰 의미가 있는 신규 건축물이었다. 하지만 중국의 부동산 개발업자에게 그 정도는 중간 규모의 공사에 불과했다. 어느 부동산 관계자는 〈로스앤젤레스 타임스〉와의 인터뷰에서 중국 회사는 이런 규모의 공사를 '어린애 장난' 쯤으로 여긴다고 말했다. 그린랜드의 회장이 자기 회사가 개발하는 공사 현장을 차를 타지 않고도 돌아볼 수 있는 곳은 메트로폴리스가 처음이었다고 알려졌다. 로스앤젤레스 시내에서 중국인의 자금으로 대규모 공사가 진행되는 곳은 모두 다섯 군데에 달했다. 중국의 완다 그룹도 메트로폴리스에서 서쪽으로 14킬로미터 정도 떨어진 비벌리힐스에 10억 달러 규모의 호텔 및 콘도 건설 프로젝트를 시작했다.

2013년 초가 되자 샌프란시스코에도 중국인의 건설 자금이 몰려들기 시작했다. 해안가에 자리잡은 이 아름다운 도시는 형형색색의 빅토리아풍 건물로 유명했지만, 중국의 개발업자들은 금융 기업이 밀집된 도심의 스카이라인을 대대적으로 바꾸어버렸다.

규모로만 보면 세계 최대의 부동산 개발 기업인 완커萬科(영어명은 'Vanke')는 2013년에 1억 7,500만 달러를 투자해 미국의 파트너와 조인트 벤처를 설립하고 이 도시의 부둣가에 아름다운 곡선미를 뽐내는 두 동짜리 콘도 건물을 착공했다.[17] 미국의 협력사와 함께 건설을 시작한 루미나Lumina라는 이름의 이 쌍둥이 타워에는 샌프란시스코 역사상 가장 고가의 펜트하우스를 포함해 655채의 호화 콘도가 들어설 예정이었다.

루미나의 착공식이 열린 것은 2013년 6월 26일이었다. 공교롭게도 이날은 헌터스 포인트 조선소 개발 사업이 첫 삽을 뜨는 날이었다. 샌프란시스코 시장 에드 리는 중국인이 자금을 지원한 건설 프로젝트의 착공식 현장 두 곳을 하루에 오가느라 바쁜 오후를 보냈다. 리 시장은 루미나 사업이 그동안 침체에 빠졌던 샌프란시스코의 부동산 개발 시장을 정상 궤도로 되돌리는 신호탄 역할을 할 거라고 추켜세웠다. 리는 착공식 행사장에서 이렇게 연설했다.

"루미나는 이 도시의 시민들에게 자신감을 불어넣어줄 또 하나의 위대하고 든든한 토대로 자리잡을 것입니다. 특히 이렇게 어려운 경제 여건 속에서 세계의 투자자들에게 샌프란시스코에 대한 신뢰감을 되돌려줄 수 있다는 것은…… 참으로 놀라운 일입니다."

중국인들에게 루미나 개발 사업의 착공은 샌프란시스코의 부동산 시장이 활짝 열렸다는 신호와 다름없었다. 많은 중국 개발업체는 순식간에 이 도시로 밀려들어 전망 있는 건설 프로젝트를 찾아나섰다. 그로부터 불과 4년 사이에 루미나 주변과 부둣가 지역에는 중국인이 자금을 지원하거나 중국 업체가 직접 건축을 맡은 프로젝트가 다섯 개나 추가로 착공되었다. 중국인이 시장에 공급하기로 계획한 아파트 또는 콘도(대부분 100만 달러가 넘는 호화 건축물)를 합하면 1,000여 채가 훨씬 넘었다. 2017년, 키더 매튜스Kidder Mathews라는 부동산업체의 부사장 스킵 휘트니Skip Whitney는 내게 이렇게 말했다.

"지난 18개월 동안 샌프란시스코에 공급된 200여 세대의 주거시설은 대부분 중국인의 투자로 건축되었습니다. 그동안 샌프란시스코의 주거용 부동산 개발은 주로 중국인의 투자를 바탕으로 이루어졌습니다. 미국 자본은 어떤 이유에서든 이 프로젝트에 투자할 준비가 되어 있지 않거나 투자하고 싶은 마음이 없는 듯합니다."

샌프란시스코 만 맞은편에 위치한 도시 오클랜드의 시장 진 콴Jean Quan 역시 이 지역의 개발업체를 중국의 부동산 대기업 저신澤信(영어명은 'Zarsion')과 연결시키고 건설 프로젝트를 시작했다. 저신은 오클랜드 부둣가의 버려진 선착장 부지를 전면적으로 재개발하는 사업에 15억 달러를 투자해 3,100채의 주택을 신축하고 1만여 개의 일자리를 창출하겠다는 계획을 밝혔다. 이 프로젝트는 캘리포니아의 이스트베이 지역에서 가장 큰 단일 개발 사업으로 기록될 예정이었다.[18] 저신 아메리카의 사장 아서 왕Arthur Wang은 지역 언론과의 인터뷰에서 이렇게 말했다.

"오클랜드는 잠재력이 풍부한 도시입니다. 이 도시에 대해 걱정하는 사람도 일부 있는 줄 압니다. 하지만 우리가 이곳에 온 이유는 바로 그 때문입니다. 우리는 이 공동체에 기여하고 싶습니다."

중국의 개발업체는 캘리포니아의 주요 도시에 화려한 건물을 세우고 수천 개의 일자리를 만들어내겠다고 약속함으로써 지역 주민들의 마음을 사로잡았다. 그런데 대규모의 부동산 개발 사업에서 가장 중요한 문제는 무엇을 짓기로 약속하느냐가 아니라 무엇을 실제로 완공하느냐는 것이다. 그동안 중국인의 자금은 미국의 경제위기 이후 수년간 방치된 땅 위에 새로운 활기를 불어넣었다. 하지만 중국인들 스스로가 위기에 빠진다면 그 건설 현장에는 어떤 일이 벌어질까?

'한 발은 빼고 한 발만 담그는' 방식

천국이라고 해서 모든 일이 순조롭게만 흘러가지는 않았다. 내 고향 팔로알토를 포함해 중국인이 대규모로 몰려든 캘리포니아의 교외에서는 현지에 오래 거주한 지역 주민들이 새로 이주한 이웃을 향해 불만을 쏟아내기 시작했다. 원래 팔로알토는 진보적 성향이 강한 기술 산업의 중심지로, 어디에서나 '이민자들을 환영합니다'라는 표지판이 흔히 눈에 띄었다. 하지만 이 도시의 일부 주민들은 이주해오는 중국인이 '좋은 이민자'의 모델에 적합하지 않다고 여기는 듯했다. 내가 개인적으로 대화해본 몇몇 지역 주민은 그동안 팔로알토가 유지해온 독특한 장점이 돈을 싸들고 몰려온 중국인으로 인해 훼손될지도 모른다는 위협을 느끼고 있었다.

사람들이 가장 많이 우려하는 것은 새로 이사 온 집주인이 집을 비워두는 문제였다. 2017년 미국부동산협회의 조사에 따르면 미국에서 주택을 구매한 중국인 중 자신이 사들인 집에서 지속적으로 거주할 의사가 있는 경우는 39퍼센트에 불과했다.[19] 팔로알토의 주민들은 그런 상황이 달갑지 않았다. 그들은 항상 얼굴을 보며 대화할 수 있는 이웃을 원했고, 그러지 않더라도 최소한 자기 집 잔디만큼은 깔끔하게 관리하는 사람이 옆집에 살기를 바랐다. 주민들 중에는 온건한 태도로 자신의 우려를 나타내는 사람도 많았지만, 도대체 '그 중국인들'의 정체가 뭔지 모르겠다면서 외국인 혐오증에 가까운 분노를 표시하는 사람도 있었다. 물론 신중한 성격의 팔로알토 주민들은 대개 자신의 불만을 공공연하게 드러내지 않으려 했다. 하지만 지역 뉴스 사이트에 등장한 익명의 댓글을 보면 중국인을 향한 주민들의 반감이 얼마나 깊은지 분명히 알 수 있었다.

2016년 〈팔로알토 위클리〉에 중국인 주택 구매자를 다룬 기사가 실리자 중국인의 '침략 전술, 거만함, 무례함, 특권적 사고방식, 민족우월주의' 등에 대해 분통을 터뜨리는 댓글이 수도 없이 달렸다.[20] 지역 주민들은 중국인이 헬스클럽에서 수건을 훔쳐간다는 사소한 고발부터, '미국의 체제와 사회구조를 경멸하는' 중국인이 정작 자기 부모를 메디케어 대상자로 등록시켰다는 이야기에 이르기까지 다양한 불만을 쏟아냈다. 그들이 현대 중국의 가장 좋지 않은 부분만 미국에 도입했다고 불평하는 사람도 많았다. 찰리라는 대화명을 쓰는 사람은 이런 댓글을 남겼다.

'고국에서 막대한 자본을 빼돌려 이곳에 온 사람들은 중국적 가치관을 그대로 가지고 들어왔다. 그들이 지닌 가치관은 캘리포니아의 진보적 가치, 즉 학교에서 정직하게 생활하고, 남을 표절하지 않고 스스로 좋은 성적을 올려 상을 받고, 다 함께 공동체를 구축해가는 가치와는 거리가 멀다. 물론 그들을 향해 이런 말을 하는 사람은 인종주의자라고 비난받을 것이다!'

댓글이 점점 험악해지고 인종차별적인 방향으로 흘러가면서, 뉴스 사이트의 관리자는 도가 지나친 댓글을 지우느라 애를 먹었다. 때로 댓글 기능을 차단하기도 했다.

주민들은 '한 발은 빼고 한 발만 담그는' 중국인의 방식이 미국의 전통적인 이민자 정서에 위배된다고 생각했다. 가난하고 겁에 질린 사람을 따뜻하게 포용하는 이 나라의 이민 신화는 이주자가 미국이라는 나라에 자신의 모든 것을 맡긴다는 전제를 기반으로 했다. 만일 이 나라가 기꺼이 문을 열어준다면, 이주자에게는 세상 어디에도 미국보다 더 나은 곳이 없어야 했다. 과거에 미국을 찾은 이민자는 그런 정서에 꼭 맞는 사람들이었다. 미국에 몰려든 가난한 나라 출신의 이민자는 성공하겠다는 야망 때문이든 생존 본능 때문이든 일단 이 땅에 도착한 후 절대 뒤돌아보지 않았다. 그런 위대한 미국이 이주자의 은퇴 계획이나 대체 수단으로 전락할 수는 없는 노릇이었다. 이 나라는 수많은 이민자가 미래를 향한 꿈과 희망을 품고 열심히 살아가는 비옥한 땅이어야 했다.

하지만 이곳을 찾은 중국인 구매자의 입장은 달랐다. 그들에게 팔로알토의 주택은 이민자의 '자수성가'라는 서사를 향한 첫걸음이 아니라 자신이 중국에서 쌓아올린 성공적인 경력의 대가였다. 〈로스앤젤레스 타임스〉에 중국계 미국인 공동체의 변화에 대한 기사를 꾸준히 기고해온 언론인 프랭크 송Frank Shyong은 내게 이렇게 말했다.

"최근 미국에 몰려든 중국인 이민자의 사고방식은 과거와 확연히 다릅니다. 그들은 미국인의 성공 스토리에 열광하고 아메리칸드림을 추구하기 때문에 이 나라에 온 것이 아닙니다. 그보다는 세계 각국을 자유롭게 드나들 수 있는 미국의 여권이나 교육의 우수성이 더욱 매력적인 요소로 작용했기 때문입니다."

팔로알토에 집을 구매한 중국인은 이 나라가 제공하는 여러 혜택(깨끗한 공기, 안정적인 환율, 좋은 교육 환경 등)을 누리면서도 군이 많은 시간을 할애해 영어를 공부하거나 미국에 영구적으로 뿌리를 내리기 위해 노력하지 않는다.

중국인에게 불만을 지닌 사람들 중에는 오래전 다른 나라에서 미국으로 이주한 이민자 또는 그들의 자손이 적지 않다. 내가 쓴 디레온 사의 주택 구매 투어 기사에 댓글을 단 크리스 자하리아스Chris Zaharias도 그리스 이민자의 후예로 팔로알토에서 태어났다. 그는 미국이라는 나라에 어중간한 입장을 취하는 중국인을 비난하는 댓글을 달았다. 나중에 웹사이트 관리자가 삭제한 글의 개요는 다음과 같다.

내 부모님은 미국에 도착한 후 이곳에서 자식을 키우고, 말을 배우고, 문화를 익히고, 공동체의 일원이 되고, 죽을 때까지 여기에서 살겠다고 마음먹었다. 법으로 정해지지는 않았지만, 이민자가 자신이 도착한 곳에서 꾸준히 거주하며 현지에 동화되는 일은 무언의 사회계약이라고 할 수 있다. 진정한 미국인은 세계의 '모든' 나라에서 온 사람들이다. 그들은 투자나 자식 교육을 위해서가 아니라 '미국인이 되기 위해' 이곳에 왔다.

카렌

수많은 비난에 휩싸인 중국인의 입장이 무엇인지 알고 싶어진 나는, 최근 상하이에서 팔로알토로 이주한 카렌Karen이라는 여성을 미드타운Midtown 근처의 카페에서 만나 인터뷰하기로 했다. 그 카페는 내가 예전에 다녔던 중학교에서 불과 몇 블록 떨어진 곳이었다. 수업을 마치고 친구들과 이곳에 몰려와 보드게임을 한 기억이 났다. 창가 자리에 앉아 카렌을 기다리고 있는데 다른 손님들이 여러 나라 언어로 대화하는 소리가 들렸다. 옆 테이블 사람들은 중국의 지방 사투리로 이야기를 나누었고, 저 뒤편에 앉은 사람들은 프랑스어와 스페인어로 대화했다.

카렌은 부드러운 말씨와 수줍은 태도를 지닌 40대 여성이었다. 그녀는 1970년대에 상하이에서 태어났으며, 어머니가 일하는 공장에서 마련해준 작은 아파트에서 부모 형제와 함께 살았다고 했다. 대학에서 섬유공학을 전공한 뒤 독일계 회사에서 자재 구매 담당자로 일했고 나중에는 아디다스로 회사를 옮겼다. 남편은 설비 제조사에서 근무하는 사람이었다. 그녀가 캘리포니아를 처음 방문한 것은 2014년이었는데, 대만 이민자들이 운영하는 중국 전통문화 여름 캠프에 두 아이를 참가시켰을 때였다. 카렌 부부는 캠프에서 즐겁게 뛰노는 아이들의 모습을 보고 중국의 학교 시스템으로부터 아이들을 자유롭게 해주기로 마음먹었다. 그녀의 말이다.

"이곳에 이주하기로 결심한 가장 큰 이유는 아이들 교육 때문이었어요. 중국의 정치적 분위기도 싫었고요. 하지만 미국의 정치 상황 역시 이렇게 엉망인 줄은 미처 알지 못했죠."

그들은 EB-5 프로그램에 지원해서 샌프란시스코의 어느 낡은 호텔을 재건축하는 공사에 50만 달러를 투자했다. 카렌과 아이들은 2016년에 비자를 받았다. 사업 때문에 중국에 남기로 한 남편은 3~4개월에 한 번씩 미국을 방문했다. 카렌과 아이들은 처음에 근처 교외 지역의 친척 집에서 기거했지만, 곧 팔로알토에 주택을 구입하기로 했다. 그녀는 내가 어릴 적에 살았던 동네에서 몇 블록 떨어진 곳에 있는 집을 사려 했다가 마음을 바꿔 팔로알토 시 남쪽에 위치한 침실 네 개짜리 주택을 400만 달러에 구입했다. 집값 전부를 현금으로 지불할 형편이 되지 않았던 카렌과 남편은 담보대출을 받기로 했다.

그녀는 딸을 지역의 중학교에, 그리고 아들을 내 모교와 경쟁 상대였던 고등학교의 1학년생으로 입학시켰다. 두 아이는 빠른 속도로 영어를 익히고 새로운 생활에 적응해나갔다. 아이들은 공부에 대한 압박이 줄어들어 좋아했지만 친구를 사귀는 데는 조금 어려움을 겪었다. 카렌은 팔로알토의 이웃들이 자신들에게 매우 친절하게 대해준다고 말했다. 주민들은 그녀의 가족이 현지에 적응하는 데 필요한 많은 일을 팔을 걷어붙이고 도와주었다. 하지만 트럼프 행정부가 들어서고 정치적 기류가 급격히 변하면서 미국에 대한 카렌의 환상은 적지 않게 훼손되었다. 카렌의 말이다.

"처음에는 미국이 매우 관대하고 포용적인 나라라고 생각했지만, 이제는 그렇지 않다는 걸 알게 됐어요. 안전 문제도 큰 골칫거리예요. 뉴스에서는 매일 총기 범죄 이야기가 나오죠. 밤에는 감히 집을 나설 엄두도 내지 못해요."

카렌은 트럼프 행정부가 자신들의 영주권을 무효화시킬지도 모른다고 걱정했다. 물론 그녀 자신만 놓고 보면 별로 큰 문제가 아니었다. 그녀는 팔로알토에서의 생활이 다소 외롭다고 느꼈기 때문에 아이들이 커서 독립하면 상하이로 돌아갈 생각을 하고 있었다. 하지만 아이들만큼은 미국 문화에 정착해서 이곳에 오래도록 남기를 원했다. 물론 고국의 문화적 전통은 소중히 간직해야겠지만. 인터뷰를 마칠 때쯤 그녀가 말했다.

"제 생각에 아이들은 자기가 영원한 중국인이라고 생각할 것 같아요. 백인들은 이곳에서 태어난 아시아 사람들조차 진정한 미국인으로 받아들이질 않아요. 하물며 우리처럼 나중에 온 사람들이야 말할 필요도 없죠."

동전의 양면 : 인구조사구획 조작하기

팔로알토의 주민들은 주택을 구입하기 위해 몰려든 중국인에게 짜증을 냈지만, 헌터스 포인트의 개발 현장에서는 중국인의 자금 덕분에 주택 건설이 한창이었다. 2013년 이 개발 프로젝트의 기공식이 거행된 이후 2014~2015년에는 매년 100억 달러에 가까운 EB-5 자금이 그 프로젝트의 첫 번째 주택 건설 사업에 지속적으로 투입되었다. 2016년에는 150채의 주택이 완공되어 구매자가 입주를 마쳤으며, 2018년에는 그 두 배인 300채가 지어졌다. 개발을 담당한 업체는 2019년에는 950채를 건축하겠다는 계획을 발표했다. 평균 가격이 60만~120만 달러인 이들 주택의 제곱미터당 분양가는 이 도시에서 건축 중인 다른 신축 주택보다 3분의 1 정도 낮았다.[21] 또한 이 주택 건설 프로젝트로 인해 많은 일자리가 만들어졌다. 지역공동체는 지역에 거주하는 젊은 구직자를 공사 현장이나 레나의 계약직 일자리로 연결시켜주었다.

그런데 조선소 프로젝트가 본격적으로 탄력을 받기 시작하는 시기에 갑자기 EB-5 프로그램을 둘러싸고 여러 가지 좋지 않은 소문이 불거져 나왔다. 이 프로그램의 실행 과정에 '내부자 거래'가 있었다는 의혹부터 대통령 가족과 관련된 국제적 규모의 스캔들까지 그 내용도 다양했다. 비영리 뉴스 매체인 탐사보도센터Center for Investigative Reporting, CIR는 샌프란시스코의 정치조직과 조선소 프로젝트의 EB-5 자금 모집을 담당하는 회사 사이에 복잡하게 뒤얽힌 커넥션이 존재한다는 분석 보도를 내놓았다. 그 유대 관계의 핵심에 놓인 인물은 샌프란시스코의 전 시장이자 EB-5 자금 모집 회사의 실세로 알려진 윌리 브라운이었다. 시청에서 일하는 브라운의 정치적 후배들이 조선소 개발 사업이 잘 추진되도록 연방정부에 지속적으로 로비를 했다는 비난도 이어졌다.

그러한 유대 관계가 구체적인 범죄 혐의로 이어지지는 않았다. 이 개발 사업을 옹호하는 사람들은 기업의 대표와 시청의 관료들이 밀접한 관계를 맺는 것이 조선소 프로젝트처럼 거대하고 복잡한 공사를 진척시키는 데는 필수적이라고 항변했다. 지난 수년간 이 프로젝트가 거쳐 온 수많은 장애물을 생각해보면 나름 일리 있는 주장일 수도 있었다. 게다가 중국인 투자자는 이런 정치적 유대 관계를 매우 당연하게 받아들였다. 그들은 중국의 공공사업이 번개 같은 속도로 진행될 수 있는 것은 정치가에게 리베이트를 제공하는 중국의 관행 덕분이라고 생각했다. 하지만 자신이 EB-5 자금 모집 회사와 관련이 없다고 지속적으로 부인하면서 한편으로 조선소 프로젝트를 열렬히 옹호하는 브라운의 태도는 세간의 의구심을 불러일으키기에 충분했다. 산타클라라 시의 전 시장이자 정치윤리학자 주디 네이들러Judy Nadler는 이 조선소 프로젝트의 EB-5 자금 모집 과정에 일종의 '내부자 거래'가 개입되었다는 의혹이 존재한다고 지적했다.

2017년, 도널드 트럼프와 그의 사위 재러드 쿠슈너가 백악관에 입성하면서 EB-5 거래의 어두운 그림자는 국가 차원으로 확대되었다. 쿠슈너 일가가 소유한 기업은 재러드가 트럼프의 딸과 결혼하기 오래전부터 뉴욕에서 거대한 부동산 제국을 운영하고 있었다. 그들이 소유한 쿠슈너 컴퍼니Kushner Companies는 2015년 EB-5 자금을 이용해 트럼프 베이 스트리트Trump Bay Street라는 이름의 호화 건축물 공사를 시작했다. 쿠슈너 일가가 부당한 방법으로 EB-5 자금을 지원받았다는 의혹이 불거진 것은 2017년에 재러드 쿠슈너의 누나인 니콜 메이어Nicole Meyer가 베이징을 방문했을 때였다. 그녀는 중국에서 1억 5,000만 달러의 EB-5 자금을 모아서 원 저널 스퀘어One Journal Square라는 호화로운 쌍둥이 타워를 건설하겠다는 계획을 발표했다.

메이어는 베이징 리츠칼튼 호텔의 투자설명회장을 가득 메운 중국인 투자자에게 이 프로젝트가 '우리 가족 모두에게 큰 의미가 있는' 사업이라고 말하면서 최근 자신의 남동생이 회사를 떠나 트럼프 행정부에서 일하게 되었다고 밝혔다. 그녀는 투자설명회에서 발표한 슬라이드를 통해 트럼프 대통령을 EB-5 프로그램의 '핵심 의사결정자'라고 불렀으며, '정부가 지원하고 유명 개발업체가 건설합니다'라는 문구가 쓰인 광고를 보여주기도 했다. 이 투자설명회에 참석한 〈뉴욕 타임스〉와 〈워싱턴 포스트〉의 기자들이(나중에 행사장에서 쫓겨났다) 폭로기사를 쓰면서 EB-5 프로그램에 관련된 산업 전체가 철저한 조사 대상이 되었다. 몇 달 뒤,

언론매체는 쿠슈너 컴퍼니 관계자가 EB-5 투자 건에 대한 연방검사의 조사를 받기 위해 조만간 소환될 예정이라고 보도했다.

사람들은 쿠슈너 제국이 백악관의 연줄을 이용해 중국인 투자자를 끌어모았다는 사실에 분노했지만, 이 스캔들로 인해 EB-5 프로그램의 또 다른 문제점이 드러났다. 부동산 개발업체가 이 제도의 '목표 고용 지역TEA'을 임의로 조작해 EB-5 자금을 지원받았다는 것이었다.

원래 EB-5는 실업률이 다른 곳에 비해 월등히 높은 '경제 침체 구역'을 TEA로 지정하고, 이 지역에 투자하는 외국인에게 최소 투자액을 50만 달러로 낮춰주는 투자이민제도였다. 다시 말해 경제적으로 낙후된 지역에 일자리를 창출할 수 있는 개발 프로젝트에 자금을 지원함으로써 자금조달이 어려운 개발업체를 돕는다는 취지로 만들어진 프로그램이었다. 하지만 부동산 기업은 연방정부의 느슨한 관리 감독을 틈타 자신들의 개발 프로젝트가 진행되는 지역의 인구조사구획을 적당히 조작하는 수법으로 TEA 지정을 받아냈다.

쿠슈너 컴퍼니가 2015년에 5,000만 달러의 EB-5 자금을 지원받아 건설한 트럼프 베이 스트리트는 그 대표적인 사례였다. 이 프로젝트는 맨해튼이 내려다보이는 뉴저지 항구 근처의 부유한 지역에 447채의 호화 아파트와 옥상 수영장이 포함된 대형 타워를 건설하는 공사였다. 인구조사에 따르면 이 지역의 가구당 연평균 소득은 16만 4,488달러에 달했으며 실업률은 3.1퍼센트에 불과했다. 하지만 쿠슈너 일가의 EB-5 자금 모집 파트너는 인구조사구획을 남쪽의 저지시티까지 잡아 늘이는 편법을 사용해 TEA 지정에 필요한 실업률을 만들어냈으며, 그로 인해 이 부유한 동네를 연방정부의 투자가 필요한 가난한 마을로 둔갑시켰다.[22]

이는 프로그램의 취지를 정면으로 위반하는 행위였지만, TEA에 대한 통제를 각 주에 일임한 현행법에 따르면 위법행위로 처벌할 근거가 마땅치 않았다. 부동산 금융 전문가 게리 프리드랜드Gary Friedland와 진 칼

데론Jeanne Calderon은 최근 각 주가 앞다투어 인구조사구획을 조작하는 경쟁에 뛰어들면서 TEA 지정이 '의미 없는' 요식행위로 바뀌었고, 이 때문에 대부분의 EB-5 자금이 이 프로그램 없이도 진행 가능한 호화 개발 사업에 투입되고 있다고 지적했다. 개발업체가 EB-5 자금을 탐내는 이유는 중국인 투자자가 요구하는 이자가 다른 금융기관에 비해 훨씬 싸기 때문이었다. 앞서 말한 대로 중국인에게 필요한 것은 이자가 아니라 미국 영주권을 얻는 일이었다. 결과적으로 EB-5 프로그램은 일자리도 변변히 창출하지 못하면서 개발 사업자의 주머니만 불려주는 결과를 낳았다. 하원의원들은 EB-5 프로그램의 악용을 막기 위해 관련법 개정을 여러 차례 시도했지만, 2019년 봄 현재 개발업체의 끈질긴 로비로 인해 개혁안은 정체상태에 놓여 있다.

TEA 통계 왜곡이 심각한 문제였던 이유는 단지 호화 개발업체에 혜택이 돌아갔다는 사실뿐만이 아니라, 그로 인해 헌터스 포인트 조선소처럼 실제로 실업률이 높은 지역의 개발 사업에 지원할 자금이 부족해졌기 때문이다. 국가 전체적으로 EB-5 프로그램에 할당된 비자의 수는 최대 1만 개였다. 게다가 특정 국가의 국민에게 너무 많은 비자가 돌아가지 않도록 국가별 최대 할당량도 정해져 있었다. 2017년 이 프로그램에 지원한 사람 중 절대다수가 중국인 투자자였으며, 그들 대부분이 트럼프 베이 스트리트 같은 호화 프로젝트에 자금을 지원했다. 새롭게 이 프로그램에 지원한 사람들은 비자를 받으려면 8~10년을 기다려야 한다는 당국의 답변을 들었다. 그토록 오랜 시간 후에 이 프로그램의 운명이 어떻게 될지 알 수 없다고 판단한 중국인 투자자는 하나둘씩 지원을 포기했다.

EB-5 프로그램은 외국인이 가장 갈망하는 미국 영주권을 활용해 미국이 가장 필요로 하는 일자리를 창출한다는 취지로 만들어진 제도였다. 하지만 개발업체의 무분별한 남용과 부적절한 입법 절차로 인해 이

제 중국인 투자자는 이 프로그램을 외면하고 '미국이라는 기업'에 보조금을 지급할 수 있는 다른 방법을 찾아나서게 되었다.

중국공산당, 급브레이크를 걸다

미국에서 발생한 장애물에 힘겨워하던 중국인 투자자들은 엎친 데 덮친 격으로 자국의 정책입안자가 내놓은 훨씬 강력한 제재 조치에 부딪혔다. 2017년 초, 중국 정부는 지난 몇 년간 계속된 자본 유출 사태를 막기 위해 강력한 통제 정책을 내놓았다. 지난 5년간 비교적 느슨한 태도로 사태를 관망한 정부는 자본 유출로 인해 자국의 외환 보유고가 급격히 고갈됨으로써 향후 인민폐를 평가 절하해야 할지도 모르는 위협을 느꼈다. 중국의 정치가들이 급브레이크를 밟으면서 중국인의 자금으로 진행되던 건설 현장에는 갑자기 정적이 감돌았고 주택 구매 열기도 급격히 식어갔다.

그동안 중국 정부는 국민 1인당 해외로 반출할 수 있는 외화의 규모를 연 5만 달러로 제한했다. 하지만 약삭빠른 중국인 투자자들은 이 통제를 피할 수 있는 방법을 수도 없이 만들어냈다. 어떤 사업가는 홍콩에 있는 자기 회사의 지사에 송금하고 그 돈을 미국으로 자유롭게 보내는 방법을 사용했다. 일부 중국인은 '스머핑smurfing'이라는 기술을 활용해 외화를 반출했다. 이는 만화영화 「스머프」의 공동체 구성원들이 모든 것을 함께 나누는 데서 유래된 이름이었다. 스머핑에 나선 주택 구매자는 집을 구입하는 데 필요한 자금을 5만 달러 단위로 나누어 주위의 믿을 만한 친지에게 할당했다. 그들이 각각 5만 달러를 환전해 미국의 계좌로 송금하면 주택 구매자는 미국에서 그 돈을 한 계좌로 모아 집을 사는 데 사용했다. 지난 수년간 정부의 자본 통제는 마치 당국자와 시민들이 벌이는 '두더지 잡기' 게임 같았다. 당국자는 늘 한 발 늦었다.

그런데 이번만큼은 양상이 달랐다. 2017년 초, 중앙정부의 지도자들은 각 은행에 내린 지침을 통해 인민폐를 달러로 바꾸는 사람들이 환전 사유를 구체적으로 밝히도록 했다. 또한 환전한 외화를 부동산 구입에 사용하는 일을 철저히 금지시켰다. 같은 해 7월, 당국자는 개인이 하루에 환전할 수 있는 액수를 7,000달러로 줄였으며 환전 사유에 대한 보고 요건도 더욱 강화했다. 그동안 현금으로 주택을 구입하던 중국인이 해외로 자금을 반출하지 못하면서, 팔로알토의 부동산 중개업자들은 규제 효과를 즉시 체감하게 되었다. 그럼에도 디레온 리얼티의 킴 형은 최근 중국인이 담보대출로 옮겨가는 추세이지만 그들의 주택 수요는 크게 줄어들지 않았다면서 상황을 낙관적으로 바라보았다. 그녀의 말이다.

"규제를 해도 돈은 여전히 들어와요. 시간이 걸리겠지만 그 사람들은 방법을 찾아낼 겁니다."

상업적 개발 프로젝트에 가해진 충격은 훨씬 더 컸다. 그동안 수십억 달러짜리 호화 사업을 벌여놓은 중국의 개발업자는 프로젝트를 완료할 자금을 자국에서 반출하기가 불가능해졌다. 중국의 거대 부동산 개발업체에 도심 개발 계획을 맡겨놓은 여러 도시에서는 공사 장비가 가동을 멈추었다. 그리고 프로젝트를 매각하는 세일이 곳곳에서 벌어지기 시작했다.

다롄의 완다 그룹(AMC 영화관 체인을 인수하고 디즈니의 아성에 도전장을 던진 재벌 기업)은 구멍 하나만 덩그러니 뚫린 채 공사 진행이 정체되어 있는 12억 달러 규모의 비벌리힐스 호화 개발 프로젝트를 인수할 기업을 찾아나섰다. 또 완다는 시카고의 미시간 호 부둣가 근처에서 진행 중인 9억 달러짜리 초고층빌딩 건축 프로젝트에서도 발을 빼려고 했다. 10억 달러를 들여 오클랜드 부둣가를 개발하겠다고 큰소리친 저신 그룹 역시 조용히 사업에서 물러났다. 이 회사의 미국 파트너는 EB-5 자금과 미국의 은행에서 새로운 자금을 끌어들이기 위해 고군분투했다.

한편 로스앤젤레스 시내에서는 그린랜드 USA가 메트로폴리스 개발 사업을 여러 조각으로 나누어 매각하겠다는 계획을 발표했다. 메트로폴리스에서 처음 완공된 건물 중 하나인 최신식 비즈니스호텔 인디고는 2018년 초 2억 8,000만 달러에 시장에 나왔다.[23] 그린랜드는 인디고 매각 자금을 잔여 공사에 투입할 예정으로 알려졌다. 그로부터 몇 주 후, 부동산 매체는 그린랜드가 제3타워의 공사를 마무리할 구매자를 찾는다고 보도했다. 이 56층짜리 건물은 18개월 전에 내가 데보라를 만난 곳이다.

중국의 부동산 자금은 금융위기로 휘청대던 미국의 시장에 물밀듯 쏟아져 들어왔다. 그리고 곤경에 처한 미국의 금융기관이 외면한 낙후된 땅 위에 새로운 활력을 불어넣었다. 하지만 그로부터 5년 후, 바다 저편에서 벌어진 정치 상황으로 인해 중국인이 진행하던 프로젝트가 갑자기 깊은 수렁에 빠져버렸다. 이 과정을 지켜본 사람들에게는 충격적인 장면이었다. 만일 데보라가 메트로폴리스 공사 현장에서 계속 근무하고 싶다면, 그녀는 새로운 고용인을 찾아나서야 할 것 같다.

미래를 보여주는 망원경

샌프란시스코 도심의 모습을 획기적으로 바꿔놓을 헌터스 포인트 개발 사업에 참여한 기업들도 중국 자금에 의존하는 상태에서 벗어날 준비를 시작했다. EB-5의 개혁안을 둘러싼 의회의 논란이 지속되면서 이 정책의 앞날은 매우 불투명해졌다. 게다가 중국 정부의 자본 통제 때문에 이 프로그램으로 자금을 모으기가 더욱 어려워졌다. 물론 조선소 프로젝트가 첫 삽을 뜰 수 있었던 것은 거의 전적으로 이 프로그램 덕분이었다. 중국인은 미국의 금융기관이 투자하기를 꺼리는 사업에 자금을 지원함으로써 그 중요한 시기에 재정적 공백을 훌륭히 메우는 역할을 했다. 이제 프로젝트가 어느 정도 결실을 맺어가는 단계에서, 레나는 건축이 완료된 주택을 판매하고 미국의 금융기관에서 전통적인 방식으로 대출을 받아 그럭저럭 자금을 조달해나갈 수 있게 되었다. 2017년, 레나는 일곱 번째이자 마지막으로 EB-5 자금을 지원받았다. 그동안 조선소 프로젝트에 투자해 영주권을 취득한 중국인 가족은 600가구에 달했으며 그들의 총투자액은 3억 달러가 넘었다. 이 프로젝트를 통해 창출된 일자리는 1만 2,121개로 최종 집계되었다.

2017년 7월, 나는 헌터스 포인트 주민자문위원회 회의에 한 차례 더 참석했다. 의장을 맡은 사람은 여전히 베로니카 허니컷 박사였으며 그녀 옆에는 위원회 멤버들이 자리잡았다. 회의실 한가운데에는 열다섯 명 정도의 지역 주민이 접이식 의자에 앉아 의장석을 마주하고 있었다. 여러 발표자가 마이크를 들고 연단에 올라 프로젝트의 현황을 보고했다. 레나의 협력사를 대표해 나온 사람은 '시장가격보다 저렴한' 신축 주택들이 최근 완성되어 주민들의 구매를 기다린다고 설명했다. 샌프란시스코 시의 평균소득에 비해 20퍼센트 이상 수입이 적은 이곳 주민들은 추첨을 통해 최근에 준공된 주택을 구매할 수 있다고 했다. 그가 언급한 침실 하나짜리 주택의 가격은 19만 2,000달러 정도로 이 도시 평균 매매가의 4분의 1 수준이었다.

모든 발표자가 좋은 소식만 가져오지는 않았다. 이 회의가 열리기 몇 주 전, 어느 환경 NGO 단체는 조선소 지역의 방사능 측정 실험과 오염 제거 작업을 담당한 용역업체가 방사능 검사 결과를 위조했다는 내부자 고발 사건을 폭로한 바 있었다. 시정부의 대변인은 외부에서 오염 제거 전문가를 초빙해 이 문제를 철저히 조사하고 지역 주민들의 우려를 덜어주겠다고 밝혔다. 하지만 2018년 초, 해군 당국은 용역업체의 광범위한 사기 행각 때문에 조선소의 방사능 검사를 전면적으로 재실시한다고 발표했다. 지역의 모든 사람은 격분했다. 그동안 주민들은 조선소 부지에 누적된 오염 때문에 이곳의 암 발병률이 높아졌다고 지속적으로 주장해왔다. 당국에서는 오염 지역 외부에 이미 완공된 주택은 방사능 측정 실험의 재실시 대상이 아니라고 강조했지만, 이는 조선소 프로젝트가 다음 단계로 넘어가는 일을 몇 년 이상 지연시킬 수 있는 중대한 사안이었다. 조선소 개발 사업은 지난 수십 년간 슈퍼펀드 사이트 지정, 오염 제거 작업, 환경 적합성 검토, 개발 제안, 공동체 규합, 재무적 문제 발생, 외국인 투자 유치 등 갖은 우여곡절을 거치며 여기까지 왔다. 그런데 이제 일개 용역업체의 부실 작업과 사기 행각으로 인해 이 프로젝트가 원점으로 되돌아갈 위기에 처했다. 경우에 따라서는 사업 자체가 영구적으로 중단될지도 모르는 상황이었다.

허니컷 박사가 폐회를 선언하면서 회의가 끝났다. 나는 회의실 뒷문을 빠져나와 계단을 통해 1층으로 올라갔다. 문득 조선소 개발 현장을 직접 보고 싶어진 나는 부둣가 아래쪽의 베이뷰 지역으로 차를 몰았다. 인스 애비뉴를 거쳐 남동쪽으로 향하는 길에 도로 오른편 언덕 위쪽의 공공주택 건설 현장이 보였다. 그곳에서는 아직 일부 주민들이 거주하는 중이라고 했다. 조선소에 거의 도착할 무렵이 되자 도로 왼편으로 멋진 바다 경치와 저 멀리 샌프란시스코 시내 광경이 눈에 들어왔다. 공사장의 화려한 간판에는 '선구자들을 환영합니다', '자랑스러운 전통, 새로운 시작' 등과 같은 슬로건이 적혀 있었다.

저 앞쪽에 이 개발 사업에서 처음 완공된 주택들이 모습을 드러냈다. 아름다운 기하학적 외장재, 고상한 나무 장식 판자, 매끄러운 금속 레일이 달린 발코니를 뽐내는 3층짜리 주거 건물이었다. 도로를 따라 언덕 위로 올라가니 작은 놀이터가 나왔다. 30대 정도로 보이는 두 쌍의 커플이 정글짐에서 운동하는 모습이 보였다. 나는 공사장 끝부분의 도로가 막힌 곳에 차를 세우고 아래쪽으로 넓은 미개발 지역이 내려다보이는 낭떠러지 근처로 다가갔다.

발아래 오른편으로는 버려진 창고와 공장 건물이 흩어져 있었다. 깨진 유리창을 제외하면 그 건물들의 모습은 1940년대 이후로 전혀 변하지 않았을 것 같았다. 그 뒤편으로는 텅 빈 선착장과 조선소의 상징인 쇠로 된 크레인이 보였고 그 너머로는 샌프란시스코의 차가운 바다가 가로놓여 있었다.

내 바로 옆에 놓인 관광용 망원경 하나가 눈에 띄었다. 동전을 넣으면 저 멀리 해안선의 모습이 나타나는, 어디서나 볼 수 있는 흔한 망원경 같았다. 그런데 아무리 찾아도 동전 투입구가 없었다. 나는 뷰파인더에 눈을 댔다. 위쪽의 버튼을 누르자 불이 켜지면서 밝은 햇살이 비추는 선착장의 전경이 나타났다. 현재가 아니라 75년 전, 제2차 세계대전이 한창인 당시에 이 지역의 경치를 재현해놓은 그림이었다. 공장 옆길에는 고전적인 자동차들이 주차되어 있고 부두에는 거대한 전함이 정박 중이었다. 지평선, 공장, 크레인, 노동자들을 포함해 모든 것이 그 시점에서 시간이 멈춘 듯했다.

버튼을 다시 한 번 누르자 새로운 경치가 나타났다. 조선소 공사가 완료되었을 때의 모습을 예술적 상상력을 발휘해 표현해놓은 그림이었다. 낡은 공장들은 반짝거리는 유리 건물로 바뀌었고, 주차장은 노천 시장이 되었다. 바위투성이 언덕에는 푸른 잔디가 덮였고 그 위로 가족들이 산책을 했다. 거대한 금속 크레인만은 변함없는 모습이었지만 창고 건물들은 녹색 정원으로 둘러싸인 최신식 연구소로 탈바꿈했다. 비전과 현실, 그리고 신기루 사이에 놓인 미래의 상상도였다.

⑦ 트럼프를 지지하는 중국계 미국인들

　2016년 6월의 어느 날, 산호세 컨벤션센터의 건물 외부는 흥분, 분노, 공포가 뒤섞인 광란의 분위기로 가득했다. 캘리포니아 주의 대통령 예비선거를 며칠 앞둔 오늘, 도널드 트럼프 후보자는 이곳에서 유권자를 대상으로 선거유세를 진행할 예정이었다. 최근 몇 주 동안 트럼프의 유세장에서는 지지자와 반대자가 맞붙는 유혈 낭자한 폭력 사태가 속출했다. 오늘밤 행사에서도 비슷한 상황이 벌어질 것으로 예상되었다. 나는 아버지와 함께 군중 사이를 어렵사리 헤쳐 가며 유세장으로 향했다. 지지파와 반대파 양쪽의 분위기는 이미 한껏 험악해진 상태라 자칫하면 곧 주먹다짐이라도 벌일 기세였다. 우리가 행사장을 향해 이동하는 동안 양쪽 사람들은 경찰이 설치한 철제 장애물을 사이에 두고 서로를 향해 외설스런 손동작과 함께 입에 담지 못할 욕을 퍼부었다.

　나는 지난 5년간 중국에 거주하다 3개월 전인 2016년 3월에 미국으로 돌아왔다. 귀국 후 다시 접하게 된 미국의 정치 상황은 매우 복잡했다. 그동안 나는 중국과 미국 양국의 국민이 상대를 더 잘 이해하도록 돕는 작업에 5년이라는 시간을 쏟아부었지만, 정작 다시 돌아온 나의 고국은 지정학적·인종적·정치적 경계선을 사이에 두고 심각하게 분열된 모습이었다. 언론매체는 하루가 멀다 하고 경찰이 무방비 상태인 흑인에게 총을 발사했다거나 어느 정치 집회에서 폭력 사태가 벌어졌다는 등의 소식을 보도했다.

내가 가장 큰 충격을 받은 점은 양쪽으로 분열된 미국인들이 상대방과 완전한 대화 불능 상태에 빠져 있다는 사실이었다. 이런 새로운 정치 현상을 좀 더 가까이에서 관찰하고 싶었던 나는 그 전날 팔로알토에서 열린 민주당 후보 버니 샌더스Bernie Sanders의 정치 집회에 참가했다. 그리고 오늘 아버지와 함께 산호세의 도널드 트럼프 유세장을 찾은 것이다.

우리가 컨벤션 홀에 입장하자 트럼프는 이미 '정직하지 못한 힐러리'나 '실패한 〈뉴욕 타임스〉'와 같은 말로 정치적 반대자들을 맹비난하면서 연설에 열을 올리는 중이었다. 그런데 내 시선이 주로 향한 곳은 이곳에 모인 군중이었다. 대부분은 나이 많은 백인이었지만, 가끔 동남아시아인, 인도인, 라틴계로 보이는 사람들도 눈에 띄었다. 조금 전 유세장 밖에서 어느 인도계 미국인이 한 무리의 라틴계 10대들을 조롱하던 모습이 생각났다. 그는 자신이 수년을 기다려 겨우 영주권을 얻었는데 '너희는 단숨에 담장을 뛰어넘었느냐'고 비아냥댔다. 이 유세장에서 트럼프의 선동적인 이민정책에 열광적으로 호응하는 지지자들을 보니, 그 남자와 비슷한 생각을 지닌 사람도 적지 않은 듯했다.

그러다 나는 도널드 트럼프 유세장에서 절대로 기대할 수 없었던 장면을 목격했다. 한 여성이 흰색 홍보용 티셔츠를 머리 위로 들어올리고 트럼프에게 환호를 보내고 있었다. 티셔츠 뒷면에 '北美川普助选团'이라고 쓰인 중국어 글씨가 보였다. 문자 그대로 번역하면 '북미 트럼프 선거 지원단'이라는 뜻이었다.

트럼프가 대통령 선거에 출마하겠다고 선언한 날, 나는 베이징의 친구 아파트에서 그 장면을 지켜보았다. 그는 나중에 길이길이 악명을 떨치게 될 이 연설에서 멕시코 사람들을 '강간범'이라고 불렀으며 중국이 미국의 경제적 우려 대상이라고 비난했다. 당시 트럼프가 연설과 인터뷰에서 중국을 경멸하고 조롱하는 대목만 수백 개를 이어 붙인 편집 동영상이 인터넷에 돌아다녔다. 그는 중국에 대해 발언할 때마다 앞뒤가 다른 모습을 보여주었다. 어느 때는 중국이 미국을 '강간'한다고 비난하다가도 갑자기 말을 바꿔 자신은 중국을 '사랑'한다고 떠벌렸다. 나는 그의 말을 어떻게 이해해야 할지 종잡을 수 없었지만, 한 가지만은 분명했다. 중국인들(자신의 고국이 세계인에게 어떻게 인식되는가에 대해 매우 민감한 사람들)이 결코 트럼프를 좋아하지 않을 거라는 사실이었다.

중국 본토의 국민들은 그렇다 치더라도, 트럼프의 스타일이나 주장은 내가 자라면서 접했던 중국계 미국인들의 정치적 입장과도 전혀 달랐다. 중국인 이민자는 온건한 민주당 지지자부터 과격한 좌파 활동가에 이르기까지 대체로 진보적 성향을 띠는 사람들이었다. 밀레니얼 세대(1980년대 초반~2000년대 초반에 출생한 세대 – 옮긴이)의 중국계 미국인은 대부분 이민제도 개혁이나 블랙 라이브즈 매터Black Lives Matter 운동('흑인의 목숨도 소중하다'는 의미로 아프리카계 미국인을 향한 폭력과 인종주의에 반대하는 사회운동 – 옮긴이)을 지지했다. 그런 사람들이 트럼프의 이민 배척주의나 인종차별적 수사법에 귀를 기울일 이유가 없었다.

그런데 내 앞에 그 여성이 서 있는 것이었다. 티셔츠에 쓰인 중국어가 간체자인 것으로 보아 그녀는 비교적 최근에 중국 본토에서 이주한 사람임이 분명했다(홍콩이나 대만 사람들은 여전히 번체자를 사용한다). 그리고 그 여성은 혼자가 아니었다. 그녀 주변에 몇 명의 중국인이 비슷한 글귀가 적힌 팻말이나 티셔츠를 들고 있었다. 나는 그들을 더 가까이에서 관찰하기 위해 군중 사이를 뚫고 나가려 했지만 '미국을 다시 위대하게'라는 모자를 쓴 수많은 지지자에 가로막혀 이동하기가 어려웠다.

트럼프의 연설이 끝나자 지지자들은 무대 앞으로 몰려들어 사인을 요청했다. 나는 중국인들에게 접근하려 애썼지만 행사장 밖으로 나와서야 겨우 그들을 따라잡을 수 있었다. 30대 정도로 보이는 그 여성은 호기심 많은 행인들이 함께 사진을 찍자고 요청하는 바람에 카메라 앞에서 포즈를 취하는 중이었다. 나는 마침내 그녀가 들고 있던 티셔츠의 반대편에 쓰인 글을 읽을 수 있었다. 'CHINESE AMERICANS ♥ TRUMP(중국계 미국인들 ♥ 트럼프)', 그리고 트럼프의 서명이 보였다.

나는 그 여성에게 다가가 트럼프의 어떤 면을 지지하느냐고 물었다. 하지만 다른 사람들도 함께 사진을 찍자고 계속 몰려들다 보니 그녀는 자기 티셔츠를 내게 들어올리는 것으로 대답을 대신할 수밖에 없었다. 경찰들이 사람들을 보도로 계속 밀어내면서 나는 그 중국인 무리에서 곧 멀어졌다.

산호세 유세장에 온 중국인은 소수에 불과했지만, 그로부터 몇 개월이 지나는 동안 나는 트럼프 지지 행렬에 동참하고 있는 새로운 중국인 이민자에 대해 자세히 알게 되었다. 그들은 위챗에 트럼프 지지자의 단체방을 만들었고, 선거가 치열한 경합을 보이는 여러 주에서 유권자의 집을 가가호호 방문해 지지를 호소했다. 그리고 옥외광고판의 공간을 임대해 트럼프를 지지하는 광고를 게시했다. 심지어 소형 비행기를 임대해 'CHINESE AMERICANS FOR TRUMP(트럼프를 지지하는 중국계 미국인들)'라고 쓰인 현수막을 매달고 미국의 주요 도시 상공을 선회하게 만들기도 했다.

아버지와 내가 수많은 군중에 떠밀려 산호세의 거리로 나왔을 때, 집회 전에 끓어오르던 양측의 분노가 드디어 폭발했다. 사람들은 교차로 한가운데서 닥치는 대로 싸움을 벌였다. 몇몇 사람이 트럼프 지지자 한 명을 쫓아 교차로를 질주하다 결국 풀밭 근처에서 그를 넘어뜨리고 주먹을 퍼부었다. 한 여성은 사람들에 둘러싸여 토마토와 계란 세례를 받았다. 휴대전화로 촬영된 동영상에는 사람들이 마구잡이로 주먹을 휘두르는 장면과 구타당한 사람의 얼굴에서 피가 흐르는 모습이 포착되었다. 그동안 미국 대통령 선거에서 이 정도로 극심한 추태가 연출된 적은 없었다.

나도 그날의 폭력 사태를 보고 마음이 몹시 불편했지만, 내 호기심을 더욱 자극한 것은 그날 잠깐 마주친 중국계 미국인들의 모습이었다. 유세장에 나타난 그들의 정체는 뭘까? 그 사람들은 내가 자라면서 접해온 민주당을 지지하는 중국계 미국인들과 어떻게 다를까? 그들은 왜 중국과 중국인 이민자에게 적대감을 표시하는 정치인을 지지하는 걸까?

네 차례의 이민 행렬

중국인들의 정치 성향이 변화해온 과정을 파악하려면 중국계 미국인의 이민 역사를 구분해서 살펴봐야 할 듯하다. 미국 사람들은 대부분 중국계 미국인이 모두 1800년대에 철도 건설 현장에서 일한 노동자들의 후예라고 생각한다. 하지만 겉으로는 동일한 인종적 정체성을 지닌 듯이 보이는 중국계 미국인은 그동안 네 차례에 걸친 대규모 이민의 물결을 타고 미국에 도착했다. 그리고 각 세대에 속한 사람들은 출발지(홍콩, 대만 또는 중국 본토), 미국에 자리잡은 장소(차이나타운 또는 교외 지역), 언어(광둥어 또는 표준 중국어), 소득수준(블루칼라 또는 화이트칼라) 등에 따라 서로 뚜렷이 구분되는 경향을 보였다. 이런 차이로 인해 그동안 네 차례의 이민 행렬에 합류한 중국인은 미국이라는 나라의 서사에 대해 서로 다른 입장을 지닐 수밖에 없었다.

첫 번째 이민자는 1849년의 골드러시 이후 약 30년 동안 미국의 해안에 도착한 사람들이었다. 10만 명이 훌쩍 넘는 이들 중국인 노동자는 주로 금을 캐거나 대륙횡단철도를 건설하는 일에 종사했다.[1] 그들은 거의 전부가 남성이었으며, 대부분 중국 남부의 광둥성 인근 지역 출신이었다. 그리고 표준 중국어보다는 광둥어에 가까운 타이산어台山話라는 방언을 사용했다. 이 최초의 중국인 이민자는 전쟁과 기근이 휩쓸고 간 고국을 떠나 미국 땅에서 외국인 혐오증과 인종차별적 폭력을 견디며 어렵게 살아갔다. 일부는 몇 년 뒤에 중국으로 돌아갔지만 남은 사람들은 샌프란시스코, 오클랜드, 로스앤젤레스, 뉴욕 등지에 오늘날까지 남아 있는 차이나타운을 건설하는 데 핵심적인 역할을 했다.

1882년 중국인 배척법이 통과된 이후 중국인 이민자의 행렬은 사실상 중단되었다. 그 후 수십 년 동안 유일하게 허용된 것은 일부 남성들이 자신의 배우자나 '서류상의 자식'을 미국에 데려오는 일(앤젤 아일랜드의 이민자 수용소를 거쳐)이었다. 중국인 배척법이 발효된 후 60년 동안 미국에 거주하는 중국인의 수는 전반적으로 감소세를 나타냈다.[2]

1943년, 미국 정부가 중국과 미국의 유대 관계를 적국 일본에 과시하기 위해 중국인 배척법을 폐지하면서 중국인의 두 번째 이민 바람이 불기 시작했다. 배척법이 폐지되었다고는 해도 미국 입국이 허락된 중국인은 1년에 105명에 불과했다. (어느 중국계 미국인 칼럼니스트는 '마작 패 한 세트를 꾸리기에도 부족한 숫자'라고 말했다.[3]) 그러다가 1949년 중국공산당이 권력을 장악하면서 전쟁미망인, 정치적 망명자, 훈련받은 전문가 같은 이들에게도 예외적으로 입국이 허용되었다. 1950년대에 중국계 미국인의 수는 두 배로 증가한 20만 명에 달했다.[4]

두 번째 이민자는 전 세대의 중국인에 비해 대체로 교육 수준이 높았고, 중국의 다양한 지역(일부는 본토에서 대만을 거쳐 입국했다) 출신이었으며, 광둥어보다는 표준어를 사용했다. 일부는 도시의 차이나타운에 정착했지만, 교외 지역에 자리를 잡는 이들도 점차 늘어났다. 그중 과학자, 의사, 엔지니어 같은 직업에 종사한 사람들은 중국계 미국인이 미국 사회에서 '모범 소수민족 집단'으로 인정받는 데 크게 기여했다. 미국인들 입장에서 유색인종이 경제적 성공을 거둔 것은 이 나라의 능력지상주의를 입증하는 모범 사례일 뿐만 아니라 과거에 흑인들이 겪은 곤경을 정당화시킬 수 있는 길이었을 것이다.[5]

1965년에 통과된 이민국적법Immigration and Nationality Act은 북유럽 국가 위주로 이민을 받던 미국의 오랜 전통을 깨고 세계 어디든 해외 출신의 미국 시민이 고국에 남은 가족을 초청할 수 있도록 허용한 법이었다. 중국인의 세 번째 미국 이민 열풍이 분 것은 이 때문이었다. 이 법이 발효되면서 중국계 미국인의 가족이나 친척이 대규모로 미국으로 향했다. 홍콩의 노동자 계층 이주민은 도시의 차이나타운으로 쏟아져 들어왔고, 대만 출신의 일부 화이트칼라 직업 종사자는 교외의 부유한 지역으로 곧장 진입했다. 그러나 중국 본토에서 이주한 사람은 매우 적었다. 중국 공산당이 마오쩌둥의 통치 기간 동안 자국민의 해외 이주를 철저히 금지시켰기 때문이다. 1960년부터 1980년 사이에 중국계 미국인의 수는 세 배 이상 늘어난 80만 명을 기록했다.[6]

중국 본토 출신의 이민자가 대폭 증가하기 시작한 것은 네 번째 이민 행렬부터였다. 1980년대 중반 이후 새롭게 불어닥친 이민 붐을 타고 미국에 도착한 사람들 중에는 중국 본토(그리고 대만) 출신으로 미국의 고등교육기관에 입학한 대학원생이나 기술 전문가가 많았다. 물론 그때도 광둥어를 사용하는 노동자 계층 중국인은 뉴욕이나 샌프란시스코의 차이나타운에 꾸준히 들어왔지만, 이 새로운 세대의 고학력 엘리트들은 사는 세계가 전혀 달랐다.

표준 중국어를 구사하는 이주자는 대개 최고의 대학교에서 엔지니어링 박사학위를 취득하고 캘리포니아의 교외 지역이나 대학교 인근의 마을에 정착했다. 2008년 이후에는 EB-5 프로그램에 지원한 부유한 투자자, 실리콘밸리의 프로그래머, 대학생 등도 이 대열에 합류했지만 이들을 새로운 이민자 그룹으로 구분해야 할지, 아니면 미국을 잠시 방문한 후 중국으로 돌아갈 이들로 봐야 할지는 아직 확실치 않다.

각 세대를 구성하는 이민자는 서로 이질적인 배경을 지녔을 뿐만 아니라 다른 중국인과 섞이는 일도 그리 달가워하지 않았다. 〈로스앤젤레스 타임스〉에 로스앤젤레스의 중국인 공동체에 관한 기사를 기고하는 대만계 언론인 프랭크 숑은 특히 4세대 이민자 중에 선배 이민자와 거리를 두고 싶어 하는 사람이 많다는 사실을 발견했다. 숑의 말이다.

"그들에게 차이나타운에 대해 어떻게 생각하느냐고 물으면 대개 조소 섞인 답변이 되돌아옵니다. 역사적으로 흥미로운 곳이기는 하지만 중국인을 대표하는 장소일 수는 없다는 거죠."

최근에 미국으로 이주한 사람들은 그 질문에 훨씬 더 직설적으로 답하기도 한다. 다린 추 브라이언트Darlene Chiu Bryant는 두 번째 이민 열풍이 불었을 때 홍콩에서 미국으로 건너온 이민자다. 그녀의 부모님은 샌프란시스코의 차이나타운에서 여러 사업을 벌여 성공했다. 현재 차이나SFChina SF라는 정부 및 민간 합작기업에서 중국인의 투자 유치를 담당하고 있는 다린은 그동안 중국 본토에서 이주한 4세대 이민자와 이 도시의 전통적인 중국인 공동체를 연결시키기 위해 많은 노력을 기울였다.

"제가 그 사람들에게 '차이나타운을 위해 무엇이든 기여하고 싶지 않나요?'라고 물으면 그들은 대개 이렇게 대답해요. '아니요. 나는 차이나타운과 별로 엮이고 싶지 않아요. 그곳은 옛날 중국인들이 살았던 곳이고, 나는 새로운 중국인이거든요. 우리는 훨씬 수준이 높아요. 만일 내가 차이나타운에 뭔가를 투자하겠다고 생각한다면, 그건 새로운 차이나타운을 만드는 것일 거예요.'"

공자 전도사와 옐로 파워

역사적으로 다양하게 진행된 이민자의 여정은 다양한 정치적 신념과 사고방식을 낳았고, 이는 중국인이 지난 수십 년간 수행한 다양한 사회·정치적 활동에 그대로 반영되었다. 초창기 미국의 역사서를 쓴 학자들(주로 백인 역사학자들)은 중국인 이민자를 정치적으로 수동적인 '조용한 체류자'이자 자신들의 열등한 사회적 지위를 체념적으로 받아들이는 사람들로 묘사했다. 그런데 최근에 쓰인 역사서(중국계 미국인 역사학자의 저술을 포함해서)에는 지난 100년간 중국계 미국인이 미국 땅에서 벌인 정치적 참여와 활동의 모습이 세밀하게 조명되어 있다.

1세대 이민자 중 가장 눈에 띄게 활약한 사람은 화려하고 날카로운 언변으로 무장한 웡친푸라는 운동가였다. '중국계 미국인Chinese American'이라는 용어를 처음 사용했다고 알려진 웡은 1847년 중국에서 태어나 열네 살 때 선교사를 따라 미국에 왔다. 그는 영어를 완벽하게 익힌 후에 당시 미국을 휩쓴 '반중국인' 정서에 저항하는 수많은 글과 연설을 남겼다. 1874년 미국 시민권을 취득한 그는 미국 전역을 순회하며 최초의 '공자 전도사'로 활약했고 「나는 왜 이방인인가Why I Am a Heathen」와 같은 글을 썼다.[7]

웡은 중국인 배척법에 반대하는 인권운동단체를 조직했고, 반중국인 운동에 앞장선 아일랜드계 이민자 데니스 커니Denis Kearney에게 결투를 신청하기도 했다. 그는 커니에게 결투에 사용할 무기를 젓가락, 아일랜드 감자, 독일산 크루프 포砲 중에서 고르라고 제안했다. 언론사가 주관한 일대일 토론에서 커니를 압도한 웡은 매우 비극적으로 삶을 마감했다. 그는 중국으로 돌아가는 도중에 자신의 여권이 취소된 사실을 알게 되었으며, 고향인 산둥성山東省에 돌아간 후 얼마 지나지 않아 심장마비로 사망했다.

중국계 미국인들은 중국인 배척법 시대(1882~1943년)에도 법적 소송을 통해 미국의 정치에 꾸준히 영향력을 행사했다. 1898년 연방 대법원은 '미합중국 대 윙킴아크Wong Kim Ark' 소송에서 '출생시민권'을 인정하는 판결을 내렸다. 샌프란시스코에서 세탁업에 종사하던 중국인이 제기한 소송 덕분에 인종차별을 금지하는 판례가 만들어지기도 했다. 헌터스 포인트에서 새우잡이를 하던 어부들은 중국식 그물 사용을 금지하는 법에 반발해 소송을 제기했지만 연방 대법원에서 패소했다. 중국계 미국인들은 제2차 세계대전 초기에 일본에 점령당한 중국을 도와달라고 미국 사회에 호소했으며, 중국인 배척법을 폐지해달라고 청원하기도 했다. 1세대 중국인 이민자가 수행한 정치 활동은 대개 '방어적'이라는 특징을 띠었다. 그들은 취약한 중국계 미국인(그리고 제2차 세계대전의 전화에 휩싸인 자신들의 고국 중국)을 미국인의 공격으로부터 보호할 방법을 찾아야 했다.

그와 달리 두 번째와 세 번째 이민 열풍을 타고 미국을 찾은 중국인 이민자는 진보적이고 범인종적인 연대를 통해 미국의 정치에 새로운 방식으로 참여하기 시작했다. 미국의 시민인권운동과 베트남 전쟁은 새로운 세대의 사회운동가를 배출해냈으며, 그중에서도 중국 대학생들은 매우 급진적인 성향을 보였다. 이 운동가들은 차이나타운에서 사업체를 운영하는 보수적인 중국인과 공동체 문제를 두고 번번이 대립했다. 그들은 국내적으로 인종적 정의를 내세웠고, 국제적으로 반식민지주의를 부르짖었다. 일본, 중국, 필리핀 출신 운동가들이 연합해서 만든 단체들은 아시아계 이민자를 '영원한 외국인'으로 치부하는 기존의 고정관념에 도전장을 던지고 '동양인'이라는 단어를 '아시아계 미국인'으로 바꾸자는 캠페인을 벌였다. 또 샌프란시스코 주립대학교San Francisco State University를 포함한 일부 대학교의 중국 학생들이 벌인 '옐로 파워Yellow Power' 운동은 미국의 대학 캠퍼스에 최초로 민족 연구 학과가 개설되는 계기가 되었다.

1970년대와 1980년대를 거치면서 중국계 미국인의 급진성은 다소 완화되었으며, 그들 중 정부의 관리가 되는 이들도 생겨나기 시작했다. 베이 에어리어에서는 나중에 중국계 미국인 시장으로 활약하는 에드 리나 진 콴 같은 사람들이 공공위원회나 학교 이사회의 요직을 맡았다. 로스앤젤레스 교외의 몬테레이파크Monterey Park에 거주하던 사회복지사 릴리 리 천Lily Lee Chen이 정계에 입문한 것도 그때였다.

'우리' 미국인들

릴리 리 천은 자신이 처음 미국인이라고 느꼈던 순간을 지금도 생생하게 기억한다. 1963년은 그녀가 워싱턴 대학교에서 사회복지학 석사과정을 밟고 있는 해였다. 그해 11월 하순의 어느 날, 릴리가 학생식당에서 점심식사를 하고 있을 때 갑자기 긴급뉴스가 흘러나왔다. 월터 크롱카이트Walter Cronkite(미국 CBS 방송국의 전설적인 뉴스 앵커 - 옮긴이)가 존 F. 케네디 대통령 암살 사건을 보도한 것이다.

릴리는 비탄에 빠졌다. 몇 년 전 미국으로 이주한 릴리는 케네디가 제시한 국가적 비전에 깊은 감동을 받았다. 그 꿈이 순식간에 사라졌다고 생각하니 마치 배에 강력한 펀치를 얻어맞은 기분이었다. 릴리의 남편 폴Paul은 학교 주차장의 차 안에서 그녀를 기다리고 있었다. 겨우 차에 오른 릴리는 화장이 엉망으로 번진 얼굴로 아무런 말도 못한 채 끊임없이 눈물만 흘렸다. 릴리는 몬테레이파크의 자택에서 내게 이렇게 말했다.

"정말 견디기 힘든 순간이었어요. 너무나 큰 충격이었죠. 나는 이렇게 생각했어요. 이제 내 아름다운 꿈은 깨져버렸어. 그가 떠나버렸으니까. 그가 없으니까."

그 후 몇 주 동안 릴리는 온 나라의 국민들과 함께 이 비극을 슬퍼했다. 그녀는 자신이 대만의 아버지에게 보내는 안부 편지의 어조가 예전과 조금 달라졌다는 사실을 깨닫기 시작했다. 이전에는 미국을 '그들의 나라'라고 지칭했지만 이제는 '우리나라'라고 부르게 된 것이었다. 그녀는 또 중국어로 '우리'라는 단어를 '우리 미국인들'이라는 말로 바꿔 썼다.

릴리는 1936년 중국 북부 지역의 도시 톈진天津에서 태어났다. 그녀의 아버지는 장제스의 국민당에서 활동한 사람이었다. 그 때문에 릴리의 가족은 제2차 세계대전 때 중국을 점령한 일본의 치하에서 큰 곤욕을 치렀다. 1949년 공산당이 국공내전에서 승리하자 그녀의 가족은 톈진에서 출항하는 마지막 배에 간신히 올라 대만으로 탈출했다. 학교 재학 중에 뛰어난 성적을 올린 릴리는 전국웅변대회에서 우승해 장제스의 부인으로부터 직접 상장을 받기도 했다. 그로부터 3년 뒤, 스무 살이 된 릴리는 미 국무부가 주최하는 해외 청소년 리더십 프로그램의 멤버로 뽑혀 미국에서 6개월간 체류할 기회를 얻었다.

릴리는 미국에 머무는 동안 두 가정에서 차례로 홈스테이를 했다. 처음은 미시간 주 그랜드래피즈 시에 거주하는 아프리카계 미국인 가족이었으며, 두 번째는 뉴욕 주 시러큐스 시의 백인 가족이었다. 그녀에게는 짧은 시간 안에 미국인의 다양성을 접할 수 있는 집중 훈련 과정이었던 셈이다. 릴리는 이 경험을 매우 즐겁게 받아들였다. 그녀는 가족들과 뒷마당에서 바비큐 파티를 하며 그때까지 중국인을 한 번도 만나보지 못한 미국인들과 자신의 문화에 관한 다양한 대화를 했다.

국무부 프로그램을 마치고 귀국한 릴리는 1958년에 다시 미국으로 건너가 샌프란시스코 주립대학에서 언론정보학을 공부했다. 어느 날 그녀는 친구들과 어울려 저녁식사를 하는 자리에서 우연히 대만 출신의 유학생 폴을 만났다. 두 사람은 대화를 시작한 지 몇 분 만에 자신들이 톈진에서 같은 배를 타고 대만에 도착했다는 사실을 알게 되었다. 릴리와 폴은 그로부터 몇 년 후 결혼했다. 릴리가 사회복지학 석사과정을 밟고 폴이 보잉에서 일하는 동안 두 사람은 시애틀에서 살았다. 케네디의 죽음으로 그녀가 충격에 빠진 때가 그 무렵이었다. 릴리는 린든 존슨 대통령이 주창한 '위대한 사회Great Society'라는 사회복지정책에 깊은 감동을 받았다. 그로부터 53년이 지났지만, 그녀는 미래의 희망과 가능성으로 넘쳐나던 그 시절을 되새기며 흥분된 표정을 감추지 못했다.

"나처럼 운이 좋은 사람이 어디 있겠어요? 그 정책은 꼭 나를 위해 만들어진 것 같았죠. 사회복지 공부를 하는 내게 '위대한 사회'라는 슬로건은 미국과 존슨 대통령의 꿈이었을 뿐만 아니라 모든 중국인의 꿈처럼 느껴졌으니까요."

릴리가 캘리포니아의 엘 세리토 카운티 병원에서 케이스워커case worker(정신적·육체적·사회적 문제를 안고 있는 개인 및 가족을 대상으로 문제의 해결을 위한 지도활동을 하는 사회복지사 - 옮긴이)로 일하게 되자 두 사람은 로스앤젤레스로 이주했다. 그들이 처음 자리잡은 헌팅턴비치Huntington Beach는 주로 백인이 거주하는 도시였다. 릴리는 자신의 두 아이가 문화적 다양성이나 중국인의 정체성을 경험하지 못하고 자라게 될까 우려하다가 결국 몬테레이파크로 이사하기로 결심했다. 중산층 시민이 주로 거주하는 이 도시는 전체 인구 중 3분의 1이 백인이고 3분의 1이 라틴계, 그리고 나머지 3분의 1은 아시아계 주민으로 인구구성이 절묘한 지역이었다.

이번에는 한가운데를 차지하다

몬테레이파크의 절묘한 인종적 배합이 가능했던 것은 존슨 대통령이 1965년에 서명한 이민국적법 덕분이었다. 특히 이 법은 3세대 중국인 이민자에게 문을 열어주는 데 큰 역할을 했다. 1960년대부터 1970년대에 걸쳐 미국 정부가 '가족 재결합'을 위해 발급해준 비자 덕분에 홍콩과 대만에 거주하던 중국인 수십만 명이 미국 땅을 밟았다. 1세대 이민자와 가족 관계인 노동자 계층 홍콩인은 광둥어가 주로 사용되는 차이나타운으로 쏟아져 들어갔다. 그와 달리 대만 출신 이주자는 1940년대부터 1950년대에 걸쳐 미국에 도착한 2세대 이민자 그룹의 가족이 많았다. 그들 중에는 릴리와 폴처럼 대학교에서 학위를 취득하고 좋은 직장을 얻어 교외 지역으로 향하는 사람이 점점 늘어났다.

이민자가 둥지를 튼 미국의 교외 지역 중에 특히 중국인이 많은 곳이 몬테레이파크였다. 로스앤젤레스 주위를 지나는 세 줄기의 고속도로 한가운데에 위치한 이 조용한 마을은 한때 '노먼 록웰Norman Rockwell'(미국 사회와 미국인의 일상을 가장 잘 표현했다고 평가받는 화가 - 옮긴이)이 가장 선호할 만한 곳'이라고 불렸을 정도로 미국적인 도시였다. 그런데 3세대 중국인 이민자가 계속 유입되면서 이 지역은 '교외에 자리잡은 첫 번째 차이나타운'으로 바뀌었으며, 아시아계 주민이 인구의 대다수를 차지하는 미국 최초의 도시가 되었다.

3세대 이민자를 미국으로 불러모으는 데 가장 결정적인 역할을 한 것은 물론 존슨 대통령이 서명한 이민국적법이었지만, 수많은 중국인을 몬테레이파크로 이끈 사람은 프레데릭 셰이Frederic Hsieh라는 부동산 기업가였다. 당시만 해도 이 도시의 주민들에게 거의 알려지지 않았던 셰이는 홍콩과 대만의 신문에 몬테레이파크에 대한 부동산 광고를 싣기 시작했다. 그는 그 광고를 통해 이 도시에 '중국인들의 비벌리힐스'라는 새로운 브랜드를 창조했다. 1970년대가 되자 몬테레이파크의 중국인 인구는 거의 네 배로 늘어났다.

3세대 중국인 이민자를 포함한 다양한 아시아계 이주민이 미국 땅에 몰려들면서 릴리의 사회복지사 경력은 한층 빛나게 되었다. 로스앤젤레스로 쏟아져 들어간 아시아인(1975년 이후 대규모로 유입된 베트남 난민을 포함해)은 언어장벽이나 지리적 단절로 인해 제대로 된 사회복지 혜택을 받지 못했다. 1970년대 내내 아시아인의 공동체를 위해 봉사한 릴리는 일선 케이스워커에서 로스앤젤레스 카운티 전체의 아시아인 커뮤니티를 위한 봉사 단체의 대표로 발돋움했다. 그녀는 2개 언어를 구사하는 직원들을 채용해 '일본인 선구자 센터', '중국인 연합공제협회 빌딩', '한국인 교회' 같은 봉사 센터를 공동체의 중심 지역에 설립했다. 그녀는 또 미국 정부에 영향력을 행사해 아시아인과 태평양의 섬 출신 이민자를 흑인, 히스패닉, 북미 원주민에 이어 네 번째의 공식 소수집단으로 인정하게 만들었다. 그 결과 아시아계 미국인은 더 많은 공공자원을 활용할 수 있었으며, 소수집단 우대 정책에 따라 대학 입학이나 공무원 취업 시에 추가적인 혜택을 받기도 했다.

릴리는 '아시아인' 이외의 사회세력과도 폭넓게 연대하며 활동했다. 원래 마틴 루터 킹이나 세자르 차베즈Cesar Chavez(미국의 민권운동가이자 노동운동가 - 옮긴이) 같은 운동가들의 사상에 깊이 공감했던 그녀는 로스앤젤레스에서 사회복지사로 일하면서 유나이티드 웨이United Way(미국의 자선단체 - 옮긴이), 미국농장노동자조합United Farm Workers, 지역 침례교회와 가톨릭 교회 등을 망라하는 흑인 및 라틴계 공동체와 긴밀하게 협력했다. 릴리는 이들 공동체 사이에서 공공자원의 배분 문제를 두고 충돌이 벌어질 때마다 중재자 역할을 수행해 적절한 타협안을 찾아냈다. 릴리의 활약을 눈여겨본 포드 대통령과 카터 대통령은 그녀를 여성의 권리와 아동 교육을 위한 국가 위원회의 멤버로 임명했다.

릴리가 본격적으로 정계에 입문한 것은 몬테레이파크 시의회 의원으로 출마하면서부터였다. 그녀는 1981년에 도전한 첫 번째 선거에서 28표 차로 낙선했다. 릴리와 폴은 다음 선거를 대비해 더 많은 지지자를 확보하는 데 전력을 기울였다. 그들은 중국 슈퍼마켓 바깥에 홍보 부스를 설치하고, 이제껏 한 번도 미국의 선거에 참여하지 않은 중국계 미국인을 선거인 명부에 등록시켰다.[8] 결국 릴리는 그다음 해에 치러진 선거에서 이 도시의 선거 역사상 가장 큰 표차로 시의회 의원에 당선되었다. 그리고 시의원이 돌아가며 시장을 맡는 규정에 따라 첫 번째 순서로 시장 자리에 올랐다. 1983년 11월 몬테레이파크의 시장에 취임한 그녀는 미국의 시장이 된 최초의 중국계 미국인 여성으로 기록되었다. 〈워싱턴 포스트〉, 〈로이터〉, 중국의 〈인민일보〉 같은 여러 언론사는 그녀의 정치적 여정에 관한 기사를 상세히 게재했다.

1980년대와 1990년대를 거치면서 릴리에 이어 등장한 중국계 미국인 정치가에게는 최초의 연방 상원의원, 최초의 각료, 최초의 주지사 등 '최초'라는 수식어가 수없이 따라다녔다. 그러다 보니 이제는 어느 영역에서 '최초'라는 중국계 미국인 정치가에 대한 언론의 관심조차 시들해질 정도였다. 하지만 중국인들 입장에서는 이 상황이 매우 감개무량할 수밖에 없었다.

2013년, 샌프란시스코와 오클랜드를 잇는 베이 브리지의 새로운 구간 공사가 완공되었다. 당시 두 도시의 시장인 에드 리와 진 콴은 중국계 미국인으로 오랜 친구 사이였다. 두 사람 모두 노동자 계층 중국인 이민자의 자손이었으며, 노동이나 공동체의 주거 관련 문제에 대한 사회운동을 하다가 정계에 입문한 공통점이 있었다. 두 사람은 다리 개통을 기념하는 사진을 촬영하면서 144년 전에 찍힌 비슷한 사진을 떠올리지 않을 수 없었다.

미국 대륙횡단철도가 완공되어 동부 구간과 서부 구간의 연결점을 상징하는 '황금 못 Golden Spike'이 마지막으로 철로에 박히는 순간, 철도 재벌과 노동자들은 그 역사적인 장면을 기념하는 사진을 촬영하기 위해 카메라 앞에서 포즈를 취했다. 그 유명한 사진에서는 철도 회사의 엔지니어들이 가운데에 자리를 잡고 백인 철도 노동자들이 양옆에 늘어선 모습을 볼 수 있다. 하지만 가장 힘들고 위험한 작업에 투입되었던 중국인 노동자는 한 명도 보이지 않는다. 두 도시를 연결하는 새로운 베이 브리지가 노동자들의 힘겨운 노력 끝에 개통되는 날, 에드 리와 진 콴은 다시는 그때와 같은 상황을 만들지 않겠다고 다짐했다. 진 콴 시장은 나중에 이렇게 회상했다.

"우리는 이런 우스갯소리를 했죠. 이번에는 중국인들이 한가운데를 차지했다고요."

소수집단 우대 정책과 아시아계 학생들

생각해보면 2013년에 운동가 출신의 두 시장이 함께 찍은 사진은 중국계 미국인이 정치적으로 단결한 마지막 순간을 상징했는지도 모른다. 그로부터 불과 몇 달 후, 4세대 중국인 이민자들이 새롭게 제기한 문제로 인해 중국인 공동체가 분열되기 시작했다.

내가 그런 조짐을 느끼기 시작한 것은 2014년 2월경이었다. 당시 내 언론인 비자가 언제 발급될지 예상할 수 없는 상황에서, 나는 중국어 실력이 줄어들지 않을까 늘 걱정했다. 그래서 운전을 할 때면 항상 중국어가 나오는 지역 AM 방송국에 다이얼을 고정해서 듣고 다녔다. 라디오에서 방송되는 프로그램은 주로 진행자가 게스트를 초청해 부동산이나 대학교 입학 준비 등에 관한 정보를 제공하는 토크쇼였다. 그런데 진행자가 어느 순간부터 갑자기 새로운 주제에 매달리기 시작했다. 바로 소수집단 우대 정책affirmative action(미국 정부가 인종, 성별, 종교, 장애 등의 이유로 불리한 입지에 있는 사람들에게 혜택을 부여함으로써 차별을 줄이기 위해 시행하고 있는 조치 – 옮긴이)이었다.

내가 라디오를 켤 때마다 진행자는 소수집단 우대 정책의 상세 내용, 이 정책에 대한 연방 대법원의 판결, 대학 입학과 관련한 반反아시아적 편견 같은 주제를 두고 이야기를 늘어놓았다. 제작진이 때때로 게스트를 초대해 토론을 진행했는데, 프로그램에 출연한 보수 성향의 흑인 학자는 소수집단 우대 정책이 그 자체로도 부당할 뿐만 아니라 미국적 가치에도 반하는 제도라고 주장했다. 진행자는 게스트와 영어로 이야기를 나누다가, 대화의 요지를 중국어로 통역해 청취자에게 들려주었다.

그 진행자는 프로그램 진행 도중 SCA-5 Senate Constitutional Amendment No. 5라는 단어 하나를 계속 언급했다. 이는 캘리포니아 의회의 상원의원이 주 헌법을 개정하기 위해 발의한 법안의 이름이었다. 만일 SCA-5 법안이 통과된다면 1996년에 이 주에서 폐지된 소수집단 우대 정책이 재개된다는 의미이며, 그에 따라 캘리포니아의 공립대학교는 입학사정 시에 지원자의 인종을 '고려 사항' 중 하나로 포함시켜야 한다는 뜻이었다.

SCA-5를 최초로 발의한 사람은 캘리포니아 주의 민주당 소속 상원의원 에드워드 에르난데스 Edward Hernandez였다. 이 법안은 민주당이 다수를 차지한 주 상원을 거쳐 하원까지 통과할 것으로 예상되었으며, 캘리포니아 주민들을 대상으로 한 투표에서도 거의 확실한 승리가 점쳐졌다. 이제 미국에서 가장 자유로운 주의 대학교들은 지난 20년간 '인종적 고려 사항이 배제된' 입학사정정책을 실시한 끝에 다시 소수집단 우대 정책을 도입하게 되는 듯했다.

아시아계 미국인에게 소수집단 우대 정책은 지난 수십 년간 다소 민감한 주제였다. 1960년대 초에 이 정책이 처음 도입되었을 때만 해도 그들은 학교 입학이나 취업 시, 또는 공무원을 지원할 때 혜택을 받는 경우가 많았다. 릴리가 '아시아인과 태평양의 섬 주민'을 위해 열심히 활동한 이유도 소수집단을 위해 유보된 사회적 자원을 이 사람들에게 더 많이 배분하기 위해서였다. 하지만 1980년대가 되면서 아시아계 미국인은 (인구 비율로만 보면) 미국의 캠퍼스를 '과도하게 점유'하기 시작했다. 그들은 대학 입학 과정에서 더 이상 소수집단 우대 정책의 도움이 필요

없었다. 아시아계 학생의 부모들 중에서는 이 정책이 자신의 아이에게 오히려 해가 된다고 생각하는 사람이 생겨나기 시작했다.

소수집단 우대 정책에 반대하는 보수 성향의 사람들은 대학 입학사정 기준에 인종적 고려 사항을 포함시키면 가장 큰 피해자는 아시아계 미국인이 될 거라고 믿었다. 그들은 아시아계 학생이 인구 비율로 따지면 대학교에 너무 많이 들어가는 것처럼 보일지 모르지만, 학생들의 학업 능력에 비해서는 오히려 너무 적게 입학하는 거라고 주장했다.

그들은 이 주장을 뒷받침하는 근거로 2009년 프린스턴 대학교에서 수행한 연구 자료를 제시했다. 이 자료에 따르면 아시아계 지원자는 백인 학생에 비해 SAT 점수가 평균 140점 정도가 높아야 입학이 허가되었다. 소송에 걸린 대학교들이 법정에 제출한 입학사정 문서에서는 아시아계 미국인 학생이 '인성' 분야에서 대부분 낮은 점수를 받은 것으로 드러났다. 법정에서 공개된 실제 지원서에는 아시아계 미국인 지원자의 인성이 '대부분 거기서 거기'라고 평가하는 입학사정관의 코멘트가 수없이 달려 있었다. 소수집단 우대 정책 반대파는 아시아계 학생에 대한 차별이 1920~1930년대에 유대인 학생을 대상으로 입학 쿼터제를 실시한 아이비리그 대학의 행태와 비슷하다고 주장했다.

반면 진보적인 아시아계 미국인은 대부분 소수집단 우대 정책을 지지했다. 이 그룹을 이끈 2세대 및 3세대 중국인 이민자 중 상당수는 오래전부터 시민인권운동을 해온 사람들이었다. 그들은 소수집단 우대 정책이 미국에서 수백 년간 지속된 '인종적 평등을 위한 투쟁'의 결과물이라고 믿었다. 또한 그들은 흑인 및 라틴계 민족과 유대 관계를 형성하는 일을 중요시했으며, 아시아계 미국인이 더 이상 이 정책의 혜택을 받지 못한다는 이유로 다른 소수집단에 등을 돌려서는 안 된다고 생각했다. 2014년까지만 해도 아시아계 미국인의 정치적 입장을 대변하는 주류 세력은 대부분 이런 주장을 내세웠다.

이처럼 SCA-5 법안에 대한 논란이 불거지면서 4세대 중국인 이민자들은 갑자기 적극적인 정치 행보를 보이기 시작했다. 이 그룹(교육 수준이 높고, 표준 중국어를 구사하고, 교외 지역에 거주하는 이민자들)에 속한 사람들은 SCA-5 법안이 자기 자식의 교육 기회를 직접적으로 위협하게 될 거라고 판단했다. 그들은 위챗을 중심으로 삼삼오오 모여들더니 급기야 대대적인 시위를 하기에 이르렀다. 소수집단 우대 정책을 옹호하는 진보적 세력과 정치가들은 큰 충격에 빠졌다. 이제 중국계 미국인의 정치적 지형에 급격한 변화의 바람이 불어닥치는 듯했다.

알렉스, 정치를 깨닫다

이 운동에 앞장선 사람들 중 한 명이 알렉스 천Alex Chen이었다. 그는 덩샤오핑의 경제개혁이 막 시작된 1978년에 중국의 중부 지방에서 태어났다. 학교 공부에 뛰어난 재능을 보인 그는 가오카오(중국의 악명 높은 대학입학시험)에서 우수한 점수를 얻어 최고의 명문인 칭화 대학교에 입학했다. 이 대학에서 전기공학 석사과정까지 마친 후에는 실리콘밸리의 기업에서 마이크로칩을 설계하는 일자리 제안을 받고 캘리포니아로 이주했다.

2006년 알렉스는 H-1B 비자를 들고 아내와 함께 미국에 도착했지만 이곳에 자리를 잡고 계속 살아갈 수 있을지, 아니면 중국으로 돌아가야 할지 확신이 없었다. 이후 그는 캘리포니아에서 첫째아들을 얻고 금융위기의 고비도 그럭저럭 지나가자 미국에 정착하기로 마음먹었다. 직장 동료 한 사람은 그에게 낚시하는 법을 가르쳐주었다. 그는 틈만 나면 물가로 나가 고기를 낚고, 가족들과 등산을 하거나 스키를 타며 여가 시간을 보냈다. 알렉스의 중국인 친구들 중에는 온라인 커뮤니티에 모여 취미나 관심사를 공유하는 사람이 많았다. 그들과 어울리다 보니 그는 자연스럽게 낚시 커뮤니티의 관리자를 맡게 되었다.

알렉스는 아주 미국적인 방식으로 사회운동에 뛰어들었다. SCA-5 법안에 대해 처음 알게 된 4세대 중국인 이민자들에게는 자신들의 의견을 대변해줄 만한 마땅한 조직이 없었다. 알렉스의 친구 한 명은 그에게 낚시 동호회 관리자라는 위치를 활용해 이 법안에 반대하는 사람을 모아보라고 권했다. 그는 며칠 동안 고민한 끝에 결국 '실리콘밸리 중국인 협의회Silicon Valley Chinese Association'라는 단체를 만들기로 했다. 그는 이 조직의 사명을 중국인의 권익을 위해 싸우는 정치인을 지지하고 '핵심 사안에 대해 적절한 행동을 취함'으로써 중국인의 이미지와 위상을 제고하는 것이라고 정했다.

그 사명에는 수많은 일이 포함되어 있었겠지만, 단기적인 급선무는 SCA-5 법안을 폐지시키는 것이었다. 알렉스는 공민학civics study(시민의 기본권과 의무, 정부 역할과 구성 등을 배우는 학문 - 옮긴이) 강좌를 들어본 적도 없었고, 캘리포니아 주정부가 어떻게 운영되는지도 거의 알지 못했다. 하지만 알렉스와 친구들은 주의 헌법이 어떻게 개정되고, 이 지역의 입법 절차가 어떤 방식으로 진행되는지 금세 파악해냈다. 알렉스가 말했다.

"우리는 엔지니어잖아요. 뭐든 빨리 배운다는 게 우리의 장점이죠."

내가 그를 처음 소개받은 것은 위챗을 통해서였다. 알렉스의 위챗 프로파일에서는 그가 미국 국회의사당 앞에서 포즈를 취한 사진이 눈에 띄었다. 그가 인터뷰를 수락한 직후 우리는 산호세의 스타벅스에서 만났다. 중국식 억양이 조금 섞였지만 영어를 유창하게 구사하는 알렉스는 이 법안의 역사를 상세히 설명해주었다. 그리고 자신들이 어떤 절차를 통해 반대운동을 전개하는지도 이야기했다.

테이블 맞은편에 앉아 그의 이야기에 귀를 기울이던 나는 왠지 우리 두 사람의 상황이 바뀐 것 같다는 묘한 느낌을 떨치지 못했다. 알렉스가 미국에 도착한 바로 그해 나는 대학교에 입학해 정치학을 공부하기 시작했다. 학교에 다니면서 한편으로 팔로알토와 워싱턴 DC의 하원의원 사무실에서 인턴으로 일했고, 버락 오바마의 대통령 선거운동에서는 구역 지부장을 맡기도 했다. 하지만 막상 캘리포니아 주 지방정부가 어떻게 기능하는지는 알렉스에게 배워야 하는 입장이었다. 그는 캘리포니아 주의 두 입법기구의 운영 방식, 캘리포니아의 소수집단 우대 정책의 입법 역사, 그리고 캘리포니아 주 헌법을 개정할 수 있는 몇 가지 방법 등에 대해 막힘없이 설명을 이어갔다.

알렉스는 SCA-5를 폐지시키는 최선의 방법은 재적의원 3분의 2의 득표가 필요한 캘리포니아 주 하원에서 법안의 통과를 저지하는 것이라고 결론 내렸다. 그는 당파의 배분이나 의원들의 성향 등을 종합했을 때, 두 명의 하원의원만 추가로 포섭하면 법안을 저지시킬 수 있다고 판단했다.

'스킨 컬러 액트 5' 거부 운동

알렉스와 조직의 멤버들은 포섭 대상 하원의원의 범위를 7~8명으로 좁히고 의원들의 사무실을 차례로 방문하기 시작했다. 그들은 하원의원에게 면담을 신청하고, 만일 거절당하면 사무실 밖에서 시위를 벌였다. 실리콘밸리 쿠퍼티노 시에서 시의회가 열렸을 때, 이 소란스러운 시위대는 "SCA-5, 노No! 노! 노! SCA-5, 배드Bad! 배드! 배드!"라는 구호를 외쳤다. 그리고 그들은 '내 아이의 꿈이 인종이 아닌 실력으로 이루어지게 하라!', '스킨 컬러 액트 5Skin Color Act 5 거부!' 같은 문구가 적힌 피켓을 휘둘렀다.

SCA-5가 발효되면 주의 인종별 인구 비율에 따라 대학에 입학할 수 있는 학생 수가 정해질 거라는 잘못된 정보도 이 법안에 대한 세간의 반발을 부추긴 요인이었다. 그 소문대로라면 UC버클리 캠퍼스의 아시아계 미국인 학생 비율은 현재의 40퍼센트에서 15퍼센트로 줄어들 수밖에 없었다. SCA-5를 강력하게 지지하는 4세대 이민자인 스티븐 천 Steven Chen(알렉스와는 관계가 없다)은 이렇게 말했다.

"그 거짓 소문의 효과는 매우 강력했습니다. 사람들을 커다란 공포로 몰아넣는 역할을 했죠."

스티븐은 SCA-5의 취지가 아시아계 학생의 숫자에 쿼터를 부여하거나 상한선을 정하는 것이 아니라고 동료 이민자에게 누누이 설명했다. 미국 연방 대법원은 대학교 입학사정 시에 인종적 요인을 여러 고려사항 중 하나로 포함시킨다는 SCA-5 법안의 합법성을 인정했지만, '인종 쿼터제'를 실시하는 것에 대해서는 꼭 집어 금지한 바 있었다. 그러나 스티븐의 설명은 별다른 호응을 얻지 못했다. 이 법안에 격분한 중국인 운동가들은 입학 쿼터제에 대한 소문을 일파만파 증폭시키면서 여론을 선동했다. 알렉스는 SCA-5가 아시아계 학생에 대한 '암묵적인 쿼터'를 만들어낼 거라고 주장했다. 그는 스타벅스를 나서면서 내게 이렇게 말했다.

"유명한 속담이 하나 있죠. 어떤 사람이 오리처럼 걷고 오리처럼 꽥꽥거리면 그 사람은 바로 오리인 거예요. 그렇지 않나요?"

알렉스는 시위대를 이끄는 데에 여가 시간을 온통 쏟아부었다. 심지어 근무 중에도 조직 일에 매달리다 보니 직장 상사와 임신한 아내 모두에게서 눈총을 받을 지경이었다. 시위뿐만 아니라 그가 조직한 단체는 온라인 청원 운동에 나섰고, 하원의원들의 사무실에 법안 반대를 촉구하는 홍보 우편물을 쏟아부었으며, 이 법안에 반대하는 의원들에게 기부금을 보내자는 캠페인을 벌였다. 그리고 그들의 노력은 결국 빛을 보게 되었다. 목표로 했던 일곱 명의 하원의원 중 한 명이 입장을 바꿔 이 법안에 반대 의사를 표명한 것이다.

로스앤젤레스 카운티에서도 4세대 이민자 출신 중국인들의 시위가 벌어졌다. 몬테레이파크에서는 릴리 리 천의 정치적 후배인 에드 차우Ed Chau 주의회 의원이 '스킨 컬러 액트'의 철회를 주장하는 공격적인 시위대와 마주쳤다. 그들은 차우에게 이 법안에 반대표를 던지라고 요구했다. 홍콩에서 태어나 로스앤젤레스에서 성장한 민주당 소속 의원 차우는 SCA-5에 반대표를 던지는 것에 대해서는 주저했지만, 이 법안이 현재와 같은 형태로 표결에 부쳐진다면 투표하지 않고 기권하겠다고 약속했다.

반대표를 던지겠다는 하원의원이 속속 등장하면서 이 법안이 통과될 가능성은 희박해졌다. 중국인들이 시위에 돌입한 지 불과 1개월 만에 에르난데스 주 상원의원은 지지자가 부족하다는 이유로 이 법안의 철회를 요청했다. 새롭게 등장한 중국인 운동가들에게는 놀라운 반전이자 신속한 승리였다. 알렉스와 조직원들은 마을의 공원에서 승리를 자축하는 바비큐 파티를 열었다.

자만심과 특권의식

알렉스와 친구들은 경사스런 소식을 축하했지만, 선배들 입장에서는 개탄할 수밖에 없는 일이었다. 이전 세대의 이민자는 중국인들의 법안 반대 시위를 보고 큰 충격을 받았다. '아시아계 미국인 정의진흥협회 Asian Americans Advancing Justice'를 포함한 여러 조직은 그 시위를 두고 '아시아계 미국인과 다른 유색인종의 사이를 갈라놓으려는 시도'라고 비난했다. 그들은 아시아인이 진정한 정의를 실현하려면 흑인, 라틴, 북미 원주민, 성소수자 등과 연대해서 사회정의를 위한 목표를 함께 추구해야 한다고 주장했다. 하지만 '아시아계 미국인'이라는 정체성이 희박한 새로운 세대의 중국인 이민자에게 그런 고리타분한 서사는 좀처럼 먹혀들지 않았다.

선후배 이민자들 간의 차이는 정치적 견해뿐만이 아니었다. 그들이 지역적·언어적·교육적·계급적으로 뚜렷한 분열 양상을 보이면서 양측 간의 긴장은 갈수록 악화되었다. 스탠퍼드에서 아시아계 미국인의 역사를 연구하는 고든 H. 창Gordon H. Chang은 중국인들 사이에 적대관계가 나타나는 주된 이유는 최근에 미국으로 이주한 중국 북부 출신들이 남부에서 온 선배 이민자들을 편견을 갖고 바라보기 때문이라고 생각했다. 창 교수는 스탠퍼드 캠퍼스의 자기 사무실(초창기 철도사업에 종사했던 중국인 노동자에 대한 방대한 논문이 여기서 완성되었다고 한다)에서 내게 이렇게 말했다.

"그 사람들은 중국 남부 출신자에 대해 강한 선입견을 드러냅니다. 남부 출신은 모두 막노동꾼, 음식점 종업원, 세탁업자 같은 하층민이고 비굴한 사람들이라는 거죠. 말하자면 이런 식으로 얘기하는 겁니다. '그들은 여기저기서 괴롭힘을 당하고 부당하게 피해를 입어요. 우리도 그 사람들이 불쌍하죠. 하지만 그들은 자신의 권리를 당당하게 주장하지 못해요.'"

창은 이런 사고방식이 확산되는 경향을 두고 안타까움을 감추지 못했다. 그는 중국인을 포함한 아시아계 미국인의 투쟁과 사회참여의 역사를 기록하는 데 지난 수십 년을 헌신한 사람이었다.

"물론 그렇게 말하는 사람들은 중국 남부 출신에 비해 훨씬 엘리트입니다. 하지만 그들은 미국이라는 나라의 역사나 아프리카계 미국인의 역사는 고사하고 미국에서 힘들게 살아온 중국인의 역사조차 거의 알지 못해요. 그저 자만심과 특권의식으로만 가득 차 있는 사람들이죠."

하지만 남을 차별했다고 비난받아야 하는 것은 양쪽 다 마찬가지일 듯싶다. 차이나타운에서 어린 시절을 보낸 중국 북부 출신 이민자 중에는 집 밖에서는 절대 북경어를 쓰지 말라고 부모님이 당부하던 기억을 지닌 사람이 많았다. 행여 광둥어를 사용하는 남부 출신 사람들에게 차별을 받을까 우려해서였다. 최근 미국으로 이주해 교외 지역에 자리잡은 중국인은 차별을 '사회적 수용'의 한 형태로 받아들였다. 그들은 오랫동안 미국에서 살아온 아시아인이 새로운 이민자를 천박하고 무례하다고 평하는 이유는 오직 신참 이주자가 특정한 정치적 신념을 거부하기 때문이라고 생각했다.

알렉스 천은 자신이 초기 이민자를 '선구자'로서 매우 존경하며, 기성세대의 아시아계 미국인과 대화하기 위해 많은 노력을 기울인다고 강조했다. 하지만 모든 신세대 이민자가 그렇게 사려 깊은 모습을 보인 것은 아니었다. 화려한 언변과 튀는 행동으로 늘 논란의 중심이었던 데이비드 왕David Wang은 '트럼프를 지지하는 중국계 미국인들'이라는 단체(트럼프 유세장에서 티셔츠를 흔들어대던 그 사람들)를 창설한 사람이었다. 그는 선배 이민자를 노골적으로 경멸하는 언사를 남발하며 유명세를 탔다. 데이비드 왕은 초창기에 미국으로 이주한 노동자 계층 이민자가 자신보다 더 나은 점은 맛있는 중국요리를 만드는 능력밖에 없다고 말했다. 고학력을 지닌 4세대 이민자는 그들보다 분명 우월한 존재라는 것이었다. 그는 어느 중국어 매체와의 인터뷰에서 이렇게 말했다.

"새로운 이민자들은 더 나은 사회적 지위와 경제적 입지를 바탕으로 자신감에 넘쳐 있습니다. 우리는 백인을 두려워한 옛날 중국인 이민자와 다릅니다."[9]

몬테레이파크를 떠나는 마지막 미국인은…

몬테레이파크의 시장으로 일했던 릴리 리 천 역시 백인을 절대 두려워하지 않는 사람이었다. 1983년, 그녀가 시장에 취임하자 이 도시의 일부 백인 공동체를 중심으로 아시아계 이민자에 대한 반발이 시작되었다. 1970년부터 1985년까지 몬테레이파크에 거주하는 아시아계 미국인의 비율은 전체 인구의 15퍼센트에서 40퍼센트로 증가했다. 예전부터 이곳에서 살던 많은 백인 주민들은 '내 땅에서 내가 이방인처럼 느껴지는' 현상에 대해 불만을 제기했다.[10] 릴리는 기록적인 득표율로 시장이 되었지만, 지역사회의 표면 아래에서는 긴장의 열기가 곧 끓어넘칠 듯했다.

몬테레이파크의 어느 버려진 주유소에 등장한 문구 하나는 그런 긴장을 여실히 보여주었다. 주유소의 주인이 이곳을 팔아넘기고 마을을 떠난 후, 어떤 사람이 다음과 같은 글귀가 적힌 팻말을 창문에 걸어놓았다. '몬테레이파크를 떠나는 마지막 미국인은 미국 국기를 내려주세요.'

릴리는 격분했다. 그녀는 이 도시의 시장 자격으로 주유소 주인에게 공식적인 편지를 보내 '매우 혐오스럽고, 비미국적이며, 인종차별적'인 팻말에 대해 강력히 항의했다. 주유소의 전 주인은 자신이 그 팻말을 작성하지 않았는데도 그런 편지를 보낸 것은 자신을 '경멸적이고, 조소적이며, 불명예스럽고, 증오심에 가득한' 사람으로 몰아가는 명백한 명예훼손이라고 주장하며 200만 달러의 소송을 제기했다.[11]

이 소송은 결국 기각되었지만, 이번에는 몬테레이파크의 '공용어'를 영어로 만들자는 캠페인이 시작되면서 또 다른 반이민 정서가 터져나왔다. 이 운동을 이끈 사람들은 '우리의 도시를 사들이고, 우리의 경제를 장악하고, 우리에게 자신들의 언어를 강요하는' 부유한 이민자에 대한 정당한 항의라고 주장했다. 릴리와 동료 시의회 의원들은 크게 반발했으며, 이 사안을 논의하는 시의회 회의장의 분위기는 긴장감으로 넘쳤다. 캠페인의 리더는 선거로 당선된 시청 관료들의 시민 자격을 문제 삼았다. 그는 격렬하게 의견을 교환하다가 릴리에게 미합중국 헌법의 사본 한 부를 내밀었다.

릴리가 시장으로 재임할 때 주유소 팻말 사건이나 영어 공용어 캠페인 같은 이슈가 언론의 헤드라인에 오르내리기는 했지만, 그녀가 자신의 경력(사회복지사, 운동가, 정치가 등) 기간 동안 주로 했던 일은 주민들의 공동체 삶에서 발생하는 현실적 문제를 해결하는 것이었다. 그녀의 정치 성향은 추상적인 범인종적 연대라는 좌파적 경향과 개인의 구체적 이해관계에 집착하는 새로운 이민자의 보수적 입장 중간쯤에 해당했다. 하지만 정치가로서 릴리가 수행한 업무는 대부분 다양하고, 빠르게 확장되어가는 어느 소도시를 이끌어가는 데 필요한 평범하고 일상적인 일이었다.

그녀가 자신의 경력에 대해 더 구체적으로 말하려는 순간, 나는 잠깐 인터뷰를 끊고 한 가지 제안을 했다. 우리 두 사람이 잠시 몬테레이파크를 드라이브하며 이 도시에 대해 이야기를 나눠보는 게 어떨까?

나이가 82세인데도 여전히 혈기왕성한 릴리는 외출하자는 내 제안에 매우 기뻐했다. 그녀가 스웨터를 집어 드는 사이 나는 현관 앞에 차를 가져다 댔다. 우리는 집 뒤편의 진입로를 빠져나가 서쪽의 바랑카 드라이브Barranca Drive로 향했다. 혹시 이 동네의 가파른 언덕을 싫어하는 사람이 있다면, 이맘때쯤 캘리포니아 교외의 수백 개 마을에 펼쳐진 아름다운 경치를 감상해보라. 그 생각이 잘못되었다는 사실을 깨닫게 될 것이다. 도시의 거리 양옆은 떨어진 낙엽으로 가득했고, 길을 따라 노란색 단층 건물이 줄지어 서 있었다.

릴리는 유창한 영어와 중국어를 구사하며 몬테레이파크의 인구학적 구성이 어떻게 변천해왔는지를 설명했다. 맨 처음 이곳에 등장한 이민자는 일본인이었지만, 그 뒤를 이은 2세대 및 3세대 중국인 이민자는 소득이 상승하고 아이들이 미국 문화에 적응하면서 점차 이 도시로 옮겨오기 시작했다고 한다. 그녀는 공원과 초등학교 뒤편으로 이어지는 샛길로 차를 돌리게 했다. 우리가 학교 옆을 지나칠 때 그녀가 말했다.

"내가 몬테레이파크로 이주한 후에 처음 힘을 쏟은 일이 이 강당을 짓는 것이었지요. 모두가 열심히 일했어요. 동료들과 함께 건축 자금을 마련하기 위해 컵케이크를 구워서 팔았죠."

그 건축 프로젝트는 릴리가 막 몬테레이파크로 이주해서 학부모회에 가입했을 때부터 시작되었지만, 정작 강당이 완공된 것은 그녀가 시장이 된 이후였다.

우리는 그곳에서 시 경계선을 향해 드라이브했다. 릴리는 몬테레이파크 표지판 앞을 지날 수 있도록 유턴을 해달라고 부탁했다. 나는 그녀가 시장 재임 시에 조성했다는 언덕 위쪽의 기업 단지로 차를 몰았다. 로스앤젤레스 시내가 내려다보이는 언덕 위에 자리잡은 이 단지의 주차장은 캘리포니아 주 하원의원 에드 차우(릴리는 그를 '매우 훌륭한 의원'이라고 평가했다)가 SCA-5에 반대하는 시위대를 만나 법안에 찬성하지 않겠다고 약속한 곳이었다. 그녀가 손짓을 했다.

"저 끝까지 가요. 남편이 근무하는 신장투석센터를 보여줄게요."

릴리는 그 전에 어느 건물 앞에서 잠시 차를 멈추게 했다. 이곳에 버려진 종이 상자를 몇 개 챙겨 잠시 후 식료품점에서 구매할 양배추와 두부를 담겠다는 것이었다. 나는 트렁크에 종이 상자를 담을 수 있는 만큼 가득 실은 뒤 언덕 아래로 차를 몰았다. 그녀는 특별한 건물이나 장소가 나올 때마다 그곳에 얽힌 이야기를 들려주었다. 노인들을 위한 무료 셔틀버스 제도를 만들어 자금을 지원받은 일, 어느 중국인 부동산 개발업자가 이곳에 도박장을 만들려는 계획을 여러 학부모회 어머니들과 함께 저지한 일 등등.

물론 그 모든 캠페인은 어느 것 하나도 쉽지 않았지만, 함께 참여한 사람들의 도덕적 가치만큼은 완벽하게 일치했다. 그런 점에서 최근 SCA-5 법안을 둘러싸고 불거진 중국인들 사이의 갈등은 그녀에게 매우 뼈아프게 다가왔다. 그녀는 자신이 혼신의 힘을 기울여 쌓아올린 유대 관계가 눈앞에서 무너져 내리는 일이 안타깝다고 했다. 하지만 릴리는 어느 한쪽을 성급히 비난하지 않으려 했다. 그녀는 집에 돌아온 후에 이렇게 말했다.

"과거에 우리는 소수집단의 단결을 위해 싸워야 했습니다. 하지만 이제 상황이 달라졌어요. 그 사람들도 자신의 이익을 위해 싸우는 건 마찬가지겠지만, 과거 선배들의 투쟁에 대해서는 잘 모릅니다. 그들은 이렇게 생각하겠죠. 당신들이 옛날에 어떻게 싸웠건 우리는 사회적으로 동등한 대우를 원할 뿐이라고요."

위챗에 건설된 차이나타운

2015년이 되면서 새로운 세대의 중국인 운동가들은 참여자를 대폭 늘렸을 뿐 아니라 주장의 초점도 바꾸었다. 그들이 에너지를 집중한 새로운 투쟁의 목표는 많은 사람들을 놀라게 했으며, 이로 인해 진보적 성향의 아시아계 미국인과 또다시 마찰을 빚었다.

2014년 11월 20일, 뉴욕 시 경찰청의 신입 경찰관 피터 량Peter Liang 은 브루클린에서 저소득층 주택단지 공사 현장의 어두컴컴한 계단 근처를 순찰하는 중이었다. 손에 권총을 들고 주위를 살펴보던 량은 어디선가 들려온 소음에 놀라 실수로 총을 쏘아버렸다. 그런데 벽을 스치고 튀어나간 총알에 한 층 아래에 있던 28세의 흑인 아케이 걸리Akai Gurley가 맞았다. 그 상처로 걸리는 결국 숨졌다. 공교롭게도 당시는 비무장 흑인이 경찰이 쏜 총에 맞아 사망하는 사고가 전국적으로 여러 차례 발생한 시점이었다.

그런데 이 사안이 다른 사건과 달랐던 점은 피터 량이 범죄 혐의로 입건되었다는 사실이었다. 그는 2급 살인죄로 기소되어 최대 15년간 교도소에서 복역하게 될 위기에 처했다. 량이 실수로 총을 쏜 지 4일 후, 미주리 주 퍼거슨Ferguson 시의 배심원단은 18세의 흑인 마이클 브라운Michael Brown을 쏘아 죽인 백인 경찰관에게 불기소를 결정했다. 그로부터 9일 후에는 뉴욕 시의 배심원단 역시 어느 경찰관이 에릭 가너Eric Garner라는 흑인을 체포하는 과정에서 목을 조르다 사망에 이르게 한 사건에 대해 불기소 처분을 내렸다. 사고 순간이 찍힌 영상에는 가너가 "숨을 못 쉬겠어요!"라고 계속 애원하는 장면이 담겨 있었다.

피터 량이 기소되자 진보적 성향의 아시아계 미국인은 안타깝고 특수한 사례이지만 정의와 책임감의 가치를 지키려면 어쩔 수 없다는 반응을 보였다. 그들이 생각하는 인종적 정의란 아시아계 미국인에게 (백인 경찰들처럼) 무고한 사람을 쏘아 죽여도 되는 특권이나 면죄부를 부여하는 것이 아니었다. 하지만 새로운 세대의 중국계 미국인 운동가들은 의견이 달랐다. 그들이 생각하기에 피터 량은 백인 기득권층에 대한 대중적 분노를 달래주기 위한 희생양에 불과했다.

2015년 3월 8일, 3,000명이 넘는 중국계 미국인은 뉴욕의 거리로 쏟아져 나와 피터 량의 기소에 항의하는 시위를 벌였다.[12] 1년 후, 량이 살인 혐의로 유죄판결을 받자(이는 지난 10년간 뉴욕 시 경찰이 총을 발사한 사건에서 첫 번째 유죄판결이었다) 이번에는 1만 명이 넘는 중국인 시위대가 브루클린의 거리를 가득 메웠다. 샌프란시스코, 로스앤젤레스, 필라델피아, 그랜드래피즈 등지에서도 피터 량의 무죄를 주장하는 집회가 열렸다. 시위대는 '하나의 비극, 두 명의 희생자', 또는 마틴 루터 킹의 어록에서 발췌한 '어떤 곳에서라도 불의不義가 발생하면 모든 곳의 정의가 위협받는다' 같은 문구가 쓰인 피켓을 들어올렸다.

이들 시위대가 중국계 미국인의 정치적 결사를 촉진하기 위해 사용한 비밀 무기가 바로 위챗이었다. 해외에 거주하는 중국인 이민자에게 급속히 확산된 이 중국산 앱은 피터 량을 위한 시위의 중심 도구 역할을 했다. 미국 전역에 흩어져 거주하는 4세대 중국계 이민자는 위챗의 단체 방 기능을 통해 단결했다. 이 운동가들이 고른 소셜 네트워크 도구가 데스크톱 프로그램이 아닌 모바일 채팅 기능이었다는 사실은 매우 중요한 의미를 내포했다. 이로 인해 그룹 회원들끼리 즉각적인 대화가 가능해졌고 전국 각지에 흩어져 있는 중국인들의 결속이 촉진되었기 때문이었다.

위챗의 장점은 그뿐만이 아니었다. 사용자는 자신들과 정치적 의견이 비슷한 사람들을 규합해 '가상의 차이나타운'을 만들어냈다. 위챗을 사용하는 중국계 미국인은 대부분 4세대 이민자였다. 그들은 고향인 중국 땅에 남아 있는 친구들과 연락을 주고받기 위해 이 앱을 사용했다. 그들 이전에 미국에 온 선배 이민자는 이 앱을 거의 몰랐고, 4세대 이민자가 미국에서 낳은 아이들은 스냅챗에 빠져 위챗에는 관심을 갖지 않았다. 그 결과 위챗에서는 페이스북이나 트위터에서 볼 수 없었던 매우 배타적인 디지털 공동체가 형성되었다.

SCA-5의 인종적 쿼터 제도가 잘못된 정보라고 주장했던 4세대 이민자 스티븐 천은 위챗에 모인 사람들 사이에서 '가짜 뉴스'와 공공연한 거짓말이 퍼져나가는 양상에 깊이 실망했다. 중국인은 다른 인종 집단에 대한 기괴한 소문(예를 들어 무슬림은 화장지 대신 손을 사용한다는 이야기)을 만들어내어 친구들과 공유했지만, 해당 인종의 대표들은 중국인과 맞서 싸우려 하지 않았다. 스티븐은 친구들을 모아 위챗 사용자에게 반박하기 위해 나섰지만 자신이 마치 대규모 군사 집단을 상대하는 '외로운 병사'처럼 느껴졌다. 자신과 의기투합하는 사람들을 모으기 위해 고군분투하던 스티븐은 새로 이주한 중국계 미국인을 정치적으로 결집하는 데 위챗이 어떤 역할을 하는지 설명하는 글을 영어와 중국어로 작성해서 게시판에 올리기 시작했다. 그의 말이다.

"기존의 단체들은 어떤 정당을 지지하건 위챗 사용자와 손을 잡아야 합니다. 이 그룹은 혼자 놔두면 안 돼요. 그 사람들은 따로 떨어지면 더 큰 일을 저지를 거예요."

구글닥스의 엄마, 아빠, 삼촌, 이모…

크리스티나 쉬Christina Xu 역시 같은 생각이었다. 중국에서 태어나 오하이오에서 어린 시절을 보낸 후 뉴욕에 거주 중이던 그녀는 민족지 학자 겸 블랙 라이브즈 매터 운동의 열렬한 지지자로 활동했다. 크리스티나는 중국계 미국인이 피터 량을 위한 시위에 나서는 모습("중국계 미국인이 뭔가를 앞장서 주장하는 모습은 처음 봤어요")에 크게 낙담하던 차에, 자신의 부모님이 이 시위에 참가했다는 소식을 듣고 더욱 놀랐다. 크리스티나의 말이다.

"부모님은 이렇게 말씀하셨어요. '너도 시위에 참가해봐. 우리가 함께 이런 일을 할 수 있다는 사실에 즐거워하게 될 거야.' 물론 제 반응은 정반대였죠."

부모님과의 대화는 원만하게 진행되지 못했다. 그다음 몇 주 동안 크리스티나와 아버지는 서로 '분노에 찬 문자메시지'를 주고받았다. 그리고 둘 사이의 싸늘한 관계가 잠시 소강상태에 접어든 어느 날, 경찰관이 또다시 총을 발사한 사건에서 오해가 발생하는 모습을 지켜본 크리스티나는 한 가지 결심을 하게 되었다.

2016년 7월 6일, 미네소타의 어느 경찰관이 교통신호를 받고 정차 중인 필란도 카스티야Philando Castile라는 남자에게 총을 발사해 사망하게 했다. 카스티야는 자신의 운전면허증을 꺼내기 위해 손을 뻗으려는 참이었다. 당시 차 안의 참혹한 장면이 담긴 영상이 페이스북에 공개되었다. 카스티야의 여자친구는 울부짖으면서 "총을 쏜 건 중국인 경찰관이

에요! 170센티미터 정도의 건장한 중국인이었어요!"라고 소리쳤다. 나중에 카스티야를 쏘아 죽인 경찰은 중국계가 아닌 라틴계 미국인으로 밝혀졌지만, 크리스티나는 잘못된 보도가 처음 나왔을 때 이 일이 또 하나의 피터 량 사건이 되지 않을까 크게 우려했다. 그런 걱정 끝에 그녀는 아이디어 하나를 생각해냈다.

크리스티나는 문서편집기 구글닥스Google Docs를 열고 자신이 왜 블랙 라이브즈 매터 운동을 지지하는지 부모님에게 설명하는 편지를 쓰기 시작했다. 그녀는 자신의 트위터 계정에 이 구글닥스 파일의 링크를 걸어두고 친구들에게 편지를 작성하는 데 동참해달라고 요청했다. 또 편지를 부모님의 모국어로 번역하는 일도 도와달라고 부탁했다. 처음에 그녀는 친구 몇 명이라도 응답해주면 다행이라고 생각했다. 그런데 불과 네 시간 만에 그녀의 구글닥스 계정에 100명도 넘는 사람이 몰려들었다. 그들은 이 계정에서 동시에 편지를 쓰고 편집하며 흑인들에 대한 사회적 편견에 반대하는 의견을 제시했고, 부모님들에게 흑인들을 지지해달라고 부탁하는 메시지를 남겼다. 어떤 친구는 이렇게 썼다.

'어느 경찰관이 흑인을 쏘았을 때 어머니와 아버지는 그 일이 희생자의 잘못이라고 생각하셨을 겁니다. 방송매체에서는 대개 흑인들을 불량배나 범죄자로 묘사하니까요. 결국 두 분은 이런 말씀을 하고 싶으신 거겠지요. 우리도 빈손으로 미국 땅에 와서 온갖 차별을 무릅쓰고 훌륭하게 삶의 기반을 닦았다. 흑인들은 왜 그렇지 못한가?'

그 친구는 흑인들이 미국 땅에서 겪어온 특수하고 위험한 상황에 대해 설명했으며, 인종적 정의를 위해 모든 사람이 뭉쳐야 하는 필요성을 역설했다. 여러 사람이 함께 편지를 작성하는 과정에서, 각 문단의 내용은 수백 명의 참가자에 의해 수도 없이 지워지고 수정되었다. 하지만 크리스티나가 고치지 않고 끝까지 남겨놓은 대목은 그 편지의 수신인을 부르는 이름이었다. '엄마, 아빠, 삼촌, 이모, 할아버지, 할머니'. 그녀는 이 편지를 수신자보다 '발신자'의 입장을 강조하는 공개서한으로 보내지 않기로 결정했다. 대신 가능한 한 개인적인 내용으로 편지를 작성하고 사랑과 공감의 감정을 듬뿍 담으려고 노력했다.

"그 편지를 작성하는 과정에서 어떤 단어를 써야 할까, 어떤 주제를 꺼내야 할까 하는 갈등이 생길 때마다 나는 친구들에게 이렇게 물었죠. 만일 당신이 이 순간 가족 구성원들 앞에 실제로 서 있다면 그들에게 어떤 사실을 알려주고 싶은가요? 어떤 말을 하고 싶나요? 어떤 식으로 이야기를 꺼내야 할까요?"

열두 시간 만에 드디어 편지가 완성되었다. 그리고 몇 주 만에 이 편지는 중국어, 베트남어, 몽족어, 타갈로그어, 페르시아어 등으로 번역되었다. 이 일은 결국 언론의 관심을 끌기에 이르렀다. 내셔널 퍼블릭 라디오NPR(미국 전역에 방송되는 비영리·공공 라디오 채널 - 옮긴이)는 크리스티나를 찾아가 인터뷰를 했다. 그녀는 인터뷰 도중 부모님과 어색한 전화 통화를 해야 하는 상황에 놓였다. 크리스티나는 전화 통화에서 부모님께 편지 한 장을 쓰려고 했던 일이 예상치 못하게 커져 인종 문제에 관한 전국적인 뉴스로 비화된 그동안의 사정을 설명했다. 그런데 보수적 성향의 위챗 단체방 멤버들은 이 편지를 맹렬히 공격했다. 위챗 게시판에 올라온 게시물은 그녀를 헐뜯는 내용으로 가득했으며, 전형적인 중국 스타일의 음모론을 펼치는 사람도 적지 않았다. 일례로 그녀가 이런 편지를 쓰게 된 것은 오직 대학에서 좋은 일자리를 얻기 위해서라는 것이었다.

아이러니하게도 위챗에서 벌어진 공격은 크리스티나가 부모님과 화해하는 계기로 작용했다. 부모님은 처음에 그녀가 이런 소동을 벌인 일을 못마땅하게 여겼지만 위챗 단체방의 반응을 지켜본 후에는 그곳에 모인 중국인이 결코 믿을 만한 사람들이 아니라고 결론 내렸다. 크리스티나의 말이다.

"제 아버지는 원래 정치적으로 중도적인 입장을 취하다가 적어도 열렬한 트럼프 지지자는 아닌 쪽으로 바뀌었죠. 다음 선거나 그다음에 벌어질 일들을 생각하면 잘된 것 같아요."

선거운동의 현장에서

그 편지가 중국계 미국인 부모와 자식 사이에 공감대를 형성시키는 역할을 했다면, 알렉스 천은 미국의 중산층 시민들을 대상으로 정치적 공감대를 확산시키는 방법을 익히기 시작했다. '실리콘밸리 중국인 협의회'를 설립해 SCA-5 통과를 저지시키는 데 단단히 한몫을 한 그는 이제 소수집단 우대 정책에 반대하는 캘리포니아 주 관료가 선거에서 당선되도록 지원하는 일에 팔을 걷어붙이고 나섰다. 2016년 대통령 선거 기간이 되자, 그는 소수집단 우대 정책에 반대하는 인물을 연방 대법관으로 임명할 공화당 후보를 대통령으로 선출하겠다고 목표를 정했다. 그는 대통령 예비선거 기간 중에는 중도적인 입장을 취했지만, 트럼프가 공화당 후보로 확정되면서 본격적으로 선거운동에 뛰어들었다.

알렉스는 트럼프를 지지하는 다른 많은 중국인처럼 영주권을 소유했지만 아직 미국 시민권을 받지 못한 상태였다(그는 2018년에 시민권 취득 자격을 얻었다). 하지만 알렉스에게 투표권이 없다는 사실은 오히려 그를 더욱더 열정적으로 캠페인에 참가하도록 만들었다. 그는 산호세의 트럼프 유세장(내가 참가했던 그곳)에서 참석자들에게 홍보 전단을 돌렸고, 100명이 넘는 중국인 자원봉사자를 모집해 유권자를 대상으로 전화 걸기 캠페인을 벌였다.

알렉스 자신도 1주일에 두 차례씩 전화 걸기를 실천하면서 플로리다, 펜실베이니아, 위스콘신, 오하이오 등지의 유권자에게 트럼프를 지지해달라고 호소했다. 그는 선거운동 기간에 약 2,000통의 전화를 걸었을 거라고 추산했다. 물론 전화를 받은 유권자는 대부분 욕설을 하거나 즉시 끊어버리는 것으로 응답했다. 하지만 알렉스는 전국의 유권자와 이야기를 나누면서 자신이 비로소 미국인이 되었다는 느낌을 받았다고 털어놓았다.

"그 전까지 저의 관심사는 오직 캘리포니아 안에 머물러 있었습니다. 그런데 대통령 선거 기간에 저는 이것이 캘리포니아의 문제일 뿐만 아니라 수많은 주와 사람들로 이루어진 미국 전체의 문제라고 생각하기 시작했습니다. 뉴욕이나 캘리포니아가 부유한 지역이라는 사실은 모두가 잘 알죠. 하지만 미국 북부 지역의 쇠퇴한 공업지대에는 가난한 사람이 많습니다. 우리는 그들을 도와야 해요. 이제 저도 더 적극적으로 움직여야 할 때가 온 것 같습니다."

내가 스타벅스에서 만난 알렉스는 꽤 온건한 성향의 인물이었다. 그는 '인종'이 아니라 '소득'에 따른 소수집단 우대 정책에는 반대하지 않았다. 불법 체류자에게도 시민권을 얻을 수 있는 길을 제공하는 정책에는 원칙적으로 동의했지만, 적어도 자신과 같은 합법적 이민자보다 그들이 더 일찍 권리를 얻어서는 곤란하다고 생각했다. 그는 트럼프가 좋은 인성을 지닌 사람이라고 생각하지 않았지만, 대통령이 국정을 훌륭하게 수행하는 데 인성은 그다지 중요한 요소가 아니라고 믿었다. 결국 사소한 우선순위만 몇 개 바꾼다면, 알렉스의 정치적 견해는 공화당을 지지하는 보통의 백인 유권자와 별다를 바 없었다.

하지만 트럼프 지지자들이 모두 그런 의견을 갖고 있지는 않다. 트럼프에 우호적인 입장이던 일부 중국계 미국인은 점점 거칠고 과격한 주장을 펴기 시작했다. 이 그룹을 대표하는 사람이 '트럼프를 지지하는 중국계 미국인들'의 설립자 데이비드 왕이었다. 1990년대에 10대의 어린 나이로 미국에 건너온 그는 캘리포니아 남부 지역에서 SCA-5에 반대하는 시위를 주도한 인물이었다. 데이비드 왕은 사람들 앞에서 무례하고 불손한 태도로 일관하면서도 언론매체를 능숙하게 다루기로 정평이 났다. 그는 자신보다 먼저 미국에 온 선배 이민자들을 '백인을 두려워한 겁쟁이들'이라고 불렀다. 데이비드 왕은 나와 대화하는 자리에서, 유권자의 집을 방문해 선거운동을 하는 데는 중국인 여성 자원봉사자가 나보다 열 배는 나을 거라고 말했다. 내가 '모르몬교도'처럼 보이기 때문이라는 것이었다.

데이비드 왕은 보수적인 중국인 운동가들 사이에서도 늘 논란의 대상이었다. (알렉스 천은 그가 '오직 타인의 관심을 원할 뿐'이라고 평가했다.) 그는 나와 대화할 때 가족 이야기는 절대 꺼내지 않았으며, 자신의 직업에 관해서도 그냥 '여러 가지 일'이라며 구체적인 언급을 피했다. 데이비드 왕은 일찌감치 트럼프 지지를 표명한 중국계 미국인으로서 세간의 주목을 끌었고, 그로 인해 많은 사람들에게 영향력을 행사했다. 그의 조직원들은 사재를 턴 돈으로 소형 비행기를 임대해 트럼프 지지를 호소하는 현수막을 늘어뜨리고 32개 도시의 하늘을 174시간 동안 날아다니도록 만들었다. 경쟁이 치열한 주에서는 광고판을 임대해 선거운동을 벌였고, 펜실베이니아를 포함한 여러 지역에서는 수천 명의 유권자 집을 가가호호 방문해 표를 부탁했다.

산호세 선거유세가 끝나고 24시간도 지나지 않은 6월 3일, 데이비드 왕과 일부 조직원들은 비벌리힐스 유세 도중 트럼프를 직접 대면할 기회를 얻었다. 행사장에서 촬영된 사진에는 트럼프와 데이비드 왕이 20여 명의 중국인 지지자들 한가운데서 포즈를 취한 모습이 담겼다. 데이비드 왕은 엄지손가락을 치켜들었으며, 트럼프는 내가 유세장에서 처음 보았던 그 티셔츠('CHINESE AMERICANS ♥ TRUMP'가 새겨진)를 들고 있었다. 사진 속의 중국인들은 모두 광란에 빠진 모습이었다. 데이비드 왕은 내게 이렇게 말했다.

"우리는 보통의 선거유세 현장을 종교적인 숭배의 순간으로 바꾸었습니다. 사람들은 트럼프를 신처럼 숭배했습니다. 물론 그는 신이 아니지요. 하지만 나는 예수님에게 이렇게 말하려고 합니다. '죄송합니다만, 이제부터는 우상숭배를 좀 해야 할 것 같아요.'"

트럼프의 '마오쩌둥주의'

그 '우상숭배'의 기원을 파고드는 작업은 꽤 복잡했겠지만, 근대 중국의 정치적 역사를 경험해본 사람들에게는 어느 정도 친숙한 현상일 수도 있었다. '시니카 팟캐스트'의 운영자인 카이저 쿠오는 오랫동안 베이징에서 거주하다 2016년 노스캐롤라이나의 채플 힐Chapel Hill로 돌아갔다. 그의 중국인 아내 판판Fanfan은 최근 미국으로 이주한 중국인 학부형 엄마들로 구성된 위챗 단체방에 참가하기 시작했다. 카이저와 판판은 이 단체방 멤버들 사이에서 트럼프가 많은 지지를 받는다는 사실(힐러리의 거의 세 배는 되는 것 같다고 판판이 추산했다)을 발견하고 그 이유가 몹시 궁금했다.

단체방 멤버들은 특히 소수집단 우대 정책(위챗 멤버들은 'AA'라는 약자로 불렀다)을 지속적인 토론의 주제로 삼았으며, 노스캐롤라이나에서 발효된 '화장실 법bathroom bill', 즉 성전환수술을 한 사람들에게 수술 이후에 형성된 성정체성에 따른 화장실 사용을 금한다는 법에 대해서도 지지를 나타냈다. 위챗에서 일종의 인종차별주의적인 대화가 스스럼없이 오간다는 사실은 진보 성향의 중국계 미국인에게 경종을 울릴 만한 일이었다. 카이저는 트럼프를 지지하는 중국인을 분석하는 글에서 그가 관찰한 위챗 단체방 멤버들의 모습을 다음과 같이 묘사했다.

중국인들 사이에서 마치 아무도 듣는 사람이 없다는 듯이 공공연히 인종차별에 대한 대화가 이루어진다는 사실을 알게 되면 많은 미국인은 충격을 받을 것이다. 최근 미국으로 이주한 중국인은 흑인을 무조건 범죄와 연결시키는 경향을 보인다. 그들의 일방적인 억측에 반대하는 사람들에게는 각종 범죄에 대한 통계자료와 함께 명백한 사실을 외면한다는 비난이 쏟아진다. …… 물론 그들이 제시한 자료에는 아무런 전후 맥락이 없다. …… 중국인들은 미국에서 발생하는 제도적 인종차별이 미국 사람들의 문제일 뿐이라고 생각한다. 그들의 유일한 관심사는 자신과 가족들의 단기적 안전을 보장하는 것이다.[13]

어떤 분석가들은 트럼프가 내세우는 '강한 남자'의 페르소나와 중국 정치의 권위주의적 전통에 공통분모가 있다는 사실을 파악해냈다. 지아양 판Jiayang Fan은 주간지 〈뉴요커〉에 기고한 「도널드 트럼프의 마오쩌둥주의The Maoism of Donald Trump」라는 기사에서 마오쩌둥이 문화혁명 때 '계급투쟁'을 위해 군중을 선동한 일과, 트럼프가 노동자 계층 시민들을 부추겨서 주류 언론이나 '부정직한 힐러리' 같은 자신의 정적을 증오하게 만든 일 사이에는 깊은 유사성이 존재한다고 지적했다. 그녀는 이 글에서 어느 중국인 이민자가 트럼프 지지자 모임 게시판에 올린 게시물을 인용했다.

'내 미국 시민권이 12월 1일까지 발급되지 않을 거라는 사실은 정말 유감이다. 미국은 진정한 위험에 봉착해 있다. 그에 대해 뭔가 조치를 취할 만한 사람은 오직 트럼프뿐이다. 투표권만 있다면 나는 분명히 그에게 표를 던질 것이다.'

그 사람이 투표를 했건 안 했건, 2016년 11월 8일 도널드 트럼프는 선거에서 승리했다. 아마도 미국 대통령 선거 역사상 최대 이변이었을 것이다. 데이비드 왕은 로스앤젤레스의 트럼프 내셔널 골프 클럽에서 커다란 미국 국기를 들고 로비를 누비며 승리를 축하했다.

선거 출구조사 결과 중국계 미국인은 압도적으로 힐러리 클린턴을 지지한 것으로 드러났다. 하지만 그 여론조사는 트럼프를 지지하는 중국인의 영향력을 포착하지 못했다. 그들 중 상당수는 아직 시민권을 받지 못한 사람이었다. 캘리포니아의 법안에 대한 반발에서 시작된 중국계 미국인의 조직적 움직임은 전국으로 확대되어 기존의 아시아계 미국인과 갈등을 빚었고, 블랙 라이브즈 매터 운동 지지자와 충돌했으며, 결국 도널드 트럼프가 대통령이 되는 데 힘을 보탰다. 이제 새로운 이민자의 시대가 열린 것이다.

메이크 아메리카 디너 어게인

트럼프가 선거에서 승리하고 몇 개월이 지나면서, 그 파장은 많은 사람들에게 제각기 다른 형태로 다가왔다. 데이비드 왕은 트럼프에 의해 아시아계 미국인의 문제를 다루는 자문위원회의 멤버로 지명되었으며, 공화당원들과 함께 전국적인 선거전에 뛰어들었다. 그가 위챗에 올린 게시물은 자신이 주지사 후보자와 악수하는 모습, 공화당 전국위원회에서 수여하는 상을 받는 장면, 백악관의 환영 만찬에 초대된 사진 등 자신의 정치 활동을 과시하는 이미지로 가득했다.

릴리 리 천도 데이비드 왕과 같은 위원회에 초대되었지만 도널드 트럼프 행정부에서 자리를 맡을 수 없다고 거절했다. 대신 그녀는 캘리포니아의 관료로 선출된 중국계 미국인을 지원하면서 한편으로 자서전을 집필하는 데 전념했다. 릴리는 자신의 책이 장차 공직에 나서기를 희망하는 젊은이들에게 영감을 제공하기를 기대했다.

알렉스 천은 트럼프의 취임식에 참석한 후 '아시아계 미국인 대표자 모임Asian American Leadership Forum'이라는 단체를 결성하는 일에 뛰어들었다. 그 과정에서 워싱턴 DC의 하원의원 지도자를 만날 기회를 얻기도 했다. 하지만 그 이후로 정치 활동에서 잠시 손을 뗐다. 알렉스의 입장에서 트럼프의 대통령 당선은 긍정적인 면과 부정적인 면이 혼재된 사건이었다. 그는 트럼프가 닐 고서치Neil Gorsuch를 연방 대법관으로 임명한 것에 만족해했고, 새로운 행정부가 발표한 세제 개혁안에도 대체로 긍정적인 입장이었다. 하지만 트럼프 행정부가 중국과 무역 전쟁을 벌이는 데는 찬성할 수 없었다. 그는 이 정책이 두 나라 모두를 곤경에 빠뜨릴 거라고 믿었다. 알렉스는 정치 활동을 그만둔 후에 미국의 50개 주를 모두 둘러보겠다는 원대한 여행 계획을 세웠지만, 그럴 만한 여건이 되려면 앞으로 5년은 더 기다려야 할 거라고 생각했다.

2018년 초, 알렉스 천은 '메이크 아메리카 디너 어게인Make America Dinner Again, MADA'이라는 행사에 초대되었다. 다양한 정치적 입장을 지닌 사람들을 맛있는 음식이 차려진 저녁식사에 초대해 시민들 사이에 기탄없는 정치적 대화의 장을 마련한다는 취지로 개최된 행사였다. 저스틴 리Justin Lee와 트리아 창Tria Chang이라는 두 명의 중국계 미국인이 설립한 MADA는 꼭 아시아계 미국인만 대상으로 한 것은 아니었지만, BBC 뉴스와 함께 기획한 2018년 2월의 샌프란시스코 행사는 특별히 중국인의 고유 명절인 춘절 만찬으로 진행하기로 했다. 이 식사에 초대된 사람들은 오클랜드의 교육자, 보수적인 기독교인, 중도좌파적 입장의 밀레니얼 세대, 그리고 알렉스 천 등 정치적 입장이 서로 다른 여덟 명의 중국계 미국인이었다.

저스틴과 트리아는 중국인이 대체로 정치에 무관심한 부류라고 생각하며 어린 시절을 보냈다. 최근 몇 년 동안 중국인들 사이에서 소수집단 우대 정책에 대한 논란이 잠시 벌어지기는 했지만, 2016년의 대통령 선거는 두 사람에게 큰 충격을 준 사건이었다. 트리아가 이렇게 말했다.

"많은 중국인 이민자가 트럼프에게 투표했다고 들었습니다. 하지만 제게는 그 이야기가 마치 현실 세계와 상관없는 전설 같았어요. 그래서 그 사람들과 대화를 해보고 싶은 호기심이 생긴 거죠."

저스틴과 트리아는 춘절 바로 다음 날 샌프란시스코에 있는 어느 건물의 널찍한 꼭대기 층에 저녁식사 자리를 마련했다. 이 행사를 명절 축하연 같은 자리로 만들고 싶었던 두 사람은 좋은 와인과 맛있는 중국 음식, 심지어 중국 슈퍼마켓에서 구입한 구운 오리고기까지 준비했다. 한편으로 그들은 걱정이 되기도 했다. 트리아는 저녁식사 자리에 참석한 중국인들이 '부드럽거나 정중하지 않은 태도로' 의견을 주장하는 모습을 많이 목격했기 때문에, 오늘의 대화가 모범적인 시민 토론으로 마무리되지 못할지도 모른다고 생각했다.

다행히도 참석자들이 테이블에 모이자, 그런 염려는 눈 녹듯이 사라졌다. 토론의 열기가 과거에 주최했던 여느 저녁식사보다도 뜨거웠지만, 대부분의 대화는 긍정적인 방향으로 흘러갔다. 진보 성향의 참석자가 이민자 문제를 핵심 주제로 꺼내기는 했지만 대화의 중심 내용은 주로 교육 문제로 이어졌다. 알렉스는 두 명이 한 조가 되어 진행된 파트너 대화 시간에 오클랜드의 교육자이자 운동가와 짝이 되었다. 그들은 소수집단 우대 정책을 포함해 여러 주제로 토론했다. BBC가 촬영한 영상에는 알렉스가 파트너에게 이렇게 말하는 장면이 나온다.

"저는 고개를 끄덕이지만 동의한다는 의미는 아닙니다. 그저 공손한 태도를 취하는 겁니다. 아시죠?"

테이블에 모인 사람들은 모두 웃었다. 식사 도중 토론이 조금 과열되는 순간도 있었고, 각자가 한마디씩 보태면서 행사의 마지막 순서(참석자가 오늘의 만찬에서 얻은 점을 돌아가며 말하는)가 잠시 지연되기도 했다. 저스틴과 트리아는 행사를 마무리하면서 참석자들이 서로의 연락처를 교환하고 정치 성향을 넘어 단체방에 함께 가입하는 모습을 흐뭇하게 지켜보았다. 저스틴이 내게 말했다.

"저는 그 행사를 진행한 후에 정말 많은 힘을 얻게 되었습니다. 중국계 미국인들이 테이블에서 거리낌 없이 자기 목소리를 내는 모습이 매우 뿌듯했죠."

물론 저녁식사 한 번으로 그동안 공동체에 형성된 균열을 모두 메울 수는 없겠지만, 매사는 시작이 반인 법이다. 저스틴이 말을 이었다.

"참석자들은 도착할 때보다 훨씬 더 고무된 느낌으로 식사 자리를 떠났습니다. 앞으로도 이런 대화가 계속 이어지기를 바랍니다."

이제 시작일 뿐이다

내가 처음 중국을 방문한 지 10년, 그리고 트랜스퍼시픽 실험에 관련된 자료를 수집한 지 6년이 흐르는 동안 참으로 많은 것이 변했다. 그동안 중국은 갈 길이 먼 개발도상국에서 미국 땅에 가장 많은 학생, 관광객, 기술자, 주택 구매자, 이민자를 보낸 국가로 자리잡았다. 이 나라는 수백만 미국인의 삶에 직접적인 영향력을 행사했으며, 진정한 국제적 강국으로서 세계무대에 거침없이 올라섰다.

그동안 미·중 양국의 관계가 집중된 현장은 단연 캘리포니아였지만, 그와 비슷한 형태의 유대 관계는 미국의 여러 지역과 세계 각국으로 계속 확산되었다. 그리고 그 지역들 역시 수많은 문제와 맞닥뜨려야 했다. 오스트레일리아의 대학은 중국 학생들이 이국의 캠퍼스에 중국의 가치를 고집하며 만들어낸 긴장으로 인해 적지 않은 홍역을 치렀다. 스위스와 독일에서는 자국의 화학 기업이나 로봇 제조업을 중국인에게 넘기는 일을 금지하는 문제를 두고 사회적 논란이 벌어졌다. 아프리카 대륙은 중국인 감독자와 현지 노동자의 마찰이 가장 극심한 지역이 되었다. 브라질과 인도네시아의 스타트업은 중국의 기술 대기업과 협력하는 편이 좋은지에 대해 여전히 논쟁 중이다. 이런 모든 문제는 개인적·정치적 의사 결정에 중요한 요인으로 작용했으며, 기업의 전략과 국가의 지정학적 정책에도 큰 영향을 끼쳤다.

그동안 중국과 여러 국가의 유대 관계에 따라 공적·사적 접촉이 증가하면서 다양한 사회적 반발의 씨앗도 함께 뿌려졌다. 미국에서는 중국에 대한 지역적 차원의 반발이 이제 국가 전체의 문제로 비화되는 현상이 나타나고 있다.

중국에 대한 워싱턴 정가의 태도는 과거 어느 때보다도 강경해졌다. 지난 수십 년간 이 신흥국가와 긍정적 관계를 수립하는 전략을 지향했던 정책입안자나 기업의 리더는 이제 완전히 궤도를 수정했다. 많은 사람들은 중국이 국제사회의 기대만큼 자국의 경제, 인터넷, 정치 시스템을 개방하지 않는다고 주장했다. 정치인들은 중국 학생의 비자를 제한하고 중국 기업의 실리콘밸리 투자를 막는 등 대단히 전투적인 입장으로 돌변했다.

특히 도널드 트럼프 대통령은 정치적 신념 때문이든 개인적 성향 탓이든 중국에 대해 극단적일 정도로 전투적인 태도로 일관했다. 그가 이끄는 행정부 관료들은 전통적인 외교적 관례에 상관없이 공격적인 자세로 중국과의 관계를 이끌고 있다. 언뜻 보면 단순하게 들리는 '무역 전쟁'이라는 단어 속에 수많은 갈등의 요인이 내포되어 있다. 양국 간 마찰과 대치의 구체적인 형태는 지금 이 순간에도 계속 변화하고 있지만, 그동안 진행되어온 트랜스퍼시픽 실험에서 그 갈등 요소들의 개략적인 윤곽이 어느 정도 드러났다. 예를 들어 기술 리더십, 문화적 영향력, 두 나라 사이의 인재, 돈, 아이디어의 흐름 등등.

민간에서 발화된 갈등의 불씨는 지속적으로 확대 및 재생산되어 국가 차원으로 번져갔다. 중국 유학생이 자국 정부의 도구에 불과하다는 이미지는 대학 캠퍼스에서 시작되어 워싱턴 정가로 확산되었다. 실리콘 밸리와 할리우드에 대한 중국인의 과도한 영향력이 불러온 영화제작자나 스타트업의 반발은 결국 중국인의 투자를 제한하는 국가 정책으로 이어졌다. 이제 지역의 문제와 국가적 이슈가 양방향의 새로운 방식으로 결합하는 시대가 되었다.

금융위기 이후 10년간 광범위하게 진행된 미·중 관계와 트랜스퍼시픽 실험은 다양한 경로를 통해 이루어졌다. 국가 차원의 관계는 갈수록 불안정한 양상을 띠었지만, 트랜스퍼시픽 실험의 핵심인 민간 관계는 지속적으로 번영했다. 그런데 이제 양국 간의 국가적 유대가 그 어느 때보다 악화되면서 민간 차원의 인적 교류도 함께 위축되는 추세다. 중국 학생에 대한 비자 발급을 전면적으로 중지할 거라는 정치인들의 위협은 최악의 시나리오 중 하나이지만, 그런 극단적인 조치가 아니더라도 두 나라 간의 국가적 관계가 부정적으로 전개되면서 중국의 학생, 주택 구입자, 투자자, 기술자는 태평양을 건너기가 점점 어려워질 것으로 예상된다.

물론 두 나라의 정치 상황이 개인의 의사 결정에 얼마나 많은 영향을 미칠지는 앞으로 더 두고 볼 일이다. 이 책에 등장한 많은 사람들 중 일부는 태평양을 건너는 모험에서 이미 한 발을 뺀 상태이며, 일부는 아직 용감하게 그 여정을 이어가는 중이다.

그들은 지금 어디에

팀 린은 여전히 칼리지 데일리의 CEO 겸 편집국장으로 일하면서 중국 학생들에게 뉴스, 가십, 데이트에 관련한 조언 등을 제공한다. 2017년 나는 스탠퍼드 캠퍼스와 이 학교의 문화를 알리는 중국어 비디오를 제작하면서 그의 직원 한 명과 일하기도 했다. 칼리지 데일리는 미국뿐 아니라 세계 모든 곳에 진출한 중국 학생들에게 이 회사를 알리려는 목적에서 자사의 중국명을 '북미유학생일보北美留學生日報'에서 '유학생일보留學生日報'로 바꾸었다.

리 지페이와 몹보이는 인공지능에 대한 중국인들의 폭발적 관심에 힘입어 더 많은 제품을 시장에 내놓으면서 회사의 성가를 한층 높이는 중이다. 인공지능이 차세대 혁신 기술로 떠오르기 전부터 10년 이상 이 영역에 집중해온 리는 이제 스마트 스피커, '틱팟TicPod'이라는 이름의 무선 헤드폰, 음성인식을 위한 인공지능 컴퓨터 칩 등을 생산한다. 물론 이 제품들의 조상은 애플이나 아마존 같은 미국 기업이지만 몹보이는 혁신, 변환, 현지화 같은 전략을 절묘하게 조합해서 누구나 부러워할 만한 성공을 이루어냈다. 2018년, 몹보이는 CB 인사이트CB Insights라는 연구기관에 의해 세계 100대 인공지능 스타트업 중 하나로 선정되었다. 이 회사는 자사의 하드웨어 제품을 거침없이 해외시장으로 진출시켰지만, 구글과 추가적인 협력관계를 체결하는 것에 대해서는 더 이상 알려진 바가 없다.

드래곤플라이 프로젝트가 세상에 공개된 바로 다음 달, 구글의 일부 직원들은 중국 정부의 검열을 방조하는 검색엔진 개발에 반대하는 사내 캠페인에 돌입했다. 그들은 740명 이상의 직원이 서명한 공개서한에서 이 프로젝트를 즉각 중지하라고 경영진에 촉구했다.

'우리가 드래곤플라이 프로젝트에 반대하는 것은 중국이라는 특정 국가와 무관하다. 우리는 세계 어느 곳에서든 약자들을 억압하는 세력을 돕는 기술 개발에 반대할 뿐이다. 우리 중 많은 사람들은 구글이 세상에 제시하는 가치, 그리고 이 회사가 과거 중국의 검열과 감시 앞에서 용감하게 행동했던 모습을 마음속에 새기고 입사하기로 결심했다. 우리는 구글이 수익 때문에 조직의 가치를 헌신짝처럼 버릴 회사가 아니라고

믿는다.'

이 편지가 공개된 지 한 달 후(그리고 드래곤플라이 프로젝트 결정에서 배제된 이 회사의 프라이버시 팀이 분노에 찬 항의를 한 후), 구글은 프로젝트를 '사실상' 중단 했다.

왕젠린(AMC 엔터테인먼트를 사들인 부동산 재벌이자 레오나르도 디카프리오를 중국으로 초청한 사람)은 세계 영화산업을 장악하겠다는 야심을 접어야 했다. 그가 소유한 완다 그룹은 해외 인수합병에 제동을 거는 정부의 자본 통제 정책으로 큰 타격을 받은데다 과도한 부채 때문에 수십억 달러의 자산을 매각해야 할 처지에 놓였다. 한때 왕회장이 정부 당국자에 의해 구금되었다는 소문이 나돌면서 그의 회사 주가는 바닥을 치기도 했다. 일단 그 소문은 사실이 아닌 것으로(적어도 현재까지는) 판명되었지만, 최근 왕젠린은 완다 그룹이 운영하는 쇼핑몰의 숫자를 네 배로 늘리겠다고 호언장담하며 자신의 애국심을 과시하려 안간힘을 쓰고 있다.

자넷 양(미국과 중국의 영화산업 교류를 촉진한 할리우드 제작자)은 여전히 새로운 중국 영화 프로젝트의 기회를 노리고 있지만, 요즘은 자신을 감동시킬 만한 작품으로 선택의 범위를 한정하는 중이다. 최근 하비 와인스타인 Harvey Weinstein의 여배우 성폭행 스캔들이 터지고, 영화산업 전반에서 몇 건의 인종차별 사건이 발생하자, 그녀는 할리우드의 여성과 아시아계 미국인의 권익을 주장하는 열렬한 옹호자로 변신했다. 그녀는 나와 함께 산타모니카 주변을 산책하며 이렇게 말했다.

"중국은 내게 커다란 지적 호기심의 원천이었습니다. 당신이 쉽게 이해할 수는 없겠지만 그 지적 탐구는 사람들 사이에 존재하는 다양한 차이, 수수께끼, 이율배반 등의 요소를 관통하고 있죠. 당신이 그 세계를 깨닫는다면 '와, 중국인에게는 정말 자신들만의 삶의 방식이 따로 있군' 하고 인정하게 될 겁니다."

렉스 패리스는 2016년에도 큰 표차로 다시 시장에 당선되었다. 그는 2020년까지 예정된 나머지 임기(그때까지 재임 기간을 합치면 총 12년에 달한다) 동안 랭커스터에 대한 자신의 비전을 현실화하기 위해 노력할 작정이다. 하지만 최근 불거진 몇 가지 문제는 그의 안정적인 치세를 위협하고 있다. 캘리포니아의 새로운 법률에 따르면 랭커스터처럼 투표율이 낮은 도시는 이제 주 전체의 선거 일정에 따라 동시에 선거를 실시해야 한다. 뿐만 아니라 렉스가 의료용 마리화나 재배를 지원했다는(그는 자신의 종교적 신념과 상관없다고 부인했다) 논란이 불거지면서 이제 그의 시대는 서서히 종말을 고하는 듯하다. 그런 와중에도 렉스 패리스 시장은 중국에 대한 집착을 버리지 못하고 있다. BYD는 이제 직원이 800명에 달할 만큼 큰 회사로 성장했다. 렉스는 나와 마지막으로 대화하는 자리에서 최근 랭커스터에 10층 높이의 화려한 부처상을 건립하는 계획을 어느 중국인 투자자와 상의 중이라고 밝혔다.

헌터스 포인트에서는 베로니카 허니컷 박사가 여전히 시민자문위원회를 이끌고 재개발 사업 현장을 감시하고 있다. 얼마 전 해군을 대신해 방사능 테스트를 수행한 미국의 용역회사가 검사 결과를 조작했다는 사실이 밝혀지면서 이 프로젝트는 정체상태에 빠졌다. 새로운 테스트 결과에 따라 이 건설 프로젝트의 앞날이 어떻게 바뀌든, 중국의 EB-5 투자자가 더 이상 이 개발 사업의 주된 자금원이 될 것 같지는 않다. 미국 국토안보부에 이미 수많은 지원 서류가 쌓여 있는데다 중국 정부가 엄격하게 자본 유출을 통제하고 미국 의회가 이 프로그램을 폐지하겠다는 위협을 가하면서 최근 EB-5를 통해 부동산 개발 프로젝트에 투자되는 자금은 급격히 줄어드는 추세다.

몬테레이파크에서는 릴리 리 천이 자서전 작업에 열중하는 한편 자신의 삶을 담은 두 편의 다큐멘터리 영화(중국어 버전과 영어 버전)를 준비하고 있다. 알렉스 천은 정치적 활동에서 한 발을 뺐지만, 그의 소셜 미디어 계정은 소수집단 우대 정책을 포함해 자신의 보수적 성향과 관련 깊은 뉴스로 가득하다. 그 게시물들 중에는 '공정한 입학을 위한 학생들의 모임Students for Fair Admissions'이라는 단체에서 제기한 소송에 대한 내용이 눈에 띈다. 이 소송의 피고인 하버드 대학이 법정에 제시한 입학사정 자료에서는 이 학교가 '인성' 영역에서 아시아계 학생에게 현저히 낮은 점수를 지속적으로 부여했다는 사실이 드러났다. 소송을 이끄는 어느 백인 투자자(그는 소수집단 우대 정책과 투표권리법Voting Rights Act의 법적 문제를 지속적으로 제기한 사람이다)는 본 사건을 연방 대법원까지 도달하게 만드는 것을 목표로 삼고 있다.

트랜스퍼시픽 태피스트리

이 책에서 소개된 어떤 사람도 혼자서는 21세기 두 초강대국의 관계를 바꾸지 못할 것이다. 미국과 중국이라는 두 나라, 그리고 그에 관련된 사고방식과 개념은 몇몇 개인이 좌지우지하기엔 너무 거대하고 중요하다.

하지만 이 모든 요소(인재, 스타트업, 시위대, 문화적 배합 등)는 한 올 한 올의 실이 되어 문화와 대륙을 아우르는 거대한 태피스트리tapestry(여러 가지 색실로 그림을 짜 넣은 직물 - 옮긴이)를 직조해내는 중이다. 그 작품을 한마디로 표현할 수 있는 서사는 존재하지 않지만, 그 엄청난 복잡성 속에서 우리는 두 나라의 미래를 함께 만들어가는 긴장과 시너지를 엿볼 수 있다.

앞으로 미국과 중국이 만들어갈 관계는 세계 각지의 사람들에게 대단히 심오한 영향을 미칠 것이다. 지난 10년 동안 캘리포니아는 양국 간 민간 관계의 거대하고 생생한 실험장 역할을 수행했다. 우리는 달라도 너무 다른 이 두 나라의 사람들과 아이디어가 배합되었을 때 어떤 일이 벌어지는지를 분명히 관찰했다. 물론 그 실험은 다른 어떤 환경에서도 일어날 수 있는 가변적 현상이지만, 우리에게 드리워진 거대한 지정학적 이해관계로 인해 그 가변성의 양상은 더욱 심화되고 있다.

나는 이 책을 쓰기 위해 수많은 이야기를 추적하면서 이 실험의 결과를 어떻게 측정해야 하는지에 대한 문제를 두고 계속 고민했다. 중국인 투자자는 미국인에게 일자리를 만들어주는가, 아니면 미국의 지적재산만 빼앗아가는가? 중국인의 부동산 투자로 인해 저렴한 주택이 더 많이 지어지는가, 아니면 부동산 가격만 높아지는가? 중국 학생은 미·중 관계의 우호적 바탕을 구축하는 일을 돕는가, 아니면 양국 간의 틈을 더욱 벌리는 역할을 하는가? 이 책에서 다루어진 이야기는 내게 이러한 질문을 더욱 잘 이해할 수 있는 기회를 주었지만, 그에 대한 대답을 제공해주지는 못했다.

문제는 양국 간의 교류에서 오는 비용과 혜택을 정확히 계산해내기가 어렵다는 것뿐만이 아니라, 현재 우리가 목격하고 있는 현상이 트랜스퍼시픽 실험의 초기적 효과에 불과하다는 사실이다. 수많은 사람들 사이에서 이루어지는 이 모든 형태의 교류는 잠재적인 씨앗이 되어 두 나라의 땅에 뿌려지고 있다. 우리는 그 씨앗이 싹을 틔우는 모습을 목격하기 시작했지만 진정한 결실을 확인하려면 몇 년, 또는 몇십 년을 더 기다려야 할지도 모른다.

새옹지마

나는 이 문제들의 답을 찾아내기 위해 씨름하던 중, 2013년 여름 내 발목이 부러진 직후에 배운 '새옹실마, 언지비복塞翁失马, 焉知非福'이라는 중국 격언을 생각해냈다. 이 말은 종종 '전화위복' 정도로 번역되지만, 이는 이 고사성어가 제공하는 교훈의 일부분밖에 포착하지 못하는 부족한 표현이다. 문자 그대로 옮기면 '변방에 사는 노인이 말을 잃어버렸다. 그것이 축복이 아닌지 어떻게 알까?'라는 뜻이다. 중국의 격언이 거의 그렇듯, 이 구절 역시 중국인에게 익숙한 고사故事 전체를 몇 자로 압축해놓은 것이다. 이야기는 다음과 같이 전개된다.

중국의 전국시대(기원전 475~기원전 221년)에 북쪽 변방 지역에서 말을 키우며 살아가는 노인이 있었다. 하루는 그가 소유한 말 한 마리가 사나운 북방 민족의 땅으로 달아나버린 후 돌아오지 않았다. 이웃들이 노인을 찾아가 위로의 말을 전하자, 그는 말을 잃어버린 사실을 전혀 개의치 않는 듯 "이 일이 축복이 아닌지 어떻게 알겠소?"라고 되물었다. 이웃들은 노인이 스스로를 위로하기 위해 그런 말을 한다고 생각했다.

그로부터 며칠 뒤, 그 노인의 말이 다른 말 한 마리를 데리고 돌아왔다. 이번에도 이웃들이 찾아와 노인에게 축하 인사를 했다. 하지만 노인은 여전히 덤덤한 표정으로 이렇게 답했다.

"새로 얻은 말이 우리 집안에 재앙이 되지 않을지 어찌 알겠소?" 이웃들은 노인이 왜 행운을 얻고도 축하할 줄을 모르는지 의아해했다.

얼마 후, 노인의 유일한 아들이 새로 얻은 말을 타다가 균형을 잃고 떨어져 다리가 부러졌다. 쉽게 치료될 수 있는 부상이 아니라서 아들은 거의 절름발이가 될 지경이었다. 마을 사람들은 다시 노인의 집으로 몰려들었지만, 이번에는 노인의 입에서 무슨 말이 나올지 예상하고 있었다. "이게 축복이 아니라고 어찌 장담할 수 있겠소?"

그로부터 1년 후, 북방의 오랑캐가 침략하자 이 마을에서 사지가 멀쩡한 젊은 남자는 전부 전쟁터로 불려나갔다. 노인의 아들은 병사로 복무할 수 없었기 때문에 가족 옆에 남았다. 마을을 지키는 군인들은 침략자들을 가까스로 막아냈지만 대부분 싸움터에서 목숨을 잃었다. 마을 사람들 중에 살아 돌아온 젊은이는 거의 없었다. 오직 이 초연한 변방 노인의 아들만 전쟁터에 나가지 않은 덕분에 가문의 대를 이을 수 있었다.

지극히 중국적인 이 고사는 '전화위복'이라는 단순한 해석에 앞서, 우리의 삶을 이리저리 몰아가는 예측 불가능한 운명 앞에 우리가 어떤 태도를 취해야 할 것인가에 대한 교훈을 안겨준다. 나의 초창기 여정에서 이 격언은 하나의 주문呪文과도 같은 역할을 했다. 발목이 부러졌을 때, 그리고 발목 부상으로 집에 갇혀버렸을 때, 그 지루한 기다림으로 인해 내 인생을 바꿔놓을 사람들을 만나게 되고 중국 특파원이라는 꿈의 일자리를 얻었을 때, 비자 문제로 그 일자리가 무산될 위기에 처했을 때, 그리고 그 모든 우여곡절 끝에 트랜스퍼시픽 실험이라는 환상적인 세계를 우연히 발견했을 때 나는 이 격언을 되풀이해서 스스로에게 되새겼다. 변방에 살던 노인의 이야기는 그 모든 과정에 걸쳐 내게 큰 위로와 영감을 제공해주었다.

　　이제 트랜스퍼시픽 실험의 파도가 전 세계로 파급되는 모습을 지켜보고 있는 내 마음속에는 이 격언이 다시 떠오른다. 우리는 두 나라 사이에서 발생한 밝은 희망의 불빛이 거센 반발의 파도로 가려지는 모습을 목격했다. 하지만 아직 이야기가 끝난 것은 아니다. 우리 앞에 놓인 현상의 불확실성(의도치 않은 결과, 예측 불허의 축복 등) 때문에 해야 할 일을 주저하거나 일이 잘못되어가는데도 손 놓고 바라만 보아서는 안 된다. 트랜스퍼시픽 실험은 지난 5년 동안 내가 만난 보통 사람들에 의해 이 순간에도 계속 만들어지고, 다듬어지고, 재창조되는 중이다. 변방 노인의 고사가 우리에게 주는 가장 큰 교훈은 지적인 겸손함을 지녀야 한다는 것이다. 자신이 모르는 대상에 깊은 존중을 표시하고, 그 대상을 알게 되었을 때 진정으로 기뻐하는 겸허한 태도를.

| 감사의 말 |

이 글을 쓰는 일은 엄청난 규모의 개인적·직업적·지적 프로젝트와 다름없었다. 나를 지지해주는 많은 이들의 '짜요加油'(중국인들의 응원 구호 - 옮긴이)가 없었다면 이 책을 절대 완성하지 못했을 것이다.

이 프로젝트는 한 소녀를 좋아한 사내아이가 그녀를 만나기 위해 다시 태평양을 건너가면서 시작되었다. 스태프Steph, 당신은 이 책이 현실화되는 데 필요한 동기, 지원, 사랑, 인내, 그리고 진정한 대화의 기회를 제공했다. 그 점에 대해서는 아무리 감사해도 부족할 듯하다.

시한Sheehan, 마이어트Myatt, 장Zhang 씨 가족들은 프로젝트가 시작된 첫날부터 줄곧 나를 도와주었다. 최고의 편집자에서 사회학자 겸 작가로 변신한 내 동생 패트릭 시한Patrick Sheehan은 늘 열정적인 태도로 큰 도움을 선사했다. 다니엘 시한Daniel Sheehan 역시 든든한 지원군이자 최고의 대화 상대가 되어주었다. 내 옆에 저렇게 머리 좋은 형제가 있다는 사실을 보면 나는 매우 행운아임이 분명하다. 우리 형제가 어렸을 때부터 끝없이 지적 호기심을 불어넣어주고 가난한 사람을 먼저 생각하라는 가르침을 주신 아버지 토머스 시한Thomas Sheehan에게도 깊은 감사의 말씀을 올린다. 내게 가장 소중한 것은 결국 살아가면서 만난 사람들이라는 교훈을 주신 내 어머니 다이애나 시한Diana Sheehan에게도 무한한 감사를 전하고 싶다.

크리스마스, 추수감사절, 그리고 그 밖의 계절에 종종 시한 가족을 방문해준 마이크Mike와 스테이시Staci에게 고마움을 전한다. 또 가족, 친구, 중국 등에 대해 많은 것을 가르쳐준 장원Zhangwen, 제프Jeff, 엘라Ella, 그리고 내 수양아들 루이Louie에게도 뜨거운 포옹을 보낸다. 당신들은 허베이성河北省의 자랑이며 언제나 내 얼굴에 큰 미소를 가져다준 사람들이다.

중국과 캘리포니아의 라이프스타일을 적절히 배합해가며 줄곧 나를 도와준 매트 알렌Matt Allen과 티나 티엔Tina Tian, 시안에서 폴란드까지 내게 영감을 불어넣어준 카이Kai, 중국에서 돌아온 후에 내게 든든한 우정을 나누어준 바비 할리Bobby Holley, 테사 후스만Tessa Husseman, 맥스 라우시Max Rausch, 존 헤링John Herring, 내 발목이 부러졌던 초기 조사 과정에서부터 나를 이끌어준 마크 호프버그Mark Hoffberg와 패트리시아 루이스Patricia Lewis, 내 최고의 여행 친구이자 사진작가로 활약해준 마티아즈 탄시크Matjaz Tancic, 지치지 않는 열정으로 태평양을 오간 샘 드레이만Sam Dreiman, 이 여정을 여러 사람에게 알리는 데 많은 역할을 해준 니타이 다이틀Nitai Deitel, 베이징에서 내게 맛있는 국수를 대접해주고 넘치는 우정을 보여준 마오 바오롱Mao Baolong과 그의 가족들, 중국-캘리포니아를 상징하는 아름다운 로고를 디자인해주고 내 낡은 바지에 멋진 그림을 그려준 자넷 리Jeannette Lee, 내게 침대 하나와 두 가지의 지혜를 선물해준 리 블룸버그Leigh Bloomberg와 앤드류 모팻Andrew Moffat, 베이징 사이클팀 빅브라더Big Brother의 멤버들, 젊은이의 잠재력을 넘치도록 보여준 시안의 웨스턴 랭귀지 센터Western Language Center 동료들과 로우지아모Roujiamo 얼티미트 프리스비 팀원들, 그리고 중국과 캘리포니아 사이의 여정에서 나를 도와준 모든 분께 최고의 찬사를 보내는 바이다.

이 책에서 다뤄진 많은 이야기는 내 부러진 발목이 중국 특파원이라는 꿈의 일자리를 가져다준 데서 시작되었다. 나를 그 직업으로 이끌어준 피터 굿맨Peter Goodman, 내가 그토록 중요한 일을 해낼 수 있도록 믿음과 권한을 주고 내가 〈월드포스트〉에 게재한 기사를 이 책에 인용할 수 있도록 허락해준 네이던 가델스Nathan Gardels, 해외에 거주하는 일개 언론인에게 최고의 편집자가 되어준 케이티 넬슨Katie Nelson을 포함한 모든 이에게 심심한 감사를 표한다.

이 책에서 다뤄진 많은 인용문과 분석 자료는 중국에서 활동하는 수많은 언론인과 평론가가 쓴 기사와 저술을 바탕으로 했다. 내게 훌륭한 자료를 공급해준 다미엔 마Damien Ma와 에반 파이겐바움Feigenbaum을 포함한 마크로폴로 연구소의 모든 팀원에게 깊은 감사의 말을 전한다. 그들은 이 책이 저술되는 지난 몇 년간 말할 수 없이 큰 도움과 조언을 제공했다. 〈시노시즘 차이나 뉴스레터〉를 통해 10년간 쌓은 지혜를 아낌없이 나눠주고 내가 언론인으로서 경력을 시작하는 데 큰 동기를 부여해준 빌 비숍에게도 감사의 글을 올린다. '시니카 팟캐스트' 사이트를 운영하며 중국 관련 팟캐스트의 모범을 보여주고 내게 많은 지혜, 스토리, 지원, 그리고 위스키를 아낌없이 쏟아부어준 카이저 쿠어에게도 고맙다는 말을 하고 싶다. 또 '차이나 히스토리 팟캐스트China History Podcast'라는 큰 선물을 세상에 보내주고 내가 중국을 이해하는 데 큰 도움을 준 라즐로 몽고메리Laszlo Montgomery에게도 깊은 감사를 표하는 바이다.

시노베이션 벤처스Sinovation Ventures의 카이푸 리 박사, 앤드리슨 호로위츠의 코니 챈, '테크버즈 차이나TechBuzz China' 팟캐스트의 운영자 루이 마와 잉잉 루Ying Ying Lu에게도 감사의 인사를 올린다. 그들은 내가 미·중 두 나라 사이의 기술적 유대 관계를 더욱 넓고 깊게 이해하는 데 큰 힘이 되어주었다. 나를 팀 린에게 소개해주고 내게 중국 유학생들의 다양한 경험을 들려준 세실리아 먀오Cecilia Miao에게도 감사하다는 말을 전한다. 미·중 양국 간의 관계가 민간 차원에서 어떻게 구축되어야 하는지에 대한 통찰을 제공해준 다린 추 브라이언트와 빙 웨이Bing Wei에게도 심심한 감사를 전한다.

이 책에서 인용한 기사와 저술을 통해 내게 많은 가르침을 준 모든 언론인에게도 깊은 감사의 말씀을 올린다. 아무쪼록 이 책을 읽는 독자들이 '주'에 나열된 그분들의 글과 저서를 많이 구독 또는 구입해주기를 바란다. 특히 로스앤젤레스를 배경으로 많은 스토리를 발굴해서 내가 이 책을 쓰는 데 통찰과 도움을 제공해준 프랭크 숑에게 진심으로 감사의 마음을 전하고 싶다. 생생하고 값진 사례와 분석, 그리고 피드백을 나누어준 내 차이나포니아 뉴스레터Chinafornia Newsletter의 독자 여러분께도 커다란 감사를 표한다.

내게 생생한 현장 지식을 전달해주고 샌드라 딕스트라 문학 에이전시Sandra Dijkstra Literary Agency에 나를 소개해준 던컨 클라크Duncan Clark에게도 고마움의 뜻을 전한다. 이 책을 출판하는 모험을 떠맡아준 샌디Sandy, 이 책이 완성되는 동안 수많은 부침과 지연, 그리고 촉박한 일정 속에서 나를 묵묵히 옹호해준 댄 스메탄카Dan Smetanka, 제니퍼 알튼Jennifer Alton, 그리고 카운터포인트 출판사Counterpoint Press의 모든 임직원에게도 깊은 감사를 표하고자 한다. 그들의 전문적인 조언과 완벽한 편집 능력은 이 책의 가치를 말할 수 없이 높여주었다.

마지막으로 이 책에 등장한 모든 사람, 특히 팀 린, 리 지페이, 렉스 패리스, 알렉스 천, 릴리 리 천 등에게 심심한 감사를 전한다. 그들은 마음의 문을 활짝 열고 자신의 삶과 경력에 관한 이야기를 들려주었다. 그분들이 아니었다면 이 책은 세상에 나올 수 없었을 것이다.

| 옮긴이의 말 |

10여 년 전 어느 TV 방송국에서「메이드 인 차이나 없이 살아보기」라는 특별 기획 프로그램을 방송했던 기억이 난다. 한국, 일본, 미국의 평범한 중산층 가정을 밀착 취재해서 그 가족의 구성원들이 중국에서 생산된 제품을 일정 기간 전혀 사용하지 않으면 그들의 삶이 어떻게 바뀔지, 아니 그 일이 과연 가능한지를 실험하는 다큐멘터리 프로그램이었다. 제작진은 실험에 참여한 가족들의 집 안을 샅샅이 뒤져 중국산으로 확인된 제품을 빠짐없이 골라냈다. 그리고 그 물건들을 집에서 들어낸 뒤 실험이 끝날 때까지 일절 사용을 금했다. 대체품을 새로 구입하는 일은 허용되었지만 중국산 제품을 살 수는 없었다. 실험 참가자들은 약 한 달간 이어진 프로젝트가 끝날 때까지 집뿐만 아니라 직장, 학교, 야외 활동 등 모든 일상생활에서 이 규칙을 적용받았다.

시청자 입장에서는 꽤 흥미로우면서도 충격적인 프로그램이었다. 한국과 일본 가족은 집에서 중국산 제품을 빼내고 나니 거의 빈집이 되어버릴 지경이었다. 가족 구성원들의 악전고투는 그야말로 처절할 정도였다. 비 오는 날 중국산 우산 말고는 구할 수가 없어 세탁소 비닐을 뒤집어쓰고 외출해서 PC방을 전전한 한국 가족, 무더운 여름에 에어컨도 없이 구슬땀을 흘리다가 심지어 전등도 켜지 못해 원시시대 같은 암흑 속에서 신발도 없이 맨발로 버틴 일본 가족, 아이들이 목숨처럼 여기던 전자 제품을 모두 빼앗긴 뒤 대체품을 구입하러 백화점에 갔지만 몇 시간을 돌아다녀도 중국산이 아닌 제품을 찾는 데 실패해 결국 빈손으로 돌아온 미국 가족…….

그들이 중국과 관련된 문물을 배제하고 세상을 살아가기는 쉬운 일이 아니었다. 자신들의 삶 속에 중국이라는 나라의 그림자가 그만큼 넓고 짙게 드리워져 있었기 때문일 것이다. 더구나 이 프로그램이 방송된 시기가 지난 2007년이었다는 사실은 우리를 더욱 복잡한 생각에 젖게 만든다. 그로부터 13년이 지난 오늘날은 어떨까? 아마 그때와는 비교조차 할 수 없을 만큼 세계 각지에서 이런 상황이 더욱 심화되었을 것이다.

여러 의미에서 오늘날 중국은 세계에서 가장 중요하고 현대인의 삶에 가장 큰 영향력을 발휘하는 나라 중 하나일 것이다. 더욱이 세계의 양대 강국인 미국과 중국의 관계는 지구상에서 가장 중요한 국제 관계임이 분명하다. 조지워싱턴 대학의 데이비드 샴보David Shambaugh 교수는 『중국, 세계로 가다China Goes Global』라는 저서에서 "지난 30년간 '세계가 중국에 어떤 영향을 주었는지'에 초점이 맞춰졌다면, 이제는 '중국이 세계에 어떤 영향을 발휘하는지'를 생각해야 할 때가 찾아왔다"고 썼다.

지난 1990년대 이후 중국이 채택한 개혁개방정책의 결과 미국과 중국 사이에는 엄청난 규모의 상호작용이 발생했다. 물론 양국의 정부가 외교, 안보, 경제적 차원에서 관계를 주도하기도 했지만, 대부분의 교류는 민간 차원에서 자발적으로 이루어졌으며 정책입안자의 의도와 상관없이 다양한 모습으로 진화해갔다. 요컨대 미·중 양국의 정치가들이 상대방에 취한 정책적 스탠스와 무관하게 두 나라 사이의 다양한 채널을 통한 민간교류는 지난 수십 년에 걸쳐 대단히 변화무쌍한 양상으로 발전했고, 알게 모르게 모든 이의 일상 속으로 깊숙이 침투해서 수많은 개인적·문화적·사회적·기술적 현상을 새롭게 탄생시켰다.

이 책의 저자 매트 시한은 2008년부터 중국을 왕래하다가 이 나라의 문화에 깊이 매료된 나머지, 다년간 중국에 거주하며 양국 사이에 벌어지는 민간 상호작용의 모습을 현장에서 발로 뛰며 수집하고 연구한 젊은 작가이자 중국 전문 연구자다. 그는 이런 풀뿌리 교류의 대표적인 무대가 다름 아닌 자신의 고향 캘리포니아임을 깨닫고, 이 지역에서 형성된 두 문화권의 다양한 접점의 현황(중국 학생들의 미국 유학, 실리콘밸리의 기술 교류, 할리우드와 중국의 영화산업, 중국인의 대미 투자, 중국계 미국인들의 정치 참여 등)을 한 권의 가이드북처럼 일목요연하게 정리해서 이를 '트랜스퍼시픽 실험'이라고 이름 붙였다.

매트 시한의 말대로 캘리포니아를 무대로 벌어지는 중국과 미국 사이의 상호작용은 많은 면에서 여전히 '실험' 단계에 머물러 있는지 모른다. 아직 양국 간의 정부 또는 민간 차원의 교류가 장·단기적으로 예측 가능할 만큼 지속적이고 안정적인 궤도에 돌입했다고 평가하기는 이르기 때문이다. 다시 말해 그동안 시한이 수집한 중국과 캘리포니아의 이야기는 현재 시점에서 특정한 방향을 제시하거나 모범 답안을 내놓기 어려운 현상적이고 직관적인 탐구에 가까울 것이다. 특히 최근 급변하는 국제 정세로 인해 상대방에 대한 양국의 정치적 입장은 한 치 앞을 내다볼 수 없는 미궁 속으로 빠져들고 있다. 이렇게 단기적인 앞날조차 예측하기 어려운 상황에서 두 나라 사이의 민간교류가 미래에 어떤 결과로 귀결될지 장담하거나, 그것이 자국의 이익을 위해서 또는 도덕적이거나 가치적인 측면에서 과연 타당하고 바람직한지 평가하기는 아직 시기상조일지 모른다.

그렇다면 잠시 우리 자신을 향해 시선을 옮겨보자. 우리에게 중국이란 무엇일까? 즉 한국인에게 중국은 어떤 의미를 지닌 나라일까? 이는 누구라도 간단히 답할 수 있는 질문이 아니다. 지난 5,000년 동안 갖은 우여곡절을 거치며 중국과 애증의 역사를 공유해온 우리 국민들에게 중국은 매우 다원적인 시각이 존재할 수밖에 없는 가깝고도 먼 나라다.

그러나 분명한 것은 정치적 취향이나 개인적 선호도에 상관없이 중국이라는 국가가 우리의 지척에 엄존하는 현실 세계이며, 매트 시한의 트랜스퍼시픽 실험과 마찬가지로(사실 그보다 훨씬 큰 규모로) 한·중 양국 간의 공식·비공식적 교류가 한국인들 삶의 모든 영역에 광범위한 영향을 미치고 있다는 사실이다. 그러니 우리 입장에서는 중국과 밀접한 접촉이 발생하는 현실 앞에서 너무 과도하게 호불호를 내세우며 반응할 일도, 그렇다고 이를 애써 외면할 일도 아닐 것이다. 앞으로도 어떤 형태로든 중국과 국제사회의 일원으로 더불어 살아가며 대한민국의 발전과 세계평화를 도모해야 하는 것이 우리 앞에 놓인 기정사실이자 목표일 수밖에 없기 때문이다.

그런 점에서 매트 시한이 수집한 이야기, 즉 캘리포니아를 무대로 벌어지는 미국과 중국 사이의 트랜스퍼시픽 실험 이야기는 한·중 양국의 미래 방향을 예측하는 데 요긴한 길잡이 역할을 해주리라 믿는다. 매트 시한은 2008년 이전만 해도 중국에 대한 사전 지식이나 관심이 전혀 없었으며, 그렇기 때문에 그에게는 이 나라에 대한 정치적 선입견이나 편견이 자리잡을 여지가 남보다 적었을 것이다. 그는 우연한 계기로 중국에 체류할 기회를 얻은 뒤, 그곳에서 오랜 기간 언론인으로 활동하며 축적한 지식과 경험을 바탕으로 캘리포니아에서 펼쳐지는 한판의 춤과 같은 민간교류 현장의 다채로운 풍경을 투명한 백지 위에 담담하게 그려냈다. 향기로운 차 한 잔을 손에 들고 매트와 마주 앉아 그가 들려주는 생생하고 신기한 이야기에 귀를 기울이다 보면 우리 앞에 놓인 안개 속 같은 미래에도 한 가닥 실마리가 잡힐지 모른다.

    그가 마지막에 인용한 중국의 고사 '새옹지마'처럼, 중국을 둘러싼 국제 정세가 앞으로 어떤 방향으로 전개될지는 아무도 알 수 없다. 단지 새로운 세계와 지식에 대한 겸허한 자세와, 긍정적이고 수용적인 태도로 변화의 물결에 대처하는 마음가짐이 필요할 뿐이다. 이는 한국인이나 미국인뿐만 아니라 중국과 공식·비공식적으로 불가분의 관계에 놓인 전 세계 모든 사람에게 해당되는 교훈일 것이다.

들어가는 말 | 트랜스퍼시픽 실험에 여러분을 초대하며

1 Joshua Paddison, *American Heathens: Religion, Race, and Reconstruction in California* (Berkeley: University of California Press & Huntington Library Press, 2012), 178.

2 Mark Him Lai, Genny Lim, and Judy Yung, *Island: Poetry and History of Chinese Immigrants on Angel Island, 1910-1940*, Seattle, WA: University of Washington Press, 1991.

3 "Fall Enrollment at a Glance," University of California, www.universityofcalifornia.edu/infocenter/fall-enrollment-glance.

4 Matt Sheehan, "Can Chinese Millionaires Save San Francisco's Poorest Neighborhood?," *Huffington Post*, August 21, 2014, www.huffingtonpost.com/2014/08/21/eb-5-san-francisco-shipyards_n_5687158.html.

제1장 신입생 오리엔테이션

1 "2018 Fact Sheet: China," Institute for International Education, *2018 Open Doors Report*, www.iie.org/Research-and-Insights/Open-Doors/Fact-Sheets-and-Infographics/Leading-Places-of-Origin-Fact-Sheets.

2 "Data by State Fact Sheets," Institute for International Education, *2018 Open Doors Report*, www.iie.org/Research-and-Insights/Open-Doors/Fact-Sheets-and-Infographics/Data-by-State-Fact-Sheets.

3 "Places of Origin," Institute for International Education, *2018 Open Doors Report*, www.iie.org/Research-and-Insights/Open-Doors/Data/International-Students/Places-of-Origin.

＊주에 나오는 모든 링크는 2019년 1월에 액세스되었다.

4   The account of the Chinese Educational Mission draws primarily from the following book: Liel Leibovitz and Matthew I. Miller, *Fortunate Sons: The 120 Chinese Boys Who Came to America, Went to School, and Revolutionized an Ancient Civilization* (New York: W. W. Norton, 2012), 159.

5   Liang Chenyu, "Class of '78: Studying in the US Post-Cultural Revolution," *Sixth Tone*, September 25, 2017, www.sixthtone.com/news/1000910/class-of -78-studying-in-the-us-post-cultural-revolution.

6   "GDP Per Capita (Current US$)," World Bank, data.worldbank.org/indicator/ NY.GDP.PCAP.CD?end=2017&locations=CN-RW&start=1978.

7   "Higher Education in California: Institutional Costs," Public Policy Institute of California, November 2014, www.ppic.org/publication/higher-education -in-california-institutional-costs.

8   "Tuition and Fees, 1998-99 through 2017-18," *Chronicle of Higher Education*, November 28, 2017, www.chronicle.com/interactives/tuition-and-fees.

9   "Places of Origin."

10 Elizabeth Redden, "The University of China at Illinois," *Inside Higher Ed*, January 7, 2015, www.insidehighered.com/news/2015/01/07/u-illinois -growth-number-chinese-students-has-been-dramatic.

11 "Fall Enrollment at a Glance," University of California, www.universityofcali fornia.edu/infocenter/fall-enrollment-glance.

12 Frank Shyong, "Not Only China's Wealthy Want to Study in America," *Los Angeles Times*, December 28, 2015, www.latimes.com/local/california/la-me- chinese-students-20151228-story.html.

13 "Fall Enrollment at a Glance."

14 Youyou Zhou, "More Chinese Students Are Returning Home after Studying Abroad," *Atlas*, www.theatlas.com/charts/rJ3L4kYVQ.

15 "Purdue Survey of Chinese Students in the United States: A General Report," Center on Religion and Chinese Society, November 15, 2016, www.purdue. edu/crcs/publications/survey-reports/.

16 "Fall Enrollment at a Glance."

17 "The University of California: Its Admissions and Financial Decisions Have Disadvantaged California Residents," California State Auditor, March 29, 2016, www.bsa.ca.gov/reports/2015-107/chapters.html.

18 "Fall Enrollment at a Glance."

19 "Fall Enrollment at a Glance."

20 "Black Cats on Skype: An Introductory Guide to Fraud in China Admissions and the Factors to Consider," Vericant, www.vericant.com/wp-content/ uploads/2015/07/Black-Cats-On-Skype-%E2%80%93-An-Introductory- Guide-To-Fraud-In-China-Admissions-And-The-Factors-To-Consider- Vericant.pdf.

21   Associated Press, "World News Briefs: Dalai Lama Group Says It Got Money from C.I.A.," *New York Times*, October 2, 1998, www.ntimes.com/1998/10/02/world/world-news-briefs-dalai-lama-group-says-it-got-money-from-cia.html.

22   Teresa Watanabe, "UC Regents Approve First Limit on Out-of-State and International Student Enrollment," *Los Angeles Times*, May 18, 2017, www.latimes.com/local/education/la-essential-education-updates-southern-uc-regents-approve-first-ever-limit-on-1495123220-htmlstory.html.

제2장 실리콘밸리의 차이나 패러독스

1   IDG News Service Staff, "China Celebrates 10 Years of Being Connected to the Internet," *PC World*, May 17, 2004, www.pcworld.idg.com.au/article/128099/china_celebrates_10_years_being_connected_internet.

2   Duncan Clark, "History of the Internet in China," *Sinica Podcast*, May 27, 2014, www.chinafile.com/library/sinica-podcast/history-internet-china.

3   David Barboza, "Yahoo to Pay $1 Billion for 40% Stake in Alibaba," *New York Times*, August 11, 2005, www.nytimes.com/2005/08/11/technology/yahoo-is-paying-1-billion-for-40-stake-in-alibaba.html.

4   Clive Thompson, "Google's China Problem (And China's Google Problem)," *New York Times Magazine*, April 23, 2006, www.nytimes.com/2006/04/23/magazine/23google.html.

5   The ad can be found at the following URL: www.youtube.com/watch?v=EPnmsFl_nU.

6   Loretta Chao, "Google Loses China Market Share," *Wall Street Journal*, April 27, 2010, www.wsj.com/articles/SB100014240527487034652045752078332819 93688.

7   Evan Osnos, "Boss Rail," *New Yorker*, October 22, 2012, www.newyorker.com/magazine/2012/10/22/boss-rail.

8   Ethan Baron, "H-1B Use Skyrocketed among Bay Area Tech Giants," *Mercury News* (San Jose), August 14, 2018, www.mercurynews.com/2018/08/13/h-1b-use-skyrocketed-among-bay-area-tech-giants/.

9   Yaqiu Wang, "Read and Delete: How Weibo's Censors Tackle Dissent and Free Speech," Committee to Protect Journalists, March 3, 2016, cpj.org/blog/2016/03/read-and-deletehow-weibos-censors-tackle-dissent-.php.

제3장 새로운 기술의 지평을 향해

1   Ingrid Lunden, "Online Learning Startup Coursera Raises $64M at $800M Valuation," *TechCrunch*, June 7, 2017, techcrunch.com/2017/06/07/online-

learning-startup-coursera-raises-64m-at-an-800m-valuation.

2   "US Startup Investments by China's Internet Giants Slow in 2016," CB In-
    sights, November 10, 2016, www.cbinsights.com/research/china-us-startup
    -investments.

3   Liyan Chen, "Why China Just Spent $2.3 Billion on America's Hottest Start-
    ups," *Forbes*, May 27, 2015, www.forbes.com/sites/liyanchen/2015/05/27/
    why-china-just-spent-2-3-billion-on-americas-hottest-startups/
    #5257494e41af.

4   "The Rise of Chinese Investment in U.S. Tech Companies," CB Insights,
    December 2, 2016, www.cbinsights.com/research/china-investment-us
    -tech-startups.

5   "The Rise of Chinese Investment in U.S. Tech Companies."

6   This account of the conference is drawn from a description given by Rogier
    Creemers on the following podcast: "Rogier Creemers on Cyber Leninism
    and the Political Culture of the Chinese Internet," *Sinica Podcast*, April 8,
    2015, supchina.com/podcast/rogier-creemers-cyber-leninism-political
    -culture-chinese-internet.

7   "中国互联网络发展状况统计报告: 2018年1月," China Internet Network Infor-
    mation Center, January 2018, www.cac.gov.cn/2018-01/31/c_1122347026.
    htm.

8   "Google Invests in Chinese Search-and-Smartwatch Startup," *Wall Street
    Journal*, October 20, 2015, www.wsj.com/articles/google-invests-in-chi
    nese-search-and-smartwatch-startup-1445339005.

9   Cade Metz, "Google Unleashes AlphaGo in China – But Good Luck Watching
    It There," *Wired*, May 23, 2017, www.wired.com/2017/05/google-unleashes
    -alphago-china-good-luck-watching.

10 James Vincent, "China Overtakes US in AI Startup Funding with a Focus on
    Facial Recognition and Chips," *Verge*, February 22, 2018, www.theverge.
    com/2018/2/22/17039696/china-us-ai-funding-startup-comparison.

11 "Up to One Million Detained in China's Mass 'Re-education' Drive," Amnesty
    International, September 2018, www.amnesty.org/en/latest/news/2018/09/
    china-up-to-one-million-detained.

12 Darren Byler, "China's Government Has Ordered a Million Citizens to Occu-
    py Uighur Homes. Here's What They Think They're Doing," *ChinaFile*, Oc-
    tober 24, 2018, www.chinafile.com/reporting-opinion/postcard/million-cit
    izens-occupy-uighur-homes-xinjiang.

13 Paul Mozur, "One Month, 500,000 Face Scans: How China Is Using A.I.
    to Profile a Minority," *New York Times*, April 14, 2019, www.nytimes.
    com/2019/04/14/technology/china-surveillance-artificial-intelligence-ra
    cial-profiling.html.

14 "ChinAI: The Talent," *MacroPolo*, macropolo.org/chinai/the-talent.

15 Toby Walsh, "Expert and Non-Expert Opinions about Technological Un-employment," *International Journal of Automation and Computing* 15, no. 5 (2018): 637–42, arxiv.org/abs/1706.06906; Katja Grace, John Salvatier, Allan Dafoe, Baobao Zhang, and Owain Evans, "When Will AI Exceed Human Performance? Evidence from AI Experts," May 24, 2017, last revised May 3, 2018, arxiv.org/abs/1705.08807.

16 Jon Russell, "Volkswagen Doubles Down on China with $180M Investment in Smart Tech for Cars," *TechCrunch*, April 6, 2017, techcrunch.com/2017/04/06/volkswagen-mobvoi-china.

제4장 미키 마우스는 미국 쥐일까?

1 David Barboza, "How Disney Won the Keys to China," *New York Times*, June 14, 2016, www.nytimes.com/2016/06/15/business/international/china-disney.html.

2 Bai Shi, "Hollywood Takes a Hit," *Beijing Review*, February 6, 2014, english.entgroup.cn/news_detail.aspx?id=2194; Rebecca Davis, "China Box Office Growth Slows to 9% in 2018, Hits $8.9 Billion," *Variety*, January 2, 2019, variety.com/2019/film/news/china-box-office-2018-annual-1203097545.

3 "The 60th Academy Awards: 1988," Academy of Motion Picture Arts and Sciences, www.oscars.org/oscars/ceremonies/1988.

4 Stanley Rosen, "The Chinese Dream in Popular Culture: China as Producer and Consumer of Films at Home and Abroad," in *China's Global Engagement: Cooperation, Competition, and Influence in the 21st Century*, ed. Jacques deLisle and Avery Goldstein (Washington, D.C.: Brookings Institute Press, 2017), 366.

5 "Hollywood Takes a Hit."

6 Michelle Kung and Aaron Beck, "Chinese Conglomerate Buys AMC Movie Chain in U.S.," *Wall Street Journal*, May 21, 2012, www.wsj.com/articles/SB10001424052702303610504577417073912636152.

7 Lily Kuo, "Three Out of Five of Chinese Multi-millionaires Want to Be Able to Emigrate," *Quartz*, May 7, 2013, qz.com/82284/three-out-of-five-of-chinese-multi-millionaires-want-to-emigrate-out-of-china.

8 Patrick Frater, "Chinese BO Exceeds 17 Billion RMB," *Film Business Asia*, January 10, 2013, web.archive.org/web/20130115052657/http://www.filmbiz.asia/news/china-bo-exceeds-rmb17-billion.

9 A reference to the 1988 film *A Fish Called Wanda*, this pun first appeared in a September 23, 2013, expert conversation on the website ChinaFile: "A Shark Called Wanda – Will Hollywood Swallow the Chinese Dream Whole?" www.

chinafile.com/conversation/shark-called-wanda-will-hollywood-swallow-chinese-dream-whole.

10   Associated Press, "Tycoon Plans $8 Billion Chinese Hollywood," *Mercury News*, September 23, 2013, www.mercurynews.com/2013/09/23/tycoon-plans-8-billion-chinese-hollywood.

11   Patrick Brzeski and Scott Roxborough, "After 'The Great Wall,' Can China-Hollywood Co-productions Be Saved?," *Hollywood Reporter*, May 18, 2017, www.hollywoodreporter.com/news/great-wall-can-china-hollywood-productions-be-saved-1005240.

12   "Iron Man 3: Foreign, by Country," Box Office Mojo, www.boxofficemojo.com/movies/?page=intl&id=ironman3.htm.

13   "Pixels: Foreign, by Country," Box Office Mojo, www.boxofficemojo.com/movies/?page=intl&id=pixels.htm.

14   Meg James, "Redstone Family Reaffirms Opposition to Paramount deal," *Los Angeles Times*, July 15, 2016, www.latimes.com/entertainment/envelope/cotown/la-et-ct-redstone-opposes-viacom-paramount-sale-20160715-snap-story.html.

15   Pamela McClintock and Stephen Galloway, "Matt Damon's 'The Great Wall' to Lose $75 Million; Future U.S.-China Productions in Doubt," *Hollywood Reporter*, March 2, 2017, www.hollywoodreporter.com/news/what-great-walls-box-office-flop-will-cost-studios-981602.

16   Aynne Kokas, *Hollywood Made in China* (Oakland: University of California Press, 2017), 43.

17   "Wolf Warrior 2: Foreign, by Country," Box Office Mojo, www.boxofficemojo.com/movies/?page=intl&id=wolfwarrior2.htm.

제5장 중국을 사랑한 시장님

1   Cassy Perrera, "Study: Most Stressful Cities in California," CreditDonkey, www.creditdonkey.com/stress-california.html.

2   "The China Footprint: FDI," *MacroPolo*, macropolo.org/china-footprint/fdi/.

3   "Know the Numbers: Chinese Investments in America," *MacroPolo*, macropolo.org/know-the-numbers/.

4   "China Investment Monitor," Rhodium Group, cim.rhg.com/.

5   Matt Sheehan, "How China's Electric Car Dreams Became a PR Nightmare in America," *Huffington Post*, April 1, 2014, www.huffingtonpost.com/2014/04/01/byd-china-electric-car_n_4964233.html.

6   Contract between BYD Motor, Inc., and the Office of the City Clerk, Council/Public Services Division, signed by Micheal Austin (Director, BYD Motor, Inc.), March 7, 2011.

7   Vincent Fernando, "Here Is Exactly How Warren Buffett's Chinese Auto Company BYD Copied Competitor Designs Piece by Piece," *Business Insider*, February 11, 2010, www.businessinsider.com/here-is-exactly-how-warren-buffetts-chinese-auto-company-byd-copied-competitor-designs-piece-by-piece-2010-2.

8   Alex Crippen, "Warren Buffett Invests in Chinese Company Developing 'Green' Cars," *CNBC*, September 27, 2008, www.cnbc.com/id/26916857.

9   Sheehan, "How China's Electric Car Dreams Became a PR Nightmare in America."

10 Echo Huang and Tripti Lahiri, "Nine Years Ago Warren Buffett Bet on an Unknown Chinese Battery Maker, and It's Sort of Paying Off," *Quartz*, September 25, 2017, qz.com/1083571/nine-years-ago-warren-buffett-put-a-bet-on-byd-then-an-unknown-chinese-cellphone-battery-maker/.

11 "Google Public Data: Unemployment Rate - Seasonally Adjusted, Lancaster, CA," Google, www.google.com/publicdata/explore?ds=z1ebjpgk2654c1_&met_y=unemployment_rate&hl=en&dl=en.

12 "Google Public Data: Unemployment Rate - Seasonally Adjusted, Lancaster, CA."

13 "Crime and Arrest Statistics Publications - 1996-Present," Los Angeles County Sheriff's Department, shq.lasdnews.net/CrimeStats/LASDCrimeInfo.html.

14 Felicity Barringer, "With Help from Nature, a Small Town Aims to be a Solar Capital," *New York Times*, April 8, 2013, www.nytimes.com/2013/04/09/us/lancaster-calif-focuses-on-becoming-solar-capital-of-universe.html.

15 "China Investment Monitor."

16 Sheehan, "How China's Electric Car Dreams Became a PR Nightmare in America."

17 Huang and Lahiri, "Nine Years Ago Warren Buffett Bet on an Unknown Chinese Battery Maker."

18 Mark Landler, "U.S. and China Reach Climate Accord after Months of Negotiations," *New York Times*, November 11, 2014, www.nytimes.com/2014/11/12/world/asia/china-us-xi-obama-apec.html.

19 Jennifer Medina, "Chinese Company Falling Short of Goals for California Jobs," *New York Times*, October 25, 2013, www.nytimes.com/2013/10/26/us/chinese-company-falling-short-of-goal-for-california-jobs.html.

20 "Election Results: April 12, 2016," City of Lancaster, www.cityoflancasterca.org/about-us/departments-services/city-clerk/2016-election-results.

21 Bill Emmott, *Japanophobia: The Myth of the Invincible Japanese* (New York: Crown, 1993).

22 Thomas J. Prusa, PhD, "The Contribution of the Japanese-Brand Automotive

Industry to the United States Economy: 2015 Update," econweb.rutgers.edu/
prusa/Contributions/prusa%20contributions%20-%20update%20with%20
2015%20data.pdf. Note: This study was prepared for the Japan Automobile
Manufacturers Association.

23 Mark Kane, "BYD Wins 10 of 12 Vehicle Categories in Bus RFP in Washington
& Oregon," *InsideEVs*, September 12, 2015, insideevs.com/byd-wins-10-of-
12-vehicle-categories-in-bus-rfp-in-washington-oregon.

24 Mark Madler, "BYD Opens Expansion Warehouse in Lancaster," *San Fernan-
do Valley Business Journal*, September 27, 2018, www.sfvbj.com/news/2018/
sep/27/byd-builds-5m-warehouse-lancaster.

25 "The China Footprint: FDI," *MacroPolo*, macropolo.org/china-footprint/fdi/.

26 Robert King, "Is BYD Co. Fairly Valued?," *Seeking Alpha*, November 15, 2010,
seekingalpha.com/article/236824-is-byd-co-fairly-valued.

제6장 핵폐기물에서 부활한 불사조

1 Blanca Torres, "Will the Bayview Benefit from Lennar's Massive Shipyard
Project?," *San Francisco Business Times*, July 8, 2014, www.bizjournals.com/
sanfrancisco/blog/real-estate/2014/07/lennar-shipyard-bayview-commu
nity-benefits-s-f.html.

2 Phillip Matier and Andrew Ross, "S.F.-China Development Deal Falls Apart,"
San Francisco Chronicle, April 11, 2013, www.sfgate.com/bayarea/matier
-ross/article/S-F-China-development-deal-falls-apart-4427448.php.

3 Author interview with executives of Golden Gate Global, the company
charged with raising money from EB-5 investors and lending it to the proj
ect's developer.

4 Lindsey Dillon, "Redevelopment and the Politics of Place in Bayview-Hunt-
ers Point," UC Berkeley, *ISSC Working Paper Series* (2011), 12, escholarship.
org/uc/item/9s15b9r2.

5 "2017 Profile of International Activity in U.S. Residential Real Estate," National
Association of Realtors: Research Department, July 2017.

6 Ana Swanson, "How China Used More Cement in 3 Years Than the U.S. Did
in the Entire 20th Century," *Washington Post*, March 24, 2015, www.washing
tonpost.com/news/wonk/wp/2015/03/24/how-china-used-more-cement-
in-3-years-than-the-u-s-did-in-the-entire-20th-century.

7 "Palo Alto Market and Overview," Zillow, www.zillow.com/palo-alto-ca/
home-values.

8 Carol Blitzer, "Chinese Homebuyers Hone In on Palo Alto," *Palo Alto Weekly*,
September 4, 2013, www.paloaltoonline.com/news/2013/09/04/chinese-
homebuyers-hone-in-on-palo-alto.

9   Christine Johnson, "Episode 3: Career Ending Podcast," *Infill Podcast*, October 1, 2016, www.sfyimby.org/uncategorized/2016101episode-3-career-ending-podcast.

10 Matier and Ross, "S.F.-China Development Deal Falls Apart."

11 "The China Footprint: EB-5," *MacroPolo*, macropolo.org/china-footprint/eb-5.

12 Author interviews with executives at both Lennar Corporation and Golden Gate Global, the EB-5 regional center that raised money for the project.

13 "Breaking Ground: Chinese Real Estate Investment in the United States," Asia Society and the Rosen Consulting Group, May 16, 2016, asiasociety.org/northern-california/breaking-ground-chinese-investment-us-real-estate.

14 "Breaking Ground."

15 Michael Cole, "China Buys More US Real Estate with $200 Million LA Deal," *Mingtiandi*, January 6, 2014, www.mingtiandi.com/real-estate/outbound-investment/china-buys-more-us-real-estate-with-200-million-la-deal/.

16 Roxana Popescu, "Rising Above the Tangled Traffic of Los Angeles in a Luxury Condo," *Washington Post*, October 18, 2018, www.washingtonpost.com/realestate/rising-above-the-tangled-traffic-of-los-angeles-in-a-luxury-condo/2018/10/17/6ef1daf6-b79a-11e8-a7b5-adaaa5b2a57f_story.html.

17 Emily Fancher, "7 Major Chinese Investment and Development Deals in the Bay Area," *San Francisco Business Times*, January 15, 2015, www.bizjournals.com/sanfrancisco/blog/real-estate/2015/01/chinese-investment-bay-area-sf-oceanwide-zarsion.html.

18 Fancher, "7 Major Chinese Investment and Development Deals in the Bay Area."

19 "2017 Profile of International Activity in U.S. Residential Real Estate."

20 Xin Jiang, "A Perspective on Chinese Home Buyers," *Palo Alto Weekly*, October 27, 2016, paloaltoonline.com/news/2016/10/27/a-perspective-on-chinese-buyers.

21 Author interviews with executives at Lennar Corporation and Golden Gate Global.

22 Shawn Boburg, "How Jared Kushner Built a Luxury Skyscraper Using Loans Meant for Job-Starved Areas," *Washington Post*, May 31, 2017, www.washingtonpost.com/investigations/jared-kushner-and-his-partners-used-a-program-meant-for-job-starved-areas-to-build-a-luxury-skyscraper/2017/05/31/9c81b52c-4225-11e7-9869-bac8b446820a_story.html.

23 Bianca Barragan, "Less Than a Year-Old, Downtown LA's Hotel Indigo is For Sale, Seeking $280M," *Curbed: Los Angeles*, February 1, 2018, la.curbed.com/2018/2/1/16960290/metropolis-hotel-indigo-for-sale-greenland-usa.

1   "Chinese Laborers Excluded from U.S.," History, last updated December 13, 2018, www.history.com/this-day-in-history/chinese-laborers-excluded-from-u-s.

2   "1990 Census Page: Selected Historical Decennial Census Population and Housing Counts," U.S. Census Bureau, www.census.gov/population/www/censusdata/hiscendata.html.

3   Judy Yung, Gordon H. Chang, Him Mark Lai, eds., *Chinese American Voices: From the Gold Rush to the Present* (Berkeley and Los Angeles: University of California Press, 2006), 222.

4   "1990 Census Page."

5   Ellen D. Wu, *The Color of Success: Asian Americans and the Origins of the Model Minority* (Oxford: Oxford University Press, 2013).

6   "1990 Census Page."

7   Scott D. Seligman, *The First Chinese American: The Remarkable Life of Wong Chin Foo* (Hong Kong: Hong Kong University Press, 2013), xxii.

8   Mark Arax, "Lily Lee Chen: Her Roots – and Perhaps Her Political Goals – Lie Beyond Monterey Park," *Los Angeles Times*, November 14, 1985, articles.latimes.com/1985-11-14/news/ga-2678_1_monterey-park/3.

9   萧东, "王湉访谈:华人维权不能总是抗议," *China Press*, March 22, 2017, www.uschinapress.com/2017/0322/1099437.shtml.

10 Timothy Fong, *The First Suburban Chinatown: The Remaking of Monterey Park, California* (Philadelphia: Temple University Press, 1994), 111.

11 Mike Ward, "Libel Suit Over Chen's Reaction to Sign Rejected," *Los Angeles Times*, December 12, 1985, articles.latimes.com/1985-12-12/news/ga-16393_1_libel-suit.

12 Orla O'Sullivan, "Peter Liang Cop Conviction Makes Asian American Tiger Roar," *Asia Times*, February 20, 2016, www.atimes.com/article/peter-liang-cop-conviction-makes-asian-american-tiger-roar.

13 Kaiser Kuo, "Why Are So Many First-Generation Chinese Immigrants Supporting Donald Trump?," *SupChina*, November 3, 2016, supchina.com/2016/11/03/many-first-generation-chinese-immigrants-supporting-donald-trump.

트랜스퍼시픽 실험

초판 1쇄 인쇄 ｜ 2020년 9월 10일
초판 1쇄 발행 ｜ 2020년 9월 15일

지은이 ｜ 매트 시한
옮긴이 ｜ 박영준
펴낸이 ｜ 박남숙

펴낸곳 ｜ 소소의책
출판등록 ｜ 2017년 5월 10일 제2017-000117호
주소 ｜ 03961 서울특별시 마포구 방울내로9길 24 301호(망원동)
전화 ｜ 02-324-7488
팩스 ｜ 02-324-7489
이메일 ｜ sosopub@sosokorea.com

ISBN 979-11-88941-50-6 03300
책값은 뒤표지에 있습니다.

이 도서의 국립중앙도서관 출판예정도서목록(CIP)은 서지정보유통지원시스템 홈페이지(http://seoji.nl.go.kr)와
국가자료공동목록시스템(http://www.nl.go.kr/kolisnet)에서 이용하실 수 있습니다. (CIP제어번호 : CIP2020034751)